Coleção Hip-Hop em Perspectiva

DIRIGIDA POR
Daniela Vieira (UEL)
Jaqueline Lima Santos (Cemi/Unicamp)

CONSELHO EDITORIAL
Ana Lúcia Silva e Souza (UFBA)
Daniela Vieira (UEL)
Derek Pardue (Universidade de Aarhus)
Jaqueline Lima Santos (Cemi/Unicamp)
Karim Hammou (Cresppa/CSU)
Márcio Macedo (FGV/Eaesp)
Walter Garcia (IEB/USP)

Equipe de realização
Coordenação de texto Elen Durando e Luiz Henrique Soares
Edição de texto Simone Zaccarias
Revisão Christian Domingues
Capa, projeto gráfico e diagramação Rodrigo Correa
Produção Ricardo W. Neves e Sergio Kon

BARULHO DE PRETO

RAP E CULTURA NEGRA
NOS ESTADOS UNIDOS
CONTEMPORÂNEOS

TRICIA ROSE

TRADUÇÃO DE DANIELA VIEIRA E JAQUELINE LIMA SANTOS

PERSPECTIVA

© 1994 by Tricia Rose

CIP-Brasil. Catalogação na Publicação
Sindicato Nacional dos Editores de Livros, RJ

R718b
    Rose, Tricia
    Barulho de preto : rap e cultura negra nos Estados Unidos
contemporâneos / Tricia Rose ; tradução Daniela Vieira, Jaqueline Lima Santos. - 1. ed. - São Paulo : Perspectiva, 2021.
    336 p. ; 21 cm. (Hip-hop em perspectiva ; 1)

    Tradução de: *Black noise : rap music and black culture in con-
temporary America*
    Inclui bibliografia e índice
    ISBN 978-65-5505-078-3

    1. Rap (Música) - História e crítica. 2. Afro-americanos -
Música - História e crítica. 3. Cultura popular - Estados Unidos.
I. Vieira, Daniela. II. Santos, Jaqueline Lima. III. Título. IV. Série.

21-73597   CDD: 782.421649
                               CDU: 784.4

Camila Donis Hartmann - Bibliotecária - CRB-7/6472
29/09/2021   01/10/2021

1ª edição

Direitos reservados à

EDITORA PERSPECTIVA LTDA.

Rua Augusta, 2445, cj. 1.
01413–100 São Paulo SP Brasil
Tel.: (55 11) 3885-8388
www.editoraperspectiva.com.br

2021

Aos meus pais George
e Jeanne Rose;
e à comunidade do hip-hop.

Hip-Hop em Perspectiva
[por Daniela Vieira e Jaqueline Lima Santos] x

Apresentação
[por Keivan Djavadzadeh] xvi

Introdução 1

1. Vozes Marginais: Rap e Produção Cultural Negra Contemporânea 10

Filmagem no Gueto: Localizando a Produção de Videoclipes de Rap 23

2. "All Aboard the Night Train": Fluxo, Camada e Ruptura na Nova York Pós-Industrial 38

O Contexto Urbano 48
Hip-Hop 59

3. Soul Sonic Forces: Tecnologia, Oralidade e Prática Cultural Negra no Rap 100

Repetições Rítmicas, Forças Industriais e Prática Negra 105

"Give Me a (Break) Beat!": Sampling e Repetição na Produção de Rap 117

"Read it in Braille, It'll Still Be Funky": Oralidade Tecnológica e Tecnologia Oral no Hip-Hop 136

4. Profetas da Fúria: Rap e Políticas da Expressão Cultural Negra   **154**

Contestações Culturais: Críticas Discursivas e Institucionais no Rap   **165**

Políticas Ocultas: Policiamento Discursivo e Institucional do Rap   **193**

5. Manas Más: Rappers Negras e Políticas Sexuais no Rap   **226**

Paquera Desastrosa   **240**

MCs Proeminentes: Quem É o Chefe?   **252**

Se Expresse: Os Corpos das Mulheres Negras na Esfera Pública   **256**

Quando e Onde Entro: Feminismo Branco e Rappers Negras   **270**

Epílogo   **280**

Fontes   **286**
Índice Remissivo   **300**
Agradecimentos   **311**

Hip-Hop em Perspectiva

Para mim, o hip-hop diz: "Venha como você é".
Somos uma família. [...] O hip-hop é a voz desta geração.
Tornou-se uma força poderosa. O hip-hop une todas
essas pessoas, todas essas nacionalidades, em todo o mundo.
O hip-hop é uma família, então todo mundo tem
como contribuir. Leste, oeste, norte ou sul –
viemos de uma mesma costa e essa costa era a África.

DJ Kool Herc[1]

[1] DJ Kool Herc, Introduction to Jeff Chang, *Can't Stop Won't Stop: A History of the Hip-Hop Generation*, New York: St. Martin's, 2005, p. xi, xii.

As palavras de Kool Herc, jovem jamaicano que se sobressai como um dos precursores da cultura hip-hop em Nova York, centram-se no sentimento que mobiliza jovens de distintos contextos marginalizados ao desempenharem as expressões culturais do movimento: "fazer parte". As experiências negras, marcadas pela escravidão moderna e por ações de reexistência, levam pessoas afrodescendentes a construírem referenciais de interpretação das suas realidades e a redesenharem os seus destinos. Em consequência, as culturas afrodiaspóricas, como o hip-hop, apresentam produções que colocam em pauta colonialismo, racismo, nação, classe, gênero, sexualidade e desigualdades sociais; temas não exclusivos desse segmento, mas que impactam as juventudes de diferentes contextos globais cujo passado e/ou presente são marcados por relações de opressão e exclusão social. Isso torna o hip-hop um movimento sociocultural global que se destaca por ser constitutivo e também por constituir sujeitos transgressores e narradores de si próprios. A despeito do colonialismo, do pós-colonialismo, da estratificação social e, ao mesmo tempo, devido a esses marcadores, é possível ser sujeito. Ou seja: fazer parte, ter parte e tomar parte.

Ora, malgrado o contexto de fluxo migratório árduo, segregação racial e exclusão social que marcou o surgimento do hip-hop na década de 1970 por imigrantes jamaicanos, caribenhos e porto-riquenhos residentes no Bronx, essa manifestação segue se renovando na medida em que inspira e sintetiza práticas inovadoras de expressão artística, conhecimento, produção cultural, identificação social e mobilização política. As organizações dos grupos (*crews* e *posses*) vinculados ao mundo do hip-hop têm auxiliado para a compreensão das estratégias de mudança, de construções coletivas, dos associativismos periféricos e, até mesmo, de transformações das trajetórias e ascensão social das classes populares, em sua maioria não brancas. Nesse sentido, contesta e supera as construções convencionais, os limites e os estereótipos de raça, identidade, nação, comunidade, cultura e conhecimento. Por meio de expressões artísticas diversas – rap, breaking, grafite – revela as dinâmicas sociais locais e as suas contradições. Assim, a despeito das possíveis tendências contrárias à sua estruturação, aclimatou-se nos centros urbanos das periferias globais, dando origem ao "global hip-hop". Os estudos sobre o assunto desvelam esses processos.

Em vista disso, a coleção Hip-Hop em Perspectiva reúne livros pioneiros e relevantes sobre esse fenômeno sociocultural e político inicialmente originado das classes subalternizadas. Por meio da edição de obras expressivas de temas candentes da nossa vida contemporânea, a iniciativa demonstra como as práticas, narrativas, visões de mundo e estilos de vida elaborados pelos atores dessa cultura contribuem para análises e intervenções em assuntos significativos para o entendimento da realidade social e de suas possibilidades de mudança. A coleção apresenta um conjunto de obras que evidenciam o quanto este movimento juvenil configura-se como uma lente amplificadora de visões e de percepções sobre facetas cotidianas de diferentes contextos e sociedades. Uma experiência sócioartística que disputa narrativas e imaginários, ampliando os repertórios e se engajando na construção do pensamento social.

A reflexão sobre os impactos de toda ordem desse fenômeno tornou-se matéria de interesse para pesquisas diversas constitutivas dos chamados *hip-hop studies* (HHS), os quais emergem institucionalmente a partir dos anos 2000. Exemplo desse processo é o número de instituições e revistas acadêmicas, conferências, acervos de museus, projetos e assessorias que englobam o universo da cultura hip-hop. Destacam-se como espaços de referência o Hiphop Archive & Research Institute, localizado na Universidade Harvard;

xii

HIP-HOP EM PERSPECTIVA

a Hip-Hop Collection, na Universidade Cornell; a Hiphop Literacies Annual Conference, sediada na Universidade Estadual de Ohio (OSU); a Tupac Shakur Collection, disponível na biblioteca do Centro Universitário Atlanta (AUC); o CIPHER: Hip-Hop Interpellation (Conselho Internacional Para os Estudos de Hip-Hop), localizado na Universidade College Cork (UCC); entre outros.

Esse campo de estudos oportuniza a integração de distintas áreas do conhecimento, como sociologia, antropologia, economia, ciências políticas, educação, direito, história, etnomusicologia, dança, artes visuais, comunicação, matemática, estudos de gênero etc. Ao aliar pesquisas locais e comparativas dessas práticas artísticas nas Américas, Europa, Ásia, Oceania e África, os trabalhos produzidos demonstram o quão as especificidades desse fenômeno sociocultural e político são fecundas para a compreensão das dinâmicas sociais de diversas conjunturas urbanas.

Poderíamos dizer, igualmente, que os próprios artistas combinam as habilidades e competências desses diferentes campos de conhecimento para produzirem suas práticas e interpretações a partir dos contextos nos quais estão inseridos. A produção do rap envolve observação e leitura socio-histórica, tecnologia de produção musical com samplings e colagens musicais, além de uma escrita que conecta cenário, análise crítica e perspectivas sobre o problema abordado; já o grafite é, ao mesmo tempo, um domínio de traços, cores e química e a elevação de identidades marginalizadas e suas ideologias projetadas nas paredes das cidades; o breaking, por sua vez, hoje inserido nos Jogos Olímpicos, exige conhecimento sobre o corpo, noção de espaço, interpretação da performance do grupo ou do sujeito rival, respostas criativas e comunicação corporal. Em síntese, não seria exagero afirmar que a prática do hip-hop também é uma ciência.

Por isso, a coleção preocupa-se em trazer elaborações sobre os vínculos entre produção acadêmica e cultura de rua. Inclusive, parte significativa de autoras e autores aqui reunidos têm suas trajetórias marcadas pelo hip-hop, seja como um meio que lhes possibilitou driblar o destino, quase "natural", dados os marcadores de raça, classe e gênero e, por meio do conhecimento advindo das narrativas críticas do hip-hop adentrar à universidade; seja porque, mediante as condições de abandono e marginalização, encontraram no movimento componentes constitutivos de suas identidades. Em suma, o hip-hop foi propício ao desenvolvimento do pensamento crítico, da capacidade analítica, de leitura, escrita, chance de trabalho coletivo, garantindo as suas sobrevivências materiais e subjetivas. Da junção desses anseios os *estudos de hip-hop* foram se desenvolvendo e, finalmente, a audiência brasileira tem a oportunidade de interlocução com essas obras.

Pois, embora as pesquisas acadêmicas sobre o tema tenham crescido exponencialmente no país – por exemplo, em 2018 foram defendidos 312 trabalhos, enquanto em 1990 o banco de teses e dissertações da Capes totalizava apenas 54 produções acerca do assunto –, ainda não se estabeleceu um efetivo campo de investigação institucionalizado. Existe uma concentração de estudos nas áreas da educação e das ciências sociais. Contudo, há outros campos de conhecimento (economia, direito, artes, moda, matemática, filosofia, demografia, engenharias, biologia etc.) com os quais as produções desse fenômeno sociocultural poderiam contribuir e que são pouco exploradas no Brasil. Logo, muitos são os anseios e expectativas aqui reunidos.

A coleção visa a circulação de bibliografia especializada sobre o assunto e a inserção dos estudos de hip-hop tanto como agenda de pesquisa acadêmica quanto como possibilidade de diálogo para além do espaço universitário. Não menos importante é o intento de colocar em destaque a produção cultural e artística de autores negros e autoras negras, inspirando a juventude negra e periférica que tem aumentado expressivamente sua presença nas universidades brasileiras, graças também ao sistema de cotas étnico-raciais. Além disso, é notável o interesse de estudantes pela temática. O rap, em particular, durante muito tempo teve centralidade apenas em programas isolados, rádios piratas e nos territórios periféricos. Hoje, conquista cada vez mais espaço no mundo do entretenimento, perpassando o gosto de diversas classes sociais. E, ainda, orienta debates sobre as agendas vinculadas aos direitos humanos e às lutas antirracistas, indígenas, feministas, de classe e LGBTQIA+, e sobre a sua própria estética que igualmente se transfigura. Tais componentes nos colocam diante de um panorama favorável para conhecer a fundo a fortuna crítica estrangeira dessa problemática.

Portanto, na certeza de ampliar ainda mais esses debates, a Hip--Hop em Perspectiva estreia como um chamado para a reflexão. Os livros aqui editados trazem ao público brasileiro interpretações dos processos sociais e de suas dinâmicas, em obras produzidas sobre diferentes países e que analisam a complexa e contraditória cultura urbana e juvenil que reposicionou o lugar das periferias globais e de seus artífices.

Num contexto no qual o horizonte é turvo, trazer à superfície literatura especializada sobre a cultura hip-hop é semear alguma esperança.

Daniela Vieira
Jaqueline Lima Santos

Apresentação

Poucos livros conheceram a mesma posteridade que *Barulho de Preto*, de Tricia Rose. Quantos podem de fato se orgulhar por ter contribuído de maneira tão decisiva com a criação de um campo de pesquisas, os *hip-hop studies* (estudos de hip-hop), e influenciado sucessivas gerações de pesquisadoras e pesquisadores por todo o mundo? Publicada em 1994 – decididamente um ano de excelente safra para a cultura hip-hop (*Illmatic* e *Ready to Die*, para citar apenas dois álbuns lançados naquele período...) –, esta obra foi um dos primeiros escritos universitários inteiramente voltados à análise crítica do rap. Adaptado de uma tese de doutorado iniciada em meados dos anos 1980, em uma época na qual essa música ainda era percebida por muitos de seus contemporâneos, inclusive na universidade, como uma moda destinada a passar, *Barulho de Preto* examina com rara *finesse* as condições sociológicas que tornaram possível o surgimento e a potente ascensão da cultura hip-hop, tanto no que diz respeito à sua estética quanto a suas políticas raciais e sexuais. Tricia Rose se interessa especialmente pela significação social do rap e pelo lugar ambivalente que lhe é dado nos Estados Unidos, no quadro que a socióloga Patricia Hill Collins irá denominar, alguns anos mais tarde, como o "novo racismo". Eis uma das grandes forças do livro, que tem êxito ao falar ao mesmo tempo das dinâmicas de subjetivação e de resistência tornadas possíveis pelo rap, mas também das tentativas de controle e de rotulação dessa música, mostrando precisamente como essas duas coisas estão interconectadas.

Música popular que permitiu à juventude negra dos guetos se fazer ouvir e contestar as narrativas hegemônicas ao colocar em cena sua experiência vivida (do racismo, das violências policiais, das desigualdades sociais etc.), o rap tornou-se imensamente popular na segunda metade dos anos 1980, inclusive entre adolescentes brancos da classe média. Contudo, embora tenha sido popularizado pelas indústrias culturais e por um público cada vez maior, o rap – e com ele seus artistas e seu público – é ao mesmo tempo estigmatizado, desvalorizado e criminalizado por grande parte das mídias e da classe política, bem como por associações poderosas como The Parents Music Resource Center. Essa contradição aparente (mas na verdade constitutiva) entre sucesso comercial e ilegitimidade social do rap é brilhantemente analisada por Tricia Rose, que mostra em que os ataques contra essa música diferem dos pânicos morais anteriores dirigidos contra outras subculturas ou expressões musicais majoritariamente brancas, como o punk e o metal (ver sobre esse assunto os trabalhos de Dick Hebdige e de Stanley Cohen, entre outros).

Pela primeira vez nos Estados Unidos, uma música frustrara, ao menos em parte, o esquema "raízes pretas, frutas brancas" posto em evidência pelo historiador da música Reebee Garofalo. Se os mais inovadores artistas negros com frequência foram eclipsados por artistas brancos ativamente promovidos e apoiados pela indústria fonográfica, não observamos dinâmica similar no que diz respeito ao rap. Apesar do sucesso de alguns grupos ou artistas brancos como os Beastie Boys ou Vanilla Ice, o rap manteve-se, aos olhos da América, como a música preta por excelência, e mais ainda como a música de jovens negros das classes populares. Assim sendo, essa música, seus artistas e seus fãs pareciam particularmente ameaçadores aos estadunidenses ("Fear of a Black Planet" [Medo de um Planeta Preto], como diz o título de um dos álbuns do Public Enemy). Tricia Rose lembra então o quanto era difícil programar shows de rap, ou até mesmo apresentá-los. Antecipando a explosão de multidões ligada à chegada massiva de fãs supostamente inclinados à violência, um grande número de salas de espetáculos, incentivadas por suas companhias de seguros, boicotavam o rap ou impunham uma limitação

xviii

APRESENTAÇÃO

drástica do número de lugares disponíveis. O público deveria ainda ter que passar por desencorajadores dispositivos de segurança. Apesar do pânico moral fomentado pelas mídias e a despeito das tentativas de controle e mesmo de censura, o rap não parou de ganhar popularidade. Isso teve efeitos na música e no discurso dos artistas, nem sempre para melhor, como analisa Rose em seu trabalho posterior igualmente brilhante (*The Hip Hop Wars*, 2008). Apesar de tudo, a despeito das evoluções sociais, políticas, tecnológicas e estéticas, *Barulho de Preto* não perdeu nada de sua pertinência mais de um quarto de século depois do seu lançamento. Em muitos aspectos, ele lança ainda mais luz do que outros trabalhos mais recentes sobre os debates contemporâneos em torno do rap, e isso muito além do exclusivo terreno estadunidense analisado. A diversidade de métodos e de abordagens mobilizadas – relatos etnográficos, entrevistas (com artistas, produtores, executivos da indústria etc.), análise de discurso e história cultural –, a erudição comprovada da autora e sua aguda apreensão da complexidade das relações de poder tornam sua leitura essencial. Portanto, não podemos deixar de nos congratular pelo fato de o livro finalmente ter sido traduzido para o português, e lamentar que ainda não tenha ocorrido a mesma coisa para outras línguas, como o francês, por exemplo. Sem dúvida, esta tradução irá alimentar as reflexões de uma nova geração de pesquisadoras e pesquisadores no Brasil e, de maneira mais ampla, nos países lusófonos, além de contribuir para manter vivo por muito mais tempo os estudos do hip-hop.

Keivan Djavadzadeh
Docente em Ciências da Informação
e da Comunicação, Universidade Paris 8.
Autor de *Hot, Cool & Vicious: Genre, race et sexualité
dans le rap états-unien* (Amsterdã, 2021).

Introdução

Em 1979, um pastor do Bronx proferiu um sermão de casamento para um grande amigo meu do ensino médio. Ele organizou o sermão a partir da canção de sucesso "Good Times", do grupo Chic[1]. "Estes são os bons momentos, os momentos em que você sente muito amor por seu novo parceiro, generosidade e otimismo em relação ao futuro" –disse ele ao meu amigo e à nova esposa dele. Ele continuou nessa linha por alguns minutos. "Mas", advertiu de modo sombrio, "e quanto aos maus momentos que virão – e acreditem em mim, eles virão – vocês estarão aqui um pelo outro? E as horas desanimadoras, as horas de escuridão em que os bons momentos são apenas recordações? Vocês se apoiarão mutuamente, passando pelo bem e pelo mal até que a morte os separe?" O pastor sabia que, para aquele casal de dezoito anos e seus amigos, a canção de Chic seria o gancho perfeito, a forma ideal para transmitir suas crenças sobre os prazeres da vida, os compromissos e as armadilhas para uma congregação tão jovem. Ao narrar as diversões das festas de verão, patinação, boas amizades e pensamentos despreocupados por meio de uma profunda linha de baixo funkeada, "Good Times" não foi apenas um grande disco de sucesso: foi o precursor musical

---

1 "Good Times", composta por Nile Rodgers e Bernard Edwards, do grupo Chic, tornou-se um dos maiores hits da disco music de sua época, sendo considerada uma das canções mais sampleadas da história. (N. da T.)

de "Rapper's Delight"[2], principal produto de rap comercial que surgiu no mesmo ano. Minha adolescência coincidiu com os anos em que a cultura hip-hop começou a se configurar na cidade de Nova York. A recepção para o casamento de meu amigo ocorreu no Stardust Ballroom, um clube no Bronx que já havia começado a apresentar aspirantes a rappers locais e concursos de DJ. Nas noites de verão, geralmente exibiam caixas de som com fitas caseiras de batidas de disco e raps afrontosos. Além do grupo que desejava seguir para a universidade, vários de meus amigos planejavam ir para a música, e alguns eram grafiteiros. Pouco tempo depois, ao deixar Nova York para frequentar a universidade, fiquei, embora à distância, de olho nos desenvolvimentos do rap.

Durante as palestras e nas aulas sobre hip-hop muitas vezes me perguntam como entrei no rap. Públicos diversos me dizem que não me encaixo na imagem de uma *b-girl*, mas, quando se trata de hip-hop, pareço ter o entusiasmo parecido. Basicamente, dizem que não pareço ter aprendido hip-hop na escola, mas sei que é como se eu estivesse estudando hip-hop. Suponho que aprendi sobre ele da mesma maneira que a maioria das crianças do Bronx aprendeu à época; era a linguagem e o som de nosso grupo de colegas. Mas isso não explica, como, vinda de lá, eu cheguei até aqui.

Então, em 1985 decidi que, se trabalhasse com rap e cultura hip-hop, estudar um pouco mais não seria uma má ideia. O som, o poder e o estilo do rap estavam entre as coisas que mais me fascinavam. Tanto que, depois de muitos dias de trabalho em um alojamento social em Connecticut, eu ia à biblioteca e procurava pelos raps que apareciam nas paradas de música negra da Billboard. Não podia acreditar que a música que me parecia tão local, tão particular, pudesse capturar a atenção de tantas pessoas pelo país. Um ano depois, quando cheguei ao Programa de Estudos Americanos da Universidade de Brown, estava totalmente comprometida em escrever minha tese de doutorado sobre o tema rap. Embora a maioria dos docentes pensasse

---

2 "Rapper's Delight", de Sugarhill Gang, foi um marco na história do hip-hop, simbolizando um dos primeiros contatos do gênero com um público mais amplo. (N. da T.)

2

INTRODUÇÃO

que se tratava de uma ideia estranha, eles não me desencorajaram. O que os preocupava era que o rap desaparecesse antes mesmo que eu terminasse a minha pesquisa, de modo que não houvesse material suficiente para eu escrever – e que eu pudesse não ser aceita em uma vaga de emprego. As questões teóricas que dominaram meu trabalho acadêmico são cruciais para compreender os processos de formação da cultura em uma sociedade capitalista e totalmente mercantilizada e, portanto, para entender o rap. Tais referências obviamente embasam este projeto. No entanto, não confiei apenas nessas ferramentas teóricas; mesclei vários caminhos para conhecer, entender, interpretar a cultura e a prática no *Barulho de Preto*. Espero que essa abordagem de múltiplas vozes incentive outros estudiosos da cultura a enfrentar as vozes e os temas profundamente contraditórios e multifacetados expressos na cultura popular; a usar ideias teóricas de maneira adequada e criativa; e a incorporar o máximo de posições possíveis sobre o tema. O futuro de uma investigação cultural criteriosa reside nos modos de análise que podem explicar e, ao mesmo tempo, criticar as intensas contradições que constituem a vida cotidiana. Quando um consenso entre os questionamentos teóricos e os limites de uma prática que é oposta se revela, o motivo pode não estar no fato de que a própria prática não funcionou, mas, em vez disso, que em alguma medida a teoria não pôde explicar as condições que moldaram a prática e seus praticantes. Então, o argumento que surgiu é uma combinação complexa das teorias culturais que – ainda acredito – podem ajudar a explicar o território complexo por onde o rap navega. Tal argumento também propicia uma interpretação das vozes e do poder espiritual que sustentam o rap e o povo afro-estadunidense[3].

A composição característica de minhas identidades e minhas relações com o rap significa que este manuscrito é, sob vários aspectos, tão multivocal quanto seu assunto. Como uma mulher afro-estadunidense

---

3 Estadunidense – escolha utilizada pela tradução para se referir a grupos, fenômenos e produções que acontecem no território dos Estados Unidos da América, já que o termo "americano" pode representar o universo maior dos países que compõem o continente. (N. da T.)

com ascendência interracial, com pais imigrantes da segunda geração, eu me encontro frequentemente em ambos os lados de uma divisão social e racial controversa. Obviamente, isso ainda é mais complicado, dadas as minhas preocupações específicas. Falar de minhas posições como uma defensora dos negros, inter-racial, ex-classe trabalhadora, feminista estabelecida em Nova York e crítica cultural de esquerda adiciona ainda mais complexidade no modo como trato e analiso o mundo social.

No entanto, também acredito que minhas identidades peculiarmente situadas têm sido imensamente produtivas em meus esforços para produzir um modelo ao entendimento da expressão popular negra contemporânea. Não creio que seja necessário compartilhar todas ou qualquer uma dessas identidades para trabalhar com rap; mas elas me ajudaram a construir este projeto – o qual tenta explorar as tensões e as contradições do rap e teorizar sobre seus princípios fundamentais. Por exemplo, em certa altura desta jornada, estou mais seriamente preocupada com a natureza do termo *mulher negra*; em outros momentos, foco nas manifestações públicas da masculinidade negra – que afirmam a masculinidade negra como um assunto hostil aos homens negros, mas que também tiveram o efeito de deslocar as expressões da mulher negra para as margens do discurso público. Em outros pontos, foco na natureza da opressão baseada na classe social que os artistas e fãs de hip-hop enfrentam e ainda encontro evidências para construir argumentos fundamentados racialmente, considerando o poder discursivo e ideológico da dominação racista. Estou segura de que grande parte da força crítica do rap emerge da potência cultural que as condições de segregação racial promovem. No entanto, essas mesmas condições de segregação, seja por escolha ou por desígnio, foram determinantes para confinar e oprimir os afro-estadunidenses.

Não tenho a pretensão de apresentar uma história completa do rap, nem tentei explicar todas as facetas dos impactos do rap na cultura estadunidense contemporânea e nas culturas em todo o mundo. Em vez disso, descrevo, teorizo e critico elementos do rap, incluindo letras, música, cultura, estilo, bem como o contexto social em que o rap ocorre. Apresento explicações para o que acredito serem alguns

INTRODUÇÃO

dos mais convincentes elementos narrativos que surgiram no rap. Isso significou ignorar algumas das questões mais divulgadas nele, já que a atenção da mídia sobre o rap tem se baseado em tendências extremistas dentro dele – em vez de se basear nas forças culturais cotidianas que se inserem no amplo diálogo do hip-hop.

Barulho de Preto examina as relações complexas e contraditórias entre as forças de dominação racial e sexual, as precedências culturais negras e a resistência popular no rap contemporâneo. Quais aspectos das lutas ideológicas, culturais e sexuais ocorrem no rap? Como essas lutas são absorvidas pela juventude negra? Já que as formas populares contêm tradições culturais significativas e não podem ser totalmente dissociadas do contexto histórico-social em que ocorrem, quais são, então, as condições histórico-sociais que ajudam a explicar a especificidade do desenvolvimento do rap? Como as rappers revisitam o discurso sexista? Como o rap sustenta e converte formas e tradições culturais negras consagradas? Como a nova tecnologia muda o caráter da produção cultural negra? Como a tecnologia é moldada pelas precedências culturais negras?

Assim como na cultura hip-hop, utilizei uma grande variedade de fontes, possibilidades de leitura, textos e experiências. Além de recorrer à teoria cultural negra, à história urbana, a experiências pessoais, ao feminismo negro e às teorias que exploram as experiências de oposição da classe trabalhadora, ouvi atentamente a grande maioria dos álbuns de rap disponíveis, transcrevi mais de sessenta canções[4], gravei e assisti a centenas de vídeos de rap, pesquisei os samples, assisti a mais de trinta shows e conferências sobre rap, acompanhei cuidadosamente o alcance do rap em revistas de música popular, jornais e publicações acadêmicas. Embora isso possa parecer suficiente para responder às perguntas que apresento, não é. A controvérsia com os samplings, como os discos de rap são fabricados, como os adolescentes negros se tornaram inovadores tecnológicos, e as políticas das seguradoras para agendar shows de rap são aspectos que não podem ser explorados com base

---

4 A maioria dos rappers escreve suas próprias letras. Mesmo assim, fui cuidadosa em usar exemplos de canções pelo menos parcialmente escritas pelos rappers. A maioria dos exemplos citados aqui é de propriedade do próprio rapper ou da própria rapper.

na música em si. Então, além disso, conversei com várias pessoas envolvidas com o rap, incluindo rappers, representantes da indústria musical, dançarinos, advogados e produtores musicais. Como essas entrevistas são, sobretudo, excertos que corroboram para evidenciar e dar consistência às relações entre opressão e resistência cultural, apenas uma pequena parte dessas conversas foi diretamente referenciada. No entanto, esses contatos foram cruciais para me ajudar a entender um pouco do que está em jogo no rap e em minha pesquisa sobre a política oculta do prazer popular.

Estou convicta de que este projeto – que fundamenta os signos e os códigos culturais negros na cultura negra e examina as linguagens multivocais do rap como o barulho de preto do final do século xx – promoverá o desenvolvimento de mais projetos com enfoques globais. Alguns desses poderiam se centrar no prazer que o estilo hip-hop e o rap proporcionam aos adolescentes brancos suburbanos em cidades pequenas e relativamente homogêneas do Meio-Oeste estadunidense, ou nas intensas combinações de hip-hop nutridas em comunidades mexicanas e porto-riquenhas em Los Angeles e Nova York, nos breakers chineses e japoneses com quem conversei em um shopping no centro de Hong Kong e em Tóquio em 1984. A cena hip-hop de imigrantes francófonos do norte da África em Paris, ou mesmo as cenas de rap alemã, britânica e brasileira poderiam cada uma preencher seu próprio livro. Acredito que esses projetos se seguirão e espero que meu livro seja uma inspiração para que sejam concretizados.

No rap, as relações entre prática cultural negra, condições socioeconômicas, tecnologia, políticas sexual e racial e o policiamento institucional do campo popular são complexas e estão em constante movimento. Portanto, *Barulho de Preto* não é de forma alguma uma análise abrangente de todas as facetas do impacto do rap no campo popular. Em vez disso, é uma intervenção seletiva que explora muitas – mas isso não significa todas – das extraordinárias implicações sociais, culturais e políticas da cultura hip-hop. Escolhi quatro áreas principais de investigação: i. a relação da história do rap e do hip-hop com o contexto urbano pós-industrial de Nova York; ii. intervenções musicais e tecnológicas do rap; iii. as políticas raciais do rap,

INTRODUÇÃO

críticas institucionais e respostas institucionais e midiáticas; e IV. a política de gênero no rap, particularmente as críticas das rappers sobre os homens e os debates feministas que as envolvem.

O capítulo 1 é uma discussão geral da relação, para a juventude negra, entre a posição socialmente marginalizada do rap e suas vozes, profundamente mediadas comercialmente, sobre a vida urbana estadunidense. Ele examina o processo de marketing do rap, a produção de videoclipes e o contexto de sua recepção.

O capítulo 2 é uma ampla exploração do hip-hop (ou seja, grafite, break, rap), e leva em conta alguns fatores iniciais que contribuíram para seu surgimento, além de rastrear a relação de mudança do hip--hop com a cultura dominante. Ao estabelecer um equilíbrio entre as influências afrodiaspóricas e as forças estruturais historicamente específicas, o capítulo 2 fundamenta o rap na cultura hip-hop e nas práticas afrodiaspóricas. Ao mesmo tempo, demonstra as maneiras pelas quais a conjuntura urbana dos anos 1970 em Nova York e a comunicação de massa mais ampla, tecnológica, bem como as transformações econômicas contribuíram significativamente para a articulação do hip-hop.

O capítulo 3 examina as intervenções tecnológicas do rap e, na sua produção, a relação entre as tradições orais e musicais negras com a tecnologia. O processo de sincretismo cultural tecno-negro do rap modifica e expande as precedências culturais negras e o uso de instrumentos tecnológicos – por exemplo, o sampler. Esse processo sincrético é especialmente aparente na relação entre oralidade e tecnologia no rap e sua produção coletiva de narrativas orais através do sampler. Este capítulo explora essas mudanças e expansões e, em seguida, as relaciona aos amplos debates sobre a criatividade e os impactos industriais nas estruturas musicais, particularmente a repetição musical.

O capítulo 4 é um exame extenso de transcrições de letras de rap, com enfoque específico na relação entre essas transcrições e o território discursivo e institucional onde elas operam. Tendo como referência a interpretação de James Scott de transcrições ocultas e públicas nas práticas populares, a primeira seção retrata os modos como os rappers criticam a polícia, a mídia, o governo e outros momentos contraditórios de insubordinação discursiva e ideológica no rap. A segunda seção desvenda a relação complexa entre os aspectos ocultos do policiamento institucional de rappers e fãs (por exemplo, a cobertura de seguro em grandes eventos), o tratamento da mídia sobre os shows de rap, a construção social da violência relacionada ao rap, e os efeitos de tal policiamento sobre o conteúdo e a recepção do rap. No geral, o capítulo 4 demonstra a luta entre as práticas públicas discursivas contradominantes dos rappers e o exercício do poder institucional e discursivo contra eles.

O capítulo 5 também explora a relação entre fala e discurso de poder, mas, neste caso, o assunto escolhido foi o diálogo das rappers sobre política de gênero. Este capítulo examina as maneiras pelas quais as rappers se inserem nas narrativas sexuais e raciais dominantes e se contrapõem a elas, assim como em relação ao discurso dos rappers, em vez de apresentarem uma completa oposição a estes. Há três temas centrais nas obras das rappers negras: relação heterossexual, centralidade da voz feminina no rap produzido por mulheres e manifestações femininas de liberdade física e sexual, contextualizadas de dois modos: primeiro, em diálogo com os discursos sexistas dos rappers; e segundo, em diálogo com discursos sociais mais amplos, particularmente o do feminismo.

A tentativa de falar para públicos diferentes tem suas armadilhas. Em algum momento da conversa, cada um de nós se sente um pouco deslocado, sem familiaridade com algumas referências. Os rappers provavelmente sabem disso melhor do que ninguém; suas combinações dinâmicas de gíria urbana negra com referências musicais, da televisão, de filmes, de desenhos animados, de cultura de gangue, de caratê e de múltiplos gêneros musicais não podem garantir, em todo caso, uma audiência especializada. Mesmo o viciado em hip-hop corre o risco de se confundir e de se sentir excluído. No entanto, os ouvintes mais receptivos são sempre recompensados. O que a princípio não soa familiar, talvez até se mostre ininteligível, é cada vez mais assimilável, e novas maneiras de entender e ouvir se tornam um hábito. Esse é o envolvimento criativo e dinâmico que fortalece o rap. Espero que *Barulho de Preto* recompense igualmente os leitores.

1. Vozes Marginais: Rap e Produção Cultural Negra Contemporânea

A canção "Can't Truss It", de Public Enemy, inicia com Flavor Flav gritando "Confusão!" sobre uma linha de baixo pesada e energética. Os versos subsequentes sugerem que Flavor Flav se refere à história do proeminente rapper Chuck D sobre o legado da escravidão – que tem produzido grande confusão cultural. Ele poderia facilmente estar descrevendo a história do rap. O rap é um elemento confuso e barulhento da cultura popular estadunidense contemporânea que continua a atrair muita atenção. Por um lado, os críticos musicais e culturais enaltecem o papel do rap como um instrumento educacional. Eles destacam as rappers negras como exemplos raros de letristas radicais pró-mulheres na música popular e defendem as histórias do gueto no rap como reflexos da vida real que deveriam chamar a atenção para os problemas prementes do racismo e da opressão econômica – em vez de questões sobre obscenidade. Por outro lado, a atenção das notícias midiáticas sobre o rap parece fixada em casos de violência nos shows, no uso ilegal de samples por produtores de rap, nas fantasias sensacionalistas de *gangsta raps* em assassinatos de policiais e esquartejamento feminino, e em insinuações de rappers nacionalistas negros de que pessoas brancas são discípulas do diabo. Esses aspectos conhecidos e incendiados no rap e na cobertura da mídia sobre eles põem em evidência diversos debates de longa data sobre música popular e cultura. Algumas das querelas mais polêmicas giram em torno das seguintes questões: as imagens violentas podem incitar ação violenta? A música pode criar condições para a mobilização política? As letras de sexo explícito contribuem para o "colapso" moral da sociedade? E, por fim, isso é realmente *música*?

E, não fossem os debates sobre o rap suficientemente confusos, os rappers ainda os colocam de maneiras contraditórias. Alguns rappers defendem o trabalho dos *gangsta rappers* e, ao mesmo tempo, consideram estes uma influência negativa para os jovens negros. As rappers criticam abertamente o trabalho sexista dos rappers e, simultaneamente, defendem o direito do 2 Live Crew de vender música misógina. Os rappers que criticam os EUA, dada a perpetuação da discriminação racial e econômica, também compartilham ideias conservadoras sobre responsabilidade individual e apelam para estratégias de autoaperfeiçoamento na comunidade negra, cujo foco está fortemente na conduta pessoal como causa e solução para o crime, para as drogas e para a instabilidade da comunidade.

O rap reúne um emaranhado de algumas das mais complexas questões sociais, culturais e políticas da sociedade estadunidense contemporânea. As contraditórias articulações do rap não constituem sinais de ausência de lucidez intelectual; são características comuns dos diálogos culturais comunitários e populares que sempre oferecem mais de um ponto de vista cultural, social ou político. Essas conversas multivocais extraordinariamente abundantes parecem irracionais quando são separadas de contextos sociais onde ocorrem as lutas cotidianas por recursos, diversão e significados.

O rap é uma expressão cultural negra que prioriza as vozes negras das margens dos EUA urbanos. Ela é uma forma de narrativa rimada acompanhada por música altamente rítmica e com base eletrônica. Tudo começou em meados da década de 1970 no sul do Bronx, na cidade de Nova York, como parte do hip-hop, cultura jovem afro--estadunidense e afro-caribenha composta pelo grafite, break e rap. Desde o início, o rap articulou os prazeres e os problemas da vida urbana negra nos EUA contemporâneos. Os rappers falam com a voz de suas experiências de vida, assumindo a identidade de observador ou narrador. Eles geralmente falam da perspectiva de um jovem que deseja *status* social em nível local de forma significativa. Seus raps tratam de como evitar as pressões das gangues e, ainda assim,

VOZES MARGINAIS

ganhar o respeito local, como lidar com a perda de vários amigos em tiroteios ou por *overdose*, e contam narrativas grandiosas, por vezes, violentas, alimentadas pelo poder sexual masculino sobre as mulheres. As rappers às vezes contam histórias da perspectiva de uma jovem cética em relação às afirmações masculinas de amor ou de uma garota que se envolveu com um traficante e não consegue se separar de seu estilo de vida perigoso. Alguns raps tratam dos fracassos de homens negros em fornecer segurança e atacam os homens onde sua masculinidade parece mais vulnerável: o bolso. Algumas narrativas são de uma mana dizendo à outra para se livrar do abuso de um amante.

Como todas as vozes contemporâneas, a voz dos rappers está enraizada em poderosas e dominantes instituições tecnológicas, industriais e ideológicas. Os rappers narram histórias longas e envolventes, abstratas às vezes, com frases atraentes e memoráveis, e *beats* que se prestam a um pacote negro de *sound bite*, narrando fragmentos críticos em acelerados ritmos eletrificados[1]. As narrativas de rap são contadas por meio de gírias negras elaboradas e em constantes mudanças, e se referem a rituais e figuras culturais negros, filmes do *mainstream*, personagens de vídeo e da televisão e heróis negros pouco conhecidos. Para os feiticeiros da linguagem do rap, todas as imagens, sons, ideias e ícones são oportunos para recontextualização, jogo de palavras, paródia e celebração. Kool Moe Dee se gaba de que cada uma de suas rimas é como uma dissertação, Kid' n Play citou a famosa frase de Jerry Lee Lewis "grandes bolas de fogo", Big Daddy Kane se gaba de ser cru como sushi (e que esse seu objeto de amor abre seu nariz como um pote de Vick)[2], Ice Cube se refere às histórias de seu gueto como *tales from the dark side* ("contos da escuridão)", em referência direta ao programa homônimo de terror. As canções de rap de Das EFX incluem o bordão da personagem

---

1 *Sound bite* é uma expressão que significa utilizar palavras, partes da fala de alguém, trechos de música e aplicar em outras produções para promover ou exemplificar o trecho completo. Procedimento bastante comum no sampling da produção de rap. (N. da T.)
2 Ter o *nose open* (nariz aberto), tal como utilizado pelo rapper, é uma gíria para dizer que a paixão por algo pode levar você a fazer qualquer coisa. No contexto da frase, *nose open* se refere a sua paixão pelo rap. (N. da T.)

Hortelino Troca-Letra (Elmer Fudd) "Oooh, estou viajando!", com uma voz similar, junto de uma série de referências quase surreais, em forma de colagens, ao Pernalonga e a outras personagens da televisão. Ao mesmo tempo, as histórias, as ideias e os pensamentos articulados nas letras de rap invocam e revisam elementos estilísticos e temáticos profundamente ligados a inúmeras formas de narrativas da cultura negra, principalmente o *toasting* e o blues. Ice-T e Big Daddy Kane prestam aberta homenagem a Rudy Ray Moore como "Dolemite"; Roxanne Shante saúda Millie Jackson; a sabedoria popular negra e as narrativas populares ganham vida e novos significados na cultura contemporânea.

As histórias do rap continuam a articular as mudanças de termos da marginalidade negra na cultura estadunidense contemporânea. Mesmo quando os rappers alcançam o que parece ser um *status* central na cultura comercial, eles são muito mais vulneráveis às medidas da censura do que os artistas brancos de rock em grande evidência, e continuam a experienciar o impacto do sistema de *plantation* enfrentado pela maioria dos artistas nas indústrias da música e do esporte. Até quando eles têm dificuldades com a tensão entre a fama e a atração gravitacional do rap em direção às narrativas urbanas locais, na maior parte das vezes, os rappers continuam a criar histórias criativas que representam as fantasias, as perspectivas e as experiências de marginalidade racial nos EUA. O rap passou relativamente despercebido pela música *mainstream* e pelas indústrias da cultura popular até que a empresária musical independente Sylvia Robinson lançou "Rapper's Delight", em 1979. Ao longo dos cinco anos seguintes, o rap foi "descoberto" pela indústria da música, pela mídia impressa, pela indústria da moda e pela indústria cinematográfica, e cada uma delas se apressou em lucrar com o que era considerado uma moda passageira. Durante os mesmos anos, Run DMC (que recebeu o primeiro disco de ouro de rap, "Run DMC", em 1984), Whodini e o Fat Boys se tornaram símbolos de maior sucesso comercial dos sons e do estilo do rap.

Em 1987 o rap tinha sobrevivido a vários golpes de misericórdia, deboche de Hollywood e proibições nas rádios, e continuou a gerar novos artistas como Public Enemy, Eric B. & Rakim e L.L. Cool J. Ao

VOZES MARGINAIS

mesmo tempo, as rappers, como MC Lyte e Salt-N-Pepa, encorajadas pelos então recentes sucessos de Roxanne Shante, incursionaram no emergente público comercial de rap. Entre 1987 e 1990, ocorreu uma série de mudanças na crítica musical e na indústria. Public Enemy foi o primeiro grupo de rap a se tornar uma grande estrela, e a atenção da mídia às suas articulações políticas nacionalistas negras se intensificou. O sucesso da divertida afrocentricidade de De La Soul, a paródia irônica da masculinidade agressiva do rap e a manipulação da cultura televisiva dos EUA estimularam o coletivo de rap Native Tongues, que abriu as portas para futuros grupos como A Tribe Called Quest, Queen Latifah, Brand Nubian e Black Sheep. Ice-T inseriu o estilo *gangsta rap* de Los Angeles no mapa nacional, o que incentivou o surgimento de NWA, Ice Cube, Too Short e outros.

No nível da indústria, os impactos da penetração do rap foram generalizados. O uso comercialmente bem-sucedido pelo cineasta negro Spike Lee de *b-boys*, *b-girls*, da música e do estilo hip-hop na temática urbana contemporânea como temas principais em *Ela Quer Tudo* e *Faça a Coisa Certa* impulsionou a nova onda de homens negros do gueto nos filmes de Hollywood, especialmente, *Colors: As Cores da Violência*, *New Jack City: A Gangue Brutal*, *Boyz in the Hood: Os Donos da Rua*, *Juice and Menace II Society*. Em 1989, a MTV começou a exibir o rap de modo relativamente regular, e vendas multimilionárias de Beastie Boys, Tone Loc, MC Hammer e Vanilla Ice convenceram os executivos da indústria musical de que o rap, apesar de toda sua "negritude" quanto à atitude, estilo, discurso, música e temáticas, era um enorme sucesso entre os adolescentes brancos.

O discurso cultural negro do rap e seu foco em identidades marginais podem parecer estar em oposição ao seu apelo transversal para pessoas de diferentes grupos raciais ou étnicos e posições sociais. Como esse diálogo público negro pode falar aos milhares de meninos e meninas da juventude branca suburbana fundamentais ao sucesso de vendas de muitas das mais proeminentes estrelas do rap? Como posso sugerir que o rap esteja comprometido cultural e emocionalmente com o ritmo, as diversões e os problemas da vida negra urbana diante de um círculo tão diverso?

A sugestão de que o rap é um idioma negro que prioriza a cultura negra e articula os problemas da vida urbana negra não rejeita o prazer e a participação dos outros. Na verdade, muitas músicas negras antes do rap (por exemplo, blues, jazz, rock and roll antigo) também se tornaram músicas populares estadunidenses precisamente por causa da extensa participação de brancos. A população branca estadunidense sempre teve profundo interesse pela cultura negra.

Consequentemente, o fato de que um número significativo de adolescentes brancos se tornou fã de rap é bastante coerente com a história da música negra nos EUA e não deve ser equiparado a uma mudança no foco discursivo ou estilístico do rap, distante do gosto negro e dos fãs negros. No entanto, a extensa participação branca na cultura negra sempre envolveu apropriação e tentativas de recuperação ideológica da resistência cultural negra. A cultura negra nos EUA sempre teve elementos que têm sido pelo menos bifocais – falam tanto para um público negro quanto para um contexto maior, predominantemente branco. O rap compartilha dessa história de interação com muitas tradições orais e musicais negras anteriores.

Como as gerações anteriores de adolescentes brancos, os jovens fãs de rap estão ouvindo a cultura negra, fascinados por suas diferenças, atraídos pelas construções sociais da cultura negra como uma narrativa proibida, como um símbolo de rebelião. O estudo de jazz de Kathy Ogren na década de 1920 mostra os grandes esforços feitos por artistas e fãs brancos para imitar o jazz, estilos de dança e linguagem, bem como o alerta que tal fascínio causou em parte das autoridades locais e nas do Estado. O estudo de Lewis Erenberg sobre o desenvolvimento do cabaré ilustra a centralidade do jazz para os receios sobre a negritude, associados à crescente cultura da vida noturna urbana. Existem também vários casos semelhantes com o rock 'n' roll[3].

O fascínio pela cultura afro-estadunidense não é novidade. Tampouco a dinâmica e a política de gosto que atravessam as "fronteiras" culturais em sociedades segregadas podem ser ignoradas. Jazz, rock 'n' roll, soul e R&B têm, cada um, amplo e fiel público branco que

---

3 Para discussões sobre a política da música negra nos EUA, ver: K.J. Ogren, *The Jazz Revolution*; L.A. Erenberg, *Steppin' Out*; N. George, *The Death of Rhythm and Blues*; L. Jones, *Blues People*.

VOZES MARGINAIS

em grande parte compartilha características com "White Negroes" de Norman Mailer[4] – jovens ouvintes brancos tentando aperfeiçoar um modelo correto de elegância branca, frescura e estilo adotando a mais recente moda e imagem negras. O prazer genuíno e o compromisso dos jovens ouvintes brancos com a música negra são necessariamente afetados pelos discursos raciais dominantes sobre os afro-estadunidenses, a política de segregação racial e as diferenças culturais nos EUA. Dado o contexto racialmente discriminatório dentro do qual ocorre o sincretismo cultural, alguns rappers equiparam a participação branca a um processo de diluição e subsequente usurpação da cultura negra. Embora os termos diluição e usurpação não capturem a complexidade da incorporação e do sincretismo cultural, essa interpretação contém mais do que um grau de verdade. Há evidências abundantes de que artistas brancos que imitam estilos negros têm maiores oportunidades econômicas e acesso a públicos mais amplos do que os pioneiros negros. Relatos históricos dos gêneros musicais muitas vezes posicionam esses artistas posteriormente mais conhecidos como as figuras centrais, apagando ou marginalizando os artistas e os contextos nos quais o gênero se desenvolveu. O processo de incorporação e marginalização dos profissionais negros também tem fomentado o desenvolvimento de formas e práticas negras cada vez menos acessíveis, formas que exigem maior conhecimento da linguagem e dos estilos negros para serem realizadas. O *bebop*, com sua linguagem particular e seu "som deliberadamente áspero e antiassimilacionista", é um exemplo claro de resposta para a continuidade da lógica do sistema de *plantation* na cultura estadunidense[5]. Além do mero prazer que os músicos negros obtêm desenvolvendo um estilo novo e excitante, essas reações culturais negras à cultura estadunidense sugerem uma reconquista da definição de negritude e uma tentativa de manter o controle estético sobre as formas culturais negras. Na década de 1980, a reivindicação da negritude no campo popular se torna mais complexa, diante do

---

4 A autora faz referência ao livro *The White Negro*, do escritor e jornalista estadunidense Norman Mailer (1923-2007). (N. da T.)
5 L. Jones, *Blues People*, p. 181.

acesso às novas tecnologias de reprodução e de relações corporativas que se modificaram na indústria musical.

O rap, em muitos aspectos, seguiu os padrões de outras músicas populares negras, no sentido de que, no início, ele foi fortemente rejeitado pelos ouvintes de classe média negra e branca; a suposição era a de que ele seria um modismo efêmero; a grande indústria fonográfica e as estações de rádio o rejeitaram; seu marketing foi iniciado por empreendedores independentes e selos independentes; e uma vez estabelecido um pouco de viabilidade comercial, as grandes gravadoras tentaram dominar a produção e distribuição. Esses padrões relacionados ao rap foram ampliados pela consolidação da indústria da música em geral no final dos anos 1970, que proporcionou às grandes corporações fonográficas maior controle sobre o mercado. Em 1990, quase todas as grandes redes de distribuição de lojas de discos são controladas praticamente por seis grandes gravadoras: CBS, Polygram, Warner, BMG, Capitol-EMI e MCA[6].

No entanto, três fatores tornam a consolidação da indústria musical e o controle sobre a distribuição mais complexos: a expansão do acesso local à TV a cabo, equipamento sofisticado e acessível de mixagem, produção e cópia, e uma nova relação entre as grandes gravadoras e os selos independentes. Antigamente, quando os selos independentes mantiveram o surgimento de novos gêneros em contraste com a rejeição da indústria, a eventual absorção desses gêneros por gravadoras maiores sinalizou a dissolução das gravadoras independentes. No início dos anos 1980, depois que o rap motivou o crescimento de novas gravadoras independentes, as grandes gravadoras avançaram e tentaram dominar o mercado, mas não conseguiram consolidar seus esforços. Os artistas assinaram com gravadoras independentes, especialmente Tommy Boy, Profile e Def Jam continuaram a prosperar, enquanto os contratos assinados diretamente com as seis *majors* não puderam produzir vendas comparáveis. Ficou claro que as gravadoras independentes tinham uma compreensão muito maior da lógica cultural do hip-hop e do rap, uma lógica que permeou decisões que iam desde assinar contratos até os métodos promocionais.

---

6 Ver R. Sanjek; D. Sanjek, *American Popular Music Business in the 20th Century*.

VOZES MARGINAIS

Em vez de competirem com gravadoras menores, com selos com mais experiência das ruas para as práticas de novos raps, as grandes gravadoras desenvolveram uma nova estratégia: comprar as independentes, permitir que elas operassem de forma relativamente autônoma e fornecer a elas recursos de produção e acesso à grande distribuição no mercado[7]. Desde o surgimento do Public Enemy e seu significativo sucesso no cruzamento de gêneros musicais no final dos anos 1980, os rappers geralmente têm assinado contratos com gravadoras independentes (ocasionalmente de propriedade de negros e às vezes em seus selos próprios), e comercializado e distribuído por uma das seis grandes gravadoras. Nesse acordo, as seis *majors* colhem os benefícios de um gênero que pode ser comercializado com pouco investimento inicial de capital, e os artistas normalmente ficam satisfeitos por terem acesso às grandes gravadoras e redes de lojas de CDs que, de outro modo, jamais considerariam fomentar seus trabalhos.

Nos anos 1980, o impacto dos avanços tecnológicos em produtos eletrônicos expandiu significativamente o acesso a equipamentos de mixagem, dublagem e cópia para consumidores e vendedores negros. Claramente, esses avanços proporcionaram aos aspirantes a músicos maior acesso a equipamentos de gravação e cópia com gastos menores. Eles também melhoraram substancialmente o mercado ilegal de cópias de música popular a um custo reduzido. (As fitas cassetes gravadas ilegalmente custam aproximadamente cinco dólares, metade do custo das edições das gravadoras.) Essas fitas de qualidade inferior são geralmente vendidas em comunidades mais pobres e densamente povoadas, onde o custo reduzido é um fator crucial para as vendas. O rap é um gênero particularmente popular para gravações piratas em centros urbanos[8].

Embora os efetivos dados demográficos das vendas de rap não estejam disponíveis, os números crescentes de vendagem de músicos de rap (vários artistas proeminentes vendem mais de quinhentos mil unidades por álbum) sugerem que os consumidores adolescentes

---

7 R. Garofalo, Crossing Over: 1939-1989, em J. L. Dates; W. Barlow (eds.), *Split Image*, p. 57-121.

8 Nos últimos três New Music Seminars, em Nova York, os painéis foram dedicados à questão das vendas de discos piratas e seus efeitos nas vendas de rap.

brancos têm crescido continuamente desde o surgimento do Public Enemy em 1988[9]. Os consumidores adolescentes de rap, brancos de classe média, parecem constituir um público cada vez mais significativo. Isso pode ser inferido pelas vendas locais por meio de pesquisas de mercado e *soundscan*, um novo sistema eletrônico de varredura instalado principalmente em grandes redes de lojas suburbanas de música. É bem possível, no entanto, que a porcentagem de consumidores brancos de rap em relação às vendas totais esteja sendo desproporcionalmente representada, porque as vendas piratas nas ruas, associadas com as limitadas redes de lojas de música em comunidades pobres, tornam muito difícil avaliar os dados demográficos das efetivas vendas de rap aos consumidores negros urbanos e hispânicos. Além dos inconsistentes números de vendas, os consumidores negros adolescentes de rap também podem ter um "índice de repasse" mais alto, ou seja, o índice no qual um produto comprado é compartilhado entre os consumidores. James Bernard, editor da *The Source* (grande revista de cultura hip-hop com um público de leitores negros predominantemente adolescente), afirmou em nossas conversas que o índice de repasse da publicação é de aproximadamente uma compra para cada 1.115 leitores. De acordo com Bernard, esse índice é pelo menos de três a quatro vezes maior do que a média de repasse da indústria de revistas. É possível, então, que um índice de repasse semelhante exista entre o consumo de CDs e fitas cassetes de rap, especialmente entre consumidores com renda mais baixa.

Durante os anos 1980, a televisão a cabo explodiu e teve um efeito significativo na indústria musical e sobre o rap. Lançada em agosto

---

9 Embora tenham surgido algumas evidências de que mais adultos estão comprando rap, ele ainda é predominantemente consumido por adolescentes e jovens adultos. Ver J. McAdams; D. Russell, Rap Breaking Through to Adult Market, *Hollywood Reporter*, 19 Sept. 1991, p. 4-20. Chuck D e Ice-T afirmam que adolescentes brancos consomem aproximadamente 50% a 70% de rap. Ice-T afirma que "mais de 50% vão para garotos brancos. Garotos negros compram os discos, mas os garotos brancos compram a fita cassete, o CD, o álbum, a jaqueta da turnê, os chapéus, tudo. Garotos negros podem comprar apenas pirataria na rua. É só por questão de economia". A. Light, Ice-T, *Rolling Stone*, 20 Aug. 1992, p. 31-32, 60. Minha pesquisa não produziu nenhuma fonte para essas estatísticas além de especulação. Além disso, esses rappers podem estar se referindo especificamente à sua base de fãs; Ice-T e Public Enemy são conhecidos por misturar rock e rap, tornando mais provável que consumidores brancos se sintam atraídos por seu trabalho.

20

de 1981 pela Warner Communications e pela American Express Company, a MTV se tornou o canal a cabo que cresceu mais rápido e, como aponta o historiador musical Reebee Garofalo, "logo se tornou o modo mais eficaz para um disco obter visibilidade nacional"[10]. Usando sua programação voltada ao rock e a um público adolescente branco como explicação para a recusa quase total de reproduzir vídeos de artistas negros (uma vez pressionados, eles inseriram Michael Jackson e Prince), a MTV finalmente aderiu à onda do rap. Foi somente em 1989, com o piloto do programa "Yo! MTV Raps", que alguns artistas negros começaram a aparecer na MTV regularmente. Como relatou Jamie Malanowski, a partir de então, o "'Yo MTV Raps' [se tornou] um dos programas mais populares da MTV, é muito barato para produzir e, praticamente sozinho, tem afastado da gigante rede de formação de gostos a reputação de não tocar artistas negros"[11].

Desde 1989, a MTV descobriu que artistas negros em vários gêneros são comercializáveis para adolescentes suburbanos brancos e revisou drasticamente sua programação para incluir shows diários de rap, Street Block (*dance music*)[12] e a alternância de vários artistas negros fora dos períodos de gêneros musicais específicos. No entanto, a exclusão anterior de artistas negros pela MTV em meados da década de 1980 inspirou outros canais a cabo a programarem vídeos de música negra. A Black Entertainment Television (BET), a mais notável alternativa à MTV, continua a transmitir uma grande variedade de videoclipes de artistas negros como um de seus pilares de programação. Os programas locais e comissionados (por exemplo, "Pump It Up!", com sede em Los Angeles, e "Video Music Box", com sede em Nova York) continuam a reproduzir vídeos de rap, especialmente com orçamento mais baixo, e vídeos de rap negro agressivamente nacionalistas, considerados muito raivosos ou muito antibrancos para a MTV.

---

10 R. Garofalo, op. cit., p. 108. Ver também S. Denisoff, *Inside MTV*.
11 J. Malanowski, Top Hip-Hop, *Rolling Stone*, 13 July 1989, p. 77-78.
12 *Street Block* (*dance music*) refere-se a encontros na rua onde as pessoas dançam ao som da música. Trata-se de uma dança criada inicialmente pelos breakers, ganhando projeção nas disputas e performances de suas festas. (N. da T.)

O sucesso da MTV criou um ambiente em que a recepção e a comercialização de música são quase sinônimo de produção de videoclipes. Os debates dos fãs sobre canções populares e as histórias que contam são frequentemente acompanhados por uma leitura da interpretação da canção no videoclipe. O videoclipe colabora na produção da música popular; ele revisa significados, fornece interpretações ideais das letras, cria um contexto estilístico e material para a recepção e valoriza a presença icônica do artista. Poderíamos, todavia, imaginar e entender o significado da presença de Michael Jackson como um ícone cultural popular sem interpretar as narrativas de seus videoclipes? O mesmo vale para Madonna, Janet Jackson, U2, Whitney Houston, Nirvana, Guns N' Roses, entre outros. A visualização da música tem efeitos mais profundos nas culturas musicais e na cultura popular em geral, como também, – e não menos – no aumento das interpretações visuais das relações sexistas de poder, da forma da narrativa visual, do foco elevado na aparência do cantor em vez de como ele ou ela toca, da necessidade de criar uma imagem para acompanhar a sua música e de uma pressão cada vez maior para obedecer às regras corporativas de formatação do gênero musical.

A relevância do videoclipe em face da criação ou recepção da música popular é ainda maior no caso do rap. Como a grande maioria do rap (exceto pelo *superstar* ocasional) foi praticamente excluída da programação de rádio negra – representativas rádios negras afirmam que o rap espanta a publicidade de alta qualidade – e devido a seu acesso limitado às grandes salas de espetáculo, o videoclipe tem sido uma saída crucial para o público de rap e a visibilidade do artista. Os vídeos de rap orientaram o estilo e a estética cultural do hip-hop e facilitaram um diálogo entre bairros e países (transnacional?) em um meio social altamente segregado pela classe e pela raça.

O surgimento do videoclipe de rap também abriu um cenário criativo até então inexistente para artistas visuais negros. Ele proporcionou um espaço criativo e comercialmente viável onde filme, vídeo, cenografia, figurino, equipe técnica e estagiários negros podem obter experiência e conexões decisivas para iniciar no mundo da produção de vídeo e filme. Antes da produção de videoclipes para músicos negros, esses espaços de treinamento, embora abusivos, eram praticamente inacessíveis aos técnicos negros. A explosão da produção de videoclipe – especialmente de artistas negros – gerou nos bastidores um conjunto de jovens trabalhadores negros qualificados não sindicalizados (a filiação sindical é predominantemente branca e masculina), que estão começando a ter um impacto nas atuais produções de filmes dirigidas por negros.

Filmagem no Gueto: Localizando a Produção de Videoclipes de Rap

O vídeo de rap também tem desenvolvido seu estilo específico e suas próprias convenções de gênero. Essas convenções tornam visíveis o estilo hip-hop e geralmente reafirmam as principais preocupações temáticas do rap: a identidade e o local. Ao longo da maior parte de sua breve história (a produção de vídeos de rap começou "para valer" em meados da década de 1980), os temas dos vídeos convergiram repetidamente em torno da representação do bairro de origem e da *posse*, *crew*[13], ou irmandade. Nada é mais central para as narrativas dos videoclipes de rap do que situar o rapper e a rapper em seu meio e entre sua *crew* ou *posse*. Ao contrário dos vídeos de heavy metal, por exemplo, que costumam usar sequências dramáticas de shows ao vivo e o palco como o local central, os vídeos de rap são ambientados em ônibus, metrôs, prédios abandonados e, quase sempre, em locais urbanos de maioria negra no centro da cidade. Isso geralmente envolve fotos abundantes das esquinas favoritas, cruzamentos, áreas de recreação, estacionamentos, pátios de escolas, lajes e amigos de infância. Quando perguntei ao experiente diretor de videoclipes Kevin Bray quais eram os três temas mais importantes no videoclipe de rap, sua resposta imediata foi: "Posse, posse e posse... Eles dirão: 'Quero que meu negócio esteja no meu bairro. Sim, temos este estacionamento antigo aonde eu costumava

---

13 *Crew* é a união de amigos em torno de alguma prática coletiva e/ou território (por exemplo, *crew* de grafite). *Posse* se assemelha a *crew*, geralmente formada por pessoas praticantes da cultura hip-hop que se engajam em causas políticas e sociais de interesse coletivo e que buscam melhorar as condições de vida em suas comunidades. (N. da T.)

© Lisa Leon

sair quando era criança.'"[14] O uso do bairro não é uma designação genérica; os vídeos apresentando os rappers do centro-sul de Los Angeles – como Ice Cube, Ice-T e NWA – muitas vezes capturam a especificidade regional dos aspectos territorial, étnico, climático e a faceta psicológica da marginalidade negra em Los Angeles, enquanto

---

[14] Entrevista de Rose com Kevin Bray, 18 mar. 1993. Kevin Bray dirigiu muitos vídeos de rap, alguns dos quais são bastante conhecidos e altamente considerados, incluindo: "Strobe Light Honey" e "Flavor of the Month", para o Black Sheep; "All for One", para o Brand Nubian; "Not Yet Free", para o Coup; "The Creator" e "Mecca and the Soul Brothers", para Pete Rock e C.L. Smooth; "I've Got the Power", para Chill Rob G; e "I Got To Have It", para Ed O.G. and the Bulldogs.

VOZES MARGINAIS

os vídeos do Naughty by Nature apresentam a especificidade do gueto de East Orange, Nova Jersey[15].

A ênfase dos rappers nas posses e nos bairros levou o gueto para a consciência pública, satisfazendo a profunda necessidade dos jovens negros pobres de terem os seus territórios reconhecidos, aceitos e celebrados. Essas são as esquinas e os bairros que normalmente servem como pano de fundo para crimes de rua no noticiário noturno. Poucas pessoas locais têm a oportunidade de falar, e seus pontos de vista estão sempre contidos em depoimentos de especialistas. Nos vídeos de rap, os jovens residentes – em sua maioria do sexo masculino – falam por si próprios e pela comunidade. Falam quando e da maneira que eles querem sobre assuntos de sua escolha. Essas cenas territoriais locais não são vozes isoladas; elas são vozes de várias margens sociais em diálogo umas com as outras. Como aponta Bray, "se você tem um artista de Detroit, a razão pela qual eles querem gravar pelo menos um vídeo em seu bairro é para fazer uma conexão com, digamos, um rapper da Costa Leste de Nova York. É o diálogo. É o diálogo entre eles sobre de onde eles vieram"[16].

No entanto, o retorno do gueto como uma narrativa popular negra central também preencheu as fantasias nacionais sobre a violência e o perigo que supostamente consomem as comunidades de cor mais pobres e economicamente mais frágeis. Alguns críticos conservadores como George Will confirmaram a "realidade" de algumas narrativas culturais populares dos guetos e usaram esse elogio como um trampolim para pedirem maior presença policial e políticas de invasão militar[17]. Em outros casos, como o do rapper branco Vanilla Ice,

---

15 Certamente, os vídeos de rap narram outros temas e situam os rappers em outros cenários e em cenários locais. Provavelmente, o próximo tema mais frequente de videoclipe de rap apresenta a objetificação dos corpos de mulheres jovens como um sinal do poder masculino. Alguns vídeos de rap são explícitas declarações políticas e sociais, outros são deslocamentos cômicos de rappers dos ambientes familiares e, cada vez mais, os vídeos de rap apresentam adereços abstratos e imagens que utilizam menos parâmetros específicos do local. No entanto, nenhum outro modelo ou local é tão recorrente e emocionalmente significativo quanto a representação do próprio território e da posse.
16 Entrevista de Rose com Bray.
17 G.F. Will, Therapy from a Sickening Film (Terapia de um Filme Doente), *Los Angeles Times*, 17 June 1993, p. B7. Esse artigo resenha a estreia de Hughes Brothers no filme *Perigo Para a Sociedade*.

o gueto é uma fonte fabricada de autenticidade branca. A controvérsia em torno de Ice, um dos artistas de rap de maior sucesso comercial, destaca o significado da "negritude do gueto" como um modelo de "autenticidade" e modernidade no rap. Durante o inverno de 1989, Vanilla Ice despertou a indignação da comunidade hip-hop não apenas por se promover com êxito como um rapper branco, mas também por "validar" seu sucesso com histórias sobre seus laços estreitos com bairros negros pobres, exibindo publicamente, do centro negro da cidade, as cicatrizes de sua luta. De acordo com Rob Tannenbaum, colunista do *Village Voice*, Robert Van Winkle (também conhecido como Vanilla Ice) disse a Stephen Holden do *The New York Times* que "ele 'cresceu no gueto', veio de um lar desfeito, andava principalmente com negros enquanto frequentava o mesmo colégio público de Miami que Luther Campbell, do 2 Live Crew, e quase foi morto em uma briga de gangue". Ken P. Perkins acusa, em uma história de primeira página no *Dallas Morning News*, protegida por direitos autorais, dentre outras coisas, que o Sr. Van Winkle é, em vez disso, um garoto de classe média de Dallas, Texas[18]. O desejo de Vanilla Ice de ser um "branco negro" (ou, como dizem alguns fãs negros e brancos de hip-hop, um *wigger* – um *white nigger*[19]), de "ser negro" para validar seu *status* de rapper, indica fortemente o grau em que a negritude da quebrada constitui um código essencial no rap. Vanilla Ice não apenas fingiu ser do gueto, mas também fingiu ter produzido a música de seu grande sucesso "Ice Ice Baby"[20]. Mantendo suas mentiras, ele

---

18 R. Tannenbaum, Sucker MC (MC Aproveitador), *Village Voice*, 4 Dec. 1990, p. 69. Ver a coluna de Stephen Holden, Pop Life, *The New York Times*, 17 Oct. 1990, p. C17, para os detalhes publicados da biografia fabricada. Após a história de Perkins e de outros, o publicitário de Ice revisou significativamente a biografia, admitindo que Vanilla Ice havia realmente crescido em Miami e Dallas, e excluiu todas as referências a Luther Campbell. Embora as biografias fabricadas de artistas não sejam incomuns, as afirmações de Vanilla Ice estão particularmente longe da verdade e, como Tannenbaum aponta, insultam as comunidades negras pobres.

19 O termo *wigger*, uma junção das palavras *white* e *nigger*, refere-se à pessoa branca que quer imitar a cultura negra, que pretende forjar uma identidade negra pela maneira como fala, se veste, age, seleciona a música que ouve etc. (N. da T.)

20 A canção "Ice Ice Baby", de Vanilla Ice, é um plágio da base de "Under Pressure", de 1981, da banda britânica Queen, em parceria com o também britânico David Bowie. Após o enorme sucesso do *single*, chegando ao primeiro lugar na UK Singles Chart, o hit foi incorporado ao álbum *Hot Space* (1982). "Ice Ice Baby" foi lançada apenas em

VOZES MARGINAIS

creditou apenas parcialmente – e não pagou os *royalties* – o amigo negro e produtor Mario Johnson, também conhecido como Chocolate (!). Ele não pagou os *royalties* a quem efetivamente escreveu a música "Ice Ice Baby" e algumas outras faixas do seu disco *To The Extreme*, premiado quinze vezes com platina. Depois de uma longa batalha judicial, Chocolate está sendo finalmente pago na íntegra[21]. Por trás desse ressurgimento do simbolismo e da representação do gueto negro há forças convergentes. Acima de tudo, o gueto existe para milhões de jovens negros e outras pessoas de cor – é um local social profundamente significativo. Usar o gueto como uma fonte de identidade – como diria o rapper Treach, se você não é do gueto, jamais venha para o gueto – compromete o estigma da pobreza e da marginalidade social. Ao mesmo tempo, a postura-performance de homem perigoso do gueto é um invólucro de proteção contra políticas sociais e ambientes físicos realmente inflexíveis e severos. A experiência também define como a atenção do público é mais facilmente atraída para atos, imagens e ameaças de violência masculina negra do que para qualquer outra forma de abordagem racial. O gueto produz uma variedade de significados para públicos diversos, mas isso não deve ser interpretado como se os significados e os usos intragrupo fossem menos importantes do que as recepções sociais mais amplas. Muitas vezes, o prazer branco voyeurístico pelas imagens culturais negras ou o papel dessas imagens para o desempenho das notícias midiáticas sobre a conjuntura do gueto são interpretados como o seu principal valor. Embora os rappers estejam cientes da diversidade de seu público e do contexto de recepção, os usos que fazem do gueto e de seus significados simbólicos são dirigidos principalmente a outros fãs negros de hip-hop. Se os espectadores adolescentes brancos e os adultos fossem o público preferido, então não importaria em qual esquina do gueto estariam enquadradas as imagens de Treach, do grupo de rap Naughty by

---

1990 com letra distinta. Tal fato resultou em uma longa batalha judicial entre o Queen e Vanilla Ice, que alega ter legitimidade quanto à autoria da canção. Ocorre que, com o sucesso do rap, Vanilla Ice conseguiu comprar os direitos autorais da música plagiada e ainda obter lucro com ambas as canções. (N. da T.)

21 J. Shecter, Chocolate Ties, *The Source*, July 1993, p. 18.

Nature, especialmente porque a maioria das representações culturais populares brancas da vida do gueto são destituídas de detalhes relevantes, texturas e complexidade. Ao contrário, as imagens do gueto no rap são muitas vezes intensamente específicas e localmente importantes, tornando o seu espectador preferido alguém que possa ler a centralidade do gueto com a sensibilidade do gueto.

O fato de que os desejos criativos dos rappers ou as demandas dos territórios são frequentemente representados nos videoclipes não deve levar ninguém a acreditar que os rappers controlem o processo do clipe. A produção de videoclipes é um processo complexo e altamente mediado, ditado pela gravadora e, às vezes, é um diálogo controverso com o empresário dos artistas, o diretor de vídeo escolhido e o produtor. Embora a grande maioria do orçamento da produção de videoclipes provenha dos *royalties* dos artistas (os orçamentos de vídeos de rap podem variar de cinco mil a cem mil dólares, com um vídeo custando em média cerca de quarenta mil dólares), o artista não tem muito controle sobre a tomada de decisão final a respeito do processo do vídeo. De um modo geral, uma vez escolhido o *single*, um grupo de diretores de videoclipes é solicitado pela gravadora, pela gerência e pelo artista para enviar ideias ou interpretações para o vídeo, e projeta-se uma estimativa do orçamento. Depois de ouvir o trabalho do rapper, os diretores de vídeo elaboram interpretações nas narrativas que geralmente se baseiam nos desejos dos artistas de rap, nos pontos fortes, no foco na temática das letras e na sensação da música, enquanto tentam incorporar seu ou sua própria capacidade técnica e estilos visuais preferidos. Assim que o diretor é selecionado, o ajuste e o orçamento são refinados, negociados, o elenco é escalado e o vídeo é produzido[22].

Nos primeiros anos de produção de vídeos de rap, as gravadoras eram menos preocupadas com o processo criativo do videoclipe, concedendo aos artistas e aos diretores maiores poderes de decisão no que diz respeito à criatividade. À medida que os rappers foram conquistando mais viabilidade econômica, as gravadoras tornaram-se

---

22 Agradeço especialmente à produtora Gina Harrell por sua ajuda na explicação deste processo.

VOZES MARGINAIS

cada vez mais invasivas na fase de edição, chegando ao ponto de fazerem exigências sobre a escolha do ângulo, área de filmagem e o sequenciamento das cenas. Essa intervenção foi facilitada pela crescente sofisticação das gravadoras sobre o processo de produção do vídeo. Recentemente, as gravadoras começaram a contratar ex-produtores de vídeo *freelancers* como comissários de vídeos, cuja familiaridade com o processo de produção ajuda as gravadoras a canalizar e restringir as decisões dos diretores, produtores e artistas. Para o veterano diretor de videoclipes Charles Stone, essas restrições comerciais definem, em última análise, o videoclipe como um produto comercial: "As expectativas comerciais sempre são uma tendência. Perguntas como se o artista está bem, e se a imagem dele está sendo representada sempre são parte de seu processo de tomada de decisão. Você tem que aprender como se proteger da excessiva interferência, mas sempre ocorre alguma negociação com as gravadoras e o empresário do artista."[23].

No gênero rap, com os estilos e os desejos dos artistas flanqueando um lado do processo criativo, e as preocupações de faturamento da gravadora e da gestão de marketing dos artistas segurando do outro, os diretores de videoclipes ficam com um espaço limitado para exercitar sua criatividade. Mesmo assim, eles encontram maneiras criativas de vincular letra e música e de entrar em diálogo com o trabalho dos rappers. Para Bray e outros diretores, os melhores vídeos têm a capacidade de oferecer novas interpretações após múltiplas visualizações, trazem a espontaneidade e a intertextualidade da música e, o mais importante, como descreve Bray, são "interpretações visuais sublimes das letras que funcionam como um outro instrumento no arranjo musical; o vídeo da música é um instrumento visual". Às vezes, essa instrumentação visual é uma improvisação

---

23 Entrevista com Charles S. Stone III, 15 jul. 1993. Stone, que dirige videoclipes há vários anos, especialmente de rap, é particularmente conhecido pelo uso criativo da animação e do humor em suas interpretações e conceitos de vídeo. Alguns de seus vídeos mais proeminentes e respeitados incluem "The Choice is Yours" para Black Sheep (que ganhou os prêmios de melhor vídeo de rap da MTV e do *The Source* em 1992); "911 is a Joke" para o Public Enemy; "Bonita Applebum" e "I Left My Wallet In El Segundo" para A Tribe Called Quest; "Blackman" para Tashan; "Funny Vibe" para Living Color; e "Sassy" para Neneh Cherry (com Guru).

29

temática sobre o referencial histórico sugerido pelos samples musicais. Portanto, um sample de buzina[24] de *cool jazz* pode evocar uma remodelação contemporânea de um clube de jazz ou uma coloração de *cool jazz* ou direção de arte. Stone frequentemente depende de texto e animação para produzir interpretações criativas de obras musicais. "Empregar a sobreposição de palavras", diz Stone, "é particularmente compatível com o uso da linguagem no rap. Ambos são usos francos e agressivos de palavras, e ambos brincam com os múltiplos significados das palavras. A utilização seletiva e não convencional de animação muitas vezes faz com que os rappers pareçam maiores do que a vida e possam enfatizar visualmente seus poderes super-heroicos sugeridos pela rima e pela performance.

Satisfazer as gravadoras, artistas e empresários é apenas metade da batalha; a MTV, o canal de vídeo mais poderoso, tem seus próprios padrões e diretrizes para a exibição de vídeos. De acordo com vários diretores, produtores e comissários de vídeo frustrados, essas diretrizes são inconsistentes e não foram escritas. A regra mais consistente é a lista do "absolutamente não" (que algumas pessoas afirmam ter sido subvertida por artistas, poderosos e gravadoras). A lista do "absolutamente não" inclui certos atos de violência, alguns tipos de nudez e sexo, palavrões e epítetos (por exemplo, "nigger" ou "vadia", independentemente de como essas palavras estão sendo usadas). A lista de palavras e ações censuradas se expande regularmente.

A produtora de vídeo independente Gina Harrell observa que o processo de estabelecimento de limites para a transmissão ocorre caso a caso. A MTV frequentemente recebe um rascunho a ser aprovado, como parte do processo de edição, para determinar se eles considerarão a exibição do vídeo. Frequentemente, várias mudanças – como reversões de palavras, cortes de cenas e reescritas das

---

24 No original, *horn*, que designa uma série de instrumentos aerofones, dentre eles o corne ou corno inglês (*english horn*), a trompa francesa (*french horn*), o *bass horn*, *fluggelhorn*, *alpenhorn* etc. Aqui, trata-se da *air horn* uma buzina aerofônica pressurizada a gás em uma lata de spray, associada ao reggae jamaicano e às casas de shows jamaicanas nas décadas de 1960 e 1970. Esse instrumento foi absorvido pela cena hip-hop da Costa Leste estadunidense a partir do final da década de 1980. (N. da T.)

letras – devem ser feitas para atender aos seus padrões: "Posteriormente, você termina com muito pouco para trabalhar. Há tanta censura agora e, por outro lado, os comissários de vídeo da gravadora estão muito mais exigentes sobre o que eles querem do resultado final. Isso estendeu o processo de edição e aumentou os custos de produção. Basicamente, há cozinheiros demais na cozinha." Não é surpresa a particular preocupação com a violência:

A questão policial realmente afetou o videoclipe de rap. Você não pode atirar em alguém em um vídeo, você pode segurar uma arma, mas você não pode mostrar para quem está apontando. Assim, você pode segurar uma arma em um enquadramento e, em seguida, cortar para a pessoa que está sendo baleada no próximo enquadramento, mas você não pode ter uma pessoa atirando em outra no mesmo enquadramento.[25]

Mesmo assim, muitos artistas se recusam a operar à moda da autocensura e continuam desafiando esses imprecisos limites impostos ao filmarem cenas que eles já esperam ser censuradas.

As políticas sexuais da MTV são igualmente imprecisas. Embora a MTV tenha transmitido um vídeo como "Rumpshaker" do grupo Wrecks-N-Effect, cujo conceito é uma série de closes e, às vezes, distorções ampliadas de mulheres negras de biquíni agitando seus seios e traseiros, esta se recusou a permitir que A Tribe Called Quest dissesse a palavra *profilática* na canção do vídeo "Bonita Applebum" – um comovente retrato romântico e atipicamente honesto do desejo e do namoro adolescente. A MTV negou o pedido de Stones para mostrar preservativos no vídeo, embora as referências moderadas ao sexo e seu tratamento no vídeo fossem apresentadas em uma linguagem sexual segura. Dado o poder dos conservadores culturais de "atacar o medo de Deus" nas empresas da indústria musical, a maioria dos produtores e diretores de vídeo está se preparando para futuras restrições.

---

25 Entrevista de Rose com Gina Harrell, 20 mar. 1993. Harrell é uma produtora de vídeo experiente que trabalhou em dezenas de videoclipes, comerciais e outros projetos.

O rap e seus vídeos têm sido erroneamente caracterizados como substancialmente sexistas, mas legitimamente criticados por seu sexismo. Estou totalmente frustrada, mas não surpresa, com a aparente necessidade de alguns rappers de elaborarem histórias artesanais e criativas sobre o abuso e a dominação de jovens mulheres negras. Talvez essas histórias sirvam para proteger os rapazes da real rejeição feminina; talvez, e mais provavelmente, contos de dominação sexual aliviem de modo ilusório a falta de autoestima deles e o acesso limitado a marcadores econômicos e sociais para o poder heterossexual masculino. Certamente, essas histórias são o reflexo do enraizado sexismo que permeia a estrutura cultural dos EUA. Entretanto, estou cansada das ações de revide carregadas de sexismo no rap: "Existem 'vadias' ou 'interesseiras' por aí, e é disso que se trata esse rap" ou "Isso é apenas uma história, *não quero dizer nada* com isso." Também fico impaciente com o silêncio covarde dos rappers que sei considerarem problemático esse aspecto no rap.

Por outro lado, dada a forma seletiva em que o tema do sexismo ocupa o diálogo público, sou muito cética quanto ao momento e à estratégica mobilização de revolta referente ao sexismo no rap. O tom de algumas respostas ao sexismo no rap sugere que os rappers contagiaram uma sociedade onde o sexismo não existia. Essas reações ao sexismo no rap negam a existência de uma vasta gama de práticas sociais sexistas aceitas, que compõem o modelo do adolescente masculino e que resultam em normas sociais aos comportamentos masculinos de adultos igualmente sexistas, embora geralmente sejam expressas com menos palavrões. Poucas análises populares do sexismo no rap parecem dispostas a confrontar o fato de que o abuso e o controle sexual e institucional sobre as mulheres são um componente fundamental do desenvolvimento de uma identidade heterossexual masculina. Em alguns casos, a música se tornou um bode expiatório que desvia a atenção do problema mais arraigado de redefinição dos termos da masculinidade heterossexual.

As letras sexistas no rap também fazem parte de um sexismo desenfreado e viciosamente normalizado que domina a cultura corporativa dos negócios da música. As mulheres não apenas enfrentam grandes desigualdades salariais, como também confrontam um extraordinário assédio sexual cotidiano. Os homens executivos esperam ter relações sexuais e sociais com as mulheres como uma das muitas vantagens do trabalho, e muitas mulheres, especialmente mulheres negras, não podem estabelecer autoridade com homens colegas de trabalho ou artistas, a menos que elas tenham o apoio de superiores masculinos. Produtoras independentes de vídeo não têm esse respaldo institucional e, portanto, enfrentam condições de trabalho excepcionalmente opressivas. Harrell deixou mais de um cargo por causa da explícita e recorrente pressão para dormir com seus superiores e considera, ainda, que o vídeo revela de modo mais imprevisível um assunto ofensivo e frustrante:

> Por exemplo, durante uma reunião com executivos da Def Jam em uma gravação de vídeo, um rapper muito famoso começou a levantar a barra da minha calça tentando se esfregar em minha perna. Dei um tapa na mão dele várias vezes. Mais tarde, ele subiu no palco mostrando a língua para mim de uma forma sexualmente provocativa – todos sabiam o que ele estava fazendo, ninguém disse uma palavra. Isso acontece bastante no mundo da música. Há vários anos, comecei a produzir vídeos para um diretor que deixou claro que eu não poderia continuar a trabalhar com ele a menos que dormisse com ele. Acho que as mulheres têm medo de responder juridicamente ou agressivamente, não só porque muitas de nós tememos recriminações profissionais, mas também porque muitas de nós fomos molestadas quando éramos crianças. Essas experiências complicam nossa capacidade de nos defender.[26]

Esses casos não são exceções à regra – eles são a regra. Até para mulheres próximas do topo na hierarquia empresarial. Como relata Carmen Ashhurst-Watson, presidente da Rush Communications (uma seção multimídia da Def Jam Records): "as coisas que Anita Hill disse ter ouvido de Clarence Thomas por um período de quatro anos, eu poderia ouvir em uma manhã"[27].

Os meios de comunicação de massa precisam ser desafiados a abrir um diálogo sobre as condições sexuais opressivas disseminadas

---

26 Entrevista de Rose com Gina Harrell, 20 mar. 1993.
27 Ver a entrevista de Tricia Rose com Carmem Ashhurst-Watson em Andrew Ross; Tricia Rose (eds.), *Microphone Fiends*.

na sociedade e propiciar uma discussão mais franca sobre práticas sexistas de gênero e rituais de relacionamento. Os termos identidades sexuais, opressão sexual e suas relações com uma variedade de formas de violência social precisam ser esclarecidos e examinados de perto. Basicamente, precisamos de mais discussões sobre sexo, sexismo e violência, não menos.

A MTV e o acesso à mídia que ela oferece é uma faceta complexa e em constante mudança dos meios de comunicação de massa, controlada por empresas da comunicação e da cultura. Recusar-se a participar do processo manipulador de obter acesso a vídeos, materiais de gravação e locais para se apresentar é como garantir um público insignificante e um impacto cultural marginal. Participar e tentar manipular os termos da cultura dos meios de comunicação de massa é uma faca de dois gumes: esta fornece canais de comunicação dentro de grupos amplamente díspares e entre eles, e requer compromissos que muitas vezes afirmam as próprias estruturas que grande parte da filosofia do rap parece determinada a subverter. A aceitação e o controle do rap pela MTV aumentaram drasticamente a visibilidade dos artistas de rap para adolescentes negros, brancos, asiáticos e latinos, mas também inspiraram grupos de censura anti-rap e alimentaram a fixação da mídia a respeito do rap e a violência.

O marketing comercial do rap representa um aspecto complexo e contraditório da natureza da expressão popular em uma sociedade da informação dominada por corporações. O rap e o estilo hip-hop tornaram-se partes comuns de campanha publicitária para McDonald's, Burger King, Coca-Cola, Pepsi, várias empresas de calçados esportivos, redes de lojas de roupas, MTV, campanhas antidrogas e outros esforços empresariais globais à exaustão. O rap tem crescido na multimilionária industira fonográfica, revista e na indústria de vídeo com rappers, DJs e artistas de renome mundial. Dominando as paradas da música negra, o rap e seus primos, como *Hip House*, *New Jack Swing* (um estilo de dança R&B com ritmos de rap e batidas de bateria), têm criado tendências para a música popular nos EUA e em todo o mundo. O estilo musical e visual do rap tem tido um impacto profundo em toda a música popular contemporânea. Os artistas do rock começaram a usar os samples e técnicas desenvolvidos por rappers; artistas altamente visíveis como Madonna, Janet Jackson e New Kids on the Block usam a moda do hip-hop, usam danças de hip-hop em seus shows, letras de rap e gírias em suas gravações.

Ainda, o rap também está na *Black American TV*, um local público e altamente acessível, onde – mesmo quando manipulados por interesses corporativos – perspectivas e significados negros podem ser compartilhados e validados entre o povo negro. O rap depende da tecnologia e da reprodução e distribuição em massa. Como observou Andrew Ross, a música popular é capaz de transmitir, disseminar e tornar "visíveis os significados 'negros', *precisamente por causa* de suas formas industriais de produção, distribuição e consumo – e não apesar delas"[28]. Essas tensões entre intimidade altamente pessoal, coloquial do rap e os massivos aparatos institucionais e tecnológicos dos quais as vozes do rap global dependem são cruciais ao hip-hop, à cultura negra e às culturas populares em todo o mundo no final do século XX.

Dentro dessas restrições comerciais, o rap oferece interpretações alternativas de importantes eventos sociais, como a Guerra do Golfo, o levante de Los Angeles, a brutalidade policial, as tentativas de censura e a educação comunitária. É o veículo cultural central para a reflexão social pública sobre temas como a pobreza, o medo da vida adulta, a busca por pais ausentes, as frustrações com o sexismo negro masculino, os desejos sexuais femininos, os rituais diários da vida como adolescente traficante desempregado, sexo seguro, puro ódio, violência e as memórias da infância. É também o lar de usos inovadores de estilo e linguagem, divertido e com encenações dramáticas inspiradas em *chitlin-circuit*[29] e narrativas obscenas. Em suma, é o vaso cultural, intelectual e espiritual contemporâneo mais

---

28 A. Ross, *No Respect*, p. 71.
29 Denominou-se *chitlin-circuit* os locais de apresentação nas áreas do Leste, Sul e Meio-Oeste dos EUA onde os músicos, comediantes e outros artistas afro-estadunidenses poderiam ser aceitos e se sentir seguros para se apresentarem durante a época da segregação racial do país, que se estendeu até a década de 1960. Os temas das apresentações eram predominantemente dramáticos e cômicos. (N. da T.)

© suekwon

dinâmico da parte negra dos EUA. A habilidade do rap de chamar a atenção da nação e de atrair multidões ao redor do mundo em lugares onde o inglês raramente é falado constitui elementos fascinantes do poder social do rap. Infelizmente, parte deste poder está ligado ao imperialismo cultural estadunidense, no sentido de que os rappers se beneficiam da exposição desproporcional de artistas dos EUA em todo o mundo, facilitada pela força de marketing da indústria musical. No entanto, o rap também atrai audiências internacionais porque é um poderoso conglomerado de vozes advindas das margens da sociedade estadunidense falando sobre assuntos a partir desse ponto de vista. O rap, como muitas formas culturais negras poderosas antes dela, ressoa para pessoas de contextos vastos e diversos. Os gritos de dor, raiva, desejo sexual e prazer que os rappers articulam falam aos numerosos fãs do hip-hop por razões diferentes. Para alguns, os rappers oferecem destrezas simbólicas, uma sensação de energia negra e criatividade em face das forças opressivas onipresentes; outros ouvem rap com atenção às vozes sufocadas dos oprimidos, na esperança de entender a grande, furiosa e "ininteligível" população dos EUA. Alguns ouvem os ritmos poderosos e de afirmação de vida da música, suas batidas altamente atrativas e as linhas de baixo estrondosas, deleitando-se com a sua energia, buscando força em sua presença catártica e eletrizante. A presença orquestrada (mas não criada) pela indústria global do rap ilustra o poder da sua linguagem e a proeminência das histórias de opressão e resistência criativa que a sua música e letras contam. O poder de atração do rap é precisamente o seu compromisso musical e narrativo com a juventude negra e a resistência cultural, e nada na sua posição comercial e no seu apelo intercultural contradiz esse fato. A marg(em)(inalidade) do rap está representada na reação contraditória que recebe na grande mídia estadunidense e na cultura popular. O rap é ao mesmo tempo parte do texto dominante e, ainda assim, está sempre nas margens deste texto; apoiando-se e comentando o texto do centro e sempre atento à sua proximidade com a fronteira.

O rap e a cultura hip-hop são formas culturais, políticas e comerciais e, para muitos jovens, são as principais janelas culturais, sonoras e linguísticas no mundo. Após os protestos em Los Angeles, o autor Mike Davis compareceu a uma reunião de trégua das gangues *Inglewood Crip* e *Blood*, na qual os membros expressaram testemunhos enfáticos e apelaram à unidade e à ação política. Descrevendo suas falas, Davis disse: "Esses caras foram muito eloquentes e falaram em um ritmo e numa eloquência de rap, o que acho que abalou as equipes brancas de televisão." Posteriormente, ele observou que a trégua das gangues e as lutas políticas articuladas nesse encontro foram "traduzidas na cultura musical [hip-hop]". O hip-hop, concluiu Davis, "é a matriz fundamental da autoexpressão para esta geração inteira"[30].

---

30 C. Katz; N. Smith, L.A. Intifada: Entrevista Com Mike Davis, *Social Text*, n. 33, p. 19-33.

2. "All Aboard the Night Train": Fluxo, Camada e Ruptura na Nova York Pós-Industrial

Got a bum education, double-digit inflation
Can't take the train to the job, there's a strike at the station
Don't push me cause I'm close to the edge
I'm tryin' not to lose my head
It's like a jungle sometimes it makes me wonder
How I keep from going under

"The Message"[1]

---

1 Tive uma educação ruim, inflação de dois dígitos / Não posso pegar o trem para o trabalho, tem uma greve na estação / Não me empurre porque estou no limite / Estou tentando não perder a cabeça / É como uma selva que às vezes me faz pensar / Como eu faço para não afundar. GrandMaster Flash and the Furious Five, *The Message*.

A vida nas margens dos EUA urbanos pós-industrial está inscrita no estilo, no som, nas letras e nas temáticas do hip-hop[2]. Situado na "encruzilhada entre a falta e o desejo", o hip-hop emerge durante o colapso da desindustrialização em que se encontram alienação social, imaginação profética e anseios[3]. O hip-hop é uma forma cultural que tenta negociar as experiências de marginalização, oportunidades brutalmente interrompidas e opressão dentro dos imperativos culturais da história, identidade e comunidade afro-estadunidense e caribenha. É o resultado da tensão entre

---

2 Adotei o uso do termo pós-industrial por Mollenkopf e Castells como meio de caracterizar a reestruturação econômica que ocorreu nos EUA urbanos nos últimos vinte e cinco anos. Ao definir o período contemporâneo nas economias urbanas como pós-industrial, Eles não estão sugerindo que a produção manufatureira tenha desaparecido, nem estão adotando a formulação de Daniel Bell de que "o conhecimento de alguma forma substituiu o capital como princípio organizador da economia". Em vez disso, Mollenkopf e Castells afirmam que seu uso de pós-industrial "captura um aspecto crucial de como as grandes cidades estão sendo transformadas: o emprego mudou maciçamente da manufatura para serviços corporativos, públicos e sem fins lucrativos; as ocupações também mudaram de trabalhadores manuais para gerentes, profissionais, secretárias e trabalhadores de serviço". Em J. Mollenkopf; M. Castells (eds.), *Dual City*, p. 6. Da mesma forma, essas novas realidades pós-industriais envolvendo o rápido movimento de capital, imagens e populações em todo o mundo também foram chamadas de "pós-fordismo" e "acumulação flexível". Ver D. Harvey, *Social Justice and the City*. Para uma elaboração do uso inicial do termo por Bell, ver D. Bell, *The Coming of Post-Industrial Society*.
3 H. Baker, *Blues, Ideology, and Afro-American Literature*, p. 7, 11, 150. A frase de Baker "encruzilhada de falta e desejo" é usada em referência ao blues. Apropriei-me aqui no contexto do hip-hop.

as fraturas culturais produzidas pela opressão pós-industrial e os laços que ligam a expressividade cultural negra que configura um quadro crítico para o desenvolvimento do hip-hop[4].

A dinâmica de tensões e contradições que configuram a cultura hip-hop pode confundir os esforços interpretativos até mesmo dos críticos e dos observadores mais qualificados. Alguns especialistas veem o hip-hop como uma prática essencialmente pós-moderna, e outros o veem como o atual sucessor das tradições orais pré-modernas. Há os que o celebram como uma crítica ao capitalismo de consumo, e aqueles que o condenam por sua cumplicidade com o mercado. Para um grupo de críticos entusiastas, o hip-hop combina elementos de discurso e som, de dança e exibição, que por meio da performance coloca em evidência novas identidades e as posições dos sujeitos. Contudo, para outro grupo igualmente vociferante o hip-hop apenas exibe de forma fantasmagórica a lógica cultural do capitalismo tardio. Pretendo demonstrar a importância de situar a cultura hip-hop no contexto de desindustrialização, afirmar que tanto o quadro interpretativo pós-moderno como o pré--moderno falham em fazer justiça às suas complexidades, e expor como as características principais do hip-hop – como fluxo, camada e ruptura – simultaneamente refletem e contestam os papéis sociais abertos aos jovens dos centros urbanos no final do século xx.

Organizado em um território urbano abandonado como um playground, o hip-hop transformou peças tecnológicas destinadas aos

---

4 Meus argumentos sobre as formações culturais afrodiaspóricas no hip-hop são relevantes para a cultura afro-estadunidenses, bem como as culturas afrodiaspóricas no Caribe de língua inglesa e espanhola, cada uma das quais com elementos culturais de origem africana proeminentes e significativos. Embora o rap – principalmente o rap inicial, seja dominada por negros que falam inglês – o grafite e o breakdance foram fortemente moldados e praticados por porto-riquenhos, dominicanos e outras comunidades caribenhas de língua espanhola que têm elementos afrodiaspóricos substanciais (o surgimento dos rappers *chicanos* ocorreu no final dos anos 1980 em Los Angeles). Consequentemente, minhas referências às comunidades caribenhas de língua espanhola não devem, de forma alguma, ser consideradas inconsistentes com minhas afirmações afrodiaspóricas mais amplas, particularmente aquelas que dominam os capítulos futuros dedicados especificamente ao rap. Trabalhos substanciais lançaram luz sobre o significado contínuo dos elementos culturais africanos na produção cultural nas nações de língua espanhola e inglesa do Caribe. Como exemplos, ver H.S. Klein, *African Slavery in Latin America and the Caribbean*; I.G. Van Sertimer, *They Came before Columbus*; e R.F. Thompson, *Flash of the Spirit*.

"ALL ABOARD THE NIGHT TRAIN"

lixos industrial e cultural em fontes de prazer e empoderamento. Essas transformações tornaram-se a base da imaginação digital em todo o mundo. Seus primeiros praticantes cresceram no final da Great Society[5], na decadência do breve compromisso dos EUA com os direitos civis dos negros e durante o início da era Reagan-Bush[6]. No hip-hop, essas partes, pessoas e instituições abandonadas foram aglutinadas e depois unidas não apenas como fontes de sobrevivência, mas como fontes de prazer.

O hip-hop replica e reimagina as experiências da vida urbana e se apropria simbolicamente do espaço urbano por meio de samples, atitude, dança, estilo e efeitos sonoros. Narrativas sobre metrô, *crews* e posses, barulhos urbanos, estagnação econômica, sinais estáticos e cruzados surgem das letras, sons e temas do hip-hop. Artistas de grafite pintam murais e *tags* nos trens, caminhões e playgrounds para reivindicar territórios e, em contrapartida, inscrever suas identidades contidas em espaços públicos[7]. Os primeiros breakers elaboraram danças com movimentos robóticos de inspiração tecnológica que envolviam giros de cabeça em calçadas de concreto, transformando as ruas num espaço teatralmente amigável que serviu de centros improvisados para a juventude. O mimetismo robótico e elétrico dos dançarinos e as caracterizações de transformação das identidades prenunciaram o efeito fluido e chocante da metamorfose, um efeito visual que ficou famoso em *O Exterminador do Futuro 2*[8]. Os DJS que iniciaram as festas de rua espontâneas conectando toca-discos e caixas de som personalizados e improvisados às fontes públicas de luz ressignificaram o uso

---

5 Great Society foi um programa nacional dos Estados Unidos da América na década de 1960 que buscou estabelecer uma agenda política para enfrentar a pobreza e a discriminação racial. Essa iniciativa teve como foco investimento nas áreas de educação, saúde, urbanização, transporte e combate à pobreza. (N. da T.)
6 Ver A.J. Matusow, *The Unravelling of America*.
7 No hip-hop, o trem serve tanto como meio de comunicação entre os bairros quanto como fonte de inspiração criativa. Big Daddy Kane diz que escreve suas melhores letras no metrô ou trem a caminho da casa da produtora Marly Marl. Ver B.M. Cooper, Raw Like Sushi, *Spin*, Mar. 1988, p. 28. Da mesma forma, Chuck D afirma que adora dirigir; que ele seria um motorista se o rap não desse certo. Ver R. Cristgau; G. Tate, Chuck D All over the Map, *Village Voice Rock 'n' Roll Quarterly*, v. 4, n. 3, p. 12-18.
8 *Morphing* é um efeito especial de computador que permite que qualquer imagem se transmute em outra aparentemente sem problemas.

das vias centrais, criaram centros comunitários "ao ar livre" nos bairros onde não havia nada. Os rappers pegaram e usaram os microfones como se a amplificação das vozes fosse uma fonte de vida. O hip-hop dá voz às tensões e às contradições do cenário público urbano durante um período de transformação substancial em Nova York e tenta se apoderar do território para fazê-lo funcionar em favor dos despossuídos. As tentativas do hip-hop de negociar com as novas condições econômicas e tecnológicas, assim como com os novos padrões de opressão de raça, classe e gênero nos EUA urbanos, apropriando-se de fachadas de metrô, ruas públicas, linguagem, estilo e tecnologia de sampling são apenas parte da história. A cultura e a música hip--hop também dependem de uma variedade de formas e práticas musicais, orais, visuais e de danças afro-caribenhas e afro-estadunidense, em face de uma ampla sociedade que raramente reconhece o significado afrodiaspórico de tais práticas. De fato, é a relação dinâmica e muitas vezes antagônica entre grandes forças sociais e políticas e as precedências culturais negras que fundamentalmente molda e define o hip-hop.

Em seus trabalhos sobre o blues, Houston A. Baker e Hazel Carby descrevem as formas em que vários temas e sons do gênero articulam raça, gênero e classe na vida negra rural no Sul, assim como o efeito da industrialização e da migração negra urbana ao norte. De modo similar, o trabalho de George Lipsitz sobre o rock 'n' roll demonstra como os padrões de migração trabalhista pós-Segunda Guerra Mundial, a urbanização, as políticas municipais e a tecnologia relacionados à guerra moldaram de forma crítica os sons e os temas na gênese desse gênero musical e as integrações culturais que o tornaram possível[9]. Ele também ilustra como o rock 'n' roll dependeu profundamente das estruturas musicais, dos dialetos e dos rituais de performance negros para produzir seu próprio léxico.

---

9 H. Baker, *Blues, Ideology, and Afro-American Literature*; H.V. Carby, "It Jus Be's Dat Way Sometime": The Sexual Politics of Women's Blues, *Radical America*, v. 20, n. 4, p. 9-22; G. Lipsitz, Cruising around the Historical Bloc: Postmodernism and Popular Music in East Los Angeles, *Time Passages*. Ver também L. Jones, *Blues People*, para uma análise polêmica, mas inovadora, da relação entre as forças econômicas e as formações culturais negras.

42

"ALL ABOARD THE NIGHT TRAIN"

É importante examinar como as formas musicais são moldadas pelas forças sociais, porque isso traz para o foco como a tecnologia e a economia contribuem significativamente para o desenvolvimento de formas culturais. Isso também lança luz tanto sobre aspectos historicamente específicos de expressões musicais (por exemplo, rock 'n' roll como um fenômeno pós-Segunda Guerra Mundial) quanto para as ligações estilísticas entre as formas musicais ao longo dos períodos históricos (por exemplo, mapeando o relacionamento entre rock 'n' roll e o blues). Em consonância com essa ideia, Andre Craddock-Willis situa quatro grandes formas musicais negras: o blues, o jazz, o R&B e o rap como expressões que emergem em relação às condições históricas significativas e à conexão entre afro-estadunidenses e o acentuado caráter político e social dos EUA. Ao vincular o jazz à segregação racial de fato, o R&B à persistente desigualdade que alimentou o movimento dos direitos civis, Willis situa esses gêneros musicais como formas culturais que em parte articulam as reações da comunidade a contextos políticos e sociais específicos. Também faz alusão aos pontos de continuidade entre essas e outras formas e práticas negras, tais como as tradições culturais, estilos e abordagens do som, movimento e ritmo que conectam o jazz ao blues e o blues ao rap[10].

Willis, contudo, aplica mal tal formulação quando trata do rap e de sua relação com a sociedade estadunidense contemporânea. Para ele, a característica distintiva do rap é seu *status* de forma pós-moderna cujas articulações contraditórias são um subproduto da condição pós-moderna. Ao descrever o rap como "uma expressão da complexidade da vida afro-estadunidense pós-moderna", Willis argumenta que a postura contraditória do rap em relação ao capitalismo, seu sexismo violento e outros elementos "não progressistas" são contradições pós-modernas não resolvidas que, uma vez resolvidas, permitirão que o rap tenha seu espaço "no *continuum* histórico da expressão musical negra".

---

10 A.C. Willis, Rap Music and the Black Musical Tradition, *Radical America*, v. 23, n. 4, p. 29-38. Willis se refere apenas ao rap, ele não situa a música na cultura hip-hop. Para um mapeamento elaborado das ligações entre as formas musicais negras, ver P.K. Maultsby, Africanisms in African-American Music, em J. E. Holloway (ed.), *Africanisms in American Culture*, p. 185-210.

Willis percebe as posições contraditórias do rap como contradições pós-modernas, mais do que uma expressão das desigualdades sociais e políticas e crenças de longa data. O autor situa as facetas "ruins" do rap como pontos de descontinuidade com as formas culturais negras precedentes e suas facetas "positivas" como pontos de continuidade, chegando a sugerir que, uma vez que essas forças do bem e do mal sejam trabalhadas e as positivas prevaleçam, o rap poderá "ocupar seu lugar no altar" da produção cultural negra emancipatória[11]. Existem pelo menos três problemas principais, ainda que familiares, com essa formulação. Primeiro, ela apaga vigorosamente a postura contraditória em relação ao capitalismo, ao sexismo violento e outros elementos "não progressistas" que sempre fizeram parte do jazz, do blues e do R&B, assim como de qualquer outra forma cultural não negra. Os primeiros *toasts* são tão vulgares e as letras de jazz e blues são tão sexistas como qualquer letra de rap contemporânea; o desejo de consumo articulado em algumas letras de blues e R&B rivaliza com a frequente obsessão pelo consumo que se nota no rap. É preciso ter lentes em tons de rosa profundo para não ver a abundante e persistente existência desses elementos "não progressistas" nas diversas expressões culturais.

Em segundo lugar, essa formulação se recusa, consequentemente, a compreender tais contradições como centrais ao hip-hop e às articulações culturais populares em geral. Os elementos libertários, visionários e politicamente progressistas do hip-hop estão profundamente conectados com os elementos regressivos que Willis acredita "que acabam com a tradição". Esse aspecto das contradições do hip-hop não é exclusivo da pós-modernidade, mas um aspecto central da expressão e do pensamento popular. Em outras palavras, as formas culturais detêm ideias culturais e formas de pensamento que já faziam parte da vida social. De fato, é essa contradição que faz a cultura ser coerente e relevante com a sociedade onde ela opera. É a natureza contraditória da diversão e da resistência social na esfera popular que deve ser confrontada, teorizada e compreendida – em vez de apagar ou rigidamente

---

11 Para uma crítica semelhante do olhar romântico de Willis sobre o blues, ver R.D.G. Kelley, Kickin' Reality, Kickin' Ballistics, em E. Perkins (ed.), *Droppin' Science*.

"ALL ABOARD THE NIGHT TRAIN"

rejeitar aquelas práticas que arruínam as nossas buscas por expressões culturais politicamente progressistas e puras[12].

Para finalizar, a identificação por Willis do rap como uma forma pós-moderna não é coerente com suas formulações prévias do jazz, blues e R&B como formas enraizadas em relações econômicas, relações de poder e na luta social. Para ser coerente com sua conexão histórica entre o jazz e a segregação de fato e entre o R&B e a "desumanização" que alimentou o movimento dos direitos civis, o autor deveria vincular o rap e o hip-hop ao processo de desindustrialização urbana nos anos 1970 e ao cenário pós-industrial urbano nos anos 1980, analisando o impacto desses períodos nas comunidades urbanas afro-estadunidenses.

Ao expandir o quadro de Willis para incluir o hip-hop, gostaria de reter sua formulação central; isto é, a tensão necessária entre a especificidade histórica da emergência do hip-hop e os pontos de continuidade entre hip-hop e as diversas formas, tradições e práticas afrodiaspóricas. O desenvolvimento do hip-hop em relação à política cultural de Nova York na década de 1970 não é diferente da relação entre outras expressões culturais importantes e os amplos contextos sociais em que surgiram. O hip-hop compartilha as qualidades experimentais e inovadoras que caracterizaram o rock 'n' roll, o blues e muitas outras formas culturais musicalmente fundamentadas que se desenvolveram em conjunturas de grandes transições sociais. Contudo, a emergência do estilo e do som do hip-hop não pode ser considerada um mero subproduto dessas amplas forças radicais. O hip-hop é impulsionado pelas tradições afrodiaspóricas. Continuidades estilísticas na dança, na articulação vocal e na instrumentação entre o rap, breakdancing, blues urbano, *bebop* e rock 'n' roll se movem dentro de junções históricas e amplas forças sociais, bem como entre elas, criando narrativas afrodiaspóricas que gerenciam e estabilizam essas transições[13].

Em uma tentativa de libertar o rap de sua identificação como um produto comercial pós-industrial e de situá-lo na história das

---

12 Ver S. Hall, Notes on Deconstructing "the Popular", em R. Samuel (ed.), *People's History and Socialist Theory*, p. 233.
13 Ver G. Lipsitz, *Time Passages*; W. Barlow, *Looking Up at Down*; H. Baker, *Blues, Ideology, and Afro-American Literature*.

45

respeitadas práticas culturais negras, diversas abordagens históricas sobre as raízes do rap consideram-no como uma extensão direta das tradições orais, poéticas e de protesto afro-estadunidenses, das quais ele é notadamente e substancialmente devedor. Essa explicação, que construiu pontes importantes entre o uso dos gêneros *boasting, signifying, preaching* pelo rap, e as tradições orais negras relacionadas anteriormente produziu pelo menos três efeitos problemáticos. Primeiro, reconstrói o rap como uma forma de poética oral singular que parece ter se desenvolvido de forma autônoma (por exemplo, fora da cultura hip-hop) na década de 1970; ao contrário, como aponta Garofalo, "o rap deve ser entendido como um elemento cultural dentro de um movimento social mais amplo conhecido como hip-hop"[14]. Em segundo lugar, marginaliza substancialmente a importância do rap. Os elementos musicais do rap e seu uso da tecnologia musical constituem aspectos cruciais ao desenvolvimento da forma e são absolutamente fundamentais para o desenvolvimento do hip-hop em geral. Terceiro, torna invisível o papel crucial da cidade pós-industrial na configuração e direção do rap e do hip-hop. Claramente, as raízes orais e de protesto do rap, o uso do *toasting, signifying, boasting* e tradições negras são vitalmente importantes; contudo, essas influências são apenas uma face do contexto de surgimento do rap. O contexto essencial para o desenvolvimento do rap é a cultura hip-hop, as tradições afrodiaspóricas que ele estende e reformula e o território urbano de Nova York na década de 1970[15].

---

14 R. Garofalo, Crossing Over: 1939-1989, em J. L. Dates; W. Barlow (eds.), *Split Image*, p. 57-121.

15 O uso do *boasting, toasting* e *signifying* na cultura hip hop contribui para perpetuar e reatualizar a tradição oral afro-estadunidense. O uso do *boast* no rap, também conhecido como Braggdocio, é a utilização de conteúdos no qual o MC se gaba (*boast/brag*) por alguma proeza, como, por exemplo, dizer que é o melhor MC do mundo, que tem o melhor carro etc. O conteúdo pode variar, mas sempre denota ostentação de algo ou alguém. Isso também pode estar combinado a insultos, depreciações e desprezos – o que culminou, em certa medida, na prática das batalhas de rima. O *toasting* é o ato de falar ou cantar sobre um ritmo ou batida, e foi desenvolvido na Jamaica durante a década de 1960. *Signifying* é um jogo de palavras. É uma prática na cultura afro-estadunidense que envolve uma estratégia verbal de explorar a lacuna entre os significados denotativo e figurativo das palavras. Um exemplo simples seria insultar alguém para mostrar afeto. *Signifying* direciona a atenção para o significado conotativo das palavras e vincula-se ao contexto da prática discursiva, que é acessível apenas para aqueles que

"ALL ABOARD THE NIGHT TRAIN"

Situar o surgimento do rap dentro do hip-hop não é simplesmente uma questão de precisão histórica. Se a especificidade do rap deve ser totalmente compreendida, a coerência do estilo hip-hop e como o rap se desenvolveu dentro dele é crucial. O contexto do hip-hop nos ajuda a demonstrar como o rap é distinto e se separa das outras categorias negras associadas, tais como o *toasting* e o *signifying*; e como suas colagens musicais – que particularidades que o diferem do jazz, R&B, disco e soul – se desenvolveram. Também possibilita uma compreensão mais rica das relações intertextuais entre grafite, rap e breakdance. Embora o rap seja claramente uma forma de protesto, chamá-lo de música de protesto não é um incentivo suficiente para o surgimento deste gênero musical e do hip-hop. Ter raiva e ser pobre não era novidade ou incomum para muitos afro-estadunidenses nos anos 1970. Além disso, como grande parte da história das práticas culturais negras tem sido desproporcionalmente explorada por pessoas do sexo masculino, os modelos de raízes orais e de protesto para compreender o desenvolvimento do rap referem-se à tradição acadêmica centrada no homem que, inadvertidamente, contribui para a análise contemporânea que marginaliza ainda mais as produções das mulheres[16]. As mulheres, embora em número menor que seus colegas homens, foram membras integrantes da cultura hip-hop muitos anos antes de "Rapper's Delight" colocar o rap no cenário dominante da música popular estadunidense. A política de gênero foi uma faceta importante para o desenvolvimento do hip-hop. Para finalizar – e mais importante para meus propósitos – uma análise sobre como e por que o hip-hop surgiu nos ajuda a entender a lógica do desenvolvimento do rap e conecta as qualidades intertextuais e dialógicas do rap ao diverso contexto cultural e social em que emerge.

---

compartilham os valores culturais de determinada comunidade de fala. *Preaching*, por sua vez, é uma prática de pregação pública que busca interpretar os acontecimentos, trazer esperança e provocar a transformação social. (N. da T.)

16 Para uma análise significativa que explore as questões de gênero e idade, ver C. Mitchell-Kernan, Signifying, em A. Dundes (ed.), *Mother Wit from the Laughing Barrel*, p. 310-328. Ver também H.L. Gates, Jr., *The Signifying Monkey*, p. 80-88, para um tratamento que explora o significado do trabalho de Mitchell-Kernan e gentilmente aponta as limitações de gênero de uma série de obras significativas sobre práticas orais negras.

As principais questões a considerar são: o que é a cultura hip-hop e o que contribui para seu surgimento? Quais são algumas das características estéticas e estilísticas do hip-hop? O que – especificamente, na cidade pós-industrial em geral e no âmbito social e político na década de 1970 em Nova York – contribui para o nascimento e a recepção inicial do hip-hop? Mesmo que os rappers de hoje reconstruam e redirecionem o rap, a maioria se entende como continuidade de uma tradição de estilo, atitude e forma que tem raízes críticas e fundamentais na cidade de Nova York dos anos 1970. Mudanças pós-industriais substanciais nas condições econômicas, acesso à habitação, demografia e redes de comunicação foram cruciais para a formação das condições que nutriram o teor cultural híbrido e sociopolítico das letras e da música do hip-hop.

Ainda assim, o hip-hop compartilha estilos e temas marcadamente similares com muitas das expressões musicais e culturais afrodiaspóricas do passado e contíguas. Esses temas e estilos, em grande parte, são reconstruídos e ressignificados com o uso de elementos culturais e tecnológicos contemporâneos. As formas centrais do hip-hop, o grafite, o breakdancing e o rap, desenvolveram-se umas em relação às outras e em relação à sociedade em geral. O restante deste capítulo é dedicado a oferecer uma compreensão mais aprofundada sobre as similaridades entre o hip-hop e outras formas culturais e sobre as especificidades do estilo do hip-hop conforme moldado pelas forças do mercado, pelas ideias culturais dominantes e pelo contexto urbano pós-industrial.

O Contexto Urbano

As condições pós-industriais que atravessam os centros urbanos nos EUA refletem uma configuração complexa das forças globais que continuam a moldar as metrópoles urbanas contemporâneas. O crescimento das redes multinacionais de telecomunicações, a competição econômica global, uma importante revolução tecnológica, a formação de novas divisões internacionais do trabalho, o crescimento do poder financeiro em relação à produção e os novos padrões de imigração das nações em industrialização no Terceiro Mundo contribuíram

"ALL ABOARD THE NIGHT TRAIN"

para a reestruturação social e econômica dos EUA urbanos. Essas forças globais tiveram um impacto direto e constante nas estruturas de oportunidades dos empregos urbanos, exacerbaram formas antigas de discriminação racial e de gênero de longa data, e contribuíram para aumentar o controle corporativo multinacional das condições de mercado e da saúde econômica nacional[17]. A reestruturação em larga escala dos espaços e do mercado de trabalho afetou muitas facetas da vida cotidiana. Isso colocou pressão adicional sobre as redes das comunidades locais e reduziu as já limitadas perspectivas de mobilidade social.

Nos anos 1970, as cidades de todo o país estavam perdendo gradualmente o financiamento federal para serviços sociais, as empresas de serviços de informação começaram a substituir as fábricas industriais e os construtores comerciais compravam imóveis para convertê-los em moradias de luxo – deixando os residentes da classe trabalhadora com habitação acessível limitada, encolhimento do mercado de trabalho e diminuição dos serviços sociais. Os bairros mais pobres e os grupos com pouco ou nenhum poder eram os menos protegidos e tinham as menores redes de segurança. Na década de 1980, as elites privilegiadas exibiram uma ganância descarada, já que suas estratégias para recuperar e reconstruir os negócios centrais e as zonas de turismo com subsídios federal e municipal exacerbaram as lacunas já existentes entre classes e raças.

Dado o *status* de Nova York como cidade central para o capital internacional e para serviços de informação, não surpreende que essas grandes mudanças estruturais e seus respectivos efeitos foram sentidos de forma rápida e intensa[18]. Como observa John

---

17 Ver J.H. Mollenkopf, *The Contested City*, especialmente p. 12-46, para uma discussão das maiores transformações do século XX nas cidades dos EUA ao longo da década de 1970 e no início de 1980. Ver também J. Mollenkopf; M. Castells (eds.), op. cit.

18 Não estou sugerindo que Nova York seja típica de todas as áreas urbanas, nem que as diferenças regionais sejam insignificantes. No entanto, as amplas transformações em discussão aqui foram sentidas em todas as principais cidades dos EUA, particularmente em Nova York e Los Angeles, a segunda maior cidade-centro do hip-hop, e enquadram criticamente as transições que, em parte, contribuíram para o surgimento do hip-hop. Em meados dos anos 1980, mudanças pós-industriais muito semelhantes nas oportunidades de emprego e serviços sociais nas áreas de Watts e Compton de Los Angeles tornaram--se o ímpeto para os *gangsta rappers* de Los Angeles. Como Robin Kelley observa: "A geração que atingiu a maioridade na década de 1980 – sob a era Reagan e Bush – foi

Mollenkopf, "durante os anos 1970, o sistema estadunidense de cidades passou por um divisor de águas. Nova York levou outras antigas áreas metropolitanas industriais ao declínio da população e do emprego"[19]. Os recursos federais que poderiam ter equilibrado esse processo foram diminuindo ao longo dos anos 1970. Em 1975, o veto inequívoco aos pedidos de socorro federal pelo presidente Ford[20] para que Nova York não declarasse falência a tornou um símbolo nacional para o destino das cidades mais antigas sob sua administração. A lendária manchete do *New York Daily News,* "Ford to New York: Drop Dead" (Ford Para Nova York: Colapso Mortal), capturou a essência e a natureza do veto à Ford e enviou uma mensagem contundente às cidades de todo o país[21]. Praticamente em falência, e em estado crítico de abandono, os administradores da cidade de Nova York e do Estado de Nova York finalmente negociaram um empréstimo federal, embora acompanhado de um pacote de cortes de serviços e com severas condições de pagamento. "Antes do final da crise", observa Daniel Walkowitz, "sessenta mil funcionários da cidade foram retirados da folha de pagamento, e os serviços sociais e públicos sofreram cortes drásticos. A cidade só evitou inadimplência quando o sindicato de professores permitiu que seu fundo de pensão se tornasse garantia para os empréstimos municipais"[22]. Os grandes cortes nos serviços sociais fizeram parte de uma tendência

---

produto de mudanças estruturais devastadoras na economia urbana que datam pelo menos do final dos anos 1960. Enquanto a cidade como um todo experimentou um crescimento sem precedentes, as comunidades de Watts e Compton enfrentaram um aumento do deslocamento econômico, fechamentos de fábricas e um aprofundamento sem precedentes da pobreza [...] Os desenvolvedores e o governo da cidade e do condado ajudaram no processo injetando capital maciço na suburbanização e, ao mesmo tempo, cortando gastos com parques, recreação e moradia acessível em comunidades do centro da cidade." R.D.G. Kelley, Kickin' Reality, Kickin' Ballistics, em E. Perkins (ed.), *Droppin' Science.* Ver também M. Davis, *City of Quartz.*

19 J. Mollenkopf, op. cit., p. 213.

20 Referência ao presidente dos EUA Gerald Rudolph Ford Jr., cujo mandato foi de 9 de agosto de 1974 a 20 de janeiro de 1977. (N. da. T.)

21 F. Van Riper, Ford to New York, *New York Daily News,* 30 Oct. 1975, p. 1.

22 D.J. Walkowitz, New York, em R. M. Bernard (ed.), *Snowbelt Cities,* p. 204. Walkowitz aponta que os "bancos municipais e detentores de títulos nunca perderam um centavo, e os bancos lucraram mais do que perderam, vendendo títulos antes do pânico em 1974 e recomprando em um mercado deflacionado em 1976". Ver também E. Lichten, *Class, Power and Austerity*; W. Tabb, *The Long Default.*

"ALL ABOARD THE NIGHT TRAIN"

maior de distribuição desigual de riqueza e foram acompanhados por uma crise imobiliária que se estendeu até a década de 1980. Entre os anos de 1978 e 1986, as pessoas que compunham o grupo dos 20% mais pobres experimentaram um declínio absoluto de suas rendas, enquanto os 20% mais ricos usufruíram da maior parte do crescimento econômico. Negros e hispânicos ocupavam desproporcionalmente este grupo mais pobre. Durante o mesmo período, 30% das famílias hispânicas de Nova York (40% para os porto-riquenhos) e 25% das famílias negras viviam na linha de pobreza ou abaixo dela. Desde essa época, as moradias de baixa renda foram desaparecendo, e negros e hispânicos passam a ter maior probabilidade de viver em espaços superlotados, dilapidados e degradados[23]. Não surpreende que este sério percurso tenha contribuído para o grande número de pessoas sem teto em Nova York.

Além dos problemas de habitação, Nova York e muitos grandes centros urbanos enfrentaram outras importantes forças econômicas e demográficas que sustentaram e exacerbaram desigualdades estruturais significativas. Embora os EUA urbanos sempre tenham sido social e economicamente divididos, essas divisões ganharam uma nova dimensão. Ao mesmo tempo que a hereditariedade racial e os novos padrões de imigração estavam remodelando a população e a força de trabalho da cidade, a estrutura ocupacional de uma economia de altos salários e empregos com base na fabricação, transporte, armazenamento e comércio por atacado é substituída por uma economia de baixos salários voltada para o setor de serviços, gerando novas formas de desigualdades. Como sugere Daniel Walkowitz, Nova York tornou-se "nitidamente dividida entre um grupo de colarinho branco afluente, tecnocrático e profissional que administra a vida financeira e comercial de uma cidade internacional, e desempregados e subempregados em um setor de serviços substancialmente negro e hispânico". As divisões iniciais da cidade eram predominantemente étnicas e econômicas. Hoje, "as divisões raciais e de gênero e a crescente predominância do trabalho do colarinho

---

23 P. Weitzman, *"Worlds Apart"*. Ver também T.J. Rosenberg, *Poverty in New York City*; R. Neuwirth, Housing after Koch, *Village Voice*, 7 Nov. 1989, p. 22-24.

branco de um lado e a falta de empregos do outro fizeram o mercado de trabalho de Nova York se parecer com o de uma cidade do Terceiro Mundo"[24]. Como Mollenkopf e Castells apontam, hoje, as etnias brancas de colarinho azul que foram o maior estrato social da década de 1950 diminuíram muito. Em seu lugar, emergem três novos grupos como estrato dominante. O maior grupo dos três é formado por profissionais e gerentes brancos do sexo masculino, seguidos por mulheres e negros ou latinos dos setores administrativos e trabalhadores do setor de serviços e, para finalizar, latinos e asiáticos trabalhadores da indústria. Nova York, conclui Mollenkopf, "passou de uma cidade relativamente rica e branca de colarinho azul para uma cidade de colarinho branco mais dividida economicamente e multirracial". Essa "periferia desorganizada" de funcionários públicos e trabalhadores da manufatura contribuiu para a consolidação do poder entre gerentes corporativos profissionais do colarinho branco, dando origem às enormes desigualdades vistas em Nova York[25].

Os imperativos comerciais dos EUA corporativos também minaram o processo de transmissão e compartilhamento de conhecimento local na metrópole urbana. O estudo de Ben Bagdikian, *O Monopólio da Mídia*, revela que as tendências monopolistas em empresas comerciais restringiram seriamente o acesso a um fluxo diversificado de informações. Por exemplo, os esforços de renovação urbana não apenas dispersaram as populações das regiões centrais para os subúrbios, mas também substituíram o comércio de rua pelas necessidades dos mercados metropolitanos. Os anunciantes direcionaram artigos de jornais e programas de televisão para o poder aquisitivo dos compradores suburbanos, criando uma dupla "crise de representação" no sentido de quais vidas e imagens eram estampadas fisicamente no jornal e cujos interesses eram representados nos corredores do poder[26]. Essas mudanças nos meios de comunicação e

---

24 D.J. Walkowitz, New York, em R. M. Bernard (ed.), op. cit., p. 190-191.

25 J. Mollenkopf; M. Castells (eds.), op. cit., p. 9. Ver também as partes 2 e 3 da coleção, que tratam de forma específica e mais detalhada as forças de transformação, gênero e os novos estratos ocupacionais.

26 B. Bagdikian, *The Media Monopoly*. Apesar das tendências de centralização de notícias e fontes de mídia e do fato de que grandes empresas de mídia corporativa se mostraram incapazes de servir a diversos grupos étnicos e raciais, um estudo recente

"ALL ABOARD THE NIGHT TRAIN"

na publicidade foram acompanhadas por uma revolução massiva nas telecomunicações da indústria de tratamento de informação.

Outrora domínio do governo, o processamento de informações e a tecnologia de comunicação passaram para o coração dos EUA corporativos. Como resultado da desregulamentação do governo nas comunicações por meio do colapso da AT&T em 1982, as indústrias de comunicação se consolidaram e se internacionalizaram. Hoje, as indústrias de telecomunicações são corporações globais de transmissão de dados que têm controle significativo sobre rádio, televisão, rede de tv a cabo, telefone, computador e outros sistemas eletrônicos de transmissão. A expansão das telecomunicações, juntamente com a consolidação corporativa, desmantelou as redes comunitárias locais e mudou de maneira irreversível os meios e o caráter da comunicação[27]. Desde meados da década de 1980, essas expansões e consolidações foram acompanhadas por uma onda gigantesca de produtos de comunicação amplamente disponíveis que revolucionaram as comunicações comerciais e pessoais. Máquinas de fax, bips conectados à rede por satélite, telefones sem fio, correio eletrônico, expansões de televisão a cabo, videocassetes, CDs, câmeras de vídeo, videogames e computadores pessoais transformaram drasticamente a velocidade e o caráter da fala e da comunicação visual e escrita.

As condições pós-industriais tiveram um efeito profundo nas comunidades negras e hispânicas[28]. A redução dos fundos federais e de moradias populares, as mudanças na estrutura ocupacional de manufatura do colarinho-azul para serviços corporativos e de informação, junto com padrões de comunicação locais desgastados, fizeram com que as novas populações de imigrantes e os residentes mais pobres da cidade pagassem o preço mais alto da desindustrialização e da reestruturação econômica. Essas comunidades são mais

---

sobre a estrutura da mídia de Nova York na década de 1980 sugere que uma ampla gama de fontes alternativas de mídia serve comunidades étnicas de Nova York. No entanto, o estudo também mostra que os nova-iorquinos negros têm menos sucesso em sustentar canais de mídia alternativos. Ver M. Moss; S. Ludwig, The Structure of the Media, em J. Mollenkopf; M. Castells, op. cit., p. 245-265.

27 Ver T. Forester, *High-Tech Society* e H. Schiller, *Culture, Inc.*

28 Ver J. Mollenkopf, op. cit.

suscetíveis aos *slumlords*[29], especuladores imobiliários, depósitos de lixo tóxico, centros de reabilitação de drogas, criminosos violentos, *redlining*[30], serviços e transporte inadequados. Isso também significa que as formas de ajuda e apoio comunitário para os grupos étnicos e a classe trabalhadora da cidade estavam se tornando cada vez menos eficazes contra essas novas condições.

No caso do sul do Bronx, que tem sido frequentemente apelidado de "casa da cultura hip-hop", as condições pós-industriais mais amplas foram agravadas por rupturas consideradas como um "efeito colateral inesperado" das extensas ações de «renovação urbana" politicamente motivadas. No início da década de 1970, esse projeto de renovação envolve deslocamentos massivos de pessoas de cor economicamente fragilizadas em diferentes áreas da cidade de Nova York para partes do sul do Bronx. A transição étnica e racial no sul do Bronx não foi um processo gradual que permitisse que instituições sociais e culturais já sobrecarregadas respondessem de forma segura; em vez disso, foi um processo brutal de destruição e realocação da comunidade executado por funcionários municipais e sob a direção do lendário Robert Moses.

Entre o final dos anos 1930 e o final dos anos 1960, Moses, um urbanista muito poderoso, executou vários projetos de obras públicas, rodovias, parques e projetos habitacionais que remodelaram significativamente o perfil da cidade de Nova York. Em 1959, as autoridades municipais, estaduais e federais começaram a implementação da sua planejada via expressa Cross-Bronx, que atravessou as áreas centrais da classe trabalhadora mais densamente povoadas do Bronx. A via expressa foi claramente projetada para ligar as comunidades de Nova Jersey e Long Island e para facilitar a comutação suburbana para a cidade de Nova York. Embora Moses pudesse modificar ligeiramente a sua rota para contornar comunidades residenciais étnicas e da classe

---

29 *Slumlords* são pessoas donas de propriedades em região pobre que não melhoram as condições da moradia, mas sempre exigem o pagamento do aluguel, independentemente da condição. (N. da T.)

30 *Redlining* é um tipo de prática racista realizada por bancos e funcionários do governo para demarcar áreas de uma cidade, principalmente aquelas ocupadas por minorias. (N. da T.)

"ALL ABOARD THE NIGHT TRAIN"

trabalhadora densamente povoadas, ele escolheu um caminho que exigiu a demolição de centenas de edifícios habitacionais e comerciais. Além disso, ao longo dos anos 1960 e início dos anos 1970, cerca de sessenta mil casas no Bronx foram demolidas. Designando essas antigas unidades habitacionais do colarinho azul como *slums*[31], o programa de Moses intitulado "I Slum Clearance" (Remoção dos *Slums*) forçou a realocação de 170 mil pessoas[32]. Esses "guetos" eram, na verdade, bairros estáveis densamente povoados, compostos principalmente por judeus de classe trabalhadora e de classe média baixa, mas também continham sólidos bairros italianos, alemães, irlandeses e negros. Embora os bairros sob ataque tivessem uma população judia significativa, residentes negros e porto-riquenhos foram desproporcionalmente afetados. Trinta e sete por cento dos residentes realocados não eram brancos. Isso, junto com a subsequente *white flight*[33], devastou as redes de parentesco e os serviços de bairro. Em *All That Is Solid Melts into Air* (Tudo Que É Sólido Desmancha no Ar), Marshall Berman reflete sobre a enorme interrupção que o projeto de Moses criou:

> Milhas de ruas ao longo da estrada estavam sufocadas com poeira, fumaça e barulho ensurdecedor [...] Apartamentos residenciais assentados e estáveis por mais de vinte anos esvaziados, muitas vezes durante a noite; famílias negras e hispânicas grandes e empobrecidas, fugindo de guetos ainda piores, foram transferidas em massa, muitas vezes sob os auspícios do Departamento de Bem-Estar, que até pagou aluguéis inflacionados, espalhando o pânico e acelerando

---

31 *Slum* não seria necessariamente traduzido como "gueto", uma vez que nos EUA um bairro ou uma região inteira podem ser um "gueto". Essa palavra se aplica mais à favela e ao cortiço, pois os *slums* são moradias de baixa renda aglomeradas. (N. da T.)

32 Estratégias semelhantes para renovação urbana por meio da demolição de guetos ocorreram em várias grandes metrópoles no final dos anos 1960 e 1970. Ver J. Mollenkopf, op. cit., especialmente o capítulo 4, que descreve processos semelhantes em Boston e San Francisco.

33 *White flight* é um fenômeno que acontece quando afro-estadunidenses migram para cidades ou regiões com população majoritariamente branca, o que leva as pessoas brancas, em um contexto de racismo, a se deslocar para outras áreas com menos habitantes negros. Como consequência, o setor imobiliário passa a adotar uma perspectiva racial sobre os territórios, barateando os imóveis de regiões que passam a denominar áreas "não brancas". (N. da T.)

55

a fuga [...] Assim despovoado, economicamente esgotado, emocionalmente abalado, o Bronx estava pronto para todas as temidas espirais da praga urbana.[34]

Entre o final da década de 1960 e meados da década de 1970, as taxas de desocupação na parte sul do Bronx, onde a demolição foi mais devastadora, dispararam. Proprietários desesperados venderam suas propriedades o mais rápido possível, geralmente para *slumlords* profissionais, o que acelerou a fuga de inquilinos brancos para as seções do norte do Bronx e para Westchester. Lojistas igualmente ansiosos venderam suas lojas e estabeleceram negócios em outros lugares. Ao anunciar a via expressa de Moses como um sinal de progresso e modernização, a administração da cidade não estava disposta a admitir a devastação que ocorrera. Como muitos de seus projetos de obras públicas, a via expressa Cross-Bronx de Moses atendeu os interesses das classes superiores em detrimento dos interesses dos pobres e intensificou o desenvolvimento das vastas desigualdades econômicas e sociais que caracterizam a Nova York contemporânea. Os residentes negros e hispânicos recentemente "realocados" no sul do Bronx ficaram com poucos recursos da cidade, liderança fragmentada e poder político limitado.

Os efeitos desastrosos dessas políticas da cidade passaram relativamente despercebidos na mídia até o ano de 1977, quando dois eventos críticos fixaram Nova York e o sul do Bronx como símbolos nacionais de ruína e isolamento. Durante o verão de 1977, uma extensa queda de energia isolou Nova York, e centenas de lojas foram saqueadas e vandalizadas. Os bairros mais pobres (as áreas do sul do Bronx, Bedford Stuyvesant, Brownsville e Crown Heights no Brooklyn, a área da Jamaica no Queens e o Harlem) – onde a maioria dos saques ocorreu – foram descritos pelos órgãos de mídia da cidade como zonas sem lei onde o crime é autorizado e o caos ferve logo abaixo da superfície. Em contraste, o blecaute de 1965 foi pacífico de acordo com o *The New York Times*, sugerindo que a década racialmente mais

---

34 M. Berman, *All That Is Solid Melts into Air*, p. 290-292. (Trad. bras.: *Tudo Que é Sólido Desmancha no Ar: A Aventura da Modernidade*, São Paulo: Companhia das Letras, 1986.)

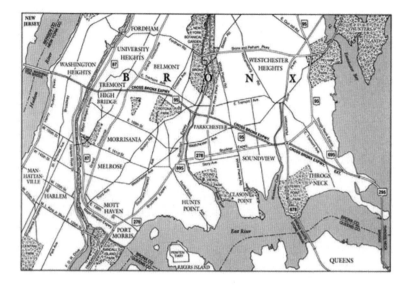

tumultuada dos EUA não correspondia ao desespero e à frustração articulados no verão de 1977[35]. O blecaute parece aumentar as apostas federais em manter a ordem social urbana. Três meses depois, o presidente Carter fez a sua carreata histórica pelo sul do Bronx a fim de "inspecionar a devastação dos últimos cinco anos" e anunciou um inespecífico "compromisso com as cidades" (não para seus habitantes?). No imaginário nacional, o sul do Bronx se tornou o principal "símbolo das desgraças dos EUA"[36].

Seguindo esse exemplo, imagens de edifícios abandonados no sul do Bronx se tornaram ícones culturais populares essenciais. A cor local

35 R.D. McFadden, Power Failure Blacks Out New York; Thousands Trapped in Subways; Looters and Vandals Hit Some Areas, *The New York Times*, 14 July 1977, p. A1; L. Van Gelder, State Troopers Sent into City as Crime Rises, *The New York Times*, 14 July 1977, p. A1; C. Hunter-Gault, When Poverty Is Part of Life, Looting Is Not Condemned, *The New York Times*, 15 July 1977, p. A4; S. Raab, Ravage Continues Far into Day; Gunfire and Bottles Beset Police, *The New York Times*, 15 July 1977, p. A1; Editorial, Social Overload, *The New York Times*, 22 July 1977, p. A22.
36 L. Dembart, Carter Takes "Sobering" Trip to South Bronx, *The New York Times*, 6 Oct. 1977, p. A1, B18; R. Severo, Bronx a Symbol of America's Woes, *The New York Times*, 6 Oct. 1977, p. B18; J.P. Fried, The South Bronx USA: What Carter Saw in New York City is a Symbol of Complex Social Forces on a Nationwide Scale, *The New York Times*, 7 Oct. 1977, p. A22.

vista de maneira negativa em um filme popular explorou a devastação enfrentada pelos residentes do sul do Bronx e usou suas comunidades como pano de fundo para a ruína social e a barbárie. Como Michael Ventura astutamente observa, essas representações populares (e eu acrescentaria também a cobertura das notícias) silenciaram a luta das pessoas e mantiveram a vida em condições difíceis: "Em cerca de seis horas de filmagem – em *Fort Apache*, *Wolfen* e *Koyaanisqatsi* – não foi apresentada sequer uma alma que realmente vivesse no sul do Bronx. Não ouvimos uma voz falando sua própria língua. Apenas assistimos a um símbolo de ruínas: o sul do Bronx como último ato antes do final do mundo."[37]. As representações de bairros negros e hispânicos perderam vitalidade. A mensagem era estrondosa e clara: ficar preso aqui era se perder. No entanto, embora essas visões de perda e futilidade tenham se tornado características definidoras, a geração mais jovem de exilados do sul do Bronx estava construindo saídas criativas e agressivas de expressão e identificação. Os novos grupos étnicos que fizeram do sul do Bronx sua casa na década de 1970 – enquanto enfrentavam isolamento social, fragilidade econômica, meios de comunicação truncados e organizações de serviço social cada vez mais escassas – começaram a construir suas próprias redes culturais, que se provariam resilientes e eficazes na era da alta tecnologia. Afro-estadunidenses, jamaicanos, porto-riquenhos e outros grupos caribenhos com raízes em contextos pós-coloniais remodelaram suas identidades e expressões culturais em um território urbano hostil, tecnologicamente sofisticado e multiétnico. Embora os líderes da cidade e a imprensa popular tenham literalmente e figurativamente condenado os bairros do sul do Bronx e seus habitantes, os mais jovens residentes negros e hispânicos deram suas respostas.

---

37 M. Ventura, *Shadow Dancing in the USA*, p. 186. Outros filmes populares do final dos anos 1970 e início dos anos 1980 que se seguiram incluem *1990: The Bronx Warriors* e *Escape from New York*. Essa construção do gueto perigoso é central para o best-seller de Tom Wolfe de 1989 e para o filme subsequente, *Bonfire of the Vanities*. Nele, o South Bronx é construído como um território sem lei abandonado de uma perspectiva de forasteiros brancos substancialmente mais privilegiados.

Hip-Hop

A cultura hip-hop emerge como uma fonte de formação de identidade alternativa e *status* social para os jovens que viviam em uma comunidade cujas instituições de apoio locais mais antigas haviam sido praticamente demolidas junto com grandes setores do entorno construído. Identidades alternativas se forjaram localmente em estilos e linguagem, nomes de ruas e, o mais importante, no estabelecimento de equipes ou *posses* de bairro. Muitos fãs de hip-hop, artistas, músicos e dançarinos continuam a pertencer a um elaborado sistema de equipes ou *posses*. A *crew*, uma fonte local de identidade, afiliação grupal e sistema de apoio, aparece repetidamente em todas as minhas entrevistas e virtualmente em todas as letras de rap e dedicatórias de cassetes, performances de videoclipes e entrevistas de artistas na mídia. A identidade no hip-hop está profundamente enraizada em algo característico, na experiência do território e no apego e no *status* de um grupo local ou família alternativa. Essas *crews* são novos tipos de famílias forjadas com laços interculturais que – assim como a formação social de gangues – fornecem isolamento e apoio em um ambiente complexo e inflexível e podem servir de base para o surgimento de novos movimentos sociais. A cidade pós-industrial, que forneceu o contexto para o desenvolvimento criativo entre os primeiros inovadores do hip-hop, moldou seu terreno cultural, o acesso ao espaço, aos materiais e à educação. Embora o trabalho dos grafiteiros tenha sido significativamente auxiliado pelos avanços na tecnologia da tinta *spray*, eles usaram o sistema de transporte urbano como tela. Rappers e DJs disseminaram seu trabalho copiando-o em equipamento de dublagem de fita e reproduzindo-o em poderosos *ghetto blasters*[38]. Em uma época onde os cortes de orçamento nos programas de música escolar reduziam drasticamente o acesso às formas tradicionais de instrumentação e composição, os jovens das áreas centrais da cidade cada vez mais dependiam do som gravado. Breakers usaram seus corpos para imitar *transformers* e outros robôs futuristas em simbólicas batalhas de rua. Os primeiros artistas de hip-hop porto-riquenhos, afro-caribenhos e afro-estadunidenses

---

38 *Ghetto blaster* é um rádio portátil com toca-fitas grande e potente. (N. da T.)

transformaram aptidões vocacionais obsoletas marginalizadas em matérias-primas para a criatividade e a resistência. Muitos deles foram "instruídos" para empregos em áreas que estavam desaparecendo ou que não existiam mais. O grafiteiro porto-riquenho Futura se formou em uma escola de comércio especializada em indústria gráfica. No entanto, como a maioria dos empregos para os quais estava sendo instruído foram informatizados, após a formatura ele se viu trabalhando no McDonald's. Da mesma forma, o DJ afro-estadunidense Red Alert (que também tem família proveniente do Caribe) atuou na revisão projetos de uma empresa de desenho até que a automação tornou seu trabalho obsoleto. O DJ jamaicano Kool Herc frequentou a escola de mecânica de automóveis Alfred E. Smith, e o afro-estadunidense Grandmaster Flash aprendeu como consertar equipamentos eletrônicos na escola profissional Samuel Gompers (pode-se dizer que o Flash "os consertou bem"). Salt e Pepa (ambos com raízes familiares nas Índias Ocidentais) trabalharam como representantes de telemarketing na Sears enquanto estudavam na faculdade de enfermagem. O breaker porto-riquenho Crazy Legs começou a dançar break principalmente porque sua mãe solteira não podia pagar as taxas de beisebol da Little League[39]. Todos esses artistas se viram com poucos recursos em circunstâncias econômicas marginais, mas cada um deles encontrou maneiras de se tornar famoso como artista, apropriando-se das tecnologias mais avançadas e das formas culturais emergentes. Artistas de hip-hop usaram as ferramentas da tecnologia industrial obsoleta para atravessar as encruzilhadas contemporâneas da precaridade e do desejo nas comunidades urbanas afrodiaspóricas.

Continuidades estilísticas foram sustentadas por uma fertilização cruzada interna entre rap, breakdance e grafite. Alguns grafiteiros, como o afro-estadunidense Phase 2, o haitiano Jean-Michel Basquiat, Futura e o afro-estadunidense Fab Five Freddy produziram discos de rap. Outros grafiteiros desenharam murais que celebravam suas canções de rap favoritas (por exemplo, "The Breaks" do Futura era um mural em toda a extensão do vagão que prestava homenagem ao rap de

---

39 Rose entrevistou todos os artistas citados, exceto Futura, cuja experiência na escola de impressão foi abordada em S. Hager, *Hip-Hop*, p. 24.

Kurtis Blow de mesmo nome). Breakers, DJs e rappers usavam jaquetas e camisetas pintadas com grafite. O DJ Kool Herc foi grafiteiro e dançarino antes de começar a tocar discos. Os eventos de hip-hop apresentavam breakers, rappers e DJs como um conjunto triplo de entretenimento. Os grafiteiros desenharam murais para plataformas de palco de DJs e criaram cartazes e panfletos para anunciar eventos de hip-hop. O breaker Crazy Legs, membro fundador do Rock Steady Crew, descreve a atmosfera comum entre grafiteiros, rappers e breakers nos anos de formação do hip-hop: "Resumindo, ir a uma *jam* naquela época era (quase) assistir às pessoas beber, dançar break e comparar artes do grafite nos cadernos de desenho. Essas *jams* eram realizadas pelo DJ (de hip-hop)... era sobre montar as peças em um todo enquanto uma *jam* estava acontecendo"[40]. É claro que compartilhar ideias e estilos não é sempre um processo pacífico. O hip-hop é muito competitivo e confrontador; esses traços são tanto resistência quanto preparação para um mundo hostil que nega e difama os jovens negros. Breakers frequentemente batalhavam com outras equipes de break por ressentimento; grafiteiros às vezes destruíam murais, e batalhas de rappers e DJs podiam acabar em brigas. O hip-hop continua sendo uma batalha sem fim por *status*, prestígio e adoração do grupo, sempre em formação, sempre contestado e nunca plenamente alcançado. Competições e trocas de influência entre break, grafite e rap foram alimentadas por experiências locais compartilhadas e posição social – e semelhanças de abordagens de som, movimento, comunicação e estilo entre as comunidades afrodiaspóricas do hip-hop.

Como em muitas formas culturais africanas e afrodiaspóricas, a prolífica autodenominação do hip-hop é uma forma de reinvenção e de autodefinição[41]. Rappers, DJs, grafiteiros e breakers, todos assumem nomes e identidades do hip-hop que falam de seu papel, características pessoais, conhecimento ou para "pleitear a fama". Nomes de DJs geralmente combinam tecnologia com maestria e estilo: DJ Cut

---

40 Entrevista de Rose com Crazy Legs, 6 nov. 1991. "Unir as peças em um todo" significa desenhar um mural ou obra-prima.
41 Ver H.L. Gates, *The Signifying Monkey*, p. 55, 87. Gates sugere que a nomeação é "usada como uma metáfora para a intertextualidade negra" e é especialmente útil no hip-hop, onde nomeação e intertextualidade são estratégias críticas para a produção criativa.

Creator, Jazzy Jeff, Spindarella, Terminator x Assault Technician, Wiz e Grandmaster Flash. Muitos rappers têm apelidos que sugerem malandragem, alguém descolado, que tem poder e supremacia: L.L. Cool J (Ladies Love Cool James), Kool Moe Dee, Queen Latifah, Dougie Fresh (e Get Fresh Crew), D-Nice, Hurricane Gloria, Guru, MC Lyte, EPMD (Eric e Parrish Making Dollars), Ice-T, Ice Cube, Kid-N-Play, Boss, Eazy-E, King Sun e Sir-Mix-a-Lot. Alguns nomes servem como rótulos de autogozação; outros criticam a sociedade, como Too Short, The Fat Boys, SIWS (Security of the First World), The Lench Mob, NWA (Niggas with Attitude) e Special Ed. As identidades do hip-hop para breakers como Crazy Legs, Wiggles, Frosty Freeze, Boogaloo Shrimp e Headspin destacam seu *status* de conhecidos *experts* por movimentos especiais. Assumir novos nomes e identidades oferece "prestígio local", dado o acesso limitado às formas legitimadas para obtenção de *status*.

    Além da centralidade da nomenclatura, identidade e filiação ao grupo, rappers, DJs, grafiteiros e breakers reivindicam território e ganham *status* local desenvolvendo novos estilos. Como ilustra o estudo de Hebdige sobre o movimento punk, o estilo pode ser usado como um gesto de recusa ou como uma forma de desafio oblíquo

Cortesia de Kid (de Kid-N-Play)

às estruturas de dominação[42]. Os artistas de hip-hop usam o estilo como um aspecto de formação de identidade que joga com as distinções e hierarquias de classe ao usar mercadorias para reivindicar o terreno cultural. Os padrões de vestimenta e consumo atestam o poder de gastos como meio de expressão cultural. A moda hip-hop é um exemplo especialmente rico desse tipo de apropriação e crítica por meio do estilo. Joias de ouro e diamantes com "pedaços" excepcionalmente grandes (geralmente falsos) zombam, mas afirmam o fetiche do ouro no comércio ocidental; os emblemas falsos da Gucci e de outros estilistas costurados em jaquetas, calças, chapéus, carteiras e tênis em lojas personalizadas funcionam como uma forma de guerra de indumentária (especialmente quando *b-boys* e *b-girls* cobertos de objetos falsos da Gucci passam despercebidos por senhoras da Quinta Avenida adornadas com a "coisa real"). Moda no hip-hop do final dos anos 1980, o grande relógio de plástico (despertador?) usado ao redor do pescoço sobre roupas de lazer/moletom sugeria uma série de tensões contraditórias entre trabalho, tempo e lazer[43]. Tendências do início da década de 1990, as calças superdimensionadas e trajes de "soldado urbano", *hoodies, snooties, tims* e grossas e amplas jaquetas deixam clara a gravidade das tempestades urbanas enfrentadas e a saturação de bens descartáveis na elaboração

---
[42] D. Hebdige, *Subculture*. Ver, especialmente, p. 17-19, 84-89.
[43] Para uma discussão interessante sobre o tempo, o relógio e o nacionalismo no hip-hop, ver J.L. Decker, The State of Rap, *Social Text*, n. 34, p. 53-84.

de expressões culturais[44]. Como um meio alternativo de formação de *status*, o estilo hip-hop forja identidades locais para adolescentes que entendem seu acesso limitado às vias tradicionais de obtenção de *status* social. Fab Five Freddy, um dos primeiros rappers e grafiteiros, explica a ligação entre estilo e identidade no hip-hop e a sua importância para ganhar *status* local: "Você cria um novo estilo. É disso que se trata a vida na rua. O que está em jogo é honra e posição na rua. Isso é o que o torna tão importante, é o que faz com que seja tão bom pressioná-lo para ser o melhor. Ou para tentar ser o melhor. Para desenvolver um novo estilo com o qual ninguém pode lidar."[45]. Os estilos "com os quais ninguém consegue lidar" no grafite, no break e no rap não só aumentam o *status*, mas também articulam várias abordagens compartilhadas de som e movimento encontradas na afrodiáspora. Como Arthur Jafa apontou, as continuidades estilísticas entre break, grafite, rap e construção musical parecem se concentrar em torno de três conceitos: *fluxo*, *camadas* e *rupturas na linha*[46]. No hip-hop, linhas visuais, físicas, musicais e composições são colocadas em movimento, interrompidas abruptamente com quebras angulares agudas, mas estas sustentam o movimento e a energia por meio da fluidez e do fluxo. No grafite, letras longas, extensas e curvas são quebradas e camufladas por quebras repentinas na linha. Letras pontiagudas, angulares e quebradas são escritas em itálico extremo, sugerindo movimento para frente ou para trás. As letras têm sombras duplas e triplas de modo a ilustrar as forças de energia que se irradiam do centro, sugerindo movimento circular, mas as palavras escritas se movem horizontalmente.

Os movimentos do breakdancing destacam o fluxo, fazendo camadas e rupturas na linha. *Popping* e *locking* são movimentos nos quais as articulações são abruptamente flexionadas em posições angulares.

---

44 *Hoodies* são jaquetas ou camisas com capuz, *snooties* são gorros e *tims* é a abreviação de botas da marca Timberland. (N. da T.)

45 Apud N. George et al. (eds.), *Fresh*, p. 111.

46 Embora eu tenha isolado alguns pontos gerais da continuidade estética entre as formas do hip-hop, não identifiquei esses três termos de organização cruciais. Sou grata a Arthur Jafa, cineasta, artista e crítico cultural negro, que compartilhou e discutiu comigo, em uma conversa, a lógica dessas características definidoras. Ele não é – é claro – responsável por quaisquer inadequações em meu uso deles aqui.

"ALL ABOARD THE NIGHT TRAIN"

E, ainda, nesses movimentos de encaixe ocorre uma articulação que sucede o movimento anterior, criando um efeito semilíquido que move a energia em direção à ponta do dedo da mão ou do pé. Na verdade, dois dançarinos podem transferir a energia do movimento do *popping* para frente e para trás entre si através do contato dedo a dedo, desencadeando uma nova onda. Nesse padrão, a linha é uma série de quebras angulares e, ainda assim, sustenta energia e movimento por meio do fluxo. Os breakers replicam os movimentos uns dos outros, como sombreamento de linhas ou camadas de grafite, entrelaçam seus corpos em formas elaboradas, transformando o corpo em uma nova entidade (como camuflagem no estilo selvagem do grafite) e, em seguida, uma parte do corpo por vez se reverte para um estado relaxado. Os movimentos agudos, angulares e elegantes dos pés deixa o olho um passo atrás do gesto, criando um efeito de lapso de tempo que não apenas imita o uso de sombreamento de linha do grafite, mas também cria ligações espaciais entre os movimentos que dão fluxo e fluidez à série realizada pelos pés[47].

A música e o vocal no rap também privilegiam o fluxo, as camadas e as rupturas. Os rappers falam explicitamente de *flows* nas letras, referindo-se a uma capacidade de se mover fácil e poderosamente através de letras complexas, bem como do fluxo na música[48]. O fluxo e o movimento das linhas iniciais de baixo ou bateria no rap são abruptamente interrompidos por *scratching* (um processo que se destaca à medida que quebra o fluxo do ritmo básico), ou o fluxo rítmico é interrompido por outras passagens musicais. Os rappers gaguejam e alternativamente correm pelas passagens, sempre se movendo dentro da batida ou em resposta a ela, muitas vezes usando a música como parceira na rima. Esses movimentos verbais destacam o fluxo na letra e os pontos de ruptura. Os rappers estabelecem camadas de

---

47 Para um exemplo brilhante desses movimentos entre as danças de hip-hop recentes, ver *Reckin' Shop in Brooklyn*, dirigido por Diane Martel (Epoch Films, 1992). Agradeço a A.J. por trazer este documentário à minha atenção.

48 Alguns exemplos de atenção explícita ao *flow* são exibidos em "Ladies First", de Queen Latifah: "Some think that we can't flow, stereotypes they go to go"; "Raw", de Big Daddy Kane: "Intro I start to go, my rhymes will flow so"; em "Sons of the P" ("Son's of the Flow"), do Digital Underground: "Release your mind and let your instincts flow, release your mind and let the funk flow."

significados ao usar a mesma palavra para apontar uma variedade de ações e objetos; eles clamam para o DJ tocar uma batida que deve ser interrompida e rompida. Os DJs colocam sons literalmente sobrepostos, em camadas, criando um diálogo entre músicas sampleadas e palavras. Qual é o significado do fluxo, camadas e ruptura conforme demonstrado no corpo, nas letras, na música e no visual do hip-hop? Interpretando teoricamente esses conceitos, pode-se argumentar que eles criam e sustentam o movimento rítmico, a continuidade e a circularidade por meio do *flow*; acumulam, reforçam e embelezam essa continuidade por meio de camadas; e administram ameaças a essas narrativas, promovendo rupturas que destacam a continuidade, na mesma medida que a desafiam momentaneamente. Esses efeitos no nível do estilo e da estética sugerem maneiras afirmativas nas quais o profundo deslocamento e a ruptura social podem ser administrados e talvez contestados na arena cultural. Vamos imaginar esses princípios do hip-hop como um modelo para a resistência e afirmação social: crie narrativas sustentáveis, acumule-as, crie camadas, embeleze e transforme-as. Porém, esteja preparado também para a ruptura, encontre prazer nela, de fato, *planeje* a ruptura social. Quando essas rupturas ocorrerem, use-as de maneiras criativas, maneiras que irão prepará-lo para um futuro no qual a sobrevivência exigirá uma mudança repentina nas táticas terrestres.

Embora a acumulação, o fluxo, a circularidade e as rupturas planejadas se manifestem em uma ampla gama de formas culturais afrodiaspóricas, eles não ocorrem fora das restrições comerciais capitalistas. O hip-hop com foco explícito no consumo tem sido frequentemente descaracterizado como um movimento mercadológico (por exemplo, o hip-hop não é mais "autenticamente" preto se estiver à venda). Em vez disso, o momento de assimilação do hip-hop é uma mudança na relação já existente que o movimento sempre teve com o mercado. Por exemplo, o DJ de hip-hop produz, amplifica e revisa sons já gravados, os rappers usam microfones de última geração, e seria ingênuo pensar que breakers, rappers, DJs e grafiteiros nunca se interessaram por uma compensação monetária por seu trabalho. Murais de grafite, movimentos de break e letras de

"ALL ABOARD THE NIGHT TRAIN"

rap frequentemente se apropriam – às vezes de maneira crítica – de elementos verbais e visuais da cultura comercial popular, especialmente televisão, quadrinhos e filmes de caratê. Na verdade, o estilo negro por meio do hip-hop contribuiu para a contínua afro-estadunização da cultura comercial contemporânea. Os contextos para criação no hip-hop nunca estiveram totalmente fora dos produtos mercadológicos ou em oposição a eles,; envolveram lutas por espaço público e acesso aos materiais, equipamentos e produtos de viabilidade comercial. É um equívoco comum entre artistas de hip-hop e críticos culturais que, em sua gênese, esse movimento era motivado pelo prazer e não pelo lucro, como se os dois fossem incompatíveis. O problema não era que estivessem uniformemente desinteressados em lucrar; em vez disso, muitos dos primeiros praticantes não sabiam que podiam lucrar com o que lhes trazia prazer. Depois que essa ligação foi feita, os artistas do hip-hop começaram a se promover incondicionalmente. Assim como os grafiteiros pegaram carona no metrô e usaram seu poder para distribuir suas *tags*, os rappers "sequestraram" o mercado para seus próprios fins, navegando nas correntes que já existiam, não apenas para obter riqueza, mas para se fortalecer e para afirmar suas próprias identidades. Durante o final dos anos 1970 e início dos anos 1980, o mercado de hip-hop ainda era baseado nas comunidades negra e hispânica de Nova York. Assim, embora haja um elemento de verdade nessa percepção comum, o mais importante sobre a mudança de orientação no hip-hop não é a transição de pré--mercadoria para mercadoria, mas o deslocamento do controle sobre o escopo e a direção do processo de obtenção de lucro, fora das mãos de empresários locais negros e hispânicos para as mãos de grandes empresas multinacionais de proprietários brancos.

O trabalho de Hebdige sobre o movimento punk britânico aborda essa mudança como o momento de incorporação ou recuperação da cultura dominante e a percebe como um elemento crítico na dinâmica da luta pelo significado da expressão popular. "O processo de recuperação", argumenta Hebdige, "assume duas formas características... uma de conversão de signos subculturais (roupas, música etc.) em objetos produzidos em massa e a 'rotulagem' e redefinição do comportamento desviante por grupos dominantes como a polícia, a mídia e o judiciário." Hebdige astutamente aponta, no entanto, que a comunicação em uma forma cultural subordinada, mesmo antes do ponto de recuperação, geralmente ocorre por meio de mercadorias, "mesmo se os significados atribuídos a essas mercadorias forem propositalmente distorcidos ou destruídos". Assim, ele conclui, "é muito difícil sustentar qualquer distinção absoluta entre exploração comercial, de um lado, e criatividade e originalidade, do outro"[49].

As observações de Hebdige a respeito do processo de incorporação e da tensão entre a exploração comercial e a criatividade articuladas no punk britânico são bastante relevantes para o hip-hop. O hip-hop sempre se articulou por meio das mercadorias e se engajou na revisão dos significados a elas atribuídos. Claramente, os signos e significados do hip-hop são convertidos, e os comportamentos são renomeados pelas instituições dominantes. Como demonstra a história relativamente breve do hip-hop contada a seguir, grafite, rap e break foram fundamentalmente transformados à medida que se voltaram para as novas relações com instituições culturais dominantes[50]. Em 1994, o rap é um dos produtos populares mais negociados no mercado, ainda que desafie o controle corporativo total sobre a música, seu uso local e a incorporação no nível de significados estáveis ou expostos.

Expandindo a formulação iniciada por Lipsitz e outros no início do capítulo, na breve história do hip-hop que segue, tento demonstrar a tensão necessária entre a especificidade histórica do surgimento do hip-hop e os pontos de continuidade entre ele e as várias práticas e formas negras. Trata-se também de uma visão geral dos estágios iniciais do hip-hop e de sua relação com símbolos e produtos culturais populares, e suas revisões das práticas culturais negras. Isso envolve necessariamente o contato direto e contínuo do hip-hop com

---

49 D. Hebdige, op. cit., p. 94-95.
50 Publicada em 1979, a obra *Subculture*, de Hebdige, é certeira em demonstrar as tentativas iniciais da cultura britânica dominante de incorporar o punk. Os capítulos restantes neste projeto enfocam os momentos após as primeiras tentativas de incorporação e, mais especificamente, atendem às várias respostas temáticas, criativas e discursivas a esses processos em andamento. Dessa forma, os capítulos seguintes examinam os pontos de incorporação e as respostas que vêm depois do momento inicial de incorporação ao qual o estudo de Hebdige é dedicado.

instituições culturais dominantes do início a meados da década de 1980, e as maneiras pelas quais essas práticas emergem em relação às condições e relações sociais mais amplas – incluindo a marginalização sistemática de produtoras culturais mulheres. Em cada prática, as relações de poder de gênero problematizaram e restringiram o papel das mulheres artistas de hip-hop, e as instituições culturais dominantes moldaram as transformações do hip-hop.

Grafite

Embora o grafite como um movimento social (ou seja, grafar nomes, símbolos e imagens em fachadas públicas) tenha surgido pela primeira vez em Nova York no final da década de 1960, só quase uma década depois ele desenvolveu estilos elaborados e ampla visibilidade. Apesar de a grande maioria dos grafiteiros ser negra e hispânica, o escritor que inspirou o movimento, Taki 183, é um adolescente grego chamado Demetrius que viveu na região de Washington Heights, em Manhattan. Enquanto trabalhava como mensageiro, viajando de metrô para todos os cinco bairros da cidade, Taki escreveu seu nome em todos os vagões e estações do metrô. Em 1971, um redator do *The New York Times* localizou Taki e publicou uma história sobre sua prática de *tags* que aparentemente comoveu seus pares. Martha Cooper e Henry Chalfant descrevem o efeito que a notoriedade de Taki teve sobre seus colegas:

> Garotos ficaram impressionados com a notoriedade pública de um nome que aparecia em toda a cidade (e) perceberam que o orgulho que sentiam ao ver seu nome no bairro poderia se expandir cem vezes se ele ultrapassasse os limites estreitos do quarteirão. A competição pela fama começou para valer quando centenas de jovens, imitando Taki 183, começaram a marcar trens e prédios públicos por toda a cidade. Destacar-se tornou-se uma vocação. Jovens cujos nomes apareciam com mais frequência ou nos lugares mais inacessíveis tornaram-se heróis populares.[51]

---

51 M. Cooper; H. Chalfant, *Subway Art*, p. 14. Outros relatos dos primeiros anos no grafite de Nova York consideram Taki um dos primeiros pixadores (*tags*), junto com Chew 127, Frank 207 e Julio 204. Taki foi o primeiro a receber notoriedade na mídia.

Em meados da década de 1970, o grafite assumiu um novo foco e complexidade. Não sendo mais uma questão de simples *tagging* (marcação), o grafite começou a desenvolver estilos, temas, formatos e técnicas individuais elaborados, muitos dos quais projetados para aumentar a visibilidade, a identidade individual e o *status*. Os temas das obras mais significativas incluíam gírias de hip-hop, caracterizações de *b-boys*, letras de rap e moda hip-hop. Usando logotipos e imagens emprestados da televisão, histórias em quadrinhos e desenhos animados, assinaturas estilísticas, além de execuções cada vez mais difíceis, os praticantes expandiram a paleta do grafite. *Bombers, angular machine letters* e o indecifrável *wild style* foram usados em espaços mais amplos com mais cores e padrões. Esses desenvolvimentos estilísticos foram auxiliados por avanços na tecnologia de marcador e na tinta *spray*; bicos de pulverização melhores, fibras de marcação, aderência de tinta e textura aumentaram a gama de expressão na escrita do grafite[52]. A marcação em pequena escala se desenvolveu de cima para baixo, um formato que cobria uma seção de um vagão do trem do teto ao chão. Isso foi seguido no vagão inteiro de cima abaixo e em várias "partes", uma redução para as obras-primas do grafite[53].

A execução de uma parte é o culminar de muito tempo, trabalho e risco. Os grafiteiros elaboram designs e padrões em seus cadernos, testam novos marcadores e marcas de tintas em *spray* e cores com bastante antecedência. Obter acesso aos vagões por períodos prolongados requer conhecimento detalhado dos horários dos trens e das invasões nos pátios onde os veículos fora de serviço estão estacionados. Os grafiteiros vigiam os pátios dos trens por longos períodos, memorizando a programação dos veículos e aguardando

---

52 A expansão da arte do grafite foi significativamente auxiliada pelos avanços tecnológicos de marcadores permanentes e fórmulas de tinta *spray*. Em ambas as ferramentas, a melhoria do produto permitiu que os grafiteiros-letristas (*writers*) aplicassem as cores de maneira mais suave, com maior precisão e técnica. Além disso, a técnica não se limita a esses avanços formais; eles usaram esses avanços de novas maneiras em resposta aos impulsos artísticos. Por exemplo, de acordo com Cooper e Chalfant, os grafiteiros-letristas personalizaram esses novos produtos, encaixando "bicos de produtos domésticos em latas de *spray* para variar a largura do *spray*". Ver *Subway Art*, p. 14, 33.
53 No original, *pieces* e *masterpiece*. (N. da T.)

que novos saiam da oficina de pintura. Um trem recém-pintado seria seguido durante todo o dia e, ao chegar ao pátio de estacionamento designado (o "*lay-up*") à noite, os artistas estão prontos para "bombardeá-lo". Eles escalam paredes, passam por buracos em cercas, portões altos e (caminham ao longo da tábua que cobre o terceiro trilho eletrificado) para obter acesso aos trens. Uma vez dentro do pátio, os riscos aumentam. Craig Castleman explica:

> Os trens são frequentemente movidos nos pátios, e um grafiteiro desavisado pode ser atingido por um. Trens estacionados em *lay-ups* estão em locais de pintura perigosos porque os trens em serviço passam próximos a eles pelos dois lados, e o artista tem que subir no trem estacionado ou correr para o outro lado dos trilhos para não ser atingido. O movimento nos túneis é perigoso porque as passarelas são altas e estreitas, é escuro e há várias grades abertas, pilares e placas suspensas baixas, além de luminárias que ameaçam até mesmo o escritor mais lento.[54]

Alguns grafiteiros gravemente feridos continuaram a se arriscar. Em um caso excepcional, o mestre Kase 2 perdeu o braço em um acidente no pátio e, mesmo assim, prosseguiu executando peças multivagões altamente respeitáveis.

As fachadas dos trens são fundamentais para o estilo do grafite por uma série de razões. Primeiro, os murais de grafite dependem de tamanho, cor e movimento constante para seu impacto visual. Embora as quadras de handebol e outras superfícies planas e fixas sejam adequadas, elas não podem substituir a recepção dinâmica das fachadas do metrô. Ao contrário das quadras de handebol e das superfícies dos prédios, os trens passam por diversos bairros, permitindo a comunicação entre as várias comunidades negras e hispânicas nos cinco bairros e a grande população de Nova York, disseminando a performance

---

54 C. Castleman, *Getting Up*, p. 50. Outros acadêmicos e histórias de grafite incluem: N. Guevara, Women Writin' Rappin' Breakin', em M. Davis et al. (eds.), *The Year Left* 2; Atlanta e Alexander, Wild Style, em A. McRobbie (ed.), *Zoot Suits and Second-Hand Dresses*, p. 156-168. Histórias de filmes e vídeos notáveis incluem *Style Wars*, produzido por Tony Silver e Henry Chalfant, dirigido por Tony Silver (1983), e *Wild Style*, produzido e dirigido por Charlie Ahearn.

pública dos grafiteiros. Em segundo lugar, os grafiteiros são guerrilheiros fora da lei que prosperam tendo o risco como um aspecto de sua habilidade – o elemento de surpresa; escapar das autoridades; o fato de às vezes ser considerado crime comprar marcadores permanentes, tintas em *spray* e outros suprimentos necessários para desenhar. Os vagões do metrô ficam estacionados em pátios bem protegidos, mas perigosos, o que aumenta o grau de dificuldade da execução. Um conceito, coloração e estilo especialmente difíceis e criativos são ainda mais apreciados quando realizados sob coação. O trabalho bem executado no trem é um sinal de domínio da manifestação.

Embora as obras(-primas) sejam geralmente executadas individualmente, os grafiteiros se agrupam e trabalham em equipes. A identidade coletiva e o desenvolvimento individual são igualmente centrais para as práticas dos grafiteiros. Essas equipes se reúnem regularmente e trabalham em ideias, compartilham juntos os conhecimentos e planejam viagens para os pátios de trem e para outros locais desejados. Os membros da equipe, entre outras coisas, competem com outras equipes (e uns com os outros), fotografam o trabalho uns dos outros para estudo, protegem uns aos outros e trocam dicas sobre material de pintura. As peças costumam ser assinadas individualmente e depois identificadas pela equipe. Craig Castleman identificou centenas de equipes (*crews*); as mais proeminentes incluem: Three Yard Boys (3YB), The Burners (TB), The Spanish Five (TSF), Wild Styles, Destroy All Trains (DAT) e Mad Transit Artists (MTA)[55].

As grafiteiras participaram ao lado dos artistas homens, em vez de grupos ou equipes separadas. Além dos riscos associados à execução em pátios e em outros lugares, elas tiveram que combater o sexismo de seus colegas homens. Duas grafiteiras proeminentes, Lady Pink, uma hispano-estadunidense nascida no Equador, e Lady Heart, uma afro-estadunidense nascida no Queens, entenderam que suas viagens às três horas da manhã para os pátios de trem envolviam arriscar sua segurança e também suas reputações. Em alguns casos, os grafiteiros espalharam boatos sobre a promiscuidade sexual das artistas para desencorajar a participação feminina e desacreditar suas conquistas.

---

55 C. Castleman, op. cit., p. 114.

"ALL ABOARD THE NIGHT TRAIN"

Assim, ao contrário dos homens grafiteiros, elas tiveram que proteger seu renome artístico por meio da defesa de sua reputação sexual.

Lady Heart acredita que, embora às vezes fosse uma estratégia eficaz, o medo de represálias familiares e os riscos físicos nos pátios de trem eram impedimentos muito maiores contra a participação feminina[56]. Embora tanto grafiteiros como grafiteiras optem por pintar peças envolvendo crítica social e desenvolvam *tags* e caracterizações elaboradas, as mulheres costumam escolher cores diferentes e imagens selecionadas que destaquem seu *status* feminino como um meio de maior reconhecimento. Muitas delas usavam rosas cintilantes, menos preto, mais paisagens e cenas de flores ao redor das *tags* e menos personagens de desenhos animados de "morte e destruição". No entanto, as grafiteiras sustentaram as abordagens estilísticas de linha, movimento e ruptura. Desse modo, a seleção de cores e o tema eram formas de individualização baseados no gênero dentro de parâmetros da expressão não diferentes do emprego por parte do grafiteiro Dondi do trabalho do artista de quadrinhos Vaughn Bode, ou do uso de personagens Smurf pelo grafiteiro Seen[57].

Apesar da já constante rejeição do grafite, visto como forma de delinquência juvenil pelas autoridades municipais, o discurso e a política antigrafite sofreram uma reviravolta dramática em meados da década de 1970. Não mais apenas como "um tipo irritante de delinquência juvenil", como foi definido por líderes municipais no final dos anos 1960 e início dos anos 1970, o problema do grafite foi reconstruído como o principal motivo para o declínio da qualidade

---

56 N. Guevara, Women Writin' Rappin' Breakin', em M. Davis et al. (eds.), op. cit., p. 161-175. É importante ressaltar que a pesquisa de Castleman sugere que provavelmente houve um número muito maior de grafiteiras mulheres do que sabemos, porque as artistas costumavam usar nomes masculinos como identificação. Em seu trabalho sobre gangues de grafiteiros no início da década de 1970, um grafiteiro/membro de gangue afirmou que mais de 25 mulheres faziam parte das *crews* dos Ex-Vandals, e muitas delas usavam nomes de meninos como *tags*. Ver C. Castleman, op. cit, p. 100-101.

57 Guevara se refere às diferenças entre grafiteiras e grafiteiros como diferenças estilísticas, quando na verdade creio que as diferenças são mais bem descritas como estratégias de individualização baseadas no gênero que são articuladas no nível do estilo, mas não se desviam dos parâmetros e abordagens estilísticas mais amplas à linha, ao movimento e à ruptura que discuti. Além disso, as mesmas categorias de diferenças "estilísticas" (por exemplo, cores e temas) que Guevara observa entre homens e mulheres podem ser identificadas entre os grafiteiros-letristas homens.

de vida em uma Nova York fiscalmente frágil e enfraquecida. Em meados da década de 1970, o grafite emergiu como um exemplo central da extensão da degradação da cidade e aumentou os temores já existentes sobre a perda de controle da paisagem urbana. Alguns líderes políticos temiam que, se o município não podia impedir que esses jovens foragidos escrevessem em trens e muros, o que a cidade poderia administrar?[58] Reconstruídos como um símbolo de desordem cívica, os grafiteiros eram entendidos como um pedágio psíquico e também material em Nova York, solidificando sua imagem como uma selva urbana oprimida e sem lei.

Enquanto o *The New York Times* e os representantes municipais buscavam estratégias novas e mais agressivas para eliminar a escrita do grafite e restabelecer simbolicamente o controle, os grafiteiros expandiam e refinavam suas práticas. Em meados da década de 1970, murais de fachada de trem e peças multivagão elaboradas chegavam às plataformas quase todas as manhãs. Uma simples *tag* tinha se desenvolvido no horizonte de vários vagões de trem, saudações de Natal, desenhos abstratos comparados à arte cubista, expressões românticas e *slogans* políticos, todos desenhados com ilustrações em dezenas de cores, tons, estilos e letras elaboradas.

Em 1977, a Autoridade de Trânsito fez um grande esforço para recuperar o controle. No centro desse esforço estava um novo produto químico que muitos acreditavam ser um desastre para os grafiteiros: o *buff*. Embora o *buff* não tenha acabado com a prática do grafite, ele desencorajou muitos grafiteiros-letristas e limitou dramaticamente a existência dos murais nas fachadas dos trens. Steve Hager descreve o processo químico e seus efeitos:

---

58 Ver N. Glazer, On Subway Grafite in New York, *The Public Interest*, winter 1979, p. 11-33. Nesse artigo, Glazer argumenta que a importância do "problema" do grafite era de fato seu poder simbólico. De acordo com Joe Austin e Craig Castleman, a retórica "fora de controle" de Glazer foi fundamental para solidificar a imagem dos grafiteiros como a fonte da desordem cívica e da imagem manchada de Nova York, efetivamente deslocando os fatores mais substanciais e complexos do declínio de Nova York para uma zona não identificada de saqueadores negros e hispânicos. Essa medida justificou o tratamento dos grafiteiros como criminosos perigosos que ameaçavam a ordem social e contribuíram para o teor social que resultou na surra fatal do grafiteiro Michael Stuart pelas mãos da polícia de trânsito em 1982.

"ALL ABOARD THE NIGHT TRAIN"

Muitos grafiteiros-letristas desistiram em 1977, quando a Autoridade de Trânsito ergueu sua "solução final" para o problema do grafite em um pátio de trens em Coney Island. A um custo anual de quatrocentos mil dólares, a A.T. começou a operar um lava-rápido gigante que espalhava grandes quantidades de hidróxido de petróleo nas laterais de trens grafitados. O *spray* de solvente foi seguido por um polimento vigoroso. A princípio, os grafiteiros o chamaram de "Orange Crush", em homenagem ao Agente Laranja, um desfolhante usado no Vietnã. Mais tarde, era simplesmente conhecido como "o buff". A fumaça que emanava da estação de limpeza era tão letal que uma escola próxima fechou depois que os alunos reclamaram de problemas respiratórios [...] Até mesmo os trabalhadores da A.T. admitiram que não podiam ficar em direção ao vento da estação sem se sentirem enjoados. Enquanto isso, o solvente estava se infiltrando no piso subterrâneo dos trens, causando corrosão considerável e danos às peças elétricas.[59]

O *buff* foi acompanhado de investimentos de 24 milhões de dólares em cercas para todo o sistema, com emprego de arame farpado, cerca concertina (que enlaça e dilacera o corpo de quem tenta cruzá-la) e, por um breve período, cães de guarda[60]. No início dos anos 1980, a A.T. havia recuperado o controle das fachadas do metrô, fazendo com que a maior parte dos vagões chegasse *intacta* ao público. No entanto, isso não significou o fim da arte do grafite. Kase 2, Lee Quiñones, Futura 2000, Rammelzee, Lady Pink, Dondi, Lady Heart, Seen, Zephyr e muitos outros grafiteiros-letristas continuaram a atuar. O *buff* não apagou o grafite, apenas o descoloriu, tornando os vagões do metrô realmente desfigurados e um símbolo profundamente deprimente de uma cidade em guerra para silenciar seus jovens já abandonados. A escrita continuou, embora com menos

---

59 S. Hager, *Hip-Hop*, p. 60.
60 Para uma descrição estendida dos gastos da A.T. e uma leitura criteriosa do discurso institucional que cercou a guerra contra o grafite, ver J. Austin, "A Symbol That We have Lost Control", artigo não publicado em posse do autor na Universidade de Minnesota, Departamento de Estudos Americanos. Ver também C. Castleman, op. cit., especialmente os capítulos 7, 8, 9. Embora Castleman ofereça dados substanciais, ele infelizmente não oferece crítica ou análise suficiente nem do grafite em si e nem do discurso institucional que o cerca.

frequência, e novos locais para o grafite e meios de divulgação foram desenvolvidos.

O nível de hostilidade do município em relação à arte do grafite foi igualado apenas pela aceitação da cena artística do SoHo. O interesse inicial pela arte do grafite entre proprietários de galerias e colecionadores em meados da década de 1970 durou pouco e foi inconsistente. No entanto, no final dos anos 1970, um novo interesse foi despertado, em parte como resultado dos esforços promocionais de Fab Five Freddy, que então aparece como apresentador de rap na MTV. Ao aparecer em um artigo na coluna Scenes no *Village Voice* em fevereiro de 1979, Fab Five Freddy ofereceu serviços de murais de grafite por cinco dólares o pé quadrado[61]. Usando seu treinamento de escola de arte e a fluidez com a linguagem da escola de arte, Freddy se tornou um corretor de grafite. Fazendo uma série de contatos fundamentais entre o "mundo legítimo da arte" e os grafiteiros, Freddy abriu o caminho para futuras exposições na Fun Gallery, na galeria Fashion Moda no Bronx e no Times Square Show ao longo do início dos anos 1980, juntamente com os esforços dos artistas, colecionadores e proprietários de galerias (por exemplo, Stephan Eins, Sam Esses, Henry Chalfant e Patti Astor) que deram ao grafite uma influência institucional momentânea e proporcionaram aos grafiteiros desempregados uma remuneração financeira por seus talentos. Nitidamente, a cena artística do centro – ao fornecer aos grafiteiros uma legitimidade fugaz – estava mais interessada em fazer um investimento em sua própria "imagem de ponta". Poucos grafiteiros ganharam a vida como artistas de galeria por muito tempo, e quase todos eles eram exibidos como os mais recentes nativos da rua "naturalmente talentosos"[62]. Depois

---

61 Um pé quadrado equivale a 30,48 cm. (N. da T.)
62 Jean Michel Basquiat foi um dos únicos grafiteiros a fazer uma transição bem-sucedida para o "mundo da arte legítima" e foi bastante celebrado até sua morte relacionada às drogas em 1985. Ele ficou conhecido principalmente por sua habilidade de jogar com os estereótipos que galeristas brancos tinham sobre ele como um talento selvagem, animal, usando o mito da bestialidade negra como um meio de manipulação. Outro artista que conseguiu permanecer no mundo da arte, Rammelzee, continua a desenhar e desenvolver a arte performática nos EUA, Europa e Japão. Ambos os grafiteiros também produziram discos de rap.

"ALL ABOARD THE NIGHT TRAIN"

que o mundo da arte satisfez sua ânsia pela arte de rua, os grafiteiros continuaram a trabalhar, embora não tanto no metrô. O grafite não é mais um formato de rua amplamente visível, fato que leva à suposição de que a arte não é mais praticada. No entanto, uma pesquisa recente de Joe Austin demonstra que os grafiteiros continuam a atuar, usando estratégias de exibição e desempenho que contornam as restrições sociais. De acordo com Austin, eles pintam murais, gravam e fotografam e distribuem as fitas e as fotos por meio de revistas de grafite em todo o país. Por meio de fitas de vídeo e fanzines, murais de trens são documentados antes de serem pintados ou deformados pelo *buff*, permitindo que o processo de grafitagem na superfície dos trens seja compartilhado[63]. Embora muitos grafiteiros ainda sejam fora da lei, seu *status* como tal não é mais uma grande fonte de constrangimento público para as autoridades municipais. Na verdade, as campanhas publicitárias da Autoridade de Trânsito nos anos de 1992 e 1993, como "sub-talk"[64], referem-se à sua vitória contra o grafite como um sinal de seu papel na suposta melhoria da saúde da cidade, ao mesmo tempo em que continuam limpando e pintando centenas de vagões de trens antes de entrarem em serviço para sustentar essas ilusões. Embora o SoHo pareça desinteressado em grafite, empresas e centros comunitários no Barrio, Harlem, Bronx e Brooklyn ainda encomendam grafite para logotipos, fachadas de edifícios, e o grafite está representado em camisetas, roupas de artistas de rap e em cenários de vídeos musicais.

Breakdancing

Em meados da década de 1970, dançar ao som da *disco music* era algo corriqueiro e fácil. As danças de discotecas, como a Hustle, enfatizavam a continuidade e a circularidade da batida e funcionavam para mascarar os intervalos entre as partes. Na *disco music*, o papel principal do DJ era mesclar o fim de uma música à introdução da próxima

---

63 Esse aspecto da cena do grafite contemporâneo surgiu nas discussões após a apresentação de seu artigo, A Symbol That We Have Lost Control, apresentado na reunião da American Studies Association em 1991.
64 Linguagem ou jargão de grupos específicos. (N. da T.)

da maneira mais suave possível, eliminando ou mascarando as interrupções entre elas. No auge da sua popularidade, surgiu um novo estilo de dança e pastiche musical que usava a *disco music* para focar nos *breaks*, para destacar e estender os intervalos entre as músicas. Nessas "quebras" do DJ, os dançarinos praticavam break, executando movimentos que imitavam a ruptura da continuidade rítmica como era destacada na "quebra" musical[65].

Descrita como uma "dança competitiva, acrobática e pantomímica com contorções físicas ultrajantes, giros e saltos para trás [que são] unidos a um circulo fluido e sincopado *body-rock*"[66], o break é a manifestação física do estilo hip-hop[67]. Originalmente se referindo apenas a um grupo particular de movimentos de dança executados durante os breakbeat nas mixagens de rap de um DJ, desde então, o breaking[68] inclui uma série de movimentos e danças relacionadas (por exemplo, *eletric boogie* e *up-rock*) que ocorrem em vários pontos da música[69].

À medida que os passos e as coreografias se desenvolviam, o breaking começou a se concentrar no *freeze*, uma pose ou movimento improvisado que rompia ou "quebrava a batida". Normalmente praticado em círculo, o breaking envolvia a entrada na roda, o jogo de pés, que foi destacado pelo *freeze*, e a saída. Nelson George oferece uma descrição rica e perspicaz da dança:

---

65 O break é um ponto em uma música ou performance onde os padrões rítmicos estabelecidos pelo baixo, bateria e guitarra são isolados dos elementos harmônicos e melódicos e estendidos. No jazz, o break refere-se à ponte improvisada do solista entre as estrofes.
66 Uma das danças do breaking, que simula o combate. Também é chamada de *top rock*. (N. da T.)
67 N. George et al., *Fresh*, p. 79.
68 Nos primórdios da dança, na década de 1970, o termo utilizado para designá-la era *breaking*. Conforme essa expressão foi ganhando espaço na mídia e no mercado, surge a nomenclatura *break dance*. Dessa forma, os dançarinos ligados à cultura hip-hop se autodenominam como praticantes de *breaking* e veem a *break dance* como prática de pessoas que aprendem a dança em espaços sem qualquer conexão com o movimento, como em academias, e mais relacionada com o universo comercial. Considerando que o livro trata especificamente do universo do hip-hop, optou-se pela utilização do termo *breaking*. (N. da T.)
69 *Electric boogie* é uma dança robótica semelhante a uma mímica que começou na Califórnia e era mais popular lá e em partes do Sul. The Lockers – uma trupe de dança sediada em Los Angeles (que evoluiu dos dançarinos do *Soul Train*) – usava muitos movimentos elétricos de *boogie*, em padrões mais fluidos. *Up-rock* é um gesto ou movimento muito acrobático, de confronto e insulto dirigido especificamente a um oponente.

"ALL ABOARD THE NIGHT TRAIN"

A passagem de cada pessoa era muito breve – cerca de dez a trinta segundos – mas repleta de ação e significado. Tudo começa com uma entrada, uma caminhada hesitante que lhe permitia acompanhar a música em vários ritmos e ocupar seu lugar "no palco". Em seguida, o dançarino "desce" (*got down*) ao chão para fazer o *footwork*, uma varredura rápida, cortante e circular no chão usando tênis, em que as mãos sustentam o peso do corpo enquanto a cabeça e o tronco giram em uma velocidade mais lenta, uma espécie de pirueta profundamente sincopada, também conhecida como o helicóptero. Transições acrobáticas, como giros de cabeça, giros de mão, giros de ombro, saltos e o movimento do peso das mãos para os pés, que também envolve uma torção na direção do corpo, serviam como pontes entre o *footwork* e o *freeze*. O elemento final é a saída, uma mola de volta à verticalidade ou um movimento especial que retorna o dançarino para fora do círculo.[70]

Parar o tempo era apenas uma parte do *freeze*. No *freeze*, o dançarino também assume uma identidade alternativa e desafia os concorrentes. Os dançarinos congelavam e posavam como animais, super-heróis, homens de negócios, modelos GQ, idosos ou feridos e como modelos femininas de *pin-ups*. A pose *freeze* incorpora um elemento surpresa que desafia o próximo dançarino a superar a pose anterior. Como um momento de se exibir ou sondar os dançarinos concorrentes, as poses de *freeze* podem incluir dar as costas a um adversário, segurar o nariz ou agarrar os órgãos genitais para sugerir mau cheiro ou dominação sexual[71].

O *breaking* era praticado em corredores de concreto e às vezes com tapetes de papelão. Por alguns motivos, as ruas eram espaços de prática preferidos. Espaços comunitários fechados em áreas economicamente oprimidas são raros, e aqueles disponíveis não comportam grandes grupos realizando danças acrobáticas. Além disso, alguns espaços internos apresentavam outras desvantagens. Um dos dançarinos com quem conversei apontou que a Liga Atlética da Polícia, que tinha espaço do tamanho de um ginásio, foi evitada por ser usada pela polícia como meio de vigilância comunitária.

---

70 N. George et al., op. cit, p. 90.
71 Ibidem, p. 96.

Sempre que a polícia local procurava um suspeito, os garotos que frequentavam a Liga eram interrogados. Breakers praticavam e se apresentavam em equipes que dominavam certos bairros. Durante as competições, se a ostentação ou o som de uma equipe conquistassem a multidão completamente, o constrangimento que isso causava à outra equipe geralmente resultava em brigas. A hostilidade entre as equipes muitas vezes permanecia tempos depois da competição, e os dançarinos tinham que ser cuidadosos em suas viagens por Nova York. Crazy Legs, conhecido por inventar o movimento "w", bem como um *backspin* especial, explicou que durante o apogeu do Rock Steady Crew, eles tiveram que enfrentar outras equipes quase todos os fins de semana[72].

Embora o Rock Steady Crew (um grupo majoritariamente porto-riquenho) sempre tivesse dançarinas mulheres, esse não era o caso de todas as equipes de breakdancing – que eram predominantemente masculinas. Daisy Castro (de Rock Steady, também conhecida como "Baby Love") atribui essa ausência à falta de exposição, apoio social e desencorajamento por parte dos homens[73]. Grupos femininos de breakdance, como o Dynamic Dolls, dançarinas como Janet, também conhecida como "Headspin", Suzy Q e Yvette, Chunky e Pappy de Rock Steady sempre fizeram parte da cena do breaking. Ainda assim, poucas mulheres executavam regularmente os movimentos específicos do break, como o giro da cabeça ou o deslizamento de mão; elas eram mais propensas a serem vistas executando os movimentos de *popping*, *locking* e *electric boogie*.

Embora essa ausência tenha, em alguns casos, a ver com a relativa facilidade de execução de movimentos específicos para corpos femininos, a maioria das meninas foi fortemente desencorajada a realizar

---

72 Entrevista com Crazy Legs and Wiggles, 6 nov. 1991. O fato de que as brigas eram e continuam sendo comuns dentro e em torno do hip-hop é importante, porque contrasta com uma das representações centrais da mídia sobre o hip-hop como uma forma de redirecionamento das energias relacionadas às gangues em saídas criativas pacíficas. Na verdade, o discurso "comemorativo" da mídia sobre o hip-hop se apoiava nesse mito para justificar sua celebração. Embora seja bem possível que dançar, fazer rap e grafitar absorvam tempo que poderia ter sido gasto brigando ou roubando, brigar e roubar permanecem comuns.

73 N. Guevara, Women Writin' Rappin' Breakin', em M. Davis et al. (eds.), op. cit, p. 171.

"ALL ABOARD THE NIGHT TRAIN"

movimentos de break porque eram percebidas por alguns colegas do sexo masculino como "inseguras" ou "não femininas". As breakers às vezes executavam movimentos de maneiras convencionalmente femininas, para destacar a individualidade e talvez para desviar as críticas masculinas. Novamente, as mulheres que realizavam esses movimentos eram frequentemente consideradas masculinas e indesejáveis ou sexualmente "disponíveis". Embora essas atitudes sexistas em relação aos limites aceitáveis da expressão física feminina sejam generalizadas, elas não são absolutas. Em minha entrevista com Crazy Legs e Wiggles, dois dançarinos do Rock Steady Crew, Crazy Legs não fez objeções a nenhuma dançarina executando qualquer movimento; enquanto Wiggles "respeitaria" uma dançarina, mas não se sentia tão confortável com mulheres exibindo o nível de esforço físico necessário para o breaking[74].

O breaking combina temas e movimentos físicos encontrados na cultura popular contemporânea com movimentos e estilos comumente encontrados nas danças afrodiaspóricas. Breakdancing compartilha "semelhanças familiares" com uma série de danças afro-estadunidenses. Ele compartilha movimentos e combinações com o *lindy-hop*, o Charleston, o *cakewalk*, o *jitterbug*, o *flashdancing* do Harlem dos anos 1940, o *double dutch* e *black fraternity* e com o *sorority stepping*. Esse fenômeno também tem sido frequentemente associado à dança afro-brasileira de artes marciais, particularmente a capoeira, pelas semelhanças impressionantes entre seus movimentos de giro igual a uma estrela. No entanto, os dançarinos também emprestam e revisam movimentos populares das artes marciais asiáticas ao assistir filmes de "caratê" na Times Square. Movimentos recentes, como *Popeye*, *Cabbage Patch* ou *Moonwalk*, imitam e recebem o nome de imagens e personagens culturais populares. O sociólogo Herman Gray, referindo-se a outra dança hip-hop, o *Running Man*, aponta que ela também imita a experiência comum de jovens negros perseguidos pela polícia. O *lockitup* é uma dança baseada em Newark, Nova Jersey, inspirada no *car-jacking*, uma forma armada de roubo de automóveis. De acordo com Marcus Reeves, seus movimentos seriam "representados pelos

---

74 Entrevista de Rose com Crazy Legs e Wiggles, 6 nov. 1991.

© suekwon

procedimentos de 'estourar' (roubar) um carro. Enquanto o dançarino imita o ritual de roubo do carro, a multidão o incita com gritos de "*lockitup!*"[75].

Tal como o grafite, o breakdancing desenvolveu uma relação contraditória com a cultura dominante. Em janeiro de 1980, um dos primeiros artigos publicados sobre breakdancing fez a cobertura de um grupo de dançarinos que foram detidos pela polícia por brigar e causar confusão em uma estação de metrô na área de Washington Heights. Assim que a polícia se convenceu de que se tratava, na verdade, de "apenas uma dança", os dançarinos foram liberados. Como dança pública não autorizada e pela ocupação pública do espaço, especialmente por jovens negros e porto-riquenhos, o breakdancing

---

[75] Essa conexão foi feita no artigo não publicado de Gray, apresentado na reunião da American Studies Association em 1990; M. Reeves, Ear to the Street, *The Source*, Mar. 1993, p. 18. Para discussões sobre dança e movimento negro, ver R.F. Thompson, Kongo Influences on African-American Artistic Culture, em J. E. Holloway (ed.), *Africanisms in American Culture*, p. 148-184; R.F. Thompson, Hip-Hop 101, *Rolling Stone*, 27 Mar. 1986, p. 95-100; E.C. Fine, Stepping, Saluting, Cracking and Freaking: The Cultural Politics of Afro-American Step Shows, *The Drama Review*, v. 35, n. 2, p. 39-59; e K. Hazzard, *Jookin'*.

"ALL ABOARD THE NIGHT TRAIN"

continuou a chamar a atenção da polícia. Nos cinco anos seguintes, artigos do *The New York Times*, *Washington Post* e *Los Angeles Times* continuaram a citar exemplos da polícia prendendo breakers por "perturbar a paz" e "atrair multidões indesejáveis" nos shoppings[76]. Ao mesmo tempo, o breakdancing tornou-se a última moda da dança popular nos EUA, Europa e Japão. Não apenas equipes de *breakdance* estavam se formando, mas as escolas de dança começaram a contratar dançarinos para dar aulas voltadas aos brancos da classe média "descolada"[77]. Como a resposta do SoHo ao grafite, os breakers foram contratados por clubes de dança populares do centro para festas particulares a fim de entreter a sua clientela. Crazy Legs relembra esse período de notoriedade e exploração e sua reação a ele:

> Fomos roubados por tantas pessoas. Quando se tratou do Roxy's, eles me deram uma lista de convidados de cinquenta pessoas todas as semanas, mas agora percebo que eles estavam ganhando uma fortuna. Lotados. Não estávamos ganhando dinheiro. Mas o ponto principal era que eles estavam dando a mim e ao Bam (Afrika Bambaataa) e a todas essas outras pessoas uma ótima lista de convidados, porque todas essas pessoas brancas estavam chegando... Estávamos em exibição e nem sabíamos disso. Nós apenas achamos que era ótimo porque pensamos "Uau, agora temos uma ótima pista para dançar e ir para a festa, e temos energia, e temos o *status* de gueto e coisas assim..." Agora percebo que estávamos na tela. As pessoas estavam pagando oito e sete dólares, custe o que custar... para nos assistir. E não estávamos recebendo nada da entrada.[78]

Em 1986, quando os pontos de vendas comerciais pareciam ter esgotado o breakdancing como uma "moda passageira", os dançarinos,

---

76 S. Banes, Breaking Is Hard to Do, *Village Voice*, 22-28 Apr. 1981, p. 31-33; W.G. Hughes, Putting the Breaks on Break Dancing?, *Los Angeles Times*, 5 Mar. 1984, Parte II, p. 1; C'mon Gimme a Break, *Newsweek*, 14 May 1984, p. 28; L. Castaneda, Annapolis Banishes Breakers from City Dock, *Washington Post*, 3 Aug. 1984, p. C13.
77 C. McGuigan et al., Breaking Out, *Newsweek*, 2 July 1984, p. 46-52. Essa história de capa é uma exploração da descoberta do break entre os estadunidenses de classe média, particularmente os *urban chic* que frequentam clubes elegantes. Esses clubes podem permitir a entrada de dançarinos para "colorir", mas geralmente não permitem seus pares negros e latinos. Ver anúncios para workshops de breakdance, *Village Voice*, 4 Dec. 1984, p. 100.
78 Entrevista com Crazy Legs e Wiggles, 6 nov. 1991.

como retratados na imprensa convencional, praticamente desapareceram. No entanto, o breakdancing ainda é fortemente praticado, especialmente ao lado de artistas de rap e outros gêneros musicais de dança. Em clubes de hip-hop, breakers ainda se apresentam em rodas, inventando passos em resposta aos ritmos do rap. Embora os dançarinos de rap não sejam mais chamados de breakers, seus passos são extensões e revisões do breaking com aproximações de movimento, linha e ruptura que remetem às abordagens estilísticas de grafiteiros-letristas, DJs de rap e breakers, e as afirmam. O especial de dança "Everybody Dance Now!", de 1991, veiculado pelo Public Broadcasting System, demonstrou as continuidades estilísticas entre os movimentos executados pelos primeiros breakers e artistas mais recentes do rock, do soul e da dança, como Janet e Michael Jackson, Madonna, C&C Music Factory, New Kids on the Block, New Edition, The Fly Girls no programa de comédia "In Living Color" da Fox Television e MC Hammer, ilustrando a importância do estilo de dança hip-hop no entretenimento popular contemporâneo.

Rap

Último elemento a surgir no hip-hop, o rap tornou-se sua faceta mais proeminente. Nos primeiros estágios, os DJs foram as figuras centrais do hip-hop; eles forneceram as batidas de break para os breakers e a trilha sonora para a socialização das equipes de grafite. Os primeiros DJs conectavam seus toca-discos e caixas de som a qualquer fonte elétrica disponível, incluindo postes de rua, transformando parques públicos e ruas em festas improvisadas e centros comunitários.

Embora o improviso de equipamentos estéreos em ambientes públicos não seja exclusividade do rap, duas inovações creditadas ao imigrante jamaicano DJ Kool Herc separaram o rap de outras músicas populares e prepararam o terreno para mais criações. Ele era conhecido por suas enormes caixas de som de sistema estéreo (que ele chamou de *herculords*), e sua prática de estender os breaks instrumentais obscuros criou uma colagem infinita de batidas de dança chamadas *b-beats* ou *breakbeats*. Essa colagem de breakbeats contrasta fortemente com a batida de dança ininterrupta

84

"ALL ABOARD THE NIGHT TRAIN"

da Eurodisco que dominou a cena da dança de meados ao final dos anos 1970. A gama de *b-beats* sampleados por Kool Herc era tão diversa quanto o rap contemporâneo, valendo-se, entre outros, do jazz de New Orleans, Isaac Hayes, Bob James e Rare Earth. Dentro de alguns anos, o fundador da *Zulu Nation* e DJ Afrika Bambaataa também usaria batidas de bandas europeias (como Kraftwerk, por exemplo), rock e soul em suas apresentações. Enfatizo a importância do uso do rock pelos primeiros DJs de rap, porque a imprensa popular sobre o rap frequentemente se refere ao uso de "Walk This Way", da banda de rock Aerosmith, pelo Run DMC em 1986, como uma estratégia de *crossover*[79] e um afastamento de antigas seleções de samples entre DJs de rap. A maior parte da cobertura da imprensa em relação ao Run DMC e suas "incursões no rock" também sugeriu que, ao usar o rock, o rap estava amadurecendo (por exemplo, indo além do "gueto") e expandindo seu repertório. Ao contrário, o sucesso de "Walk This Way" do Run DMC trouxe essas estratégias de intertextualidade para os holofotes comerciais e para as mãos de consumidores adolescentes brancos. Não apenas os samples de rock sempre foram reintroduzidos no rap, mas muitos anos antes o Run DMC gravou a guitarra de rock ao vivo no King of Rock[80]. Batidas selecionadas por produtores de hip-hop e DJs sempre vieram e continuam a vir de uma gama extraordinária de músicas. Como Prince Be Softly do P.M. Dawn diz: "minha música é baseada no hip-hop, mas junto tudo do dance-hall ao country e ao rock. Posso pegar um *loop* de bateria do Led Zeppelin, colocar uma buzina de Lou Donaldson nele, adicionar uma guitarra de Joni Mitchell e, em seguida, encadear um *riff* vocal de Crosby, Stills e Nash"[81].

---

79 *Crossover* é um termo que descreve quando um artista de determinado gênero consegue ser aceito por um público diferente ou mais amplo. Nesse caso, refere-se a quando rappers e cantores de música negra atingem um público maior de fãs brancos. (N. da T.)
80 Ver P. Watrous, It's Official: Rap Music Is in the Mainstream, *The New York Times*, 16 May 1988, p. C11; Depois de expressar frustração com a cobertura de "Walk This Way" como uma estratégia de *crossover*, Run descreve sua motivação: "Fiz aquele álbum porque costumava fazer rap quando tinha 12 anos. Havia muitos hip-hoppers fazendo rap sobre rock quando eu era uma criança". E. Kierch, Beating the Rap, *Rolling Stone*, 4 Dec. 1986, p. 59-104.
81 Apud J. Young, P.M. Dawn Sample Reality, *Musician*, June 1993, p. 23.

Cortesia de Kid (de Kid-N-Play)

Os *herculords* de Kool Herc, modelados a partir dos sistemas de som jamaicanos que produziam música *dub* e *dancehall*, eram mais potentes do que as caixas de som de DJs medianos e se mostravam surpreendentemente livres de distorção, mesmo quando tocados ao ar livre[82]. Seus equipamentos produziam frequências graves poderosas e também tocavam tons agudos nítidos. Os breakbeats de Herc, tocados nos *herculords*, inspiraram os movimentos de *freestyle* dos breakers e propiciaram o surgimento de uma nova geração de DJs de hip-hop. Enquanto trabalhava nos toca-discos, Kool Herc também começou

---

[82] De acordo com Hager, os *herculords* eram duas caixas de som da marca Shure auxiliadas por um amplificador Macintosh. S. Hager, *Hip-Hop*, p. 33. Também é bom notar que, embora o equipamento e o estilo de Herc fossem fortemente influenciados por sistemas de som e dublagem jamaicanos, Herc afirma que não conseguiu fazer a multidão responder à música jamaicana. Esse é um dos muitos pontos interessantes de hibridez diaspórica em que as influências se movem bidirecionalmente.

"ALL ABOARD THE NIGHT TRAIN"

a recitar rimas de estilo de prisão (muito parecidas com as encontradas em *Hustler's Convention* do The Last Poets), usando uma câmara de eco para efeito adicional. As rimas de Herc também se baseavam fortemente no estilo de personalidades negras do rádio, sendo a mais recente e significativa o DJ Hollywood, um DJ de discoteca de meados da década de 1970 que ganhou muitos fãs por meio do boca a boca das ruas ao seguir a cena dos clubes em Nova York e, eventualmente, em outras cidades por meio de cassetes caseiros. Como as equipes de grafite e breaking, os DJs lutavam por territórios. Quatro DJs principais surgiram no Bronx: o território de Kool Herc era o oeste do Bronx, Afrika Bambaataa dominava o Bronx River East, o território do DJ Breakout era a região mais ao norte do Bronx, e Grandmaster Flash controlava as regiões sul e central[83]. Esses territórios foram estabelecidos por batalhas de DJs locais, shows em clubes e a circulação de fitas de apresentações ao vivo. As performances dos DJs, gravadas pelo próprio DJ e pelo público, eram copiadas, trocadas e reproduzidas em grandes rádios gravadores estéreos portáteis (ou *ghetto blasters*), disseminando seus sons. Essas fitas viajaram muito além do Bronx, recrutas negros e porto-riquenhos do exército venderam e trocaram essas fitas em postos militares em todo o país e em todo o mundo[84].

Ao Grandmaster Flash credita-se o aperfeiçoamento que tornou conhecida a terceira inovação crítica do rap: o *scratching*. Embora o Grand Wizzard Theodore (com apenas treze anos na época) seja considerado seu inventor, ele não manteve um número suficiente de seguidores para avançar e aperfeiçoar o *scratching*. Trata-se de uma técnica de toca-discos que envolve tocar o disco para frente e para trás com a mão, arranhando a agulha contra o vinil nos sentidos horário e anti-horário. Usando dois toca-discos, um disco é riscado no ritmo ou contra o ritmo de outro disco enquanto o segundo disco é reproduzido. Essa inovação ampliou o uso de toca-discos como instrumentos musicais por Kool Herc e expôs os parâmetros culturais, em vez de estruturais, do uso aceito de toca-discos.

---

83 MTV, "Rapumentary" (1990).
84 Entrevista com Red Alert, 8 maio 1990.

Flash também desenvolveu o *backspin* e estendeu o uso de break-beats por Kool Herc[85]. Essa técnica permite ao DJ "repetir frases e batidas de um disco girando-o rapidamente no sentido contrário". Empregando uma sincronização perfeita, essas frases podem ser repetidas em padrões rítmicos variados, criando o efeito de um disco pulando irregularmente ou um efeito de gagueira controlada, promovendo uma intensa excitação da multidão. Os breakbeats eram particularmente bons para construir novas composições. Fazendo a transição para as gravações e antecipando a gama de sons e a complexidade da colagem agora associada à tecnologia do sample, "As Aventuras do Grandmaster Flash nas Rodas de Aço", de 1981, estabeleceu as bases para os efeitos explosivos e rodopiantes criados pelos produtores do Public Enemy, o Bomb Squad, sete anos depois. Em uma tentativa de capturar o virtuosismo das técnicas de Flash e a vasta gama de seus samples cuidadosamente selecionados, incluí uma descrição longa e poética de sua performance em "As Aventuras do Grandmaster Flash nas Rodas de Aço". Nelson George descreve a magia de Grandmaster:

> Começa com "you say one for the trouble", a frase de abertura de "Monster Jam" de Spoonie Gee, dividida em "you say" repetida sete vezes, estabelecendo o tom de um disco que usa a música e os vocais do "Another One Bites the Dust" do Queen, "8th Wonder" do Sugar Hill Gang e "Good Times" do Chic como recortes musicais que Flash manipula por capricho. Ele repete "Flash is bad" de "Rapture" do Blondie três vezes, transformando o desapego da cantora Deborah Harry em adoração total. Ao tocar "Another One Bites the Dust", Flash coloca um disco no segundo carrossel da pick-up e, em seguida, empurra a agulha e o disco um contra o outro. O resultado é uma imitação estrondosa e rude da linha do baixo da música. À medida que o feedback da guitarra em "Dust" aumenta, também aumenta o estrondo de Flash, até que estamos nos divertindo em "Good Times". Em seguida, "Freedom" explode entre as pausas da linha do baixo de "Good Times" do Chic. Seus graves batem e depois o Furious Five canta, "Grandmaster corta mais rápido". Baixo. "Grandmaster". Baixo. "Corte". Baixo. "Cortes… cortes… mais rápido". Mas o flagrante chega

---

85 Pouco depois de sua ascensão à fama local, Kool Herc foi esfaqueado várias vezes durante um de seus shows. Após este incidente, ele saiu da cena do hip-hop.

"ALL ABOARD THE NIGHT TRAIN"

perto do fim quando, durante a música "8th Wonder", Flash faz *scratch* nos intervalos que separam uma série de palmas.[86]

Usando vários samples como diálogo, comentário, ritmos percussivos e contraponto, Flash, com dois toca-discos, atingiu um nível de colagem musical e clímax que permanece difícil de atingir em equipamentos avançados de sample dez anos depois.

O novo estilo de atuação do DJ atraiu grandes multidões animadas, mas também começou a desviar a atenção do público da dança para assistir à performance do DJ[87]. É nesse momento que os rappers surgem nos shows dos DJs, para redirecionar a atenção do público. Flash pediu a dois amigos, Cowboy e Melle Mel (ambos se tornaram mais tarde, para Flash e os Furious Five, os principais rappers junto com Kid Creole) para apresentar alguns estímulos à plateia durante um de seus shows. Logo depois disso, Flash começou a conectar um microfone aberto a seu equipamento, inspirando a participação espontânea do público. A descrição de Steve Hager de sua intertextualidade, fluidez e complexidade rítmica indica uma ampla gama de habilidades verbais geralmente não associadas aos primeiros rappers:

> Contando com o uso criativo de gírias, o efeito percussivo de palavras curtas e rimas internas inesperadas, Mel e Creole começam a compor raps elaborados habitualmente, tecendo complexamente suas vozes por meio de uma faixa musical mixada por Flash. Eles fazem duetos, cânticos e cantavam harmonia. Era um estilo vocal que combinava de maneira eficaz os ritmos agressivos de James Brown com a linguagem e as imagens de *Hustler's Convention*.[88]

---

86 N. George et al., *Fresh*, p. 6-1. Exploro as práticas técnicas e artísticas na produção de rap no capítulo 3.

87 De acordo com Flash e Red Alert, uma multidão parada parecia ser mais propensa a brigas e confrontos.

88 S. Hager, *Hip-Hop*, p. 48. *Hustler's Convention* é o álbum de 1973 escrito e interpretado por Jalal Uridin, líder dos ex-presidiários militantes negros, The Last Poets. *Hustler's Convention* (e os gêneros *blaxsploitation* relacionados do final dos anos 1960 e início dos anos 1970) são claros predecessores da preferência estilística e temática do *gangsta rap* contemporâneo por violência, drogas, sexo e sexismo. A diferença formal crítica é a ênfase do rap em batidas dançantes e sua complexidade musical.

Grande parte dos primeiros rappers foi inspirada pela intensidade da voz de Melle Mel e por sua convicção. Do grupo de rap Kid-N-Play, Kid atribuiu parte dessa intensidade ao fato de Mel estar fazendo rap para viver, em vez de um hobby:

> Para Melle Mel, fazer rap era o seu trabalho. Melle Mel ganhava a vida fazendo rap todos os fins de semana em uma festa ou algo do tipo. Então, ele estava fazendo rap para sobreviver. Como tal, o assunto dele refletia isso. Declaro que Melle Mel é o rei de todos os rappers. Ele é a razão de eu me tornar um rapper e acho que ele é a razão de muitas pessoas se tornarem rappers. Sua influência foi penetrante.[89]

A voz sombria e corajosa de Melle Mel foi imortalizada em "The Message", de Flash and Furious Five, em 1982 – eleita a melhor música pop do ano. O poder das vozes dos rappers e seu papel como contadores de histórias garantiram que o rap se tornasse a principal expressão da cultura hip-hop.

Os rappers que conseguiam prender a atenção do público tinham uma destreza verbal e habilidades de desempenho impressionantes. Eles falavam com autoridade, convicção, confiança e poder, gritando cantigas lúdicas reminiscentes dos *discjockeys* negros de rádio dos anos 1950. O estilo de rap mais frequente era uma variação do *toast*, uma forma de narração oral arrogante e vangloriosa, às vezes explicitamente política e, muitas vezes, agressiva, violenta e de conteúdo sexista. Os predecessores musicais e orais do rap abrangem uma variedade de artistas vernaculares, incluindo os Last Poets, um grupo de militantes negros e contadores de histórias do final dos anos 1960 ao início dos anos 1970, cuja poesia era acompanhada por ritmos de tambor conga, o poeta e cantor Gil Scott-Heron, Malcolm x, Black Panthers, os locutores de rádio dos anos 1950, particularmente Douglas "Jocko" Henderson, a rapper soul Millie Jackson, as mulheres clássicas do blues e inúmeros outros artistas. Filmes de "Blaxploitation" como *Sweet Sweetback's Song Baadasss Song* de Melvin Van Peebles, ficção *gangsta* de Donald Goines e as "narrativas de cafetão" que exploram os meandros dos bairros de prostituição do gueto também são especialmente

---

89 Entrevista com Kid, do Kid-N-Play, 11 jan. 1990.

"ALL ABOARD THE NIGHT TRAIN"

importantes para o rap. Independentemente da temática, o prazer e o domínio em fazer *toast* e rap são questões de controle sobre a linguagem, a capacidade de superar a competição, a arte da história, o domínio do ritmo e a capacidade de atrair a atenção da multidão[90]. O rap depende muito da performance oral, mas é igualmente dependente da tecnologia e de seus efeitos no som e na qualidade da reprodução vocal. A entrega de um rapper depende do uso e do domínio da tecnologia. O foco icônico do rapper é o microfone; os rappers dependem de tecnologia avançada para amplificar suas vozes, de modo que possam ser ouvidos sobre as batidas massivas que cercam as letras. "Microphone Fiend", de Eric B. & Rakim, descreve a centralidade do microfone na performance de rap:

> I was a microphone fiend before I became a teen.
> I melted microphones instead of cones of ice cream
> Music-oriented so when hip-hop was originated
> Fitted like pieces of puzles, complicated.[91]

À medida que o rap passou a ocupar o centro do palco, MCs e DJs começaram a formar equipes de bairro que organizavam festas locais em bailes, escolas e clubes sociais. Como as competições de equipes de breakdance, os rappers e DJs lutaram pelo domínio local em intensos duelos verbais e musicais. Esses primeiros duelos não eram apenas para encorajar a reação da multidão com cantigas simples como "Yell, oh!" e "Somebody Scream" (embora essas canções tenham um importante valor sentimental). Essas festas e competições duravam várias horas e exigiam que os artistas tivessem um arsenal bem abastecido de rimas e histórias, resistência física e expertise.

---

90 As raízes do rap nas práticas orais negras são extensas, e as pesquisas sobre práticas orais negras são igualmente extensas. Alguns textos importantes que exploram a história das práticas orais negras estão listados aqui: H. Baker, *Long Black Song*; H.L. Gates, *The Signifying Monkey*; D. Wepman et. al, *The Life*; A. Dundes (ed.), *Mother Wit from the Laughing Barrel*; D. Crowley, *African Folklore in the New World*; L. Levine, *Black Culture and Black Consciousness*; R.D. Abrahms, *Deep Down in the Jungle*; G. Smitherman, *Talkin' and Testifyin'*.

91 "Eu era viciado em microfone antes de me tornar adolescente. / Derreti microfones em vez de cones de sorvete / Orientado para a música, então quando o hip-hop teve início / Encaixou como peças de quebra-cabeças, complicados." Eric B. & Rakim, "Microphone Fiend" em *Follow the Leader*. No capítulo 3, exploro a relação entre tecnologia e oralidade no rap com muito mais profundidade.

Os produtores de discos independentes locais perceberam que essas batalhas começaram a atrair multidões consistentemente enormes e abordaram os rappers e DJS sobre a produção de discos. Enquanto uma série de pequenos lançamentos estava em andamento, Sylvia Robinson da Sugar Hill Records criou o Sugar Hill Gang, cujo single de estreia "Rapper's Delight", em 1979, trouxe o rap para os holofotes comerciais. No início de 1980, "Rapper's Delight" vendeu milhões de cópias e alcançou o topo das paradas pop[92]. "Rapper's Delight" mudou tudo; em particular solidificou o *status* comercial do rap. DJS vinham cobrando taxas por festas e dependiam de discos e equipamentos para se apresentar, mas o potencial comercial de "Rapper's Delight" apenas sugeriu um aumento significativo das apostas econômicas. Assim como a transição do rock 'n' roll para os principais mercados comerciais, o rap foi alimentado por pequenas gravadoras independentes e um sistema de exploração no qual os artistas não tinham escolha a não ser se submeter a contratos draconianos que transferiam quase todos os direitos autorais e os lucros para a gravadora se quisessem que a sua música estivesse amplamente disponível. Os selos de propriedade de brancos e negros pagavam pequenas taxas fixas aos rappers, exigiam contratos de produção rígidos e longos (como cinco discos concluídos em sete anos), faziam exigências absurdas e recebiam quase todo o dinheiro. Salt, do grupo de rap feminino Salt-N-Pepa, disse que antes de assinarem com a Next Plateau Records recebiam cada um vinte dólares por show. Quando ela questionou seu gerente sobre o acordo, ele a ameaçou e acabou espancando-a por fazer muitas perguntas sobre os negócios[93].

---

92 Há uma grande controvérsia em relação ao sucesso repentino, embora de curta duração, de Sugar Hill Gang. De acordo com vários rappers e DJS desse período, os três membros do Sugar Hill Gang não eram artistas locais. Um dos membros – Hank – era porteiro/segurança de um clube de rap em Nova York e tinha acesso a fitas piratas que reproduzia no norte de Nova Jersey, uma área que naquele momento não tinha cena de rap local. Sylvia Robinson ouviu uma das fitas de Hanks e o abordou sobre a gravação de um single de rap. De acordo com *Hip-hop*, de Hager, Hank pegou emprestado o livro de rimas de Grandmaster Caz e usou suas rimas em "Rapper's Delight". Kool Moe Dee, Red Alert e outros me explicaram que, quando ouviram o disco, ficaram chocados. Eles não só nunca tinham ouvido falar do Sugarhill Gang, mas também não podiam acreditar que um disco de rap (mesmo que eles pensassem ser tão elementar) pudesse se tornar um sucesso comercial.
93 Entrevista de Rose com Salt, 22 maio 1990.

"ALL ABOARD THE NIGHT TRAIN"

"Rapper's Delight" também foi citado por rappers de todo o país como o primeiro encontro com o som e o estilo do hip-hop. Na verdade, o sucesso comercial de "Rapper's Delight" teve o efeito contraditório de manter e gerar novas facetas do rap em Nova York e em outros lugares e, ao mesmo tempo, reorientar o rap em direção às necessidades e às expectativas comerciais mais elaboradas e restritivas. Nos próximos três anos, "The Breaks" de Kurtis Blow, "Love Rap" de Spoonic Gee, "Feel The Heartbeat" de Treacherous Three, "Planet Rock", de Afrika Bambaataa and the Soul Sonic Force, "Funk You Up" do Sequence e "The Message" de Grandmaster Flash and the Furious Five foram comercializados e houve um sucesso de singles de rap que rendeu e continua a render mais dinheiro para a gravadora Sugar Hill e a outras pequenas gravadoras do que para os artistas[94].

Embora o Salt-N-Pepa tenha sido citado como primeiro caso de grande rapper feminina, alguns dos primeiros grupos de rap, como o Funky Four Plus One More, tinham mulheres, e havia alguns grupos exclusivamente femininos, como o Sequence. De acordo com as experiências das mulheres jovens no grafite e no breaking, fortes sanções sociais contra a sua participação limitaram as fileiras femininas. Aquelas que insistiam e conseguiam aceitação encontravam "gravações de resposta" (gravações de batalhas de rap entre os sexos) e eram as mais prováveis de serem difundidas e obterem resposta do clube. A primeira "rainha do rap", Roxanne Shante, escreveu e gravou um rap mordaz em resposta a "Roxanne Roxanne" do UTFO, uma música que acusava uma garota chamada Roxanne de ser presunçosa por rejeitar avanços sexuais feitos pelo UTFO[95]. "Roxanne's Revenge" de Roxanne Shante foi uma resposta mordaz e contrariada que obteve receptividade entre *b-girls* e *b-boys*[96]. Rimando com uma voz atrevida e estridente de menina (ela tinha 13 anos na época), Shante disse ao UTFO: "Como uma espiga de milho, você está sempre tentando roubar

---

94 "Rapper's Delight" vendeu mais de dois milhões de cópias nos EUA, e "The Breaks" vendeu mais de quinhentas mil cópias. Essas vendas de discos foram principalmente o resultado do boca a boca e do hip-hop em clubes.
95 UTFO significa Untouchable Force Organization, grupo estadunidense de hip-hop originário do Brooklyn, Nova York. (N. da T.)
96 O single "Roxanne's Revenge" de Shante vendeu mais de dois milhões de cópias.

/ Você precisa estar lá procurando por um emprego." O refrão, "Por que você fez um álbum sobre mim? O R/O/X/A/N/N/E?" tornou-se uma linha clássica no hip-hop[97].

Embora mulheres negras e latinas tenham uma presença pequena, mas fundamental, no grafite, no rap e no breaking, com exceção de Sha-Rock, que foi uma das inovadoras da *beat box*, elas têm estado praticamente ausentes da área de produção musical. Apesar de haver DJs e produtoras, como Jazzy Joyce, Gail 'sky' King e Spindarella, elas não são grandes protagonistas no uso de tecnologia de sample e nem tiveram um impacto significativo na produção e na engenharia do rap. Existem vários fatores que acredito terem contribuído para isso. Em primeiro lugar, as mulheres em geral não são encorajadas, mas frequentemente desencorajadas a aprender sobre o uso de equipamentos mecânicos. Isso ocorre informalmente na socialização e formalmente no rastreamento vocacional segregado por gênero no currículo das escolas públicas. Dada a dependência inicial do rap em equipamentos estéreos, participar da produção de rap requer habilidades mecânicas e técnicas que as mulheres têm muito menos probabilidade de desenvolver.

Em segundo lugar, devido ao desenvolvimento informal dos métodos de reprodução do rap, o principal meio para reunir informações é o conhecimento local compartilhado. Como Red Alert me explicou, seu interesse pré-hip-hop e a familiaridade com equipamentos eletrônicos foram sustentados pelo acesso a seu vizinho Otis, que possuía elaboradas configurações de equipamento estéreo. Red Alert diz que ele passava quase todo o seu tempo livre na casa de Otis, ouvindo, aprendendo e fazendo perguntas. Por motivos sociais, sexuais e culturais, as mulheres jovens teriam muito menos probabilidade de ter permissão ou se sentirem à vontade para passar tanto tempo na casa de um vizinho do sexo masculino.

Mesmo em circunstâncias menos íntimas, as jovens não eram especialmente bem-vindas nos espaços sociais masculinos onde se compartilha conhecimento tecnológico. Os estúdios de hoje são espaços extremamente dominados por homens, onde o discurso

---

97 As rappers mulheres são o tema do capítulo 5, no qual suas contribuições e uma análise da política de gênero no rap são exploradas com maior profundidade.

"ALL ABOARD THE NIGHT TRAIN"

tecnológico se funde com uma cultura de vínculos masculinos que torna excessivamente problemático o aprendizado feminino. Ambos os fatores tiveram um sério impacto sobre as contribuições das mulheres na produção do rap contemporânea. Tenha em mente, entretanto, que a exclusão das mulheres da produção musical no rap não deve ser entendida como específica do rap ou da música contemporânea, mas como uma continuidade da marginalização generalizada das mulheres na música ao longo da história europeia e estadunidense. Uma das maneiras de contornar esses obstáculos é a criação de estúdios voltados para as mulheres. Sempre imaginei que as rappers de maior sucesso financeiro construiriam um estúdio de produção de rap, e que contratariam e treinariam técnicas e estagiárias; um espaço no qual jovens mulheres negras teriam o tipo de acesso cultural e social à tecnologia e aos equipamentos musicais que tem sido, na maior parte, um domínio masculino. Este também se tornaria rapidamente um espaço lucrativo e criativo para uma ampla gama de músicos comprometidos em apoiar a criatividade musical das mulheres e em criar novos ambientes colaborativos.

Ao contrário do breakdancing e do grafite, O rap teve e continua a ter um contexto institucional muito mais amplo para operar. A música é mais facilmente comercializada do que o grafite, e pode ser consumida fora do contexto da apresentação. Isso não quer dizer que a incorporação do rap tenha sido menos contraditória ou complicada. Ao contrário; por causa do poder comercial do rap, tanto as sanções quanto as defesas do rap têm sido mais intensas e, portanto, a resistência tem sido mais contraditória.

Ao longo do final dos anos 1980, o *status* comercial do rap aumentou dramaticamente, os rappers começaram a explorar mais temas com maiores referências intertextuais e complexidade, e as equipes de hip-hop de guetos urbanos em várias grandes cidades começaram a contar histórias que falavam não apenas das especificidades da vida na quinta ala de Houston, por exemplo, mas também das pontes gerais entre a quinta ala e Overtown de Miami ou Roxbury de Boston. No mesmo período, a popularidade do Run DMC em meados ao final dos anos 1980 entre os adolescentes brancos levou o *The New York Times* a declarar que o rap finalmente alcançou a *mainstream*[98]. Ao mesmo tempo, Eric B. & Rakim, Public Enemy, KRS-One, L.L. Cool J, MC Lyte e De La Soul também emergiram como figuras importantes nas mudanças direcionais do rap[99].

Durante o final da década de 1980, rappers de Compton e Watts, em Los Angeles, duas áreas severamente paralisadas pela redistribuição econômica pós-industrial, desenvolveram um estilo de rap da Costa Oeste que narra experiências e fantasias específicas da vida de um jovem negro pobre da cidade. Ice Cube, Dr. Dre, Ice-T, Eazy-E, Compton's Most Wanted, W.C. e o MAAD Circle, Snoop Doggy Dog, South Central Cartel e outros definiram o estilo *gangsta rap*. A escola de *gangsta rap* de Los Angeles gerou outros rappers *hardcore* específicos da região, como Naughty by Nature de Nova Jersey, Tim Dog, Onyx and Redman, do Bronx, e um novo grupo de rappers gangsta femininos, como Boss (duas mulheres negras de Detroit), a rapper porto-riquenha de Nova York Hurricane Gloria e Nikki D.

Rappers mexicanos, cubanos e outros de língua espanhola, como Kid Frost, Mellow Man Ace e El General, começaram a desenvolver raps bilíngues e a criar união entre os estilos *chicano* e negro por meio das composições/letras. Grupos como o Cypress Hill, com sede em Los Angeles, que tem membros negros e hispânicos, servem como uma ponte explícita entre as comunidades negra e hispânica que se baseiam por um hibridismo de longa data produzido por negros e porto-riquenhos em Nova York. Desde 1990, além de *gangsta rap*, ostentação sexual, rap afrocêntrico e de protesto, o rap apresenta grupos que exploram a experiência do negro sulista, que se especializam na recontextualização explícita de samples de jazz, na instrumentação ao vivo ou em gravação, rap introspectivos, rap acústico que

---

98 P. Watrous, It's Official: Rap Music is in the Mainstream, *The New York Times*, 16 May 1988.
99 O objetivo deste capítulo não é fornecer uma história cronológica de todos os desenvolvimentos do hip-hop. Conforme declarado, concentrei-me no contexto da criatividade e nas ligações do hip-hop com os estilos e práticas afrodiaspóricas. Para obter mais informações sobre artistas de hip-hop e desenvolvimentos comerciais, ver H. Nelson; M.A. Gonzales, *Bring the Noise*; J.D. Eurie; J.G. Spady, *Nation Conscious Rap*; D. Toop, *Rap Attack 2*; B. Adler, *Tougher Than Leather*; B. Adler, *Rap*. Para uma visão séria de como selos independentes (onde quase todos os contratos de rappers são negociados) foram manipulados para uma posição de subcontratante em relação às grandes gravadoras, ver F. Dannen, *Hit Men*, especialmente o capítulo 17.

"ALL ABOARD THE NIGHT TRAIN"

combina violão folk com batidas tradicionais de dança e até mesmo fusões de rap e new age/soul[100].

Essas transformações e hibridismos refletem o espírito inicial do rap e do hip-hop como um espaço experimental e coletivo onde questões contemporâneas e forças ancestrais são trabalhadas simultaneamente. Não diferente do uso de colagens musicais, os hibridismos na temática do rap e a inserção de novos elementos étnicos e regionais são importantes e ainda não romperam com os três pontos de continuidade estilística a que me referi antes: abordagens do fluxo, rupturas na linha e camadas ainda podem ser encontradas na grande maioria da construção lírica e musical do rap. O mesmo se aplica às críticas ao contexto urbano pós-industrial dos EUA e às condições culturais e sociais que ele produziu. Hoje, o sul do Bronx e o centro-sul são mais pobres e mais marginalizados economicamente do que há dez anos.

O hip-hop surge de trocas culturais complexas e de amplas condições sociais e políticas de desilusão e alienação. O grafite e o rap foram demonstrações públicas especialmente agressivas de contra-presença e voz. Cada um afirmava o direito de escrever[101] e inscrever sua identidade em um ambiente que parecia resistente como o teflon para seus jovens de cor; um ambiente que tornava inacessíveis as vias legítimas de participação material e social. Nesse contexto, o hip-hop produziu uma série de efeitos duplos. Em primeiro lugar, os temas do rap e do grafite articulavam o jogo livre e exibições públicas demarcadas; no entanto, as configurações para essas expressões sempre sugeriram um confinamento existente[102]. Em segundo lugar, como as sessões de conscientização nos estágios iniciais do movimento pelos direitos das mulheres e do movimento do poder negro das

---

100 Para exemplos, ver Gang Starr, *Step in the Arena*; Guru, *Jazzamatazz*; MTV, *Rap Unplugged*; Basehead, *Play with Toys*; *Disposable Heroes of Hiphoprisy*; P.M. Dawn, *Of the Heart of the Soul and of the Cross*; e Me Phi Me, *One*; Arrested Development, *3 Years, 5 Months and 2 Days in the Life of*.
101 Ver D. Smith, The Truth of Grafite, *Art & Text*, n. 17, p. 84-95.
102 Por exemplo, "The Breaks" (1980), de Kurtis Blow, tratava tanto da aparente inevitabilidade e dificuldades do desemprego e do aumento da dívida financeira, quanto do puro prazer de "quebrar tudo", de dançar e se libertar das restrições sociais e psicológicas. Independentemente do assunto, *tags* de grafite elaboradas nas fachadas dos trens sugeriam que o poder e a presença da imagem só seriam possíveis se o escritor houvesse escapado da captura.

décadas de 1960 e de 1970, o hip-hop produziu diálogos internos e externos que afirmaram as experiências e identidades dos participantes e, ao mesmo tempo, direcionaram críticas da sociedade hegemônica à comunidade hip-hop e à sociedade em geral. A partir de um clima discursivo mais amplo no qual as perspectivas e experiências dos jovens hispânicos, afro-caribenhos e afro-estadunidenses tinham pouco espaço social, o hip-hop se desenvolveu como parte de uma rede de comunicação intercultural. Os trens carregavam marcas de pichação pelos cinco distritos; panfletos afixados em bairros negros e hispânicos levavam adolescentes de toda Nova York a parques e clubes no Bronx e, eventualmente, a eventos em toda a área metropolitana. E, característico da comunicação na era das telecomunicações de alta tecnologia, as histórias com ressonância cultural e narrativa continuaram a se espalhar em um ritmo rápido. Não demorou muito para que comunidades negras e hispânicas igualmente marginalizadas em outras cidades captassem o sentido e a energia do hip-hop de Nova York. Em uma década, o condado de Los Angeles (especialmente Compton), Oakland, Detroit, Chicago, Houston, Atlanta, Miami, Newark e Trenton, Roxbury e Filadélfia desenvolveram cenas locais de hip-hop que vinculavam várias experiências urbanas pós-industriais regionais de alienação e desemprego, assédio policial, isolamento social e econômico à sua experiência local e específica por meio da linguagem, estilo e atitude do hip-hop[103]. A diferenciação regional no hip-hop tem se solidificado e continuará a se solidificar. Em alguns casos, essas diferenças são estabelecidas por referências às ruas e eventos locais, bairros e atividades de lazer; em outros casos, as diferenças regionais podem ser percebidas diante das preferências por passos de dança, roupas, samples musicais e sotaques. Como o blues de Chicago e do Mississippi, essas identidades regionais emergentes no hip-hop afirmam a especificidade e o caráter local das formas culturais, bem como as forças maiores que definem o hip-hop e as culturas afrodiaspóricas. Em todas as regiões, o hip-hop articula um senso de direito e sente prazer na insubordinação agressiva.

---

103 Ver B. Mack, Hip-Hop Map of America, *Spin*, June 1990.

"ALL ABOARD THE NIGHT TRAIN"

Poucas respostas às perguntas tão amplamente definidas como "o que motivou o surgimento do hip-hop" poderiam explicar de forma abrangente todos os fatores que contribuem para os eventos múltiplos – relacionados e às vezes coincidentes que dão origem às formas culturais. Tendo isso em mente, este estudo foi organizado em torno de aspectos limitados da relação entre as formas culturais e os contextos nos quais elas emergem. Mais especificamente, atendeu às formas como a prática artística é moldada por tradições culturais, práticas correntes e anteriores relacionadas, e pelas formas como a prática é moldada pela tecnologia, por forças econômicas e relações de raça, gênero e classe. Essas relações entre forma, contexto e prioridade cultural demonstram que o hip-hop compartilha uma série de traços com práticas afrodiaspóricas antigas, e ainda as revisa; que a dominação masculina no hip-hop é, em parte, um subproduto do sexismo e do processo ativo de marginalização das mulheres na produção cultural; que o formato do hip-hop está fundamentalmente ligado às mudanças tecnológicas e aos parâmetros do espaço urbano e social; que a fúria do hip-hop é produzida pelas opressões contemporâneas de raça, gênero e classe; e, finalmente, que o grande prazer no hip-hop deriva da subversão dessas forças e da afirmação de histórias e identidades afrodiaspóricas.

Desenvolver um estilo com o qual ninguém consegue lidar – um estilo que não pode ser facilmente entendido ou apagado, um estilo que tem a reflexão como fonte criadora de narrativas contradominantes em oposição a um inimigo móvel e mutante – pode ser uma das maneiras mais eficazes de fortalecer comunidades de resistência e, simultaneamente, reservar o direito ao prazer comum. Com poucos ativos econômicos e abundantes recursos culturais e estéticos, a juventude afrodiaspórica designou a rua como a arena de competição, e o estilo como o evento que premia o prestígio. No contexto urbano pós-industrial de moradias de baixa renda cada vez menores, um fio de empregos sem sentido para os jovens, a crescente brutalidade policial e representações cada vez mais draconianas de jovens residentes do centro da cidade, o estilo hip-hop é a renovação urbana negra.

3. Soul Sonic Forces: Tecnologia, Oralidade e Prática Cultural Negra no Rap

O rap me inspirou porque sei que quando Chuck D diz para você "trazer o barulho" [*bring the noise*], ele está dizendo que é difícil. E quando você ouve a batida tribal e os tambores, eles são os mesmos tambores do passado africano que levam a comunidade à guerra. As batidas apenas são mais rápidas, porque a condição é ir acelerando, então eles precisam bater mais rápido. E quando seus pés estão pulando, dançando... é o espírito tentando escapar da armadilha. Quando você sente que as crianças enlouqueceram, se você não sente, e quando você olha para as danças e não enxerga isso, e quando você ouve a música e não ouve um chamado, então você perdeu a *jam*.

Sister Souljah[1]

"O som", digo a eles, é a resposta final para qualquer pergunta sobre música – o som.

Max Roach[2]

---

1 Fala de Sister Souljah em "Nós nos Lembramos do Dia de Malcom", realizada na Igreja Batista Abissínia no Harlem, Nova York, em 21 fev. 1991.
2 Apud M. Berman; S.W. Lee, Sticking Power, *Los Angeles Times Magazine*, 15 Sept. 1991, p. 23-50.

Na primavera de 1989, eu estava empolgada conversando com um professor de etnomusicologia sobre o rap e os objetivos desse projeto. Ele achou algumas de minhas ideias envolventes e decidiu me apresentar e descrever meu projeto para o chefe de seu departamento de música. Ao final de sua apresentação, o chefe do departamento se levantou e declarou descontraidamente: "Bem, você deve estar escrevendo sobre o impacto social do rap e as letras políticas, porque não há nada sobre música". Minha expressão de surpresa e desconfiança verbal deram a ele tempo para explicar seu posicionamento. Ele me explicou que embora a música fosse bastante simples e repetitiva, as histórias contadas nas letras tinham valor social. Ele apontou para o papel do rap como uma válvula de vapor no âmbito social, um meio para a expressão da fúria social. "Mas", concluiu, referindo-se à música, "eles descem a rua às 2h da manhã com ela explodindo das caixas de som do carro, e (eles) acordam minha esposa e filhos. Qual é o ponto nisso?" Eu, imediatamente, me lembrei de uma aula de história na qual aprendi que os escravos eram proibidos de tocar tambores africanos porque, como um meio de comunicação codificado, eles inspiravam medo nos seus proprietários. Sugeri que talvez a música fosse mais complicada do que parecia a ele, e que uma série de abordagens inovadoras para o som e o ritmo estavam sendo exploradas no rap. Ele ouviu, mas pareceu fechado a essas possibilidades. Tendo tido alguma experiência com trocas do tipo "o que não sei não pode me penetrar", eu sabia que seria prudente me desvencilhar desse desacordo fervilhante antes que se tornasse uma troca longa e desagradável. O professor de etnomusicologia que me apresentou nos conduziu para fora da sala do chefe.

Para ele, automóveis com caixas de som enormes tocando um baixo estrondoso e batidas pesadas em *looping*, sem parar, serviram como uma explicação para a insignificância da música e também diminuíram a relevância lírica e política do rap. A música não era "nada" para ele com base em sua aparente "simplicidade" e "repetitividade". O rap também era "barulho", um som ininteligível e ainda agressivo, que perturbava seu espaço familiar ("eles acordam minha esposa e filhos") e seu território sonoro. Sua pergunta relevante e legítima: "qual é o sentido disso?" foi feita retoricamente para justificar sua total rejeição da música, em vez de ser apresentada com seriedade para iniciar, pelo menos, uma investigação hipotética sobre uma forma musical que para ele parecia estar em toda parte e, ainda assim, não ir a lugar nenhum. Vamos considerar sua questão de maneira mais séria: qual é o sentido do volume do rap, das batidas de bateria em *loop* e das linhas de baixo? Quais significados podem ser derivados do som que os músicos de rap criaram? Como o contexto de seu consumo está conectado tanto às *precedências culturais negras* quanto a seus efeitos *sociológicos*? A pergunta desdenhosa do chefe de departamento é um ponto inicial produtivo para entender o poder sonoro e a presença do rap. Seu característico som envolvente e pesado não é exterior a seu poder musical e social. A presença e o poder emocional no rap estão profundamente ligados à sua força sonora e à receptividade. Como *Sistah* Souljah relembra ao seu público na Igreja Batista Abissínia: "quando você sente que as crianças enlouqueceram, se você não sente isso... quando você ouve a música e não escuta um chamado, então você perdeu a *jam*". As forças sonoras negras do rap são em grande parte uma consequência das tradições culturais negras, da transformação da vida urbana pós-industrial e do contexto tecnológico contemporâneo. Muitos de seus profissionais foram treinados para consertar e manter as novas tecnologias para os privilegiados, mas, em vez disso, usaram essas tecnologias como ferramentas básicas à expressão cultural alternativa. Essa tecnologia avançada não foi adotada

SOUL SONIC FORCES

diretamente; ela foi significativamente revisada de modo a se manter de acordo com as precedências culturais negras consagradas, em especial, no que se refere às abordagens de organização sonora.

Essas revisões, especialmente o uso de samplers digitais, não passaram despercebidas pela indústria musical, pelo sistema jurídico e por outras instituições responsáveis por definir, validar e fiscalizar a produção e a distribuição musical. A tecnologia do sample e o uso comercialmente lucrativo de sons sampleados por produtores de rap desafiaram seriamente o atual âmbito das leis de direitos autorais (que são baseadas em notação musical) e levantaram questões maiores e mais complexas sobre o uso justo da propriedade musical e dos limites de propriedade dos trechos musicais.

O uso do sample no rap, das linhas rítmicas em *looping*, em conjunto com sua significativa presença comercial, também levanta questões sobre a relação entre os imperativos industriais e seu impacto na produção cultural. Seria o uso da repetição no ritmo e na organização do som pelo rap (por meio do *looping* e do sampling) um subproduto dos parâmetros da produção industrial (por exemplo, fórmulas que agilizam a venda de música, como o limite de quatro minutos das rádios comerciais ou a reutilização pelo rap de música gravada anteriormente)? Ou existem explicações culturais para as estruturas musicais no uso de equipamentos eletrônicos pelo rap?

Ao mesmo tempo que o rap transformou dramaticamente o uso da tecnologia do sample, ela também permaneceu sobretudo ligada às tradições poéticas negras e às formas orais que as sustentam. Essas tradições e práticas orais informam claramente o uso prolífico da colagem, intertextualidade, *boasting, toasting* e *signifying* no estilo da letra e na organização do rap. As articulações orais do rap estão fortemente fundamentadas pelos processos tecnológicos, não apenas no modo como essas tradições orais são formuladas, compostas e disseminadas, mas também na forma como as abordagens orais à narrativa estão integradas no uso da própria tecnologia. Nesse ambiente polêmico, essas intervenções técnicas negras são frequentemente descartadas como produções não musicais ou tornam-se invisíveis. Esses hibridismos entre música negra, formas orais negras e tecnologia, que estão no cerne do poder sonoro e oral do rap, são um modelo arquitetônico para o redirecionamento de ideias sociais, tecnologias e formas de organização sonoras aparentemente difíceis, ao longo de um percurso que afirma as histórias e as narrativas comunitárias de pessoas afrodiaspóricas.

■ ■

O ritmo é o princípio de organização que faz o estilo.
Ele é a coisa mais perceptível e a menos material.

Leopold Sedar Senghor[3]

Ritmo. O rap é tão poderoso por causa do ritmo.

Harmony[4]

Os ritmos do rap, "os elementos mais perceptíveis, porém menos materiais", são seu efeito mais poderoso. Sua força principal é sonora, e o uso característico e sistemático de ritmo e som, especialmente o uso da repetição e dos breaks musicais, é parte de uma rica história das tradições e das práticas negras do Novo Mundo. O rap centra-se na qualidade e na natureza rítmica e sonora, o mais profundo, os beats mais corpulentos, sendo o mais significativo e emocionalmente carregado. Como o rapper Guru disse: "Se o beat fosse uma princesa, eu me casaria com ela."[5] Muitas das populares *Jeep beats* apresentam linhas de baixo sombrias, fortes, proeminentes e fascinantes[6]. Essas linhas musicais dominam a produção, mesmo à custa da presença vocal do rapper. O arranjo e a seleção de sons que os músicos de rap inventaram por meio de samplers, toca-discos,

---

3 L.S. Senghor, Standards critiques de l'art Africain, *African Arts/Arts d'Afrique*, v. 1, n. 1, apud John Miller Chernoff, *African Rhythm and African Sensibility*, p. 22.
4 Entrevista de Rose com a rapper Harmony, 14 jun. 1991.
5 Gang Starr, *Step in the Arena*.
6 *Jeep beats* são canções de rap com sons de baixo e bumbo particularmente pesados, para serem tocados em automóveis, de preferência com sistemas estéreo personalizados. Títulos de álbuns como *Terminator x & The Valley of the Jeep Beats* e Marley Marl, *In Control: Volume 1*, anunciado como um álbum projetado "para o seu prazer de dirigir", ilustram a centralidade de proeminentes batidas pesadas na produção do rap. A edição de agosto de 1991 da *The Source* – revista popular que cobre a cultura e a política da música hip-hop – também apresentava uma seção de *Jeep Slammers* que revisava os lançamentos recentes com base, em parte, no seu valor como *Jeep beats*. Os álbuns favoritos receberam comentários como "as batidas mais pesadas, as batidas estrondosas e sensação de rua".

104

SOUL SONIC FORCES

gravadores e sistemas de som são ao mesmo tempo desconstrutivos (na medida em que, na verdade, desmontam composições musicais gravadas) e recuperadores (porque recontextualizam esses elementos criando novos significados para os sons que foram relegados para as latas de lixo comerciais). O rap revisa as precedências culturais dos negros por meio de novos e sofisticados meios tecnológicos. "Barulho" de um lado e contramemória comunitária do outro, o rap invoca e destrói de uma só vez.

Essas revisões não ocorrem em um vácuo cultural e político, mas em um terreno cultural e comercial que abraça os produtos culturais negros e, ao mesmo tempo, nega sua complexidade e coerência. Essa negação é parcialmente alimentada por uma adesão cultural dominante aos paradigmas tradicionais da música clássica ocidental como o mais alto padrão de legitimidade para a criação musical, um padrão que a esta altura deveria parecer, na melhor das hipóteses, apenas marginalmente relevante no reino da música popular contemporânea (um espaço quase superado pelos sons afrodiaspóricos e multiculturalmente híbridos). Em vez disso, e talvez por causa do enegrecimento do gosto popular, a música clássica ocidental continua a servir como o principal padrão intelectual e legal e como ponto de referência para a "real" complexidade musical e composicional. Por essas razões, um olhar comparativo sobre essas duas forças musicais e culturais é de extrema importância se quisermos dar sentido ao rap e às respostas a ela.

Repetições Rítmicas, Forças Industriais e Prática Negra

Ao contrário da complexidade da música clássica ocidental, representada, principalmente, em suas estruturas melódicas e harmônicas, a complexidade do rap, como muitas músicas afrodiaspóricas, está na densidade e na organização rítmica e percussiva[7]. "Harmonia" *versus* "ritmo" é uma redução frequente das principais distinções entre

---

7 J.M. Chernoff, *African Rhythm and African Sensibility*; D. Hebdige, *Cut 'n' Mix*; L. Levine, *Black Culture and Black Consciousness*; P.K. Maultsby, Africanisms in African--American Music; E. Southern, *The Music of Black Americans*.

música clássica ocidental e músicas africanas e afrodiaspóricas. Ainda assim, esses termos representam diferenças significativas na organização do som e, talvez, até abordagens divergentes sobre as formas de percepção. A característica técnica notável da tradição musical clássica do ocidente é a harmonia tonal. A harmonia tonal é baseada em alturas evidentes e definidas e em relações lógicas entre elas; no impulso para a resolução de uma sequência musical que conduz a uma resolução final: a perfeita cadência final. O desenvolvimento da harmonia tonal restringiu significativamente o alcance possível a doze tons dentro de cada oitava, arranjados em apenas uma das duas formas possíveis: maior ou menor. Isso também restringiu a complexidade rítmica da música europeia. Em vez da liberdade no que diz respeito à tônica e ao compasso, a música europeia concentrou a atividade rítmica em batidas fortes e fracas, a fim de elaborar e resolver a dissonância harmônica. Além disso, como Christopher Small argumentou, a harmonia tonal clássica do Ocidente é estruturalmente menos tolerante com "os sons acusticamente ilógicos e obscuros, sons não suscetíveis ao controle total". Outras características próprias da música clássica como o sistema de notação e a partitura, o meio pelo qual o ato de compor ocorre, separa o compositor tanto do público quanto do intérprete e estabelece limites para a composição e a performance[8]. Essa tradição da música clássica, como todos os principais desenvolvimentos musicais e culturais, emergiu como parte de uma mudança histórica mais ampla na consciência europeia:

> [Nós vemos] mudanças na consciência europeia que chamamos de Renascimento ter seu efeito na música, em que o ponto de vista pessoal e humanista é substituído pelo ponto de vista teocrático e universalista da Idade Média, expresso em termos técnicos por um grande interesse pelos acordes e seus efeitos na justaposição e, especificamente, na cadência perfeita e na dissonância suspensa, em vez de na polifonia e na vida independente da voz individual.[9]

---

8 C. Small, *Music, Society, Education*, p. 20-21. Ver também idem, *Music of the Common Tongue*.
9 Idem, *Music, Society, Education*, p. 9-10. Ver também J.S. Roberts, *Black Music of Two Worlds*.

SOUL SONIC FORCES

Ritmo e camadas polirrítmicas estão para as músicas africanas e as provenientes da África, assim como a harmonia e a tríade harmônica estão para a música clássica ocidental. As configurações densas de ritmos independentes porém intimamente relacionados, sons percussivos harmônicos e não harmônicos, especialmente sons de bateria, são prioridades cruciais em muitas práticas musicais africanas e afrodiaspóricas. A voz também é um importante instrumento expressivo. Uma ampla variedade de sons vocais intimamente ligados aos padrões tonais da fala, "fortes diferenças entre os vários registros de voz, até mesmo enfatizando os *intervalos* entre elas", são cultivadas deliberadamente em músicas africanas e naquelas com influências musicais africanas[10]. A interpretação – ou versionamento – é altamente valorizada. Consequentemente, o instrumento não é simplesmente um objeto ou veículo para mostrar os talentos de alguém, é um "parceiro na criação". E, o mais importante para esta discussão, as frases melódicas africanas "tendem a ser curtas e a repetição é comum; na verdade, a repetição é uma das características da música africana". Christopher Small detalha:

> Uma sequência de chamada e resposta pode durar várias horas, com a repetição aparentemente monótona da mesma frase curta cantada por um líder e respondida pelo refrão, mas, na verdade, variações sutis acontecem o tempo todo, não apenas nas próprias linhas melódicas, mas também em sua relação com os complexos ritmos cruzados nas batidas ou palmas que os acompanham [...] As repetições da música africana têm uma função temporal que é o inverso da música (clássica ocidental), de dissolver o passado e o futuro em um presente eterno, no qual a passagem do tempo não é mais notada.[11]

---

10 O "*beat box* humano" do rap compartilha muitos sons vocais encontrados nas tradições vocais africanas. Marc Dery descreve essa relação: "Os zumbidos, grunhidos e ataques glóticos dos pigmeus da África Central, os estalidos da língua, gorgolejos e paradas de sucção dos bosquímanos do deserto de Kalahari, os *yodeling* e os assobios vocais dos tocadores de m'bira do Zimbábue, todos sobrevivem na percussão feita pela boca dos rappers, como 'beat box' humanos', tal como fazem Doug E. Fresh e Darren Robinson dos Fat Boys." M. Dery, Rap!, *Keyboard*, p. 34. (N. da T.: *Yodeling* é uma técnica vocal que explora as sílabas fonéticas, imitando a voz, barulhos de objetos ou de animais. Cria-se uma sonoridade que se modifica de modo repentino e com rapidez.)
11 C. Small. *Music, Society, Education*, p. 54-55.

A complexidade rítmica, a repetição com variações sutis, o significado da bateria, o interesse melódico nas frequências graves e os breaks na altura e no tempo (por exemplo, as suspensões da batida por um ou dois compassos) também são características regularmente reconhecidas das práticas musicais afro-estadunidenses. Ao descrever as abordagens rítmicas negras do Novo Mundo, Ben Sidran se refere à noção de "ritmo suspenso" de Rudi Blesh e à descrição de Andre Hodier de "suingue" como uma tensão rítmica sobre a métrica indicada ou implícita[12]. A suspensão do tempo por meio dos breaks rítmicos – nos quais as linhas de baixo são isoladas e suspensas – são pistas importantes para explicar as fontes de prazer nas músicas negras. As perspectivas sonoras, rítmicas e a repetição no rap exibem praticamente todas essas características. As técnicas dessa música, particularmente o uso da tecnologia do *sample*, envolvem a repetição e a reconfiguração de elementos rítmicos que demonstram uma atenção redobrada aos padrões rítmicos e ao movimento entre esses padrões por meio dos *breaks* e dos pontos de ruptura musical. Múltiplas forças rítmicas são postas em movimento e, então, são seletivamente suspensas. Os produtores de rap constroem *loops* sonoros e, depois, constroem momentos decisivos nos quais o ritmo estabelecido é manipulado e suspenso. Então, as linhas rítmicas ressurgem nos pontos-chave de alívio. Um dos mais claros exemplos dessa prática é demonstrado em "Rock Dis Funky Joint" do grupo Poor Righteous Teachers. A música e o estilo vocal do rapping de Culture Freedom têm múltiplas e complicadas suspensões de tempo e rupturas rítmicas nas passagens musicais e líricas[13]. O rapper Busta Rhymes do grupo Leaders of the New School, a rapper com influências da música *reggae* Shabba

---

12 Ver também B. Sidran, *Black Talk* e O. Wilson, Black Music as Art, *Black Music Research Journal*, n. 3, p. 1-22.

13 Poor Righteous Teachers, "Rock Dis Funky Joint", *Holy Intellect*. Ver também: Ice Cube, "The Bomb", *AmeriKKKa's Most Wanted*, e os Fu-schnickens, *Take It Personal*. É importante lembrar que nem todo rap apresenta essas características de maneira parecida. Em particular, algumas das primeiras gravações de rap usaram o lado instrumental de um *single* literalmente como o único acompanhamento musical. Isso pode ser, em parte, devido aos recursos musicais limitados, já que os desempenhos dos DJs anteriores a essas gravações demonstram habilidade e complexidade substanciais no uso do ritmo.

© Lisa Leone

Ranks, a rapper britânica Monie Love, o rapper Treach do Naughty by Nature, B-Real do Cypress Hill e Das Eric são conhecidos, especialmente, por usar suas vozes como instrumentos percussivos, dobrar as palavras, acelerar frases, pausar e gaguejar em ritmos verbais complicados. Esses recursos não são apenas efeitos estilísticos, são manifestações auditivas de perspectivas filosóficas aos ambientes sociais. James A. Snead, trabalhando na mesma linha de Small, apresenta uma explicação filosófica para o sentido e o significado da repetição e da ruptura na cultura negra.

Como veremos, os elementos musicais que refletem visões de mundo, esses "ritmos instintivos", são essenciais para a compreensão do significado de tempo, do movimento e da repetição na cultura negra e são de extrema importância ao entendimento do uso da tecnologia no rap.

■ ■

> *O instinto rítmico de ceder para viajar além das forças existentes da vida. Basicamente, isso é tribal e se você quiser pegar o ritmo, então você tem que se juntar a uma tribo.*
>
> A Tribe Called Quest[14]
>
> *O fato marcante da cultura europeia do final do século XX é a sua reconciliação contínua com a cultura negra. O mistério pode ser que ela demorou muito para discernir os elementos da cultura negra que já existiam de forma latente e para perceber que a separação entre as culturas fora talvez desde o início não natural, mas pela força.*
>
> James A. Snead[15]

Snead sugere que a vasta referência da literatura dedicada a mapear as diferenças culturais entre as culturas de origem europeia e africana, que tem caracterizado as diferenças entre as culturas europeia e negra como "naturais", são de fato diferenças vigorosas; diferenças nas respostas culturais à inevitabilidade da repetição. O autor argumenta que a repetição é um elemento importante e revelador na cultura, um meio pelo qual um senso de continuidade, segurança e identificação são mantidos. Na verdade, essa sensação de segurança pode ser entendida como uma espécie de "cobertura", tanto como uma segurança contra rupturas repentinas, quanto como uma forma de ocultar e mascarar fatos ou condições indesejáveis ou desagradáveis. Snead defende de forma bastante convincente que todas as culturas se protegem contra a perda de identidade, repressão, assimilação ou ataque. Basicamente, onde elas "diferem entre si [é] na tenacidade com a qual o 'escamoteamento' é mantido [...] enxertando uma massa de manobra àquelas rupturas, na ilusão de alargamento que, com frequência, ocorrem no *déjà vus* da repetição precisa". Ele sugere que, quando vemos nas formas culturais a repetição, não estamos vendo se repetir a mesma coisa, mas sua transformação: "a repetição não é apenas um estratagema formal,

---

14 A Tribe Called Quest, "Youthful Expression", *People's Instinctive Travels and the Paths of Rhythm*.
15 J.A. Snead, On Repetition in Black Culture, *Black America Literature Forum*, v. 15, n. 4, p. 153. Agradecimentos especiais a A.J. por essa referência.

SOUL SONIC FORCES

mas, muitas vezes, a inserção voluntária na cultura de uma percepção essencialmente filosófica sobre a forma do tempo e da história [...] Pode-se facilmente classificar as formas culturais com base em suas tendências a admitir ou encobrir esses círculos de repetição dentro delas"[16].

Snead afirma que a cultura europeia "oculta" a repetição, categorizando-a como progressão ou regressão, atribuindo ao movimento acumulação, alargamento ou estagnação, enquanto as culturas negras enfatizam a prática da repetição, percebendo-a como circulação, equilíbrio. De forma semelhante a Small, Snead argumenta que a música clássica ocidental usa o ritmo principalmente como "um auxílio na construção de um sentido de progressão para uma cadência harmônica (e) *a repetição foi suprimida* para realizar o objetivo de resolução harmônica". Da mesma forma, a musicóloga Susan McClary aponta que a "música tonal" (referindo-se à tradição clássica ocidental) é, "pelo menos, narrativamente concebida desde que a área da tecla original – a tônica – também sirva como o objetivo final. As estruturas tonais são organizadas teleologicamente, com a ilusão de identidade unitária prometida ao final de cada trecho"[17].

Snead, ao contrário, afirma que as culturas negras ressaltam a repetição, percebendo-a como circulação e equilíbrio, em vez de uma força regulada que facilita a realização de um objetivo harmônico final. Baseando-se em exemplos da literatura, religião, filosofia e música, Snead detalha sobre os usos e as expressões da repetição na cultura negra[18]. Para nossos objetivos, sua análise sobre o significado

---

16 Ibidem, p. 146-147. Cultura é uma das palavras mais complexas da língua inglesa. Cultura – como eu a uso e como Snead a usa – é tanto um "modo de vida em todas as suas dimensões, que se manifesta em toda a gama de atividades sociais, porém é mais evidente em atividades 'especificamente culturais' – como na linguagem, estilos de arte, modalidades de trabalhos intelectuais; e uma ênfase em uma 'ordem social total' dentro da qual uma cultura particular em estilos de arte e em modalidades de trabalho intelectual é vista como o produto direto ou indireto de uma ordem fundamental constituída por outras atividades sociais". Em R. Williams, *The Sociology of Culture*, p. 11-12.
17 J.A. Snead, op. cit., p. 152 (grifo nosso); S. McClary, *Feminine Endings*, p. 155.
18 Snead também demonstra que o resgate da repetição na literatura europeia do século XX (por exemplo, Joyce, Faulkner, Woolf, Yeats e Eliot) sugere que o domínio da repressão do século XIX nas tradições europeias – que favoreciam os usos privilegiados da repetição e do ritmo verbal ao se dizerem "a favor da ilusão da verossimilhança narrativa" – pode ter "começado a diminuir um pouco". J.A. Snead, op. cit., p. 152. Para maiores

da repetição na música negra é a mais relevante, especificamente sua descrição da repetição rítmica e da relação dela com o "corte":

> Na cultura negra, a repetição significa que há circulação, que há equilíbrio [...] Na cultura europeia, a repetição deve ser vista para não ser apenas circulação e *flow*, mas acumulação e desenvolvimento. Na cultura negra, a coisa (o ritual, a dança, a batida) está lá para você pegar quando você volta para buscá-la. Se há uma meta [...] ela é sempre adiada; ela é continuamente "cortada" voltando ao início, no sentido musical de um "corte" como uma interrupção abrupta e aparentemente desmotivada (um *da capo* acidental)[19] com uma sequência já em andamento e um retorno voluntário a um trecho anterior [...] A cultura negra, na "interrupção", "constrói" acidentes em seu alcance, quase como se fosse para controlar sua imprevisibilidade.[20]

Deliberadamente vigorosas na "repetição", as músicas negras (especialmente os gêneros associados à dança) usam o "corte" para enfatizar a natureza repetitiva da música, "pulando para um outro início que já havíamos escutado" e abrindo espaço para acidentes e rupturas dentro da própria música. Nessa formulação, a repetição e a ruptura atuam em si e uma contra a outra, construindo múltiplas linhas musicais circulares que se quebram e, então, são absorvidas ou gerenciadas no restabelecimento das linhas rítmicas.

O rap usa a repetição e a ruptura em formatos novos e complexos, se desenvolvendo sobre as forças culturais negras consagradas. Os avanços na tecnologia facilitaram uma ampliação no alcance da desconstrução e da reconstrução do breakbeat e tornaram mais acessíveis os usos complexos da repetição. Agora, a almejada linha de baixo ou o bumbo da bateria podem ser copiados em um sampler, junto com outros sons desejados e programados para fazer um

---

discussões sobre forma e significado na música e na cultura negra, ver: G. Lock, *Forces in Nature*; W. Soyinka, *Myth, Literature and the African World*; H.L. Gates: *The Signifying Monkey*. Gates corrobora o argumento de Snead sobre a centralidade da repetição na cultura negra: "a repetição e a revisão são fundamentais às formas artísticas negras, da pintura e escultura à música e os usos da linguagem", p. xxiv.

19 *Da capo* é um termo musical italiano que indica, nas partituras, que se deve repetir, desde o começo, o trecho executado. (N. da T.)

20 J.A. Snead, op. cit., p. 150.

loop em qualquer tempo ou sequência requeridos. O rap depende do *loop*, da circularidade do ritmo, do "corte" ou do "breakbeat" que sistematicamente rompem com o equilíbrio. No rap, ainda, o próprio "breakbeat" é reposicionado em *loop* – como repetição, como equilíbrio dentro da ruptura. O rap destaca pontos de ruptura à medida que equaliza esses pontos.

Snead qualifica James Brown como "um exemplo brilhante de artista estadunidense do 'corte'", e descreve a relação entre os padrões rítmicos estabelecidos e o hiato do corte na obra de Brown como uma ruptura que confirma o padrão rítmico ao passo que o interrompe. "A ruptura decorrente", afirma o autor, "não causa a dissolução do ritmo; ao contrário, ela o fortalece". A leitura de Snead sobre James Brown como um brilhante artista do "corte" é profética. Publicado em 1981, vários anos antes dos produtores de hip-hop terem declarado publicamente a discografia de James Brown como a base do breakbeat, Snead não poderia saber que as exclamações de Brown, *hit me!* (Me acerte!), *take it to the bridge!* (Leve isso para a ponte!), com ênfases rápidas na buzina, na bateria e nas linhas de baixo logo se tornariam os breaks mais usados no rap[21].

A abordagem de Snead presume que a música está fundamentalmente relacionada ao mundo social; como outras criações culturais, ela atende e nega as necessidades sociais, *incorporando pressupostos* sobre poder social, hierarquia, prazer e visão de mundo. Essa ligação entre a música e as forças sociais mais amplas, embora não seja largamente difundida no campo da musicologia, também é fundamental para o trabalho de Susan McClary, Christopher Small e para o economista político francês Jacques Attali. McClary, Small e Attali desmistificam o *status* naturalizado e normalizado das estruturas e das convenções musicais clássicas do século XIX, postulando uma compreensão do papel da música como uma forma de perceber o mundo, e sugerem que todo código musical está fundamentado nas formações sociais e nas tecnologias de seu tempo[22]. Essas interpretações

---

21 "Hit me" indica que o cantor ou o líder da banda está solicitando uma única "explosão" de uma nota de vários instrumentos ao mesmo tempo. (N. da T.)
22 S. McClary; R. Leppert (eds.), *Music and Society*; S. McClary, *Feminine Endings*; C. Small, *Music of the Common Tongue* e *Music, Society, Education*; J. Attali, *Noise*.

dos "avanços" tecnológicos, fundamentadas histórica e culturalmente, lançam luzes sobre parâmetros estéticos naturalizados à medida que eles são incorporados aos equipamentos, demonstrando a importância da cultura no desenvolvimento da tecnologia. A fundamentação da música como um discurso cultural desmonta o vínculo causal entre a força sonora do rap e os meios tecnológicos para sua expressão. O uso estratégico da tecnologia de reprodução eletrônica pelos produtores de rap, particularmente os equipamentos de sampling, afirma as precedências estilísticas da organização e da seleção de sons encontradas em muitas expressões musicais afrodiaspóricas. Embora o rap seja moldado e articulado por meio de equipamentos de reprodução avançados, suas primazias estilísticas não são meramente subprodutos desses equipamentos.

Sobre a questão da repetição como força cultural, Attali e Snead apresentam visões distintas. Para Attali e outros teóricos culturais, a repetição é considerada, principalmente, como uma manifestação da cultura de massa, uma característica da cultura na era da reprodução. O advento da tecnologia de gravação sinalizou o surgimento de uma sociedade de massa produtiva e repetitiva. A repetição é, portanto, equiparada à padronização industrial e representa um movimento em direção a um código totalitário singular. Na questão da produção em massa e da padronização industrial, Attali afirma que a música se torna uma indústria e "seu consumo deixa de ser coletivo"[23]. De modo similar, Adorno descreve o break no jazz pré-suingue como "nada mais do que uma cadência oculta" e explica que "o culto da máquina, o qual é representado pelas batidas inabaláveis de jazz, envolve uma autorrenúncia que não pode deixar de se enraizar na forma de um mal-estar flutuante, em algum lugar, na personalidade do obediente"[24]. "Na cultura de massa", Fredric Jameson afirma, "a repetição efetivamente dissipa o objeto original, de

---

23 J. Attali, op. cit, p. 88.
24 T.W. Adorno (em conjunto com o assistente de George Simpson), On Popular Music, em S. Frith; A. Goodwin (eds.), *On Record*, p. 313. (Trad. Bras.: Sobre Música Popular, em Gabriel Cohn [org.], *Sociologia*, São Paulo: Ática, 1997, p. 115-146, coleção Grandes Cientistas Sociais.) Ver também T.W. Adorno, On the Fetish-Character in Music and the Regression of Listening, em A. Arato; E. Gebhardt (eds.), *The Essential Frankfurt School Reader*, p. 288-289. (Trad. bras.: O Fetichismo na Música e a Regressão da

SOUL SONIC FORCES

modo que o estudante da cultura de massa não tem nenhum objeto primário de estudo"[25].

De fato, a repetição funciona como parte de um sistema de produção em massa que estrutura e limita a articulação criativa; em conjunto, Adorno, Jameson e Attali oferecem críticas relevantes à lógica da cultura de massas nas sociedades capitalistas tardias. Contudo, a repetição não pode ser reduzida a uma força industrial repressiva. Também não é suficiente entendê-la apenas como um subproduto das necessidades da industrialização. Não pretendo sugerir que algum desses teóricos culturais afirmaria que a repetição não existia na sociedade pré-industrial. No entanto, o foco deles na repetição como uma condição industrial contribui para a descaracterização do fenômeno cultural popular negro, particularmente aquelas formas que privilegiam a repetição e estão em posição de destaque no sistema de mercadorias.

Se assumirmos que a produção industrial define os termos para a repetição dentro da música produzida em massa, então como os usos alternativos e as expressões de repetição articuladas dentro do mercado de consumo podem se tornar perceptíveis? O uso de linhas rítmicas no rap, construídas com *loops* de som sampleados, é particularmente vulnerável a leituras incorretas ou a apagamentos ao longo dessas linhas. Trabalhando no mercado de consumo e com tecnologia industrial, o rap usa as forças rítmicas ditadas pela tecnologia de reprodução em massa, mas as empregam de maneira a afirmar as precedências culturais negras que, às vezes, funcionam contra as forças do mercado. No entanto, nada disso é visível se toda repetição produzida em massa for entendida essencialmente como uma expressão da cultura de massa. Se o rap pode ser descaracterizado de forma tão esmagadora, então, quais outras práticas musicais e culturais foram colapsadas na lógica da repetição industrial, rotuladas como exemplos de obediência "cult"? A leitura grosseira de Adorno sobre o break no jazz, além de revelar um caso grave de analfabetismo das práticas culturais negras, é outro

---

Audição, em *Benjamin, Horkheimer, Adorno, Habermas*, São Paulo: Abril Cultural, 1975, p. 173-199, Coleção Os Pensadores.)

25 F. Jameson, Reification and Utopia in Mass Culture, *Social Text*, p. 137. (Trad. bras.: Retificação e Utopia na Cultura de Massa, *Crítica Marxista*, v.1, n.1, 1994.)

exemplo óbvio das armadilhas de ler as estruturas musicais no campo popular como subprodutos das forças industriais.

Adorno, Jameson e Attali, ao colocarem a repetição como uma força singular, sugerem fortemente que a produção em massa estabelece os termos para a repetição, e quaisquer outras formas culturais de repetição, uma vez praticadas dentro dos sistemas de produção em massa, estão subsumidas pela lógica mais ampla da industrialização. Consequentemente, nenhuma outra forma produzida ou consumida em massa que privilegie as formas de repetição é acessível ou relevante, se dentro dessa lógica mais ampla de repetição industrial. Considerar a repetição nos mercados do capitalismo tardio como uma consequência desse mercado marginaliza ou apaga seus usos alternativos e seus vínculos, os quais podem sugerir resistência coletiva a esse sistema. Facilmente menosprezada, a repetição se dobra à lógica do mercado e é utilizada como um meio pelo qual se apaga efetivamente a multiplicidade das culturas e das tradições presentes nas sociedades ocidentais contemporâneas. Não estou sugerindo que a cultura negra possa suplantar os efeitos da mercantilização, tampouco que as precedências culturais dos negros estejam fora (ou completamente em oposição) às indústrias culturais de massa. Ao contrário, isso é um convite para interpretações de mercantilização que podem abranger múltiplas histórias e abordagens para a organização sonora. Minha maior preocupação aponta para interpretações superficiais e corriqueiras frequentes sobre a repetição, que adotam e naturalizam princípios culturais dominantes; consequentemente, elas colonizam e silenciam as abordagens negras as quais, no caso da música popular estadunidense, em especial, apresentam fortes e problemáticas implicações, ouso dizer, racistas[26].

---

26 O livro *Studying Popular Music*, de Richard Middleton, tenta lidar com a questão da repetição na música popular no capítulo sobre prazer, valor e ideologia na música popular (ver p. 267-293). O autor defende que "o senso comum popular tende a ver a repetição como um aspecto da produção em massa e da exploração do mercado, mas, muitas vezes, também a associa com o fenômeno de ser 'enviado', particularmente em relação a repetições rítmicas 'hipnóticas' e ao transe 'primitivo' do público [...]. Como podemos enquadrar uma psicologia da repetição e a noção historicamente específica de Adorno sobre a repetição como uma função do controle social?" (p. 286-287). Middleton sugere que múltiplas determinações operam ao mesmo tempo. Para ilustrar seu

"Give Me a (Break) Beat!"[27]:
Sampling e Repetição na Produção de Rap

You see, you misunderstood
A sample is just a tactics, a tool.
In fact it's only of importance
When I make it a priority.
And what we sample is loved by the majority.

Stetsasonic[28]

No rap, o sampling continua sendo uma prática estratégica; mais precisamente, os samplers são as ferramentas, por excelência, de produção do rap. Embora os rappers não tenham inventado as baterias eletrônicas ou o sampling, eles revolucionaram seu uso. Antes da redefinição, no rap, do papel que os samplers desempenham na criatividade musical, eles eram usados quase que exclusivamente pelos produtores, engenheiros e compositores como um equipamento para economizar tempo e dinheiro. Os samplers foram empregados como atalhos; às vezes, uma seção de sopro, uma base de bateria ou *backing vocals* eram coletados de uma gravação com facilidade e rapidez, reduzindo as despesas e os esforços de procurar e remunerar os músicos de estúdio. Embora os famosos músicos de rock tenham usado samples reconhecidos de outros músicos proeminentes como parte do material para seus álbuns, na maioria das vezes eles eram usados para "encorpar"

---

ponto, ele compara Freud, Barthes, Deleuze e Guattari, Jameson, Rosolato e Lacan a respeito do tema da repetição. As múltiplas determinações que ele apresenta não conseguem absorver o tipo de estratégia negra à repetição, como articulada por Snead e Small. Na verdade, nenhuma das abordagens que ele oferece fundamenta as práticas negras nas tradições africanas. Embora ele esteja bastante ciente das influências culturais negras na música popular, em sua visão essas influências não refletem uma abordagem alternativa à produção cultural; elas são práticas negras discretas que não são construídas como parte de uma perspectiva mais ampla. Portanto, embora ele concorde que as músicas negras privilegiem a repetição (embora não sejam usos ritmicamente complexos de repetição, mas "riffs, chamada-e-resposta e padrões rítmicos curtos e imutáveis"), é uma técnica, uma manifestação de uma perspectiva alternativa.

27 Me dê uma batida de break. (N. da T.)

28 "Você vê, você entendeu mal / Um sample é apenas uma tática / Uma parte do meu método, uma ferramenta. / Na verdade, é apenas importante / Quando faço disso uma prioridade. / E o que sampleamos é amado pela maioria." Stetsasonic, "Talkin' All That Jazz", *In Full Gear*.

ou acentuar um trecho da música e não para criar uma nova[29]. Na verdade, antes do rap o uso mais conveniente do sample era para mascarar esse equipamento e sua origem, para enterrar sua identidade. Os produtores de rap inverteram essa lógica, usando-o como um ponto de referência, como um meio pelo qual o processo de repetição e recontextualização pode ser realçado e privilegiado.

Os samplers são computadores que podem duplicar digitalmente os sons existentes e reproduzi-los em qualquer tom ou altura, em qualquer ordem, sequência e repeti-los indefinidamente. Eles também têm uma biblioteca pré-programada de sons digitais, os quais não foram "retirados" de outros materiais gravados previamente, mas que, de qualquer forma, também podem ser harmonizados. Como explica Harry Allen:

> Grave o som dessas páginas virando enquanto sua TV reproduz o tema de *One Life to Live* ao fundo. Ou grave seu chefe gritando. Ou um trecho de Kool and the Gang. Grave qualquer coisa, por até 63 segundos. Faça um *loop* disso, então, ele vai tocar de ponta a ponta para sempre, ou conecte o S900 (sampler) a um teclado e toque o que você gravou em uma escala.[30]

Os samplers permitem que os músicos de rap desenvolvam uma das características musicais mais antigas e centrais do rap: o breakbeat. Designada a "melhor parte de um grande disco" por Grandmaster Flash, um dos DJs pioneiros do rap, o breakbeat é um trecho onde "a banda se decompõe [*breaks down*], a seção rítmica é isolada e, basicamente, o contrabaixo e o baterista fazem os solos"[31].

Os breakbeats são pontos de ruptura com seus contextos anteriores, pontos em que os elementos temáticos de um trecho musical são suspensos, e os ritmos subjacentes são colocados no centro do palco. Na fase inicial do rap, os breakbeats formaram o núcleo das estratégias de mixagem dos DJs de rap. Executando os toca-discos

---

29 Ver C. Aaron, Gettin' Paid, *Village Voice Rock 'n' Roll Quarterly*, p. 22-23; J. Bateman, Sampling: Sin or Musical Godsend?, *Music Scene*, p. 14-15.
30 H. Allen, Invisible Band, *Village Voice*, 18 Oct. 1988, p. 10.
31 Conversa ao telefone com Tricia Rose, 14 ago. 1991. Há um mercado underground bastante grande para discos de breakbeat. Esses LPs são compostos de vários breakbeats regravados e compilados de outros álbuns. Tenho ciência de pelo menos 25 a 30 volumes dessas gravações.

118

© suekwon

como instrumentos, os DJs desenvolveram elementos ritmados bastante atrativos em uma canção, criando uma nova linha composta apenas do ponto mais culminante do "original". O efeito é precursor da maneira como os rappers atualmente usam o recurso do *looping* nos samplers digitais.

Trabalhando no Vermelho[32]

Para produzir a sonoridade que caracteriza os produtores e os músicos mais criativos do rap, é necessário o enfoque no som e em sua manipulação de forma despreocupada com a utilização padrão ou pretendida dos samplers. Eric (Vietnam) Sadler, produtor de rap, explica:

> Aumente tudo para que fique totalmente distorcido e mova-o para a direita para que você realmente não consiga ouvi-lo. Movê-lo para

[32] "Trabalhar no vermelho" é um dos sentidos de *working in the red*, ou seja, trabalhar com poucos recursos financeiros. Também se diz, nos estúdios de gravação, que a música, se distorcida, está chegando à "zona vermelha" (*red zone*). Ultrapassar a *red zone* significa que o som ficará muito distorcido. (N. da T.)

a direita significa deixar o som apenas na caixa do lado direito e girá-lo de forma que você mal possa ouvi-lo – é como um barulho na lateral. Agora, os engenheiros... eles vivem de acordo com determinadas regras. Eles dizem coisas como: "Você não pode fazer isso. Você não quer um som distorcido, isso não está certo, não está correto". Com Hank (Shocklee) e Chuck (D) é ao contrário, eles dizem: "Dane-se se isso não é correto, apenas faça essa porcaria". E os engenheiros não irão fazer. Então, se você começa a ser o seu próprio engenheiro e aprende [a fazer] essas coisas, sozinho, a métrica vai funcionar dessa maneira [ele move a mão dele para uma zona vermelha imaginária], e você vai ouvir a crepitação do bagulho, é esse o som que estamos procurando.[33]

Ao usarem as máquinas de maneira não convencional, pressionando as fronteiras estabelecidas da engenharia musical, os produtores de rap desenvolveram uma arte de medidores sonoros de gravação bem na zona de distorção. Quando necessário, eles deliberadamente "trabalham no vermelho" (*work in the red*). Se gravar no vermelho produzirá, como desejado, o som pesado e sombriamente rosnado, os produtores de rap gravam no vermelho. Se um sampler deve ser desafinado para produzir o tão procurado zumbido de baixa frequência, então ele é desafinado. Os músicos de rap não são os únicos a pressionar os limites das invenções da alta tecnologia[34]. Contudo, as decisões que eles tomaram e os rumos de seus impulsos criativos ecoaram nas práticas musicais afrodiaspóricas. A produção de rap ressoa em conjunto às precedências culturais negras na era da reprodução digital.

Volume, densidade e a qualidade das frequências baixas do som são características fundamentais na produção de rap. As músicas caribenhas, especialmente o *talk over* e o *dub* jamaicanos, compartilham

---

33 Entrevista de Tricia Rose com o produtor do Bomb Squad, Eric (Vietnam) Sadler, 4 set. 1991.
34 Décadas atrás, os músicos de blues usaram amplificadores e guitarras para obter os sons desejados, e os músicos de punk ignoraram as limitações oficiais do equipamento musical para alcançar os efeitos pretendidos. Para outros exemplos, ver K. Gann, Sampling: Plundering for Art, *Village Voice*, 1° May 1990, p. 102; A. Goodwin, Sample and Hold: Pop Music in the Age of Digital Production, em Simon Frith; Andrew Goodwin (eds.), *On Record*, p. 258-273.

120

muitas semelhanças com a sonoridade do rap. Cada elemento fortemente amplificado incluía, notavelmente, faixas da bateria e do contrabaixo. Ambos insistem em privilegiar a repetição como base rítmica e o ritmo como força musical central[35]. Como ressaltam os escritores Mark Dery e Bob Doerschuk, a filosofia de produção dos rappers reflete essa ênfase nos graves e no som da bateria:

> Para preservar a premência do rap em sua forma mais crua, porém, mantendo as portas da inovação abertas, uma filosofia diferente de produção e engenharia teve que evoluir [...] uma nova geração de técnicos está definindo a arte da gravação de rap. Hábitos antigos aprendidos no MOR [Middle of the Road], hard rock e R&B não se aplicam. Como o próprio rap, as novas regras são diretas: mantenha-o aquecido, mantenha a bateria na frente e aumente o grave.[36]

Os produtores de rap usam máquinas de som digital específicas de acordo com os tipos de sons que elas produzem, especialmente nas frequências mais baixas. Aumentar os graves não é apenas uma questão de volume, é uma questão da qualidade dos sons de registro baixo em volumes altos. A Roland TR-808 é uma bateria eletrônica de rap preferida por causa de seu "estrondo sônico", devido à forma como ela processa as frequências graves. Para Kurtis Blow: "A 808 é ótima porque você pode *desafiná-la* e obter um zumbido de baixa frequência. É uma destruidora de caixas de som de carro. É isso o que tentamos fazer quando os produtores de rap quebram as caixas de som dos carros, caixas de som domésticas e *boom boxes*. E a

---

35 Ver D. Hebdige, *Cut 'n' Mix*, especialmente o capítulo 10. O rap deve muito às práticas musicais jamaicanas. Conforme mencionado no capítulo 2, os primeiros DJs de rap no Bronx, como DJ Kool Herc, eram imigrantes caribenhos recentes e trouxeram com eles as práticas de sistemas de som caribenhos negros, incluindo as guerras de *sound system* entre DJs. Também é importante destacar a ênfase dos sistemas de som jamaicanos nos tons graves. Essa fertilização cruzada é ainda mais complexa do que sugerem os padrões de imigração. Hebdige demonstra que as raízes do reggae se encontram, na verdade, na música negra do pós-Segunda Guerra Mundial. Ele afirma que sistemas de som grandes e poderosos se tornaram um meio popular pelo qual a música R&B estadunidense negra poderia ser tocada para um grande número de jamaicanos. Ver *Cut 'n' Mix*, capítulo 7.

36 M. Dery; B. Doerschuk, Drum Some Kill, *Keyboard*, Nov. 1988, p. 34-36.

808 faz isso. É música africana!"[37] Os produtores de rap não apenas selecionaram as máquinas que permitem um alcance maior de projeção de baixa frequência, mas também forçaram os engenheiros de som a revisarem as suas estratégias de mixagem para se adaptarem às precedências estilísticas do rap[38].

Gary Clugston, engenheiro de gravação especializado em rap da INS Recording em Nova York, explica como os produtores de rap organizam os sons: primeiro empurrando a bateria para o primeiro plano e para o centro do trecho e, em seguida, usando efeitos para manipular os sons graves: "Se você está usando um sample de bateria em um disco de rock, você quer que ele se encaixe na mixagem com todo o resto. No rap, você faz o que pode para que ele sobressaia, adicionando efeitos, equalização e fundo – para fazê-lo soar sujo". "Tão forte é essa fixação com o grave", afirmam Dery e Doerschuk, "que os produtores e engenheiros tiveram que adaptar suas fórmulas de mixagem usuais para abrir espaço ao barulho". Steve Ett, engenheiro e coproprietário da Chung House of Metal, um estúdio popular entre os produtores mais proeminentes do rap, detalha:

> Eu sempre coloco aquele longo bumbo barulhento sustentando 808 na faixa 2. Não coloco nada na 1 ou na 3. Se você colocar o bumbo da bateria na 2 e a caixa na 3, o *vazamento* do bumbo será enorme. É o único bumbo do mundo com o qual vou fazer isso [...]. Para mim, o rap é uma questão de bombear a porra da parte grave. O bumbo é a coisa mais barulhenta da gravação. Você definitivamente ouve os vocais, mas eles são muito baixos em comparação com o bumbo.[39]

Ett programa a bateria 808 sabendo que terá que vazar para obter o barulho desejado. Esse vazamento significa que o grave ocupará mais espaço do que o "normalmente" pretendido e penetrará em outras faixas deliberadamente esvaziadas, o que dá ao grave um som mais pesado, mais sombrio e menos fixo. Nas técnicas tradicionais

---

37 Apud M. Dery; B. Doerschuk, Drum Some Kill, *Keyboard*, Nov. 1988, p. 34. (Grifo nosso.)
38 Para uma discussão sobre a transformação do papel dos engenheiros de som e sua relação com os músicos, ver E.R. Kealy, From Craft to Art, em S. Frith; A. Goodwin (eds.), *On Record*, p. 207-220.
39 Apud M. Dery; B. Doerschuk: op. cit., p. 34-35. (Grifo nosso.)

SOUL SONIC FORCES

de gravação, o vazamento é um problema que deve ser evitado, pois significa que os sons não estão separados claramente nas faixas, tornando-os menos fixos em sua articulação. O rock e o heavy metal, entre outros gêneros musicais, usam distorções e outros efeitos que também exigem a manipulação das técnicas de gravação tradicionais. Assim como o uso da distorção, se os sons desejados do rap requerem vazamento, então, isso é uma parte gerenciada de um processo para obter a sonoridade desejada, em vez de um problema de perda de controle das alturas fixas. Hank Shocklee prefere a E-mu SP-1200 por sua versatilidade, associando a TR-808 mais à *house music*, uma música dançante parente do rap[40]. O mais importante sobre a sua descrição dessas máquinas é a explicação do modo como cada sampler executa as mesmas funções técnicas de maneiras significativamente diferentes. Cada sampler cria uma percepção diferente, permitindo assim uma maior articulação das diversas qualidades rítmicas e das precedências musicais:

> [A 1200] permite que você faça tudo com um sample. Você pode cortá-lo, pode comprimir o som, pode executar um *loop* nele, pode cortar certas almofadas da bateria. A limitação é que soe branco, porque é rígido. A Akai Linn [MPC-60] permite que você crie mais uma percepção; é isso que Teddy Riley usa para obter suas batidas suingadas. Para um produtor de R&B, a Linn é a melhor, porque é uma máquina mais impermeável. Para gravações de *house*, você precisa usar a TR-808, porque tem aquela percepção de carregamento, como se fosse um locomotiva vindo em sua direção. Mas todo produtor de rap te dirá que a 1200 ainda é a bateria eletrônica mais moderna.[41]

Shocklee prefere a 1200 porque permite a ele maior mobilidade de corte e emenda, embora o processo de corte em uma 1200 seja "duro". Seu trabalho de produção utiliza o "corte" extensivamente,

---

40 Hank Shocklee é membro da equipe de produção de rap *Bomb Squad*, que também inclui Keith Shocklee, Carl Ryder (Chuck D) e Eric (Vietnam) Sadler. Além disso, observar que a *house music* – uma música de dança contemporânea semelhante à *disco* – foi combinada com o rap para produzir o *Hip House*, uma música de dança popular com letras de rap.
41 Apud M. Dery; Hank Shocklee, *Keyboard*, Sept. 1990, p. 82-83, 96.

demonstrando sua capacidade de suspender e impulsionar o tempo e o movimento[42]. O soar "branco" é sua breve descrição, redutora, para equipamentos cujos parâmetros tecnológicos aderem na composição, com maior rigor, ao restrito legado rítmico clássico ocidental. Eric Sadler afirma que a TR-808 ainda é muito popular na produção de rap devido a um som de bumbo de bateria digital pré-programado chamado 808 *drum boom*: "Não é como um bumbo normal. É uma grande bola de basquete gigante que você ouve em quase todas as gravações agora... Estrondo... Estrondo. Grande e pesado, como uma espécie de reggae". Sadler acrescenta que as próprias placas para mixar os sons são essenciais para a sensação e a sonoridade do rap, para o processo de reprodução sonora: "Uma das razões pelas quais estou aqui (neste estúdio) é porque esta placa é uma porcaria. É velha, é nojenta, muitas coisas não funcionam, há fusíveis abertos... para obter um som antigo. A outra sala, eu uso para algo a mais, tudo agradável e bastante iluminada, é como a sala de Star Wars. Esta sala é a sala do Titanic."[43] A referência de Sadler ao estúdio como Titanic pode ser lida como uma revisão interessante de um dos mais conhecidos *toasts* do povo negro, "O Titanic". Nele, Shine, o operador negro da sala da caldeira do *Titanic*, tenta avisar os passageiros brancos que o navio está prestes a afundar, mas os seus avisos passam despercebidos. O Capitão afirma que suas bombas de água irão reter a água, embora Shine possa ver claramente que elas não estão fazendo isso. Depois de uma série de avisos, Shine, finalmente, salta no mar salvando a sua própria vida e diz: "sua merda é boa, sua merda está boa, mas, dessa vez, vocês, brancos, não vão cagar no Shine". O fato de Sadler ter apelidado aquele

---

42 A paixão de Shocklee pelo corte pode ser mais bem observada no trabalho do Public Enemy. Ver especialmente "Don't Believe the Hype", "Bring the Noise", "Terminator x to the Edge of Panic" e "Night of the Living Baseheads", *It Takes a Nation of Millions To Hold Us Back*. Da mesma forma, ver o trabalho de Eric Sadler e DJ Jinx em "The Bomb", *AmeriKKKa's Most Wanted* do Ice Cube.

43 Entrevista de Rose com Eric Sadler. Para uma transcrição e interpretação de "The Titanic", ver B. Jackson, *Get Your Ass in the Water and Swim Like Me*. Para uma leitura provocadora do significado cultural e psicológico do naufrágio do Titanic, particularmente sobre a representação simbólica da morte da cultura europeia civilizada, ver a referência de Doane a Slavoj Zizek em M.A. Doane, Information, Crisis and Catastrophe, em P. Mellencamp (ed.), *Logics of Television*, p. 229-239.

estúdio de Titanic é sua maneira de dizer que ele é velho e obsoleto, sugerindo que ele escolhe o equipamento defeituoso e obsoleto deliberadamente porque isso lhe permite construir suas próprias narrativas históricas e sonoras. O equipamento mais moderno e elegante da sala Star Wars nega-lhe o acesso a essas sonoridades e a essa história. Na versão hip-hop do "Titanic", Sadler, assim como Shine, ignora a definição do homem branco do uso e do valor técnico ("essas novas válvulas são melhores"), porém, nesse caso, ele o faz ficando com seu navio, segurando o equipamento considerado obsoleto mas que melhor atende às suas necessidades. Recusando-se a seguir as concepções dominantes de valor da nova tecnologia contra seu melhor julgamento, Shine e Sadler "salvam", respectivamente, suas próprias vidas e narrativas.

Os samplers, as baterias eletrônicas e as placas de mixagem são selecionados e manipulados parcialmente pelos produtores de rap, porque permitem que eles gerenciem a repetição e a ruptura com breakbeats e técnicas de *lopping* e corte, e devido à *qualidade* dos sons que eles reproduzem. Os comentários de Shocklee e Sadler são importantes para essa discussão porque iluminam os parâmetros culturais conforme eles se articulam aos equipamentos eletrônicos avançados. O equipamento deve ser alterado para se adaptar ao uso de sons de baixa frequência pelo rap, mixando técnicas renovadas para criar os arranjos e as relações com os sons da bateria. Em segundo lugar, eles deixam claro que os produtores de rap implementam de forma ativa e agressiva as estratégias que renovam e manipulam as tecnologias musicais para que elas possam se articular às precedências culturais negras.

A seleção de samples da bateria também envolve questões de preferência sonora. O uso intenso de samples no rap de *soul* e da batida de funk ao vivo traz uma desejada dimensão de textura, incomum em outros gêneros, que as baterias eletrônicas programadas não podem duplicar. Esses bateristas de soul e funk, gravados em circunstâncias muito diferentes, carregam ressonâncias performativas que não podem ser facilmente recriadas. Bill Stephney, coproprietário, junto a Hank Shocklee, da S.O.U.L. Records, explica por que os rappers privilegiam especialmente as fontes para samples:

Eles (os produtores de rap) odeiam baterias digitais. Eles gostam que suas caixas soem como se tivessem sido gravadas em uma grande sala ao vivo, com peles naturais e muita reverberação. Eles tentaram gravar com bateria ao vivo. Mas você realmente não consegue replicar esses sons. Talvez seja a maneira como os engenheiros posicionam o microfone, talvez seja a falta de defletores na sala. Quem sabe? Mas é por isso que essa molecada precisa voltar para os modos antigos de gravar.[44]

A qualidade sonora encontrada nesses discos de soul e funk dos anos 1960 e 1970 é tão importante para a sonoridade do hip-hop quanto as máquinas que desconstroem e reformulam esses sons[45]. O som intenso do rap é reproduzido digitalmente, mas não pode ser criado digitalmente. Em outras palavras, o som do bumbo ou da linha de baixo de James Brown ou Parliament, e o equipamento que processou esse som, assim como o equipamento que o processa agora, são todos fundamentais para examinar o modo de uma gravação de rap, para a sua força sonora. Isso não quer dizer que bateristas ao vivo não aparecem em discos de rap, muitos são ao vivo; tampouco que os produtores de rap não se baseiam em uma ampla gama de gêneros, incluindo as próprias batidas e rimas do rap previamente gravadas. Por exemplo, os usos de samples de jazz e rock estão aumentando bastante no rap. Ainda assim, o bumbo da bateria do soul e do funk, ao vivo ou gravado, é quase sempre o laço musical que une esses samples, dando a nomes como Miles Davis, Ron Carter, Louis Armstrong e Roy Ayers uma nítida diferença e um suporte ao hip-hop. Por exemplo, "Verses from the Abstract" de A Tribe Called Quest apresenta Ron Carter no baixo, mas as linhas da bateria do hip-hop recontextualizam completamente a sonoridade do jazz de Carter; recontextualizações semelhantes de samples de

---

44 Apud M. Dery; B. Doerchuk, op. cit., p. 35. Embora Stephney sugira que os rappers não utilizem bateristas ao vivo com os resultados almejados, muitos álbuns apresentam bateristas ao vivo nos créditos.

45 A advogada de sampling Micheline Wolkowicz, que investiga e libera samples de rap para Berger, Steingut, Tarnoff e Stem (uma empresa que aconselha e libera samples para Marly Marl, DJ Jazzy Jef, Fresh Prince, os Beastie Boys e outros artistas), afirma que a grande maioria dos samples liberados por músicos de rap são retirados da música negra tocada e criada por músicos negros. Entrevista com Rose, set. 1991.

jazz podem ser encontradas em uma série de álbuns de rap, como em "Jazzamatazz", de Guru, e em "Mecca and the Soul Brother", de Pete Rock e C.L. Smooth[46].

Como utilizado por muitos dos principais produtores de hip-hop, a prática do *sampling* não é apenas um atalho usado para "copiar" as passagens musicais. Se fosse assim, os produtores poupariam os custos legais para liberar o uso do material gravado de outros artistas programando ou reproduzindo sequências musicais muito semelhantes. Além disso, como Prince Be Softly do P.M. Dawn aponta, encontrar os samples musicais pode ser mais demorado: "A arte do sampling é uma forma musical muito mal compreendida. Muitas pessoas ainda pensam que sampling é um roubo, porém, pode-se levar mais tempo para encontrar o sample correto do que para inventar um *riff*. Sou um compositor como Tracy Chapman ou Eric B. e Rakim."[47] A decisão de adotar samples de som de bateria ao vivo envolve questões relacionadas à qualidade do som e a um desejo de aumentar a gama de possibilidades sonoras. Alguns anos após o início da história das gravações de rap, o pioneiro produtor de rap e DJ Marley Marl descobriu que sons reais de bateria podiam ser usados no lugar de sons simulados:

Um dia, em 1981 ou 1982, estávamos fazendo esse *remix*. Eu queria samplear uma voz dessa música com um emulador e, acidentalmente, uma caixa atravessou. No começo eu estava tipo, "Isso está errado", porém, a caixa estava soando bem. Continuei correndo a faixa de volta e batendo no emulador. Então, olhei para o engenheiro e disse: "Você sabe o que isso significa?! Eu poderia pegar qualquer som de bateria de qualquer disco antigo, colocá-lo aqui e obter o som antigo do baterista em alguma porcaria. Chega dessa merda enfadonha de DMX." Naquele dia saí e comprei um sampler.[48]

---

46 A Tribe Called Quest, "Verses from the Abstract", *The Low End Theory*. O título deste álbum é uma afirmação óbvia da importância dos sons de baixa frequência. Pete Rock e C.L. Smooth, *Mecca and the Soul Brother*; Guru, *Jazzamatazz*. Ver também Ed O.G. and the Bulldogs, "Be a Father to Your Child", *Life of a Kid in the Ghetto*.
47 Apud J. Young, P.M. Dawn Sample Reality, *Musician*, June 1993, p. 23.
48 Apud H. Nelson, Soul Controller, Sole Survivor, *The Source*, Oct. 1991, p. 38. De acordo com Marley Marl: "'Marley's Scratch' foi o primeiro disco a usar bateria sampleada, mas a inovação foi realmente notada quando ela apareceu em 'The Bridge' de

Para Marley Marl e outros produtores de rap, o sampler é um meio para um fim e não um fim em si mesmo. Nem é necessariamente um atalho para a produção musical, embora alguns produtores de rap usem samplers e samples de maneiras não criativas. Para a maioria, sampling, não muito diferente das práticas de versionamento nas músicas caribenhas, significa prestar uma homenagem, invocar a voz de outra pessoa para ajudá-lo a dizer o que você quer dizer[49]. É, também, um meio de pesquisa arquivística, um processo de arqueologia musical e cultural. De acordo com Daddy-O, produtor de rap do Stetsasonic,

> Sampling não é coisa de um homem preguiçoso. Aprendemos muito com isso; é como uma escola para nós. Quando sampleamos uma parte de uma música e a repetimos continuamente, podemos entender melhor a matriz da música. Não sei como eles fizeram aqueles discos antigos de funk e soul. Não sabemos como eles microfonaram a bateria. Mas podemos aprender com as gravações.[50]

Além disso, os samples não são encadeados de forma linear um após o outro e depois colocados em *looping*. Em vez disso, como demonstra Bill Stephney, frequentemente várias faixas são programadas ao mesmo tempo, sampleadas umas sobre as outras para criar um efeito denso de várias camadas:

> Esses garotos terão seis faixas de programas de bateria ao mesmo tempo. É aí que o sampling fica louco. Você pode pegar um garoto que coloca um bumbo de bateria de uma gravação em uma faixa, um bumbo de outro registro em outra faixa, um bumbo *Linn* em uma terceira faixa e um bumbo TR808 em uma quarta – tudo para construir um som de bumbo![51]

Uma vez construídas, essas batidas em *looping* não são gravadas em definitivo, elas são mescladas com as letras e reconstruídas dentre

---

MC Shan (1986) e em 'Eric B. Is President' (1986) de Eric B. & Rakim." Ambos os raps foram sucessos de crítica entre os fãs de hip-hop e foram produzidos ou remixados por Marley Marl.
49 D. Hebdige, *Cut 'n' Mix*, p. 14.
50 Apud C. Aaron, Gettin' Paid, *Village Voice Rock 'n' Roll Quarterly*, p. 26.
51 B. Stephney apud M. Dery; B. Doerschuk, op. cit., p. 36.

SOUL SONIC FORCES

outras batidas, sons e melodias. Sadler descreve o projeto arquitetônico para o denso e ousado "The Nigger You Love to Hate" de Ice Cube:

> O *loop* original [para isso] foi [de] 'Weak in the Knees' de Steve Arington. Era funk, mas básico até o fim. Cube ouviu, gostou, colocou sua voz nele. [...] Então nós o desmontamos como um carro e o montamos totalmente de novo [...] apagando as partes musicais sob os refrões e outras partes. Cada vez que voltávamos para a música original, ela reduzia. Portanto, teríamos que construir. É por isso que a música continuou subindo. Continuamos tendo que encontrar outras partes.

Um dos raps mais densos e cacofônicos até hoje, "Night of the Living Baseheads" usou quase 45 samples diferentes, além das faixas básicas de ritmo e música original em 24 faixas. Sadler explica:

> Não 48 faixas [que é comum na produção musical hoje], mas 24. Você tem coisas entrando e saindo absolutamente de qualquer lugar. É como se alguém estivesse jogando arroz em você. Você tem que pegar cada pequena peça e colocá-la no lugar certo como em um quebra-cabeça. Muito complicado. Todos aqueles pequenos fragmentos e peças que entram, junto com a bateria constante que você tem que abandonar [*drop out*] para abrir espaço para ela.[52]

A produção de rap envolve uma ampla gama de estratégias para manipular ritmo, frequências graves, repetição e breaks musicais. As estratégias de engenharia e mixagem do rap abordam maneiras de gerenciar e priorizar os sons em alta amplitude e baixa frequência. Os samplers selecionados carregam "estrondos sonoros" ideais e ajudam os produtores de rap a colocarem as várias forças rítmicas em movimento e a recontextualizar e destacar os breakbeats. Essas estratégias para obter os sons desejados não são efeitos estilísticos aleatórios, mas manifestações de perspectivas do tempo, movimento e repetição encontradas em muitas expressões culturais negras do Novo Mundo.

---

52 Entrevista de Rose com Sadler, 4 set. 1991.

Práticas Negras:
O Holofote Como Esconderijo

> *O mundo da organização sonora é uma paleta sem limites. Nessa paleta você tem música clássica europeia, você tem Charlie Parker [...] a música do Oriente, a música africana [...] o Oriente Médio, música eletrônica. Algumas pessoas pensam que o que estão fazendo aqui em uma esquina é o fim de todo som organizado. É como dizer que a Terra é o fim do universo.*
>
> Max Roach[53]

O rap foi acusado de não ser música, pois como poucos rappers são músicos com treinamento formal, raramente eles compõem frases melódicas elaboradas e, com frequência, não tocam instrumentos "reais". A matéria de capa sobre o rap da *New Republic*, de David Samuels, intitulada "The Real Face of Rap: The 'Black Music' That Isn't Either", reduz a história do rap a uma manobra comercial para atrair adolescentes brancos e sugere "a hora do rap como uma música popular inovadora que veio e se foi". O artigo de J.D. Considine na revista *Musician*, "Fear of a Rap Planet", cita uma série de exemplos de cobertura da mídia contrárias ao rap no que se refere às suas letras, mas observa que a crítica mais comum não está, na verdade, relacionada à sua política racial. Em vez disso, o autor argumenta que a maioria das críticas ao rap tem a ver com o *status* do rap como música. Basicamente, muitos músicos de rock não consideram o rap como música. Considine, tentando convencer os leitores da *Musician* de que rap é música, afirma que "mesmo um disco de rap aparentemente simples [...] revela uma complexidade inesperada se você souber onde olhar". Durante o mesmo mês em 1992, Jon Parales publicou, no *The New York Times*, "On Rap, Symbolism and Fear" artigo que dedicado aos convencionais medos brancos do rap em razão de suas imagens violentas e público negro e jovem. Todas as cartas-respostas publicadas duas semanas depois eram em oposição bastante agressiva ao artigo de Parales. No entanto, as letras de rap e a irritação do público não foram

---

53 Apud M. Berman; S.W. Lee, Sticking Power, *Los Angeles Times Magazine*, 15 Sept. 1991, p. 50.

SOUL SONIC FORCES

abordadas nessas cartas; em vez disso, o fato de Parales presumir que rap é música consistia na fonte da frustração dos correspondentes.

Os leitores reclamavam que "o ritmo intenso e forte com letras gritadas e sem melodia não constituía música" e que "a música começou com ritmo, progrediu para melodia [...] atingiu seu ponto culminante de desenvolvimento com a harmonia. O rap, apesar de seus adereços modernos, é uma regressão". Esses comentários sustentam claramente as noções eurocêntricas de progresso cultural e as vinculam à música. O significado desses comentários não se encontra na ignorância que eles manifestam, mas no fato de que o *The New York Times* acreditou que essas análises carregam peso social e legitimação suficientes para justificar a publicação sem contra-argumentos[54]. Em resposta, alguns produtores de rap informam sua falta de formação como uma explicação para a natureza inovadora de suas estratégias. Hank Shocklee, por exemplo, ao dizer que os produtores de rap são na verdade mais criativos do que os músicos *de verdade*, defende a estratégia dos produtores de rap em relação à música e explica as razões para o antagonismo entre esses produtores e os músicos especializados formalmente: "Não gostamos de músicos. Não respeitamos os músicos. A razão disso é porque eles veem as pessoas que fazem rap como pessoas que não têm nenhum conhecimento. Na verdade, é exatamente o contrário. Temos um senso musical melhor e um melhor conceito de música, de para onde ela está indo e do que ela pode fazer."[55] Shocklee acredita que sua ignorância da especialização musical formal o permite ver além do que foi entendido como construção sonora correta e adequada, dando-lhe uma maior amplitude de movimento criativo:

---

54 D. Samuels, The Real Face of Rap, *New Republic*, 11 Nov. 1991, p. 24-29 (grifo nosso); J.D. Considine, Fear of a Rap Planet, *Musician*, Feb. 1991, p. 35; J. Parales, On Rap, Symbolism and Fear, *The New York Times*, 2 Feb. 1992, p. 1-23; cartas ao editor, *The New York Times*, 16 Feb. 1992. Presumo que não seja necessário um longo lembrete do poder de tomada de decisão editorial para legitimar e, ao mesmo tempo, se recusar a legitimar ideias e sentimentos.

55 M. Dery, Hank Shocklee, *Keyboard*, Sept. 1990, p. 82. Pouco tem sido publicado sobre o som e o processo envolvido na criação do rap. Na tentativa de angariar respeito pelo rap entre os músicos tradicionais, Dery apoia a descrição técnica do estilo do rap com uma crítica ao *establishment* do rock que considera os músicos de rap "analfabetos musicais".

131

Ao lidar com rap, você tem que ser inocente e ignorante em música. Músicos especializados não são ignorantes em música e não podem ser inocentes em relação a ela... Por exemplo, certas tonalidades precisam estar juntas porque você tem esse aprendizado e isso faz sentido musical para você. Podemos usar uma tecla preta e uma tecla branca tocando juntas porque funciona para uma parte específica. Um músico dirá: 'Não, essas são as teclas erradas. Os tons são conflitantes'. Nós não vemos as coisas dessa maneira.[56]

Os comentários de Shocklee sobre aprendizado formal e sua relação com a inovação musical, bem como as respostas críticas às estratégias dele, apresentam uma semelhança impressionante com as críticas ao pianista de *bebop* Thelonius Monk por seu método não especializado de jazz ao piano. Como observa o historiador Frank Tirro, na década de 1950 as composições ecléticas e não convencionais de Monk que "antes eram vistas como falta de habilidade técnica (estavam) agora sendo vistas como uma nova maneira de criar sons musicais e de organizar ideias musicais." Jason Berry e outros notaram como os músicos negros encontram as batidas nos sons do cotidiano, até mesmo usando motores de caminhão como inspiração rítmica. Como lembra o vocalista Aaron Neville, "Eu e [Allen] Toussaint andávamos por aí com um gravador e um dia paramos ao lado de um grande caminhão semirreboque. O motor estava fazendo um barulho com uma boa batida e Toussaint gravou essa batida." Shocklee apoia Neville e Toussaint nisso quando afirma que "a música nada mais é do que barulho organizado. Você pode pegar qualquer coisa, sons da rua, gente conversando, o que você quiser e transformá-lo em música organizando-a. Essa ainda é a nossa filosofia, mostrar às pessoas que essa coisa que se chama de música é muito mais ampla do que se pensa"[57].

Shocklee afirma que como os seus instintos musicais não são "restringidos" por regras e procedimentos formais, os produtores de rap operam "mais livremente" com a tecnologia disponível. Com certeza, parte do que Shocklee sugere sobre "inocência" com relação aos

---

56 Ibidem, p. 83.
57 Apud F. Tirro, *Jazz*, p. 306-307; J. Berry et al., *Up from the Cradle of Jazz*, p. 5; M. Dery, op. cit., p. 83.

procedimentos formais é verdade. Geralmente, poucos parâmetros estabelecidos permitem maior potencial na amplitude do movimento. Mas a oposição de Shocklee entre conhecimento e inocência é um pouco enganosa. Ele está, na verdade, se referindo às diferenças entre as características musicais formais do Ocidente e a dos negros à medida que são resolvidas, muitas vezes de maneira contenciosa, na esfera criativa e no mercado. A inocência de Shocklee é sua falta de especialização formal em música do ocidente. Para Shocklee, "especialização" é um treinamento ocidental formal, e músicos treinados usam o "conhecimento" sobre uma tradição específica para produzir um arranjo particular de sons que, por sua vez, produz efeitos específicos. Ele também emprega "conhecimento" e estratégias musicais, não inocentes (sem valor), mas estratégias comumente encontradas nas tradições musicais negras que, muitas vezes, envolvem diferentes características culturais. Quando ele afirma que para entender ou lidar com o rap você deve ser inocente, ele sugere que o compromisso com os elementos musicais ocidentais formais deve ser abandonado ou, pelo menos, questionado e revisado, especialmente à medida que estão articulados às regras de produção e reprodução sonora.

A ausência de compromisso com as tradições musicais clássicas ocidentais não é suficiente para produzir rap. Shocklee se refere a uma presença, a uma tradição alternativa que prioriza a abertura, as rupturas, os breaks e as forças em movimento. Sua inabilidade para identificar essas características como parte de uma história cultural distinta, juntamente com a facilidade com que faz referência aos padrões clássicos, é uma indicação do poder derivado desses padrões sobre os esforços criativos que representam lógicas culturais alternativas, mesmo na cultura popular.

A defesa de Hank Shocklee de sua criatividade musical está conectada à perpetuação de uma resistência de longa data de reconhecimento das tradições e das práticas culturais negras nas formas populares estadunidenses contemporâneas. Isso pode parecer surpreendente, dado o fato de que a música popular estadunidense é um território particularmente significativo para as expressões culturais negras. Ainda assim, o estudo da música popular tem sido bastante desatento à especificidade das práticas negras no campo popular.

Há uma divisão intelectual significativa entre o estudo da música negra e o estudo da música popular estadunidense. Assim como a segregação racial, as práticas culturais negras e a cultura popular são tratadas como se fossem categorias de análise mutuamente exclusivas. Para muitos críticos culturais, uma vez que uma prática cultural negra assume um lugar de destaque dentro do sistema mercantil, ela não é mais considerada uma prática negra; em vez disso, é uma prática "popular" cujas precedências culturais negras e as distintas perspectivas negras são consideradas como um "ponto de origem", uma "técnica isolada", ou se tornam invisíveis. A alternativa mais recente tem sido, até agora, uma posição praticamente impossível de se tomar em relação ao rap[58]. Ainda assim, a categoria música "dançante" tem sido um espaço particularmente escorregadio que associa a música negra aos efeitos tecnológicos em vez de relacioná-la às precedências culturais negras.

Nessa direção, Andrew Goodwin em "Sample and Hold: Pop Music in the Age of Digital Reproduction" descreve seu projeto como aquele que se concentrará na música em si, por meio dos comentários sobre as "novas tecnologias e seu impacto no ritmo e no timbre". Em uma tentativa de criticar a leitura excessivamente zelosa dos samplers como máquinas pós-modernas por excelência, Goodwin aponta que os samplers de alta tecnologia têm sido usados consideravelmente na *dance music*, o que ele considera uma prática comum. O autor argumenta que:

> O ponto mais surpreendente na análise de ambas as áreas é o fato de que a música produzida por máquinas – ou para soar como máquinas – não tomou a trajetória do pop na música eletrônica ou artística, mas, ao contrário, se tornou a principal fonte para a *dance music* [...] Sintetizadores, baterias eletrônicas e samplers digitais são menos identificados com compositores modernos [...] do que com gêneros dançantes como o *disco*, hip-hop, Hi-NRG e *house*. Em outras palavras, enquanto os críticos ligados aos estudos culturais como Simon

---

58 Exceto por aquelas discussões que enfocam o uso da tecnologia pelo rap como uma técnica pós-moderna em vez de uma prática negra. Para discussões que fazem essa distinção e se concentram na primeira, ver: S. Frith; A. Goodwin (eds.), *On Record*; S. Frith (ed.), *Facing the Music*; B. Tucker, Tell Tchaikovsky the News, *Black Music Research Journal*, v. 9, n. 2, p. 271-94.

SOUL SONIC FORCES

Frith debatem as diferenças essencialmente críticas e acadêmicas feitas entre a tecnologia de um lado e "comunidade" e essência de outro, os músicos pop e o público se acostumaram cada vez mais a fazerem uma associação entre música sintética/automatizada e a ligação comunitária (pista de dança) à essência (por meio do corpo). Crescemos acostumados a conectar máquinas e ritmo *funky*.[59]

Goodwin está correto ao sugerir que a desconstrução do som gravado não necessariamente apaga as conexões comunitárias; tais práticas podem recuperar a história em vez de negá-la. Ele suspeita, justamente, de uma bifurcação entre tecnologia e comunidade, o que pode sugerir que a noção de comunidade é uma condição pré-tecnológica. No entanto, se refere a quatro grandes formas de dança negra contemporânea – disco, hip-hop, Hi-NRG e *house* – como as bases de seu argumento sobre o modo como a tecnologia incorpora o *funky* e a natureza comunitária dessas formas, mas sem uma referência às precedências da cultura negra, às tradições musicais negras ou de pessoas negras. Ele não faz menção aos profissionais negros e à possibilidade de que esses artistas de dança estejam usando a tecnologia de sampling para articular perspectivas negras ao som, ritmo, timbre, movimento e comunidade. Para Goodwin, a tecnologia se tornou *funky* não como resultado da apropriação negra. Seu apagamento das perspectivas predominantemente negras da música incorporada *nos gêneros disco, hip-hop e house é,* na melhor das hipóteses, um caso pernicioso de influência ansiosa e, na pior das hipóteses, contribui para uma instância dos estudos culturais que ainda não confrontou a presença popular negra a não ser como um efeito estilístico pronto para o consumo popular branco. Sua posição, que reflete uma incapacidade de imaginar o campo popular como um local de contestação das formas culturais negras, contribui para a cooptação discursiva das contribuições negras na crítica cultural popular. Os comentários de Mead Hunter sobre o interculturalismo

---

59 S. Frith; A. Goodwin (eds.), *On Record*, p. 263. Deve-se mencionar que, nesta grande coleção sobre música popular, não há discussão sobre as formas populares negras, nem se considera a raça como categoria de análise em relação à categoria música popular. Embora a coleção não se limite às formas populares estadunidenses, ela se concentra bastante na música popular estadunidense e britânica.

135

na música estadunidense abordam a dinâmica de poder inerente a essas formas desiguais de intercâmbio cultural:

> Considerando que a adoção das batidas de dança estadunidenses – pois agora elas são efetivamente estadunidenses, mesmo com linhagem africana – deva insinuar em algum grau uma sensibilidade estadunidense, o produto final não pode ser totalmente livre de valores. As culturas regionais não agem como barreiras, mas como membranas permeáveis; mesmo com a melhor das intenções, a sua penetração pode ser uma tendência sutil de colonialismo.[60]

Consequentemente, as tentativas de Goodwin de humanizar a tecnologia para afirmar a natureza da música dançante com base na comunidade também é um apagamento das próprias comunidades responsáveis pelas músicas dançantes que ele considera tão envolventes.

"Read it in Braille, It'll Still Be Funky": Oralidade Tecnológica e Tecnologia Oral no Hip-Hop

Como sugeri anteriormente, o rap é uma forma tecnológica que depende da reformulação do som gravado em conjunto com letras rimadas para criar sua sonoridade característica. Os rappers trazem precedências culturais negras como suporte à tecnologia avançada[61]. Eles também retomam as práticas orais negras em conjunto com a mistura tecnológica. A força poética, a rearticulação com as práticas orais afro-estadunidenses e as estratégias narrativas são centrais para o rap. Contudo, suas facetas orais e tecnológicas são mais interativas do que desassociadas. O rap embaralha a distinção entre os modos letrados e orais de comunicação, por alterar e, ainda, sustentar aspectos importantes da oralidade popular afro-estadunidense, ao passo que incorpora práticas orais na própria tecnologia. A oralidade do rap é alterada e altamente fundamentada pela tecnologia que o produz; a lógica oral

---

60 M. Hunter, Interculturalism and American Music, *Performing Arts Journal*, v. 33-34, p. 186-202.
61 A citação no título é de Ice Cube, "Parental Discretion Is Advised", *Ameriккка's Most Wanted*.

SOUL SONIC FORCES

respalda suas práticas tecnológicas. Ao redefinir a constituição da originalidade narrativa, da composição e da memória coletiva, os artistas de rap desafiam os aparatos institucionais que definem propriedade, inovação tecnológica e autoria. David Toop, um dos primeiros e mais reflexivos historiadores do rap, argumenta que ele está enraizado nas tradições poéticas afro-estadunidenses do século XX:

> Os antepassados do rap remontam ao disco, funk de rua, DJs de rádio, Bo Diddley, aos cantores de *bebop*, Cab Calloway, Pigmeat Markham, aos bailarinos de sapateado e aos quadrinhos, The Last Poets, Gil Scott-Heron, Muhammad Ali, grupos à capela e grupos *doo wop*, jogos *de ring*, rimas de pular corda, *toasts* de canções sobre prisão e exército, *signifying* e os *dozens*... Não importa o quão longe ele penetra no labirinto crepuscular dos videogames japoneses e da música eletrônica europeia, suas raízes mais profundas ainda estão em toda a música afro-estadunidense contemporânea.[62]

Embora Toop tenha uma sólida compreensão das proeminentes influências orais afro-estadunidenses no rap, ele traça uma falsa dicotomia entre suas raízes afro-estadunidenses e o aparato de alta tecnologia com o qual o rap está igualmente ligado. O rap não é simplesmente uma extensão linear de outras tradições orais afro-estadunidenses com *beat boxes* e músicas eletrônicas europeias adicionados. Ele é uma fusão complexa de oralidade e tecnologia pós-moderna. Essa mistura de oralidade e tecnologia é fundamental para entender a lógica do rap; uma lógica que, embora não seja puramente oral, mantém muitas características da oralidade e, ao mesmo tempo, incorpora e desestabiliza muitas características da sociedade letrada e altamente tecnológica onde vivem seus praticantes. Harry Allen capta a relação entre oralidade e tecnologia no rap ao sugerir que "o hip-hop humaniza a tecnologia e a torna tátil. No hip-hop, você faz com que

---

62 D. Toop, *The Rap Attack*, p. 19. (Grifo nosso.) Para outras análises sobre o uso de tradições orais negras pelo rap, ver: C.P. Henry, *Culture and African American Politics*; W.W. Dixon, Urban Black American Music in the Late 1980s, *Midwest Quarterly*, v. 30, p. 229-41; C.L. Keyes, Verbal Art Performance in Rap Music, *Folklore Forum*, v. 17, p. 143-52; J.M. Spencer (ed.), *The Emergency of Black and the Emergence of Rap*, Edição Especial de *Black Sacred Music*, v. 5, n. 1.

a tecnologia leve a coisas inimagináveis, obtém a música a partir de algo que não deveria te oferecer a música dessa maneira"[63].

O rap é em parte uma expressão do que Walter Ong chamou de "oralidade pós-letrada". Ele sugere que a era eletrônica é "uma era de oralidade pós-letrada – a oralidade de telefones, rádio e televisão, a qual depende da escrita e da reprodução para a sua existência". Embora seu livro se concentre principalmente nas diferenças de mentalidade entre as culturas oral e escrita, sua conceituação de oralidade pós-letrada é uma ferramenta analítica inovadora para a compreensão dos desenvolvimentos contemporâneos na cultura afro-estadunidense. O conceito de oralidade pós-letrada mescla as tradições influenciadas oralmente que são criadas e inseridas em um contexto cultural pós-letrado e tecnologicamente sofisticado. Ele descreve a maneira como as tradições orais são revisadas e apresentadas em um contexto sofisticadamente tecnológico. A oralidade pós-letrada também tem a capacidade de explicar a forma como a tecnologia letrada é produzida para articular sons, imagens e práticas associadas às formas orais, de modo que o rap, simultaneamente, torna a tecnologia oral, e a oralidade, tecnológica.

Nas culturas orais, a autoria não é essencial para a realização dos contos populares. De acordo com Ong, "a originalidade narrativa se situa não em inventar novas histórias, mas em gerenciar uma interação particular com o público no momento; cada narrativa deve ser introduzida exclusivamente em uma situação única [...] fórmulas e temas são reorganizados em vez de substituídos com novos materiais"[64]. Por exemplo, o famoso conto oral afro-estadunidense do "Signifying Monkey" tem dezenas de versões e nenhuma autoria individual, e "versionar" é uma prática extremamente comum nas músicas caribenhas[65].

Os rappers redefiniram o conceito de autoria coletiva. A originalidade narrativa *está* inserida na criação de novas histórias, e essas histórias estão associadas com o rapper. No entanto, as rimas dos

---

63 H. Allen, Invisible Band, *Village Voice*, 18 Oct. 1988, p. 10.

64 W. Ong, *Orality and Technology*, p. 42.

65 Ver B. Jackson, Get your Ass in the Water, para transcrições de "Signifying Monkey" e outros contos populares orais afro-estadunidenses. Ver também D. Hebdige, *Cut 'n' Mix*, no qual o autor observa que o artista caribenho Wayne Smiths "Under Mi Sleng Teeng" deu origem a nada menos do que 239 versões da canção.

SOUL SONIC FORCES

rappers são claramente influenciadas, quando não constituem uma consequência direta, pela tradição do *toast* afro-estadunidense. As dezenas de bravatas do *toast*, como o "Signifying Monkey" são brilhantemente capturadas em "How Ya Like Me Now", de Kool Moe Dee[66]. Além disso, assim como nas formas orais, a introdução única de materiais assume um significado maior na performance ao vivo. No geral, os rappers preparam e recitam cuidadosamente as rimas que se tornam permanentemente associadas a seu autor. As referências ao rapper e a seu/sua DJ são extremamente comuns. Em "Get Up Everybody (Get Up)" do Salt-N-Pepa, Salt diz:

> Spindarella, my D.J., is a turntable trooper
> My partner Pepa, she's a power booster.
> Word to life, I swear, she'll seduce ya
> Don't take my word I'll introduce her.[67]

Em "Follow the Leader", de Eric B. & Rakim, o refrão "follow the leader Rakim a say" é recitado numa repetição em *staccato* para reforçar a identidade do intérprete[68]. Os exemplos como esses citados são infinitos. As letras de rap estão intimamente ligadas ao autor; ao contrário das tradicionais noções ocidentais de composição, nas quais o texto do compositor está em uma esfera separada daquela do intérprete, as letras de rap são as vozes do compositor e do intérprete. O rap funde conceitos letrados de autoria com construções orais de pensamento, expressão e performance.

Às vezes, o conteúdo de uma rima de rap é tão específico para seu criador que sua execução por outra pessoa requer que as referências a seu criador sejam reescritas. O significado de citar no rap é exemplificado por uma revisão do hit de L.L. Cool J, de 1986, "I'm Bad"[69]. Em "Bad", L.L. se gaba de ser o melhor rapper na história do rap e, em

---

66 Kool Moe Dee, "How Ya Like Me Now", *How Ya Like Me Now*.
67 "Spindarella minha D.J – é uma soldada do toca-discos / A minha parceira Pepa, ela é uma impulsionadora do poder. / Palavra para vida, juro, ela vai te seduzir / Não acredite na minha palavra, vou te apresentar a ela." Salt-N-Pepa, "Get Up Everybody (Get Up)", *A Salt with a Deadly Pepa*.
68 Eric B. & Rakim, "Follow The Leader", *Follow The Leader*.
69 L.L. Cool J., "I'm Bad", *Bad*.

um ponto alto, instrui seus fãs a "esquecer o Oreos e comer biscoitos de Cool J". Uma famosa banda *go-go* de Washington, D.C., Trouble Funk, apresentou uma versão *go-go* ao vivo de "I'm Bad". Para o deleite do público, no mesmo ponto culminante da rima, o vocalista Chuck Brown anunciou: "esqueça o Oreos, coma biscoitos de Chuck Brown!", na medida em que a atrevida marca registrada do *go-go*, as buzinas e os bumbos funkeados davam suporte a sua ousada apropriação. O público do *go-go* respondeu à audaciosa apropriação de Brown em cima da rima de L.L. Cool J como se ela representasse a vitória simbólica do *go-go* sobre o rap. A história contada em "I'm Bad" é a história de L.L. Cool J e uma história do rap. Essa revisão autoral não apagou L.L. Cool J como autor; a ausência do nome de L.L. Cool J na rima não silencia sua presença, mas a desloca. O poder da inserção de Brown funciona melhor se o público conhecer a versão "original" de L.L. Cool J Para outro rapper, comer os biscoitos de Cool J. seria uma grande derrota; para L.L., comer seus próprios biscoitos renomeados como biscoitos Chuck Brown é um momento ultrajante de dominação simbólica. Sem a presença de L.L. e sua identidade como artista de rap, o roubo da rima tem pouco significado. Nesse contexto, a presença de L.L. Cool J e a base de conhecimento comum que isso representa são um elemento necessário na vitória simbólica do *go-go* sobre o rap.

Embora o poder esteja localizado na apresentação oral do rap, suas rimas não são as "expressões fixas e ritmicamente equilibradas" a que Ong se refere em sua descrição das culturas orais, mas rimas construídas em padrões lineares e letrados (escritos). São rimas primeiro escritas, memorizadas e recitadas oralmente. Nas culturas orais, não há o domínio da escrita para auxiliar na memorização. Como Ong observa, "em uma cultura oral, pensar em termos não formulados, não padronizados, não mnemônicos, mesmo que fosse possível, seria uma perda de tempo, pois tal pensamento, uma vez trabalhado, jamais poderia ser recuperado com alguma eficácia, como o seria com o auxílio da escrita"[70]. Em comparação, as letras de rap são apresentações orais que exibem formas escritas (letradas) de pensamento e comunicação.

---

70 W. Ong, op. cit., p. 35.

SOUL SONIC FORCES

Respaldados por formas letradas de comunicação e reprodução para sua complexidade, e delas dependentes, os rappers e suas rimas estão muito longe dos artistas e das formas poéticas orais tradicionais. Por exemplo, no rap, a palavra rimada geralmente está no meio de uma frase longa, e frases curtas pontuadas são trabalhadas mediante a métrica da linha do baixo. A capacidade de reconstruir facilmente a rima e a música permite maior flexibilidade na construção e na execução das letras rimadas. Simplesmente recitar ou ler a letra de um rap não significa entendê-la; ela também é flexionada com os ritmos sincopados e os sons sampleados da música. A música, seus padrões rítmicos e a articulação idiossincrática do rapper são essenciais para os significados das canções.

O DJ e o produtor de rap têm uma relação com os conceitos de autoria e originalidade narrativa intimamente ligados às práticas orais. Em grande parte do rap, os instrumentos são samplers que reproduzem versões sintetizadas de instrumentos tradicionais, reproduções assustadoramente reais de outros sons (vidros quebrando, sirenes etc.) e a dinâmica e explosiva mixagem e dobramento de uma nova sonoridade, previamente gravada e aparentemente fixa. Muitos desses samples são dobramentos (*dubbed*) de outras seções rítmicas, de outras linhas de baixo e seções de sopro intencionalmente reconhecíveis e reformuladas em conjunto com os sons do *beat box* e com o estilo e a acentuação dos rappers.

A tecnologia de sampling usada por DJs e produtores de rap é notavelmente semelhante à interpretação de Ong da originalidade narrativa em culturas orais: "a originalidade narrativa não se fixa em inventar novas histórias... [Em vez disso] *fórmulas e temas são remodelados* em vez de substituídos por novos materiais"[71]. DJs e produtores de rap reestruturam as fórmulas e os temas culturais conhecidos. É nesse contexto que a originalidade narrativa se acomoda. Na era da reprodução mecânica, essas fórmulas e temas culturais estão na forma do som gravado, reorganizado, em *loop* e recontextualizado.

No entanto, a tecnologia de sampling também é um meio de composição, um meio de produção (pós-) letrada. Ao usar sons e ritmos

---

71 Ibidem, p. 42.

como blocos de construção, os músicos de rap armazenam ideias em computadores, constroem, apagam e revisam temas e conceitos musicais. Semelhante à maneira como muitas bandas ao vivo lidam com ideias musicais, os produtores de rap trabalham com conceitos fundamentais, improvisando e construindo em torno deles. Escrever música na era da reprodução eletrônica é um processo complexo e denso no qual milhões de sons, ritmos e melodias se tornam fantasticamente acessíveis. Eric Sadler descreve como ele *escreve* música usando a coleção de vinte mil discos do Bomb Squad como sua fonte principal:

> Você decide que vai escrever algumas músicas. Você apenas trabalha. Você apenas escreve, escreve, escreve. Às vezes, Chuck (D) vira e diz: "Ei, tenho uma ideia aqui." Então, o que você tenta fazer a partir daí é pegar a ideia, colocar (o sample) na bateria eletrônica, colocar uma batida atrás e seguir em frente. Às vezes Keith (Shocklee) pegava o toca-discos e começava a fazer *scratch*, como se fôssemos uma banda. Eu tocaria bateria eletrônica para samplear e Keith incluiria as gravações.[72]

Em um mundo de *bytes* e microprocessadores, ideias amplas e complexas podem ser reescritas, revisadas, "sampleadas" por computadores e reorganizadas pelos compositores. Conforme uma ideia musical se desenvolve e muda, elementos são adicionados e excluídos do arquivo de memória. Ainda assim, a qualidade interativa da instrumentação ao vivo e da composição da música permanece à medida que as contribuições individuais se chocam umas com as outras no estúdio, criando uma "composição" final (!).

O uso do sample no rap é um processo de alfabetização cultural e de referência intertextual. Guitarra e linhas de baixo sampleados dos precursores do soul e do funk são frequentemente reconhecíveis ou têm sonoridades familiares. Alguns samples são retirados de canções que entraram recentemente nas paradas musicais, tornando-as eminentemente reconhecíveis. Os fãs de rap podem reconhecer que Eric B. & Rakim pegaram a linha de baixo de "Don't Look Any

---

72 Entrevista de Rose com Sadler, 4 set. 1991.

SOUL SONIC FORCES

Further" – de Denis Edwards, uma popular canção de R&B que liderou as paradas de sucesso apenas um ano antes – para a canção "Paid in Full". Além das estratificações musicais e das estratégias de engenharia envolvidas nessas ressurreições do soul, esses samples são destacados, funcionando como um desafio para conhecer esses sons, para fazer conexões entre as letras e os textos musicais. Eles afirmam a história musical negra e localizam esses sons do "passado" no "presente".

Na maioria das vezes, os artistas de rap e seus DJs reverenciam abertamente seus antepassados do soul. Stetsasonic defende essa prática, alegando que ela neutraliza as condições de mercado promovidas pela indústria que ditam uma vida útil particularmente curta para a música negra. Dezenas de discografias de artistas de soul foram reimpressas como resultado das estratégias de samples do rap e, consequentemente, Daddy-O sugere que esses artistas de soul foram colocados em primeiro plano na memória coletiva negra:

> You erase our music
> So no one could use it...
> Tell the truth – James Brown was old
> Til Eric B came out with "I Got Soul".
> Rap brings back old R&B
> If we would not
> People could have forgot[73]

Quando o explosivo "How Ya Like Me Now" de Kool Moe Dee abre com "All Aboard the Night Train!", sampleado de um disco de James Brown, ele não apenas atesta Brown como o autor mas, paradoxalmente, mina qualquer vínculo fixo que seu som tenha com o rótulo

---

73 "Você apaga nossa música / Assim, ninguém poderia usá-la... / Diz a verdade, James Brown era velho / Até Eric B sair com 'I Got Soul'. / O rap traz de volta o velho R&B / Se não o fizéssemos / As pessoas poderiam se esquecer." Stetsasonic, "Talkin' All That Jazz", *In Full Gear*. Para uma leitura aprofundada da complexidade poética e narrativa em "Talkin' All That Jazz", ver R. Shusterman, "The Fine Art of Rap", *New Literary History*, v. 22, n. 3, p. 613-32. Não apenas os discos foram reimpressos, mas artistas como Parliament e Chic estão em turnê e atraindo multidões jovens demais para terem ouvido suas músicas quando foram lançadas. Um recente show de Parliament no Apollo foi muito frequentado por jovens fãs de hip-hop que estavam familiarizados com o emprego das suas linhas de baixo por De La Soul.

em que ele foi "originalmente" gravado. A exclamação de Brown no contexto da faixa de Moe Dee é empregada como um recurso comum que funciona em oposição à fixação da indústria fonográfica com a propriedade. No momento de abertura de "How Ya Like Me Now", James Brown é afirmado e valorizado, e Kool Moe Dee está situado em uma tradição musical afro-estadunidense, reverberando uma história afirmativa, autoconstruída e resistente.

Samplear não é o único método de reformulação da narrativa e de resistência. Misturas do velho e do novo – ou "versionamento", como mencionado por Dick Hebdige em *Cut 'n' Mix* – estão no coração de todas as músicas afro-estadunidenses e caribenhas: "a original assume uma nova vida e um novo significado em um contexto renovado."[74] O versionamento, ao contrário do sampling, envolve retrabalhar uma composição inteira. Concordo com a análise geral de Hebdige, mas gostaria de fazer uma interpretação em uma linha diferente de sua citação. A referida versão assume *vidas alternativas e significados alternativos* em um novo contexto. Versionar também redefine as noções tradicionais de autoria e originalidade à medida que as incorpora.

Samplear teve efeitos de resistência importantes na indústria fonográfica. Reutilizar, sem permissão, partes do material protegido por direitos autorais compromete a autoridade jurídica e o mercado de capital. Antes que o rap começasse a faturar milhões de dólares, o uso desses trechos musicais passou despercebido pelos administradores editoriais e detentores dos direitos autorais. A liberação do sample era uma questão jurídica relativamente menor. A visibilidade limitada, os lucros relativamente pequenos e os custos legais para procurar os usos ilegais de materiais sampleados tornaram o policiamento desse tipo de roubo indesejável para os executivos das gravadoras. Além disso, esses samples incentivaram a venda de novos discos. Para que uma gravadora ganhasse uma ação judicial para obter uma parte do lucro de outra gravadora, aumentava a possibilidade de que lucros semelhantes tivessem de ser pagos (integralmente) em outro caso. Como todas as grandes gravadoras distribuem material sampleado,

---

74 D. Hebdige, *Cut 'n' Mix*, p. 14.

os processos judiciais seriam negociados pesadamente. Hoje, o rap é um grande negócio. Com vendas multimilionárias de discos por artistas de rap como MC Hammer, Tone Loc, NWA, Public Enemy e Vanilla Ice, a busca pelo uso ilegal de materiais sampleados tornou-se uma questão jurídica complicada e de alta visibilidade na indústria do entretenimento.

No centro da controvérsia encontram-se o âmbito e a intenção do sistema de direitos autorais da música e sua aplicabilidade limitada de samplear tal como praticada; primeiro, por artistas de rap e, agora, por uma ampla gama de músicos e produtores. Derivado da lei literária do século XIX, o sistema atual de direitos autorais da música está designado para proteger os *scripts* musicais, para proteger os roubos de partituras ou uso ilegal. Segundo Simon Frith:

> O produto musical original era uma partitura e, mesmo com a mudança da lei para levar em conta a gravação de áudio, uma nova forma de fixar os sons, a canção – definida como uma combinação particular de *harmonia, melodia e letra* – permaneceu objeto de proteção legal [...] o mais significativo nisso corresponde ao que não é direito autoral – o timbre, o ritmo, as muitas qualidades que se tornaram, com o surgimento da gravação, centrais para o deleite da música pop. E isso tem servido como uma forma de exploração dos músicos negros pela indústria pop, por meio da definição, em lei, de música em termos europeus em vez de afro-estadunidenses.[75]

Embora Frith não levante a questão, pode-se perguntar por que a mudança da harmonia para o ritmo acompanhou o advento da tecnologia. Poderíamos ter reforçado simplesmente a centralidade da melodia e da harmonia. Obviamente, a tecnologia de reprodução (por exemplo, as fitas cassetes) permite várias possibilidades de uso, recepção e acesso a uma variedade de músicas com diferentes elementos culturais. Dada a mudança para o ritmo e para o timbre como fonte de prazer popular na era da reprodução, e a inegável centralidade das formas musicais negras que privilegiam fortemente o ritmo e o

---

75 S. Frith, Picking Up the Pieces, em S. Frith (ed.), *Facing the Music*, p. 121-122. (Grifo nosso.)

timbre, parece razoável sugerir que a tecnologia de gravação tem sido o principal veículo para fornecer acesso à música negra e aos elementos culturais negros que, por sua vez, tiveram um impacto crucial nas expressões de prazer popular.

As ferramentas no computador para samplear criam acesso a sons antes não copiáveis e, portanto, desprotegidos[76]. Como poucos casos de sampling foram litigados (até agora, praticamente todas as disputas foram resolvidas fora do tribunal), quando necessário, as questões relativas à adequada liberação, o que constitui uma parte reconhecível, e qual taxa é razoável para tal uso permanecem não regulamentadas[77]. Em alguns casos, os editores começaram a cobrar taxas exorbitantes por usos relativamente menores; em outros, os rappers evitaram a liberação do uso de samples e tiveram que pagar taxas pesadas após o lançamento bem-sucedido do álbum. Há vezes em que, é claro, nenhuma liberação é obtida, e o uso do sample passa despercebido pelos editores, mas esses casos são cada vez mais raros. Para complicar ainda mais as coisas, a questão dos direitos para uso futuro é, em parte, determinada pelos termos originais do contrato dos artistas à época em que o disco "original" foi lançado. Isso significa que se, por exemplo, o contrato de gravação

---

76 De acordo com a Lei de Direitos Autorais dos EUA, autores de composições protegidas por direitos autorais e detentores de direitos autorais de gravações de canções controlam o uso de seus materiais. A lei tem tabelas de taxas de *royalties* para o uso das composições, mas não tem uma tabela para as gravações de som. Como Charles Aaron explica: "Se for concedida permissão para se apropriar de uma composição ou gravação de som para cobrir uma música ou para samplear, os artistas que se apropriam recebem uma licença obrigatória dos *royalties* nos termos da seção 115. Com uma licença mecânica para uma composição, a taxa para uma versão de capa é de 5,25 centavos por disco vendido ou um centavo por minuto, o que for maior. Não existe escala de taxas para sampling de composições ou para sampling de gravações de som". C. Aaron, Gettin' Paid, *Village Voice Rock 'n' Roll Quarterly*, p. 23.

77 Este acordo recente acelerou o processo de definição legal dos termos de uso do sample. O rapper Biz Markie usou um sample incerto de "Alone Again Naturally", de Gilbert O'Sullivan, e um juiz federal de Nova York decidiu que era um caso de violação de direitos autorais, em vez de um exemplo de uso justo para fins artísticos ou educacionais. Espera-se que esta decisão tenha um impacto significativo no uso e na eliminação do sampling. C. Phillips, Songwriter Wins Large Settlement in Rap Suit, *Los Angeles Times*, 1º Jan. 1992, p. F1, F12. Ver também M. Newman; C. Morris, Sampling Safeguards Follow Suit, *Billboard*, 23 May 1992, p. 1-80; R.G. Sugarman; J.P. Salvo, Sampling Case Makes Music Labels Sweat, *National Law Journal*, v. 14, n. 28, p. 34.

SOUL SONIC FORCES

que cobria a gravação do álbum "Respect" de Aretha Franklin não tivesse uma cláusula que lhe desse direito a uma porcentagem dos lucros para o uso futuro de gravações do som ou composições, então ela não veria muito, se houver, do dinheiro negociado hoje para os usos do sample. Ainda mais preocupante é o fato de que muitos artistas negros não têm direitos editoriais de suas canções, o que significa que o uso de gravação de som – a área menos protegida legalmente – é o terreno mais propenso para os artistas mais antigos fazerem reivindicações. Nesses casos, a maior parte dos lucros pelas reclamações de sampling iria para suas gravadoras. Também é importante lembrar que, mesmo quando um artista possui os direitos editoriais, a gravadora geralmente retém mais de 94% dos lucros das vendas de discos. São os 6% restantes ou menos – e 6% é uma estimativa generosa – que são pagos ao artista. E é fora desse máximo de 6% que as taxas de uso do sampling são cobradas ou recebidas.

As acusações levantadas contra rappers por roubarem seus antepassados musicais são válidas; claramente, as forças musicais como James Brown, Sly Stone e Aretha Franklin deveriam ser recompensadas pela reformulação de seus trabalhos. Mas esses clamores de roubo contra os rappers são suspeitos, visto que eles têm sido usados para ocultar os roubos mais graves e profundos contra artistas negros. Quando um sample é usado ilegalmente e a música gera vendas substanciais, é a gravadora que perde o controle sobre seu "produto" e, novamente, é a gravadora quem colhe as maiores recompensas quando tais samples são juridicamente apropriados. O principal roubo contra algum antepassado musical ocorreu nos escritórios da gravadora muito antes de os vários rappers terminarem o ensino fundamental[78]. Embora James Brown tenha gasto muito tempo e dinheiro na busca legal de sua parte dos lucros do rap com sua música, George Clinton,

---

78 Na entrevista com Micheline Wolkowitz, ela demonstrou a crescente complexidade dos usos do sample e da determinação de taxas. Quando um artista de rap dá uma porcentagem de sua taxa de *royalties* pelo uso de um sample, essa porcentagem deve ser multiplicada pela taxa de *royalties* e dividida pelo limite do contrato padrão de dez músicas. Esse é o caso de *um* uso de sample. O aumento das taxas legais para a produção, o acesso limitado aos números reais de vendas para os artistas e a introdução de uma miríade de editoras e de exemplos de artistas adicionam uma grande confusão a um processo já complexo, fortemente mercantilizado e legalmente administrado. Entrevista com Rose, set. 1991.

o outro padrinho da prática de sampling no rap, adotou uma estratégia que parece estar perfeitamente ciente desse roubo "inicial". Clinton lançou recentemente a primeira de uma coleção de seis volumes de áudios, *out takes*[79] e canções inéditas intitulada *Sample Some of Disc, Sample Some of D.A.T.* Conforme relatado na coluna "Rockbeat" do *Village Voice*, "enquanto os sucessos originais ainda são propriedades das gravadoras onde foram gravados, *jam sessions* e gravações ao vivo (mesmo de faixas clássicas) de propriedade de Clinton podem estar a seu alcance". O *Sample Some of Disc* foi criado para atrair jovens artistas e produtores; ele apresenta um guia de como obter um sample com um sistema de taxas colaborativas: nenhuma taxa inicial é cobrada, os produtores ou músicos são "cobrados apenas por disco vendido, então se o seu *single* fracassa, você não ficará no vermelho[80].

Esse problema de roubo de sample geralmente se refere a samples bastante reconhecíveis, o que em termos legais se refere principalmente a roubos de harmonia, melodia e letra. Os samples da bateria, particularmente difíceis de reivindicar, são os mais usados no rap, não os "refrões" ou os "trechos-chave" que constituem as questões tradicionais de uso do material. Assim, mesmo com a explosão jurídica que o uso do sampling no rap desencadeou, o estado atual de liberação de samples *é a ponta do iceberg* sobre o uso de sons pré-gravados pelos rappers:

> Enquanto um sample de órgão de *Sly Stone* pode capturar o ouvido de um leigo, o cerne da música hip-hop pode ser um tambor de bateria dos Honeydrippers em "Impeach the President", adicionada ao bumbo de Ziggy Modeliste ou ao baixo de Larry Grahams, reorganizado em um padrão rítmico do baterista do J.B. John 'Jabo' Starks (se você ouviu Eric B. & Rakim, você ouviu Jabo). A menos que seja decretado, você talvez não reconhecerá a fonte.[81]

Talvez o rap represente o verdadeiro "grande retorno". Ao definir a música de forma a obscurecer as contribuições e as realizações dos

---

79 Um *out take* é uma versão alternativa ou gravação de uma música que não foi lançada oficialmente. (N. da T.)
80 Rock Beat, *Village Voice*, 6 July 1993, p. 75.
81 C. Aaron, Gettin' Paid, *Village Voice Rock 'n' Roll Quarterly*, p. 23.

148

SOUL SONIC FORCES

negros, a indústria musical e o sistema jurídico tornaram, para seus lucros, a atual mensuração do ritmo, da entonação e do timbre negro praticamente inacessível. As próprias leis que justificavam e favoreciam o roubo e a difamação de uma geração mais velha de artistas negros criaram uma brecha legal lucrativa e uma zona relativamente livre para os artistas negros de hoje. Esse beco sem saída criativo está se evaporando rapidamente. As gravadoras estão cada vez mais propensas a segurar os álbuns até que todos os samples sejam liberados, até que as editoras e outras gravadoras negociem seus lucros. E muitos artistas do passado e do presente estão reivindicando suas ações. Sadler e outros têm enfatizado que a repressão afetou seriamente a produção de rap, tornando menos provável o uso de samples ousados, especialmente os samples de editores de obras musicais e artistas mais poderosos. Isso garante que os músicos (incluindo os rappers sampleados) sejam compensados por seus trabalhos e, por outro lado, incentiva dispositivos de camuflagem mais sofisticados – maneiras interessantes de usar o material, sem detecção.

O álbum de estreia de Eric B. & Rakim, de 1986, representa um momento crucial no desenvolvimento da presença sonora do rap: a articulação da tecnologia como parceira para a criação e um reconhecimento direto da música como mercadoria. *Paid in Full* é explícito tanto sobre os interesses econômicos quanto culturais que estão em jogo no rap. A arte da capa do álbum apresenta uma coleção de correntes de ouro pesadas, anéis e pulseiras, notas de 100 dólares e um cheque pessoal que parece ter sido assinado por Ronald Reagan; o valor em dólares e o beneficiário estão ocultos por correntes de ouro. Eric B. & Rakim são tão bons no que fazem que até Reagan teve que pagar. Musicalmente falando, poucos álbuns de rap foram capazes de corresponder às batidas fortes, pesadas e sombrias e ao aspecto geral de *Paid in Full*, embora várias tentativas tenham sido feitas[82]. O corte do título abre com uma seção rítmica com vários tambores e com um diálogo entre Eric B. e Rakim que os colocam em um campo especial de gravação e produção. O primeiro verso

---

82 As tentativas bem-sucedidas incluem NWA, *Niggaz4life*, e Tim Dog, "Fuck Compton", *Penicillin on Wax*.

inicia-se com a linha de baixo de Dennis Edwards, "Don't Look any Further"; nele, Rakim conta sua história de vida no limite e retorna constantemente ao dinheiro, o meio de sobrevivência. O corte e mixagem constantes da música de Eric B. mantêm o ouvinte em um contínuo estado de expectativa; a linha de baixo ambulante e o *riff* da flauta dão a ilusão de uma marcha lírica intencional. A voz profunda e sinistra de Rakim combinada com referências sarcásticas à vida, no limiar da respeitabilidade, mantém o ouvinte no limite:

> Thinkin' of a master planThis ain't
> nothin' but sweat inside my hand
> So I dig into my pocket all my money's spent
> So I dig deeper – still comin' up with lint
> So I start my mission and leave my residence
> Thinkin' how I'm gonna get some dead Presidents
> I need money, I used to be a stick up kid
> So I think of all the devious things I did
> I used to roll up, "this is a hold up – ain't nuttin' funny
> Stop smiling ain't still don't nothin' move but the money»
> But now I learned to earn cause I'm righteous
> I feel great, so maybe I might just
> Search for a nine to five
> And if I thrive, then maybe I'll stay alive.[83]

Depois da rima de Rakim, eles se preparam para sair do estúdio. Rakim sugere que eles "bombeiem a música e contem [seu] dinheiro". Eric B., então, diz a Ely, o engenheiro: "Ei, mas olha isso, Ely! Abaixe o grave

---

83 "Pensando num plano mestre / Isto não é nada mais do que suor na minha mão / Assim, escavo dentro do meu bolso, todo o meu dinheiro foi gasto / Por isso cavei mais fundo, ainda com um fiapo / Assim, começo a minha missão e deixo a minha casa / Pensando em como vou conseguir alguns presidentes mortos / Preciso de dinheiro, eu costumava ser um bandido / Por isso penso em todas as coisas desonestas que fiz / Eu costumava enrolar, 'isto é um assalto, não é engraçado / Pare de sorrir, não se mexe, nada se move exceto o dinheiro.' / Mas agora aprendi a ganhar porque sou justo / Eu me sinto ótimo, então talvez eu busque um nove a cinco [um emprego] / E se eu prosperar, então talvez eu permaneça vivo." Eric B. & Rakim, "Paid in Full", *Paid in Full.* "Dead Presidents" referem-se à moeda dos EUA que exibe os presidentes mortos. Eu não ficaria surpresa se os íntegros tipos do serviço secreto presumissem que isso significava assassinar presidentes, visto que alguns ativistas progressistas frequentemente interpretam mal o termo "mano", como um epíteto homofóbico em vez de um termo afetuoso para um amigo da "quebrada".

150

e deixe apenas a batida continuar agitando." Eric B. & Rakim encerram com "Peace" logo antes de um longo e complexo *scratch* e um solo sampleado por Eric B. Certamente, Eric B. não está contando seu dinheiro enquanto Ely mixa esse solo, mas a ilusão de menos esforços prova, ainda mais, suas habilidades e domínios sobre a tecnologia. Uma segunda conversa entre Eric B. & Rakim traz o ouvinte de volta aos limites do estúdio e, no que parece ser uma reflexão tardia, Eric B. questiona: "o que aconteceu com a paz?". Boa pergunta. O trecho termina com "Peace" ecoando na composição[84].

O reconhecimento da presença do estúdio de gravação, nesse rap, justaposto à rima de Rakim sobre a vida na rua, sem dinheiro, desmistifica a tecnologia e sua produção, destacando a realidade do rap como um meio de mobilidade ascendente para jovens negros, para os quais os empregos importantes e com remuneração relevante são escassos. Nesse rap, a associação do estúdio com produção ensaiada e monitorada (ou a ausência de improvisação), não é enfatizada por Eric B. & Rakim. Eles parecem ter acabado de sair da rua e começado a gravar as fitas. Simultaneamente, o poder da tecnologia (a indústria fonográfica) é apresentado como a razão de seu sucesso material. Eric B. & Rakim sugerem que eles estão *no controle* do que a tecnologia produz, incluindo – no local – Ely, o engenheiro. É desnecessário dizer que o controle artístico efetivo sobre a produção de gravações é bastante limitado para os músicos. Em vez disso, o controle de Eric B. & Rakim sobre Ely deve ser entendido como uma dominação simbólica sobre o processo de reprodução tecnológica. A explícita preocupação deles com o lucro e a produção de mercadorias revela a agenda principal da indústria fonográfica, bem como a real necessidade de serem compensados por seus desempenhos. Eles contradizem implicitamente o mito da liberdade artística e da inquietação sobre os limites do marketing cultural de massa e, ainda assim, parecem ter um desempenho criativo. Eric B. & Rakim resistem ao domínio dissimulado e naturalizado da estrutura institucional, expressando abertamente sua presença e sua lógica.

---

84 O videoclipe de "Paid in Full" apoia essa interpretação do que aconteceu com a "paz" em vez de "pedaço", mostrando um sinal de paz durante o trecho da letra.

O rap é um som urbano complexo e tecnologicamente sofisticado. Sem dúvida, seus antepassados se estendem até as tradições influenciadas pela oralidade da cultura afro-estadunidense. Mas os aspectos orais do rap não devem ser entendidos como elementares à *lógica* do rap, tampouco devem estar separados de seus aspectos tecnológicos. O rap é fundamentalmente letrado e profundamente tecnológico. Interpretá-lo como uma consequência direta ou natural das formas orais afro-estadunidenses é romantizar e descontextualizar o rap como uma forma cultural. Isso contribuiu para o apagamento da presença sonora significativa do rap e de seu papel na formação de questões tecnológicas, culturais e jurídicas que se relacionam com a definição e criação da música. A preservação das precedências culturais negras é um processo ativo e muitas vezes resistente que envolve a manipulação das políticas de gravação estabelecidas, técnicas de mixagem, construção das letras e a própria definição de música.

Letra e música no rap são uma dinâmica combinação de tradições orais, oralidade pós-letrada e tecnologia avançada. As letras de rap são uma parte crucial da identidade do rapper, sugerindo fortemente a importância da autoria e da individualidade no rap. Além disso, a maneira como os artistas de rap usam o sample indica a importância das identidades coletivas e das histórias de grupo. Existem centenas de frases e gírias compartilhadas nas letras de rap, no entanto, um determinado texto de rap é a voz pessoal e emotiva do rapper[85]. A música é uma reformulação cultural complexa do conhecimento e da memória de si de uma comunidade. As letras de rap e os sons sampleados que as acompanham são altamente letrados e tecnológicos, contudo, eles articulam um passado oral singular.

Como muitos gêneros musicais inovadores, o rap expandiu o campo auditivo popular. Reunindo elementos sonoros de uma ampla gama de fontes e estilos, e apoiando-se fortemente na rica música afro-diaspórica, as in(ter)venções tecnológicas dos músicos de rap não são fins em si mesmos, elas são meios para fins culturais, novos contextos nos quais os elementos são moldados e apresentados. Os produtores

---

85 Ver *Spin* (Oct. 1988) para um dicionário de gíria do hip-hop.

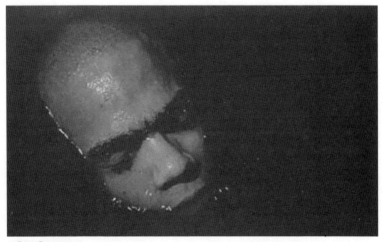
© Lisa Leone

de rap não estão trabalhando deliberadamente contra a lógica cultural da música clássica ocidental, mas dentro de práticas distintamente negras, e entre elas, articulando elementos estilísticos e composicionais encontrados nas culturas negras da diáspora. Como ficou claro, essas práticas não ocorrem em um vácuo cultural e político. As forças sonoras do rap são frequentemente contestadas com base no fato de que não são criativas, que constituem roubo e não são musicais. Em outros casos, essas estratégias negras para o uso e a manipulação de novas tecnologias tornaram-se invisíveis à medida que elas são satisfatoriamente apropriadas. O sampling, como empregado pelos produtores de rap, é uma máquina musical do tempo, uma máquina que mantém o tempo para o corpo em movimento e uma máquina que recorda outros tempos, um processo tecnológico pelo qual canções e sonoridades antigas podem ser incorporadas e recontextualizadas no presente. Os técnicos de rap empregam a tecnologia digital como um instrumento, revisando os estilos e as primazias musicais negras por meio da manipulação da tecnologia. Nesse processo de sincretismo cultural tecno-negro, os instrumentos tecnológicos *e* as precedências culturais negras são revisados e ampliados. Em uma troca simultânea, o rap deixou sua marca na tecnologia avançada, e a tecnologia mudou profundamente o som da música negra.

4. Profetas da Fúria: Rap e Políticas da Expressão Cultural Negra

With vice I hold the mike device
With force I keep it away of course
And I'm keepin' you from sleepin'
And on the stage I rage
And I'm rollin'
To the poor, I pour it on in metaphors
Not bluffin', it's nothin'
We ain't did before

Public Enemy[1]

---

1 Com vício seguro o microfone / Com força o mantenho longe, é claro / E estou impedindo você de dormir / E no palco fico com raiva / E estou rolando / Para os pobres, despejo isso em metáforas / Não estou blefando, nada mais do que sempre fizemos." Public Enemy, "Prophets of Rage", *It Takes a Nation of Millions to Hold Us Back*.

PROFETAS DA FÚRIA

O profeta da fúria do Public Enemy, Chuck D, mantém os pobres alertas e os impede de se submeterem às histórias apaziguadoras e enganosas da mídia e às "verdades" oficiais. Ele segura o microfone com um aperto vicioso e o protege dos perpetradores de falsas verdades, falando diretamente aos pobres, usando referência indireta e simbólica. Quando Chuck D diz que despejar isso em metáforas não é nada novo, ele se refere à longa história da subversão cultural negra e da crítica social na música e na performance. Nesse sentido, o rap é "nada mais do que sempre fizemos". Danças de escravizados, letras de blues, desfiles de Carnaval, patois jamaicano[2], *toasts* e *signifying*, todos carregam o prazer e a habilidade da crítica disfarçada aos poderosos. As pessoas pobres aprendem com a experiência quando e como podem expressar explicitamente seu descontentamento. Sob condições sociais em que contínuos ataques frontais contra grupos poderosos são estrategicamente precipitados ou contidos com sucesso, as pessoas oprimidas usam a linguagem, a dança e a música para zombar dos que estão no poder, expressar raiva e produzir fantasias de subversão. Essas formas culturais são lugares especialmente ricos e agradáveis onde as transcrições de oposição ou as "verdades não oficiais" são desenvolvidas, refinadas e ensaiadas. Essas respostas culturais à opressão não são válvulas de segurança que protegem e sustentam as máquinas da opressão. Ao contrário, essas danças, linguagens e músicas

---

2 Língua crioula de base inglesa falada primariamente na Jamaica e pelos integrantes da diáspora jamaicana. (N. da T.)

produzem bases comuns de conhecimento sobre as condições sociais, interpretações populares sobre elas e, muitas vezes, servem como ligação cultural que fomenta a resistência comunitária.

Em um amplo estudo intercultural, *Domination and the Arts of Resistance*, James Scott explora a dinâmica da dominação e da resistência cultural e política ao investigar como as relações de poder são solidificadas e desafiadas por meio de transcrições sociais. Referindo-se a essas transcrições de poder e resistência respectivamente como transcrições "públicas" e "ocultas", Scott argumenta que a transcrição "pública" dominante, uma "forma abreviada de descrever a interação aberta entre subordinados e aqueles que dominam", serve de suporte para a ordem social estabelecida, enquanto a transcrição "oculta", o "discurso que ocorre 'fora do palco' ou de forma disfarçada", critica e resiste aos vários aspectos da dominação social. Essas transcrições públicas dominantes se mantêm por meio de uma ampla gama de práticas sociais e estão em constante estado de produção. Grupos poderosos mantêm e afirmam seu poder tentando ditar a encenação de celebrações públicas, fingindo unanimidade entre os grupos detentores de poder para fazer tais relações sociais parecerem inevitáveis, ocultando estrategicamente discursos subversivos ou desafiadores, impedindo o acesso à esfera pública, policiando a linguagem e usando estigmas e eufemismos para definir os termos do debate público e da percepção. Transcrições ocultas resistentes que tentam minar esse bloqueio de poder o fazem insinuando uma crítica aos poderosos em histórias que giram em torno de vitórias simbólicas e legitimadas sobre os detentores do poder. Eles criam códigos alternativos que invertem estigmas, direcionam nossa atenção para culturas fora de cenas de classes ou grupos nos quais se originaram e validam as percepções dos menos poderosos. Essas transcrições ocultas são "expressas frequentemente de maneira aberta, embora de forma disfarçada". Scott sugere que "podemos interpretar os rumores, fofocas, contos populares, canções, gestos, piadas e o teatro dos grupos sem poder como veículos pelos quais, entre outras coisas, eles insinuam uma crítica do poder"[3]. O autor prossegue afirmando que,

---

3 J.C. Scott, *Domination and the Arts of Resistance*, p. xiii.

PROFETAS DA FÚRIA

ao examinar a "discrepância entre a transcrição oculta e a transcrição pública, podemos começar a julgar o impacto da dominação no discurso público". Sua análise das relações de poder como fenômeno representado por meio de transcrições sociais aponta para o papel crítico que a linguagem e outros modos de comunicação desempenham na sustentação, desestabilização e luta pelo poder[4].

O rap é, em muitos aspectos, uma transcrição oculta. Entre outras coisas, o rap usa a fala encoberta e códigos culturais disfarçados para comentar e desafiar aspectos das atuais desigualdades de poder. Nem todas as transcrições de rap criticam diretamente todas as formas de dominação; no entanto, um elemento amplo e significativo no território discursivo do rap está engajado em uma guerra simbólica e ideológica com instituições e grupos que oprimem simbólica, ideológica e materialmente os afro-estadunidenses. Dessa forma, o rap é um palco contemporâneo para o teatro dos destituídos de poder. Nesse palco, os rappers atuam em inversões de hierarquias de *status*, contam histórias alternativas de contato com a polícia e o processo educacional e desenham retratos de contato com grupos dominantes em que a transcrição oculta inverte/subverte a transcrição pública dominante. Frequentemente, fazendo uma crítica persistente às várias manifestações de poder por meio de piadas, histórias, gestos e canções, a narrativa social do rap encena a insubordinação ideológica.

Nos EUA contemporâneos, onde a maior parte da cultura popular é eletronicamente mediada em massa, as transcrições populares ocultas ou resistentes são prontamente absorvidas pelo domínio público e sujeitas à incorporação e invalidação. As expressões culturais de descontentamento não são mais protegidas pelos espaços sociais isolados que historicamente encorajaram o aperfeiçoamento das transcrições resistentes. A produção cultural mediada em massa, particularmente quando contradiz e subverte as posições ideológicas dominantes, está

---

4 Ibidem, p. 5. Embora o estudo de Scott seja baseado em observações sobre relações de poder e discurso em sociedades camponesas, ele usou sua pesquisa para examinar "mais sistematicamente o que ele pode nos ensinar sobre poder, hegemonia, resistência e subordinação" em geral. Suas observações sobre exercícios discursivos e ideológicos de poder têm importante influência em meu trabalho aqui. Ver também J.W. Scott, *Gender and the Politics of History*.

sob crescente escrutínio e é especialmente vulnerável à incorporação[5]. No entanto, ao mesmo tempo, esses códigos alternativos e os significados camuflados mediados e distribuídos em massa também se tornam muito mais acessíveis aos grupos oprimidos e simpatizantes ao redor do mundo e contribuem para o desenvolvimento de pontes culturais entre esses grupos. Além disso, os ataques ao poder institucional prestados nesses contextos têm uma capacidade especial de desestabilizar a aparência de unanimidade entre os detentores de poder, desafiando abertamente as transcrições públicas e cultivando as contradições entre os interesses do mercado ("Isso vende? Bem, então venda.") e o desejo de controle social ("Não podemos deixar que *eles* digam *isso*."). As transcrições resistentes do rap são articuladas e encenadas em domínios ocultos e públicos, tornando-os altamente visíveis, embora difíceis de conter e confinar. Assim, por exemplo, embora o Public Enemy saiba que despejá-lo em metáfora não é nada novo, o que os torna "profetas da fúria com uma diferença" é sua capacidade de reter o destaque da mídia de massa na arena cultural popular e, ao mesmo tempo, funcionar como uma voz de crítica social e julgamento. A fronteira entre as transcrições públicas e ocultas é uma zona de luta constante entre grupos dominantes e subordinados. Embora a mídia de massa eletrônica e a consolidação corporativa tenham pesado fortemente na batalha que favorece os poderosos, as contestações e novas estratégias de resistência são veementes e questionadoras. O fato de que os poderosos frequentemente vencem não significa que uma guerra não esteja acontecendo.

Os rappers estão constantemente pegando fragmentos discursivos dominantes e os evidenciando, de modo a desestabilizar discursos hegemônicos, com intuito de legitimar interpretações contra-hegemônicas. As contestações do rap são parte de um discurso cultural negro multivocal engajado em "guerras de posição" discursivas dentro dos discursos dominantes e contra eles[6]. Como soldados de infantaria nessa "guerra de posição", os rappers empregam uma estratégia multifacetada.

---

5 Em *Subculture*, Hebdige usa o termo incorporação para descrever as maneiras pelas quais as identidades e os significados punk foram manipulados e absorvidos por instituições dominantes, particularmente a mídia.

6 A. Gramsci, *Selections from the Prison Notebooks*, p. 229-235, 238-239.

158

PROFETAS DA FÚRIA

Essas guerras de posição não são discussões encenadas de grupos; são batalhas cruciais na retenção, no estabelecimento ou na legitimação do poder social real. A musculatura institucional é acompanhada por ideias sociais que a legitimam. Manter essas ideias sociais correntes e transparentes é um processo constante que às vezes envolve fazer concessões e ajustes. Como Lipsitz aponta, os grupos dominantes "devem fazer seus triunfos parecerem legítimos e necessários aos olhos dos vencidos. Essa legitimação é um trabalho árduo. Requer concessão às populações prejudicadas [...] corre o risco de se desfazer quando as experiências vividas entram em conflito com ideologias legitimadas. Como Hall observa, é quase como se os chefes da carrocinha ideológica tivessem de ser enviados todas as manhãs para cercar os dissidentes, apenas para serem confrontados por um novo grupo de vira-latas no dia seguinte"[7]. Os grupos dominantes não devem apenas reter a legitimidade por meio de uma guerra manobrada para controlar o capital e as instituições, mas também devem prevalecer em uma guerra de posição para controlar o teor discursivo e ideológico que legitima tal controle institucional[8]. Em alguns casos, as inversões discursivas e os contextos em que estão disseminados ameaçam diretamente a base institucional, os locais em que as guerras de manobra de Gramsci são travadas.

Na cultura popular contemporânea, os rappers têm sido vira--latas vocais e indisciplinados. Mais do que qualquer outra forma contemporânea de expressão cultural negra, o rap articula o abismo entre a experiência de vida negra e urbana e as ideologias "legítimas" e dominantes – por exemplo, neoliberais – em relação à igualdade de oportunidades e à desigualdade racial. À medida que novas fissuras ideológicas e pontos de contradição se desenvolvem, novos vira-latas latem e rosnam, e novos chefes da carrocinha são despachados. Essa metáfora é particularmente apropriada para os rappers, muitos dos quais assumem *dogs* como parte de seu crachá – por exemplo, Snoop Doggy Dog, Tim Dog e Ed O.G. and the Bulldogs. Paris, um rapper de São Francisco cujo apelido é P-dog, direciona sua posição neo-Pantera Negra especificamente em fissuras ideológicas e pontos de contradição:

---

7 G. Lipsitz, The Struggle for Hegemony, *Journal of American History*, v. 75, n. 1, p. 147.
8 A. Gramsci, op. cit., p. 229-235, 238-239.

159

P-dog commin' up, I'm straight low
Pro-black and it ain't no joke
Commin' straight from the mob that broke shit last time,
Now I'm back with a brand new sick rhyme…
So, black, check time and tempo
Revolution ain't never been simple.[9]

Submerso em linhas de baixo sinuosas, sombrias e baixas, "The Devil Made Me Do It" (O Diabo Me Fez Fazer Isso) localiza a raiva de Paris como uma resposta ao colonialismo branco e o posiciona como uma voz "baixa" – leia-se *underground* – apoiada por uma multidão de rua cujo compromisso é explicitamente pró-blacks e nacionalista. Um defensor autoproclamado do revivido e reformulado movimento Pantera Negra, baseado em Oakland, Paris (cujo logotipo também é uma pantera negra) se identifica como um descendente direto de Pantera Negra "mob that broke shit last time" (multidão que quebrou a merda da última vez), mas que oferece um texto atualizado para os anos 1990. A frase de abertura de Paris, "this is a warning" (isto é um aviso) e a subsequente afirmação "So don't ask next time I start this, the devil made me do it" (Portanto, não pergunte da próxima vez que eu começar isso, o diabo me fez fazê-lo), junto com seu recado direto aos negros "so, black, check time and tempo" (então, preto, verifique a hora e o tempo), sugere um recado duplo tanto para sua alargada multidão de rua quanto para aqueles que ele sente serem responsáveis por sua raiva. "Check time and tempo" (Verifique a hora e o tempo) é outra jogada dupla. Paris, um membro da Nação do Islã (NOI), está se referindo a uma proclamação familiar da NOI, "Do you know what time it is? It's nation time!" (Você sabe que horas são? É hora da nação!) e "time and tempo" (hora e tempo), ao caráter de sua produção musical digital e eletrônica. Mais tarde, ele torna mais explícito o vínculo que estabelece entre sua música digitalmente codificada e de inspiração divina e o estilo militar dos programas da NOI:

---

9 "P-dog subindo, estou bem baixo / Pró-black e não é brincadeira / Vindo direto da multidão que quebrou a merda da última vez / Agora estou de volta com uma nova rima doentia… / Então, preto, verifique a hora e o tempo / A revolução nunca foi simples." Paris, "The Devil Made Me Do It", *The Devil Made Me Do It*.

160

P-dog with a gift from heaven, tempo 116.7
Keeps you locked in time with the program
When I get wild I'll pile on dope jams.[10]

Falando para e sobre os poderes dominantes e oferecendo um compromisso com a força revolucionária do tipo máfia militar, P-dog parece destinado a chamar a atenção dos chefes da carrocinha ideológicos de Hall[11]. Embora a revolução nunca tenha sido simples, parece claro para Paris que ela não será apenas televisionada, também terá trilha sonora.

As tentativas de deslegitimar discursos sociais poderosos muitas vezes são profundamente contraditórias, e o rap não é exceção. Sugerir que as letras, o estilo, a música e o peso social do rap são predominantemente contra-hegemônicos (com isso quero dizer que na maioria das vezes eles criticam as formas atuais de opressão social) não é negar as maneiras pelas quais muitos elementos do rap apoiam e afirmam aspectos das atuais desigualdades de poder social. Poucos negariam o peso resistente da crítica dos rappers do sexo masculino à chamada "manutenção da paz" e "missão justa" das forças policiais urbanas e a resultante redefinição do que constitui violência, bem como quais grupos têm o poder de exercer violência oculta ou institucional. Ao mesmo tempo, os rappers também tendem a reforçar a dominação sexual masculina sobre as mulheres negras – e a confirmar e sustentar a construção das mulheres negras como objetos e símbolos de *status*. Embora o sexismo no rap tenha sido descrito como um meio pelo

---

10 "P-dog com um presente do céu, tempo 116.7 / Mantém você travado no tempo com o programa / Quando eu ficar rebelde, vou acumular drogas." Paris, "The Devil Made Me Do It".

11 Paris é o primeiro e possivelmente o único rapper a se apresentar em um país socialista. Em dezembro de 1990, Paris se apresentou no auditório Karl Marx em Havana, Cuba. A arena estava lotada e a resposta da multidão a sua apresentação em inglês foi avassaladora. Exilada do Exército de Libertação Negra, Joanne Chessamard (Assata Shakuur) sentou-se no palco enquanto se apresentava. Durante uma pausa em sua apresentação, Paris leu um discurso preparado que foi traduzido para o espanhol simultaneamente. Em seu discurso, ele pediu a unidade do Terceiro Mundo e a necessidade de conter o capitalismo. Ele saudou Fidel e criticou o governo Bush pelo tratamento dispensado às minorias, às nações do Terceiro Mundo e à preparação do confronto com o Iraque (Guerra do Golfo).

qual os jovens negros reforçam seu senso socialmente desvalorizado de privilégio patriarcal, os ataques contra as mulheres negras não são críticas à opressão social e, em muitos casos, são assustadoramente regressivos. Esses ataques, em última análise, reforçam a dominação social das mulheres negras e não têm lugar nas lutas politicamente progressistas. Da mesma forma, as narrativas do rap sobre estruturas e currículos educacionais alienantes e racistas criticam claramente as ideologias dominantes em relação às razões e soluções para a crise na educação pública, embora as letras homofóbicas e antissemitas de alguns artistas de rap não sejam nem progressistas e nem resistentes. Essas contradições não são exclusivas do rap, das expressões populares ou do protesto político organizado. Inúmeras expressões populares e movimentos sociais e políticos estão repletos de contradições semelhantes. O blues há muito é considerado uma forma musical crítica das ideologias raciais dominantes e um espaço cultural resistente para afro-estadunidenses submetidos a relações raciais difíceis. No entanto, as letras de blues geralmente contêm ideias e presunções patriarcais e sexistas. O punk britânico ofereceu uma crítica mordaz da classe trabalhadora à cultura e sociedade britânicas na década de 1970, mas ao mesmo tempo perpetuou ideias sexistas e formações sociais. O pensamento feminista e os protestos organizados foram legitimamente reconhecidos por seu papel na proteção, promoção e redefinição dos direitos das mulheres. Ainda assim, muitas mulheres de cor e da classe trabalhadora criticaram as principais ativistas e pensadoras feministas brancas de classe média por uma cegueira considerável em relação à raça e à classe – que ajudou a perpetuar algumas desigualdades enquanto essas pensadoras tentavam abolir outras. Essas contradições não são redutíveis às armadilhas da visão limitada (embora a visão limitada muitas vezes tenha feito parte do problema), mas, em vez disso, caracterizam a parcialidade e a especificidade da luta cultural. No entanto, essas contradições não devem ser fatalmente aceitas; elas também devem ser contestadas e criticadas.

No caso do rap, que ocorre sob intensa vigilância pública, contradições semelhantes de classe, gênero e raça são evidenciadas, descontextualizadas e manipuladas de forma a desestabilizar os elementos de resistência desse gênero musical. As posições resistentes do rap, embora contraditórias, se realizam frente a uma construção poderosa e apoiada pela mídia urbana afro-estadunidense como fonte de informações dos males sociais urbanos que ameaçam a ordem social. Os atos discursivos dos rappers também são fortemente influenciados pelas demandas, sanções e prerrogativas da indústria da música. Essas guerras discursivas são travadas em face de pressupostos sexistas e patriarcais que apoiam e promovem o abuso verbal de mulheres negras. No entanto, ao mesmo tempo, a crítica social do rap se opõe e tenta neutralizar as maneiras pelas quais as instituições de ensino públicas reforçam e legitimam narrativas históricas enganosas e apagam do registro público a resistência à dominação que as mulheres, as pessoas de cor e as classes trabalhadoras têm mantido persistentemente[12].

Um exame atento dos raps politicamente explícitos de três figuras centrais e bem estabelecidas nos dará algumas dicas sobre como a crítica social do rap é elaborada e como essa crítica está relacionada à vida cotidiana e ao protesto social. Os raps principais em consideração são "Who Protects Us from You?" (Quem nos Protege de Você?), de KRS-One, "Illegal Search" (Busca Ilegal), de L.L. Cool J, e "Night of the Living Baseheads" (Noite dos Noias), de Public Enemy. "Who Protects Us", de KRS-One, e "Illegal Search", de L.L. Cool J, são comparados como duas críticas relacionadas, mas distintas, ao assédio policial e à brutalidade praticada especificamente contra homens negros, e esses textos são lidos em relação a dois incidentes, um que ilustra o uso desses textos como parte de culturas vividas, e outro que situa a canção como uma revisão contradominante de um incidente bem divulgado de assédio policial e das condições que o cercam.

Isso é seguido por uma leitura atenta do vídeo, da letra e da música em "Night of the Living Baseheads", do Public Enemy, uma crítica às várias camadas do governo, da polícia, da mídia e da burguesia negra. Os elementos visuais e narrativos em "Baseheads" referem-se simbolicamente ao desenvolvimento corporativo e aos protestos sociais anticorporação relacionados, especificamente às lutas de base contra as aquisições de imóveis corporativos no Harlem e a

---

12 Ver P. Willis, *Learning to Labor*; M. Katz, *The Irony of Early School Reform*.

relevância simbólica e política da oposição comunitária. "Baseheads" é um exemplo produtivo a ser examinado de perto porque analisa vários grupos poderosos ao mesmo tempo e porque faz referência explícita ao protesto social em andamento.

A polícia, o governo e os aparatos da mídia dominante são os principais pontos da crítica institucional no rap, e essas instituições são criticadas principalmente por rappers do sexo masculino. As rappers raramente abordam a brutalidade policial ou a cobertura do rap pela mídia e, em vez disso, são mais propensas a fazer críticas sociais e políticas contra as limitações da independência feminina, identidade, comunidade e, mais criticamente, sobre o caráter sexista das relações heterossexuais negras[13].

As contestações culturais articuladas aqui são negras e masculinas. No entanto, raça é uma categoria de opressão comumente

---

13 Isso não quer dizer que as mulheres nunca fizeram críticas ao governo, à polícia ou à mídia. "The Evil That Men Do", de Queen Latifah, descreve a opressão e a desigualdade patrocinadas pelo governo, criticando os homens no poder e o efeito das políticas governamentais sobre os pobres e negros. A rapper Nefertitti, cujo estilo vocal e assunto são mais parecidos com os de Chuck D do que os de qualquer outra rapper, faz comentários políticos semelhantes (Ela ainda não tem nenhum material gravado, no entanto, eu a vi atuar em um *showcase* "Sisters in Rap"). E o grupo de rap feminino BWP (Bytches with Problems) discute tanto a exploração sexual quanto a brutalidade policial em "Wanted". No entanto, exemplos como esses são relativamente escassos. As rappers podem se concentrar na brutalidade policial com menos frequência, porque as mulheres negras não são o alvo principal dos esforços anticrime nas ruas. Os jovens negros têm muito mais probabilidade de serem assediados por policiais nas ruas. Em relação à questão das críticas da mídia, a cobertura da mídia sobre mulheres rappers tem sido muito mais favorável do que a cobertura dedicada a rappers homens. Posicionadas como uma voz de contrapeso no hip-hop contra o sexismo no rap, rappers mulheres raramente são criticadas abertamente na imprensa. Esses fatores de gênero ajudam a explicar por que a polícia e a mídia não são pontos centrais de contestação para rappers do sexo feminino, mas não justificam outras formas de discriminação e opressão institucionais às quais as mulheres negras são diretamente submetidas. Estado de bem-estar social, discriminação econômica e limites educacionais não são temas centrais de contestação nas letras de rap de mulheres negras. Ver L. Gordon (ed.), *Women, the State and Welfare*, para uma leitura de gênero da opressão institucional do Estado. Como ocorre no momento, as rappers referem-se indiretamente à opressão institucional baseada em gênero e raça por meio de narrativas de espaço privado, sexual e doméstico, bem como políticas fundamentais em identidade. Ver também L. Lewis, *Gender Politics and MTV*, e L.G. Roman; L.K. Christian-Smith (eds.), *Becoming Feminine*, para outros exemplos de contestação do espaço social das mulheres na música popular. No capítulo 5, forneço uma leitura extensa do foco da narrativa feminina nas narrativas de rap, com atenção particular à política sexual negra.

PROFETAS DA FÚRIA

compartilhada, mesmo quando articulada a partir de uma perspectiva masculina. Consequentemente, muitas das questões abordadas nos raps que discuto aqui dizem respeito às experiências de discriminação e opressão tanto de mulheres negras quanto de homens negros. Essas transcrições são parte de uma luta discursiva mais ampla sobre interpretações legítimas da expressão negra, do contexto urbano estadunidense e dos jovens negros contemporâneos. Em alguns casos, essas batalhas discursivas tiveram implicações sociais significativas e efeitos materiais em afro-estadunidense dos gêneros masculino e feminino.

A segunda parte dessa análise se volta para as restrições sociais e institucionais impostas ao rap; ou, como denomino, a política oculta do rap, isto é, a política do rap que geralmente não recebe muita atenção na transcrição pública. Esta seção sobre política oculta explorará as políticas de segurança, o policiamento do espaço público de fãs de rap, a cobertura da violência em shows de rap pela mídia e as respostas coletivas de rappers às interpretações da mídia.

Contestações Culturais: Críticas Discursivas e Institucionais no Rap

Para muitos afro-estadunidenses pobres e da classe trabalhadora, polícia e brutalidade são sinônimos. Isso ficou ainda mais evidente depois que, em abril de 1992, Rodney King foi filmado sendo espancado por policiais de Los Angeles, bem como as respostas judiciais a crimes cometidos pelas polícias. Como soldados na guerra contra o crime, os policiais têm um grau significativo de poder que é exercido, exceto em casos altamente flagrantes e divulgados, de forma autônoma. Fora do território de "combate ao crime das ruas", a polícia desempenhou um papel fundamental de impedimento às lutas pela liberdade dos negros, brutalizando os manifestantes e intimidando ativistas[14]. A bru-

---

14 A literatura sobre o contexto negro e urbano estadunidense e as agências de controle social como braços institucionais do racismo e da manutenção da desigualdade é vasta. Basta dizer que os afro-estadunidenses suspeitam da polícia e mantêm uma relação antagônica com ela. É claro que vitórias importantes pelos direitos civis foram

talidade policial, o racismo e o assédio formam o núcleo político da crítica social dos rappers do sexo masculino, e as letras que abordam essas questões de maneira eficaz e inteligente têm um grande peso social no rap[15].

Na guerra às drogas da era Reagan e Bush, as forças policiais urbanas atuaram como soldados de guerra, e as comunidades pobres e minoritárias foram o campo de batalha do inimigo. A metáfora da guerra antidrogas intensifica um espaço urbano estadunidense já racialmente fraturado e rotula as comunidades de minorias pobres como um componente social estranho e infestado, além de um ponto de acesso para o problema das drogas nos EUA. A natureza e o caráter desse esforço com as drogas colapsaram as categorias de jovem, classe e raça em um "perfil" que retrata os jovens negros como criminosos. Qual guerra não tem mortos? A transcrição pública dominante identifica os policiais como "nossas" tropas, e os jovens negros e hispânicos como o inimigo, os principais alvos. Nesse cenário, erros cometidos por oficiais são erros de combate; as vítimas são mortos da guerra[16].

---

facilitadas pelas forças policiais. No entanto, esses esforços foram conduzidos como resultado direto da pressão contra o Estado e não são frequentes o suficiente para neutralizar as tensões diárias e consistentes que envolvem as relações entre policiais e negros. Segue-se uma pequena amostra de alguns estudos que incluem relações policiais com a comunidade: E. Cashmore; E. McLaughlin (eds.), *Out of Order?*; R. Thomas; H. Hawkins, White Policing of Black Population, em E. Cashmore; E. McLaughlin (eds.), *Out of Order?*, p. 65-86; C.E. Cobb, The People Have Spoken, *The Crisis*, Nov. 1983, p. 28; K. Clarke, *Dark Ghetto*; G. Lipsitz, *A Life in the Struggle*.

15 Mulheres rappers não abordam questões de brutalidade policial em grande extensão. Como o crime de rua é um fenômeno predominantemente masculino, a experiência de ser considerado culpado de um crime de rua e o assédio que muitas vezes o acompanha são vivenciados com mais frequência por homens do que por mulheres. Da mesma forma, a experiência de ser sexualmente objetificado e sexualmente oprimido é muito mais frequentemente vivida por mulheres e, portanto, mais frequentemente articulada por mulheres rappers.

16 Ver M. Davis, *City of Quartz*, especialmente o capítulo 5, The Hammer and the Rock, para uma análise complexa do papel da polícia nas comunidades negras e latinas em Los Angeles e da guerra contra as drogas do governo Bush. Ver também J.G. Watts, It Just Ain't Righteous, *Dissent*, v. 90, p. 347-353; H.B. Pierce, Blacks and Law Enforcement, *Black Scholar*, v. 17, p. 49-54.

PROFETAS DA FÚRIA

"Who Protects Us from You?" (Quem nos Protege de Você?)

Figura central e letrista em um grupo de rappers e músicos organizado sob o nome Boogie Down Productions, KRS-One aborda o poder, a perspectiva e a história do assédio da polícia em um rap filosófico, "Who Protects Us from You?" Em "Who Protects Us", KRS-One – a voz principal – desafia a equação do poder institucional e a verdade no que se refere à autoridade policial:

> FIRE! Come down fast!
> You were put here to protect us,
> but who protects us from you?
> Everytime you say, "that's illegal",
> does it mean that it's true?
> [Chorus:] Un hun.
> Your authority's never questioned, no one questions you
> If I hit you, I'll be killed, if you hit me, I can sue
> [Chorus:] Order, Order!
> Looking through my history book,
> I've watched you as you grew
> Killing blacks, and calling it the law,
> and worshipping Jesus, too
> [Chorus:] Bo Bo Bo!
> There was a time when a black man
> couldn't be down with your crew
> [Chorus:] Can I have a job please?
> Now you want all the help you can get. Scared?
> Well ain't that true
> [Chorus:] Goddamn right.
> You were put here to protect us,
> but who protects us from you?
> It seems that when you walk the ghetto
> You walk with your own point of view
> [Chorus:] Look at that gold chain.
> You judge a man by the car he drives
> or if his hat matches his shoes
> [Chorus:] You're looking kind of fresh.
> But back in the days of Sherlock Holmes,
> a man was judged by a clue

Now he's judged by if he's Spanish, Black, Italian or Jew
So do not kick my door down and tie me up
While my wife cooks the stew.
You were put here to protect us
but who protects us from you?[17]

Organizado como um discurso verbal agressivo para a polícia, "Who Protects Us" fala em nome de uma comunidade pobre expressando cinismo, medo e suspeita. KRS-One enfoca a derrapagem entre o direito e a moralidade, pressionando-nos a refletir sobre a distinção entre os códigos legais e os códigos morais, entre a lei e a verdade. Killing blacks and calling it the law" (Matar negros e chamar isso de lei) e "everytime you say, 'that's illegal', does it mean that's true?" (toda vez que você diz, 'isso é ilegal', significa que é verdadeiro?) tentam desestabilizar a autoridade institucional e moral da polícia. Transformando os policiais em criminosos, KRS-One aponta para a fragilidade e a variabilidade histórica das noções de legalidade. "Who Protects Us" não levanta apenas a questão sobre quem vai policiar a polícia, mas também a questão mais ampla do poder relativo, quando conecta o assédio racial ao privilégio racial ao perguntar: "Who are the police protecting when they harass 'us'?" (Quem a polícia está protegendo ao nos perseguir?).

Embora seja absolutamente claro que "Who Protect Us" é sobre assédio policial, a polícia nunca é mencionada pelo nome. Eles são

---

17 "FOGO! Desça rápido! / Você foi colocado aqui para nos proteger, mas quem nos protege de você? / Sempre que você diz "isso é ilegal", significa que é verdade? / [Refrão:] Un hun. / Sua autoridade nunca é questionada, ninguém questiona você / Se eu bater em você, serei morto, se você me bater, posso processar / [Refrão:] Ordem, ordem! / Olhando através do meu livro de história, vi você enquanto você crescia / Matar negros, chamar isso de lei e adorar a Jesus também / [Refrão:] Bo Bo Bo! / Houve um tempo em que um homem negro não podia participar do seu grupo / [Refrão:] Posso ter um emprego, por favor? / Agora você quer toda a ajuda que puder obter. Assustado? Bem, isso não é verdade / [Refrão:] Certo. / Você foi colocado aqui para nos proteger, mas quem nos protege de você? / Parece que quando você anda pelo gueto / Você anda com seu próprio ponto de vista / [Refrão:] Olhe para aquela corrente de ouro. / Você julga um homem pelo carro que ele dirige ou se o chapéu dele combina com o sapato. / [Refrão:] Você está parecendo meio mimado. / Mas, nos dias de Sherlock Holmes, um homem era julgado por um vestígio / Agora ele é julgado se ele é espanhol, negro, italiano ou judeu / Então não chute minha porta e me amarre / Enquanto minha esposa cozinha o ensopado. / Você foi colocado aqui para nos proteger / mas quem nos protege de você?" Boogie Down Productions, "Who Protect Us from You?", *Ghetto Music: The Blueprint of Hip-Hop*.

168

PROFETAS DA FÚRIA

uma força externa estranha "colocada aqui" por outras forças externas. Sem nome, mas claramente identificada, a força policial é desafiada enquanto seu nome institucional (seu poder) é silenciado, marginalizado, e uma crítica à autoridade é posicionada no centro. KRS-One está chamando a polícia: "hey you" (ei você), objetivando-a, tornando seu comportamento suspeito. Quando ele diz: "You were put here to protect us, but who protects us from you?" (Você foi colocado aqui para nos proteger, mas quem nos protege de você?), sua voz é áspera, contundente e com efeito de *delay*, ampliando e dobrando sua autoridade. "Who Protect Us" é um drama coloquial. Em pontos estratégicos do discurso, vozes não identificadas dramatizam e comentam as declarações de KRS-One. Essas vozes são reações de chamada e resposta a seu sermão, narrativas locais sobre as reflexões teóricas de KRS-One. Quando KRS-One pergunta se as acusações policiais de ilegalidade são verdadeiras, uma voz ressoa "Un hun", reconhecendo que tudo o que a polícia diz funciona como verdade. Quando ele aponta que a força policial insuficiente e temerosa agora está ansiosa para recrutar minorias depois de manter políticas discriminatórias antinegros durante muito tempo, uma voz grita "Goddamn right" (Absolutamente certo), sugerindo, talvez, que eles têm motivos para temer por suas vidas, diante de seus maus tratos aos negros. No final, quando eles chutam a porta e amarram KRS-One, a mesma voz grita: "You're under arrest" (Você está preso), um movimento que imita a polícia e pede sua prisão simultaneamente. A polícia ficou em silêncio até este ponto; quando seu grito de vitória é dado, é contra eles. Tudo o que você disser pode ser usado contra você.

Acompanhado por batidas eletrônicas marcantes, "Who Protects Us" inicia com uma poderosa exclamação de reggae, "Fire! Come down fast!" (Fogo! Desça rápido!), um apelo simbólico para a destruição total das estruturas sociais atuais pelo fogo. O fogo é uma metáfora *rastafari* comum para uma mudança social massiva, a destruição que precede a revelação, precede o novo conhecimento[18]. "Who Protect Us" está ofe-

---

18 Ver S. Stuckey, *Slave Culture*; P. Gilroy, *There Ain't No Black in the Union Jack*; e S. Davis, *Reggae Bloodlines*. KRS-One tem várias canções de reggae/rap em seus próprios álbuns, ele se apresenta regularmente com os artistas de reggae Sly e Robbie, entre outros, e produz reggae para vários artistas no Caribe e nos EUA.

169

recendo e clamando por novos conhecimentos, novas formas de pensar o serviço público. O título e o refrão de "Who Protects Us" tomam emprestada uma frase-chave do poema de Gil Scott-Heron, "No-Knock", que também fala da brutalidade policial em um tempo e lugar diferentes[19]. O uso da frase de Scott-Heron "who protects us from you" (quem nos protege de você), e o clamor *rastafari* por destruição e reforma enquadram a crítica social do KRS-One, sugerindo que esse novo conhecimento será de natureza diaspórica, reflexiva, histórica e coletiva.

"Who Protects Us" é um trabalho do álbum da Boogie Down Productions lançado em 1989, *Ghetto Music: The Blueprint of Hip-hop*. As estações de rádio contemporâneas de Nova York ocasionalmente tocavam "You Must Learn", um rap sobre a história negra. Ao longo da primavera de 1989, ouvi "Who Protects Us from You" ser tocada com mais frequência do que "You Must Learn" em várias festas de hip-hop e ouvi o refrão e batidas esparsas estridentes em dezenas de jipes e outros carros nas cidades de Nova York e New Haven, Connecticut. Durante o verão de 1989, presenciei um momento em que o refrão "Who protects us from you?" foi usado em resposta direta a um incidente de assédio policial. Em uma rua de New Haven considerada a linha divisória entre a Universidade de Yale e uma comunidade de classe trabalhadora totalmente negra, percebi um confronto se formando entre um jovem adolescente negro e um policial branco da cidade. Nessa rua estreita, um adolescente andava sem rumo com sua bicicleta para a frente e para trás e entre os carros estacionados enquanto brincava com seu amigo, que estava conversando com uma jovem em uma varanda próxima. Um carro de polícia contornou lentamente na rua atrás dele, esperando que ele saísse do caminho. Parecia que o veículo não tinha efeito para o ciclista adolescente; se ele realmente viu o carro ou não, não tenho certeza. O policial não buzinou, esperou um breve momento e parou o carro, saindo furioso. Ele foi até a varanda e questionou o garoto mais alto, gritando por identificação, por informações sobre onde moravam e por que estavam naquela rua.

---

19 G. Scott-Heron, "No Knock", *The Revolution Will Not Be Televised*.

PROFETAS DA FÚRIA

O menino da bicicleta morava na casa onde os outros estavam e continuou a circular a área onde o carro da polícia estava parado e a área em frente à sua casa (não tenho nenhuma explicação para o aparente desrespeito do policial pelo menino da bicicleta; talvez parecesse muito mesquinho falar com ele diretamente). O policial perguntou ao jovem que negócios ele tinha ali e exigiu uma identificação. O jovem não tinha documento de identidade e perguntou explicitamente ao policial por que ele precisava dele. Ele abriu os bolsos para mostrar que só tinha dinheiro, mas não tinha carteira. O policial olhou para mim e para meu amigo (os únicos dois adultos por perto) e, enquanto continuava falando, baixou a voz, aparentemente tentando garantir que não o ouvíssemos. Nós nos aproximamos deles. O jovem perguntou em voz alta se era um crime estar nesta varanda, mas, em sua voz, eu podia ouvir sua ansiedade, seu constrangimento. O oficial disse-lhe para não responder com esperteza se soubesse o que era bom para ele. Da rua, o menino da bicicleta disse: "Who protects us from you?" (Quem nos protege de você?). O oficial parou por um momento e olhou para nós novamente, esperando que tivéssemos ido embora, imaginei. O menino repetiu, desta vez um pouco mais alto: "Who protects us from you?" (Quem nos protege de você?).

As palavras soaram como um protesto comunitário; eu podia sentir a mesa virada contra o oficial. Com sua autoridade consensual diminuindo, ele disse ao menino para tomar cuidado com os passos, voltou para o veículo e saiu em disparada.

O oficial esperava submissão; em vez disso, encontrou uma indiferença desdenhosa que, no contexto de relações tensas de poder, é uma insubordinação de transcrição pública. O comportamento codificado da subordinação e dominação foi quebrado; como Scott aponta, "se a subordinação requer um desempenho confiável de humildade e deferência, então a dominação parece exigir um desempenho confiável de altivez e domínio"[20]. "Who protects us from you?", frase que na época tinha considerável peso e ressonância comum, fazia parte de

---

20 J.C. Scott, op. cit., p. 11. Ver também os capítulos 3, "Public Transcripts as Respectable Performance", e 5, "Making Social Space for a Dissident Subculture".

171

uma transcrição oculta usada como meio de desestabilizar o desempenho dominador do policial.

Recordo esse incidente não apenas como uma evidência de assédio policial, mas, em vez disso, como uma ilustração da relação entre o rap como um texto musical e como um discurso social comunitário afro-estadunidense. Nesse momento, "Who Protects Us" foi veiculado como uma contestação aberta de transcrição pública, que desafiava a autoridade policial com linguagem textual e significados ocultos. As palavras de KRS-One invocaram significados e referências que fortaleceram um ato grupal de resistência à autoridade policial, e foram usadas como uma forma de articular o conhecimento popular sobre os maus-tratos cometidos pela polícia. Essas palavras fazem parte de um discurso contemporâneo sobre a injustiça social; elas têm peso e significado social. Essas palavras ressoavam para os espectadores como códigos de um texto oculto; o oficial conhecia o significado, mas não a referência, desestabilizando temporariamente sua autoridade verbal, senão sua autoridade física e institucional.

"Illegal Search" (*Busca Ilegal*)

"Illegal Search", de L.L. Cool J, é similarmente apontado como um rap antipolícia que oferece uma versão do "perfil" dos enquadros da perspectiva de alguém com o perfil a ser enquadrado. "Illegal Search", que ocorre na rodovia em Nova Jersey, oferece uma descrição detalhada de um incidente em que L.L. Cool J é detido, revistado e preso por um policial estadual de Nova Jersey[21]. Assédio policial, especialmente "assédio de perfil" (meu termo para o que ocorre antes ou no lugar de uma prisão de perfil), tem custos emocionais e sociais significativos. "Illegal Search" é um texto oculto sobre o que indivíduos subordinados gostariam de dizer diretamente às autoridades dominantes, mas não

---

21 É interessante notar que L.L. Cool J tem uma reputação de longa data como um rapper contador de histórias mais do que um rapper político. Além disso, para outras críticas especialmente apontadas à polícia no rap, ver NWA, "the Police", *Straight Outta Compton*, e Ice Cube, "Endangered Species", *Amerikkka's Most Wanted*; Ice-T, "Squeeze the Trigger", *Rhyme Pays*; Ice-T, "Escape From the Killing Fields", *O.G. Gangster Original*; W.C. and the MAAD Circle, "Ain't a Damn Thing Changed" e "Behind Closed Doors", *Ain't a Damn Thing Changed*.

PROFETAS DA FÚRIA

podem porque temem represálias. "Illegal Search" narra os ferimentos ocultos gerados por práticas de dominação, oferecendo esta narrativa subordinada normalmente oculta, como um texto público e dominante:

What the hell are you lookin' for?
Can't a young man make money anymore?
Wear my jewels and like freakin' on the floor
Or is it your job to make sure I'm poor?
Can't my car look better than yours...

Get that flashlight out of my face
I'm not a dog so damn it put away the mace
I got cash and real attorneys on the case
You're just a joker perpetrating the ace
You got time, you want to give me a taste
I don't smoke cigarettes so why you lookin' for base?
You might plant a gun, and hope I run a race
Eatin' in the mess hall sayin' my grace
You tried to frame me, it won't work.
Illegal search.

On the Turnpike and everything is nice
In the background is flashing lights (sirens)
Get out the car in the middle of the night
It's freezing cold and you're doin' it for spite/
Slam me on the hood, yo that ain't right
You pull out your gun if I'm puttin' up a fight
The car, the clothes, and my girl is hype
But you want to replace my silk for stripes
You're real mad, your uniform is tight
Fingerprint me, take my name and height
Hopin' it will, but I know it won't work
Illegal Search.

And all them cops out there,
Who did the wrong thing to one of my brothers in Jersey
Keep on searchin'. Cause that was foul. Peace.[22]

---

22 "Que diabos você está procurando? / Um jovem não pode mais ganhar dinheiro? / Use minhas joias e fique chapado na pista de dança / Ou é seu trabalho garantir que sou pobre? / Meu carro não pode ser melhor do que o seu... / Tire essa lanterna do meu rosto / Não

Poucos jovens negros ousariam falar em voz alta no meio da noite com um policial furioso como L.L. faz aqui. Trazendo à luz o contexto social que justifica a prisão, a discriminação que ocorre nos limites de um sistema de justiça oficialmente daltônico, "Illegal Search" é um confronto simbólico em que os subtextos são posicionados na superfície, no centro do palco. A música narra tanto a história da revista policial como as respostas raivosas que geralmente são reprimidas; ela funde aspectos da história oficial com as indignidades que geralmente se tornam invisíveis nos textos oficiais. Como nos casos das prisões por perfil, L.L. precisa ser apenas um jovem negro em um carro caro para justificar que seja interrogado, revistado e detido pela polícia em uma noite fria.

O título do rap é um termo jurídico para essas detenções por perfil que deram errado; ainda assim, a letra realmente aborda a expectativa de que o rapper será abordado com base em sua raça e gênero e a humilhação que tal tratamento causa. L.L. diz a sua namorada no início da música: "Put your seat belt on. I got my paperwork, don't worry. It's cool." (Coloque seu cinto de segurança. Tenho minha papelada, não se preocupe. É legal.). Esta introdução sugere que ele espera ser parado com base em sua raça e gênero. A linha de abertura também sugere que a namorada de L.L. pode ter perguntado a ele sobre sua papelada (por exemplo, registro) para se proteger de confrontos ameaçadores com a polícia. No entanto, mesmo sua cautela excessiva não o impede de ser assediado; com papelada ou não, ele provavelmente será detido e sujeito à hostilidade e presunção de culpa que

---

sou um cachorro, então, caramba, guarde o cacetete / Tenho dinheiro e advogados de verdade no caso / Você é apenas um fanfarrão pagando de fodão / Você tem tempo, você quer me dar um gosto / Eu não fumo bolado, então por que você está procurando seda? / Você pode plantar uma arma e esperar que eu participe de uma competição / Comendo no refeitório dando o meu salve / Você tentou me incriminar, não vai funcionar. / Busca ilegal. / Na autoestrada e tudo está bem / No fundo, luzes piscando (sirenes) / Saia do carro no meio da noite / Está um frio de rachar e você está fazendo isso por malevolência / Bata-me no capô, isso não está certo / Você puxa sua arma se eu lutar / O carro, as roupas e minha garota são exageros / Mas você quer substituir minha roupa de seda por roupa listrada / Você está bravo, seu uniforme é apertado / Tire minhas impressões digitais, pegue meu nome e altura / Espero que sim, mas sei que não vai funcionar. / Busca ilegal / E todos aqueles policiais lá fora / Quem fez a coisa errada com um dos meus irmãos em Jersey / Continue procurando. Porque isso foi uma infração. Paz." L.L. Cool J., "Illegal Search", *Mama Said Knock You Out*.

PROFETAS DA FÚRIA

frequentemente acompanha o perfil policial. O incidente confirma a natureza condicional da autoridade masculina negra ao apontar para a capacidade limitada de L.L. de acompanhar sua namorada em público sem medo da vigilância injustificada do Estado, uma faceta básica do privilégio masculino. "Illegal Search" também indica a relação entre a condicional autoridade masculina negra e o aumento da vulnerabilidade das mulheres negras em espaços públicos. No final da música, L.L. aborda e desafia as tropas estaduais de Nova Jersey e faz referência direta à realidade das buscas ilegais, especificamente, na rodovia em Nova Jersey. *Mama Said Knock You Out*, o álbum que contém "Illegal Search", foi lançado durante o verão de 1990, quatro meses após a cobertura da imprensa de um incidente que tem semelhanças impressionantes com a história de L.L. Cool J. Neste caso, Charles E. Jones e sua esposa Linda, de Newark, Nova Jersey, dirigiam um carro alugado com placa da Califórnia quando foram parados pelas tropas de Nova Jersey e, posteriormente, acusados de agressão a um policial e de porte de cocaína. Eles mantiveram sua inocência e, de acordo com o *The New York Times*, não foram informados do motivo pelo qual foram parados. Esse caso específico foi destacado na imprensa porque o advogado de defesa usou informações estatísticas de uma operação secreta que sugeria fortemente que os perfis de porte drogas que determinam qual veículo será parado e revistado são, na verdade, perfis raciais. A criação de perfis resultou no tratamento de negros dirigindo carros de modelo recente, especialmente aqueles com placas de fora do Estado, como alvos potenciais. O estudo ilustrou que, embora os ocupantes de automóveis com placas de fora do Estado representassem cerca de 5% do tráfego, 80% das prisões de contrabando encaminhadas à Defensoria Pública entre fevereiro e dezembro de 1988 envolveram motoristas negros dirigindo veículos de outros estados. De acordo com o professor de estatística da Rutgers, Joseph I. Naus, a diferença entre o padrão típico de tráfego e a taxa de prisões de negros em veículos registrados fora de Nova Jersey "está dramaticamente acima dos limites usados, estabelecendo evidências óbvias de discriminação racial"[23].

---

23 J.I. Naus apud Man in Police Bias Case May Get Troopers' Files, *The New York Times*, 24 Feb. 1990. De acordo com o índice do jornal nacional, nenhuma informação adicional foi publicada sobre esse caso ou a questão mais ampla de detenções por perfil

Lembre-se de que essas estatísticas mostram prisões, mas não pessoas que são detidas e revistadas ilegalmente sem serem acusadas. É provável que buscas ilegais baseadas na raça ilustrem números ainda mais dramáticos.

Dado o comportamento racialmente motivado dos policiais estaduais, parece que não apenas muitos traficantes de drogas brancos estão passando despercebidos, mas também que muitos negros inocentes estão sendo detidos e assediados com base na raça. Nessas condições, fica claro que a raça é um fator crítico no julgamento da polícia em relação à potencialidade do comportamento criminoso e que essas suposições podem moldar a atitude comportamental e o tratamento aos afro-estadunidenses[24].

"Prisões por perfil" (*Profile arrests*), prisões de indivíduos que "parecem suspeitos", exigem julgamentos categóricos que claramente discriminam com base na raça. Em *Looking for America on the New Jersey Turnpike*, um estudo da história e cultura da rodovia, Gillespie e Rockland ilustram que as prisões por perfil racialmente discriminatórias são uma política comum, embora informal, das tropas de Nova Jersey: "Um sociólogo de Nova Jersey conta a respeito de uma aula de criminologia [...] na qual um de seus alunos era um policial estadual. Ele admitiu francamente que negros e hippies costumam ser parados nas rodovias sob algum pretexto. 'Mas é porque os números estão aí', disse ele. 'Há boa chance de encontrar drogas ou uma arma ou algo assim.'"[25] As prisões de perfil foram confirmadas pelo administrador responsável Joseph Sullivan e parecem muito próximas de prisões de perfil perpetradas pela polícia urbana que traça quase que uma

---

discriminatório racial. O primeiro artigo inclui a questão da discriminação e segmentação gay e fornece entrevistas com negros que afirmam terem sido assediados e forçados a sair da rodovia sem motivo aparente.

24 Ver J.R. Feagin, The Continuing Significance of Race: Antiblack Discrimination in Public Places, *American Sociological Review*, v. 56, n. 1, p. 101-116, para uma ampla discussão sobre o caráter contemporâneo da discriminação contra negros, a natureza das respostas e a importância da classe na determinação de tais respostas. Ver também P.J. Williams, *The Alchemy of Race and Rights*. Para uma visão divergente, consulte W.J. Wilson, *The Truly Disadvantaged*, em que o autor afirma que a polícia prende mais negros porque eles cometem mais crimes. Ver A.L. Reed Jr., The Liberal Technocrat, *The Nation*, 6 Feb. 1988, p. 167-170, para uma crítica do argumento de Wilson e seus fundamentos.

25 A. Gillespie; M. Rockland, *Looking for America on the New Jersey Turnpike*, p. 67.

PROFETAS DA FÚRIA

correlação direta entre minorias jovens adolescentes do sexo masculino usando tênis e roupas estilo urbano e personagens suspeitas ou criminosas[26]. A criação de perfil fornece sanção implícita ou justificativa para os policiais se comportarem de forma profundamente discriminatória com base na raça. Entre outros efeitos, esse tipo de racismo institucional explícito perpetua o estigma social entre os jovens afro-estadunidenses, bem como a brutalidade policial, as respostas antipolícia e um profundo sentimento de alienação entre os jovens negros. "Illegal Search" é uma revisão discursiva de tais incidentes. Embora não possa evitar que o incidente aconteça, em sua inversão simbólica L.L. desafia os pressupostos que tornam tais incidentes possíveis, usando seu dinheiro e *status* legítimo como meio de zombar do oficial. No verso final, L.L. descreve uma cena no tribunal em que ele usa um terno para ir à audiência e o caso é arquivado, usando perfis (junto com seu real *status* legítimo) contra o sistema de justiça. Seu terno é importante; L.L. parece sugerir que se ele estivesse usando quando estava na rodovia, ele teria sido parado (os negros de terno ainda são "pretos", mas não necessariamente tratados de forma rude). No tribunal, ele usa os símbolos de respeitabilidade a que tem acesso contra os policiais e como forma de autoproteção, como eles usaram seu hip-hop, símbolos das ruas, contra ele na rodovia. A fantasia de vingança de L.L. está situada na prática sistemática e discriminatória de traçar perfis e, portanto, faz parte de uma transcrição oculta coletiva. Como Scott argumenta:

> Um indivíduo que é afrontado pode desenvolver uma fantasia pessoal de vingança e confronto, mas quando esse insulto é apenas uma variante das afrontas sofridas sistematicamente por toda uma raça, classe ou estrato, então a fantasia pode se tornar um produto cultural coletivo. Qualquer que seja a forma que assuma, resposta ofensiva, sonhos de vingança violenta, visões milenares de um mundo virado de cabeça para baixo, a transcrição oculta coletiva é essencial para qualquer visão dinâmica das relações de poder.[27]

---

26 J.F. Sullivan, New Jersey Police Are Accused of Minority Arrest Campaigns, *The New York Times*, 19 Feb. 1990, p. B3.
27 J.C. Scott, op. cit., p. 9.

No entanto, esses textos coletivos também têm dimensões de classe. O método de retaliação de L.L. é mais acessível a pessoas com privilégios econômicos consideráveis. Sem seu dinheiro e *status* legítimo ("I've got cash and real attorneys on the case"/ Tenho dinheiro e advogados de verdade no caso), ele teria sido menos capaz de negociar com o sistema judicial. A confiança de L.L. em lidar com o oficial da rodovia não é apenas uma consequência de sua burocracia ordeira, mas também de seu *status* como um homem de classe média "legítimo" (leia-se privilegiado). Nesse sentido, sua resposta à pergunta de KRS-One "who protects us from you?" é uma resposta privilegiada que afirma uma vingança de acordo com a lei e com base institucional. Ele se protege com uma indignação silenciosa e meios legais oficiais. Cidadãos economicamente desfavorecidos, especialmente aqueles de cor, são menos propensos a ter acesso a um tratamento justo por parte do sistema judicial e, consequentemente, esperam menos dele.

KRS-One assume uma posição decididamente voltada para a classe trabalhadora e para o grupo ao concentrar-se em incidentes de assédio policial que ocorrem em casa e na rua, locais de elevada vulnerabilidade da classe trabalhadora à vigilância. KRS-One se refere principalmente ao grupo em sua análise ("who protects *us* from you?"). Na história de KRS-One, a lei e o sistema judiciário não podem ser considerados um local para reparação. A história de L.L. Cool J depende de tais instituições como arenas para sua restituição.

Cada história conta uma narrativa do grau em que a raça é um ponto crítico e unificador de discriminação e opressão, mas ao mesmo tempo cada uma aborda a importância central da classe como um ponto de maior ou menor capacidade para combater práticas racialmente discriminatórias. Ambas as histórias também usam a união heterossexual patriarcal como cenário para destacar o *status* condicional do privilégio masculino negro. Entretanto, o mais central para cada narrativa é a maneira pela qual os raps colocam em cena a versão silenciada do grupo subordinado, colocando-o em confronto direto com o oficial. Articulando um desejo de confronto e vingança sem risco, "Who Protects Us" e "Illegal Search" representam uma crítica coletiva afro-estadunidense contemporânea do assédio policial no contexto urbano do país.

PROFETAS DA FÚRIA

"Night of the Living Baseheads" (Noite dos Noias)

> O capitalismo costumava ser como uma águia, mas
> agora é mais como um abutre [...] só pode sugar
> o sangue dos desamparados [...] Você tem que ter
> o sangue de outra pessoa para sugar para ser um
> capitalista. Ele tem que conseguir de algum lugar
> diferente de si mesmo, e é aí que ele consegue.
>
> Malcolm x[28]

"Night of the Living Baseheads" de Public Enemy[29] é uma crítica multifacetada das diversas narrativas e instituições sociais importantes. "Baseheads" baseia-se no uso de referências simbólicas a eventos sociais específicos, em abordagem multifacetada e natureza contraditória e discriminatória do policiamento, conforme articulado em "Who Protects Us" e "Illegal Search". É uma narrativa bricolada que oferece críticas sobre polícia, traficantes, viciados em drogas, classe média negra, governo federal, discurso da mídia e grupos de censura musical. Com uma façanha visual, simbólica e conceitual, "Baseheads" é uma das apresentações mais extravagantes do rap sobre a tensão entre as rupturas pós-modernas e as continuidades da opressão. O vídeo de "Baseheads" é uma colagem de histórias elaboradas, muitas das quais se movem dentro e em torno das narrativas líricas, todas abordando uma variedade de condições opressivas e oferecendo críticas contundentes à mídia e declarações políticas. Como "Baseheads" é um dos mais ambiciosos e multifacetados vídeos de rap politicamente explícitos, apresento uma análise aprofundada dele, seguida de uma leitura do significado político do vídeo, as narrativas sociais e suas implicações.

O videoclipe de "Baseheads" abre com Public Enemy (pe) em uma filmagem em preto e branco, em pé sobre uma lápide malcuidada com a inscrição "R.I.P. Basshead". Essa imagem estática é combinada com uma imagem em movimento e piscando de jovens negros e negras se contorcendo amontoados no chão, olhos vidrados e abertos como

---

28 Conforme citado em P. Dye, High Tech Ballroom, *Village Voice*, 5 Dec. 1989, p. 10-12.
29 Discutirei o vídeo e as letras juntos. Isolada, a letra aborda especificamente as drogas, enquanto o vídeo entrelaça várias narrativas.

179

zumbis, e a câmera movendo-se sobre eles em movimentos curtos e irregulares. Sobre essas duas imagens a voz de Malcolm X ecoa: "Have you forgotten, that once we were brought here, we were robbed of our name, robbed of our language, we lost our religion, our culture, our god. And many of us by the way we act, we even lost our mind." (Você se esqueceu que, uma vez que fomos trazidos aqui, roubaram nosso nome, roubaram nossa língua, perdemos nossa religião, nossa cultura, nosso deus. E muitos de nós, pela forma como agimos, até perdemos a cabeça.) Seguem-se dois cortes rápidos: primeiro uma imagem do famoso logotipo em formato de alvo do Public Enemy, uma silhueta de um jovem negro no centro da mira de um rifle; em seguida, o mesmo logo ao lado da identificação de uma estação como PETV (Public Enemy TV), ambos suspensos sobre a mesa de um apresentador de notícias de televisão. As luzes do cenário destacam Sherelle Winters (personagem interpretada por uma atriz de videoclipes) e Flavor Flav (do Public Enemy) como âncoras do PETV. Flavor Flav deixa escapar de forma irreprimível sua expressão característica, "Yeah Boy-ee!!" (Sim, garoto!!), enquanto Winters sorri firmemente, esperando sua vez de dirigir-se à câmera. Profissionalmente, ela anuncia que o programa desta noite "abordará os efeitos devastadores que as drogas estão tendo em nossa sociedade e o que tem sido chamado de síndrome da basehead". O programa "também contará com o polêmico grupo Public Enemy e seu novo álbum, *It Takes a Nation of Millions to Hold Us Back* (É Preciso uma Nação de Milhões Para nos Deter), que está causando tumulto em todos os lugares".

Usando esse estúdio de notícias como âncora, o vídeo se move rápido e irregularmente por várias imagens e configurações. As faixas musicais são sobressalentes; nitidamente pontuado por um sample de buzina tenor sincopado de duas notas que faz um *loop* imprescindível e infinito. O início da composição é Chuck D cantando em frente a uma entrada abandonada e fechada com tábuas do Audubon Ballroom no Harlem, onde Malcolm X foi assassinado (a legenda diz: "Audubon Ballroom 23 anos depois"). Chuck aponta nitidamente para baixo, diretamente para uma câmera no nível do solo, e começa sua rima:

180

PROFETAS DA FÚRIA

Here it is,
BAAMM!
And you say goddamn,
This is the dope jam
But let's define the term called dope
And you think it means funky now, no.[30]

A estática interfere na recepção, e o vídeo é finalizado no estúdio com Flavor Flav gritando: "Hey, yo Sherelle, kick the ballistics, G!" (Ei, Sherelle, mande a real, G!)[31]. Ela olha para ele impaciente e então anuncia outra notícia para o público: "Uma facção megaconhecida como Brown Bags protestou hoje contra o rap."

O vídeo corta para a cobertura ao vivo dos protestos da Brown Bags com o repórter Chris Thomas (apresentador do "Rap City", um programa de rap nacionalmente distribuído na rede Black Entertainment Television da televisão a cabo) entrevistando um manifestante que está na frente de um grupo de homens brancos com bolsas marrons cobrindo o rosto, segurando cartazes com os dizeres "Elvis Lives" e "No More Rap", enquanto os manifestantes entoam o último *slogan* ao fundo. Um representante da Brown Bags anuncia a Thomas que "todo o barulho do rap e a violência associada a ele estão deixando nosso país de joelhos e não vamos mais tolerar isso. E nós, os Brown Bags, temos um plano para acabar com tudo isso".

Há um corte novamente para Chuck D cantando na entrada do Audubon, depois ao lado de viciados em drogas na rua, e então imediatamente outra transição de recepção estática para a rapper MC Lyte, como repórter investigativa, em frente à Bolsa de Valores de Nova York. Ela anuncia ao público: "Na busca sem fim por viciados em cocaína, chegamos a um novo esconderijo." E então, com certo cinismo, acrescenta: "Sim, isso mesmo, Wall Street." Transição estática de volta para Chuck D no Audubon:

---

30 Aqui está / BAAMM! / E você diz porra / Este é coquetel de entorpecentes / Mas vamos definir o termo chamado droga / /E você acha que significa *funky* agora, não." Public Enemy, "Night of the Living Baseheads", *It Takes a Nation of Millions to Hold Us Back*.
31 *Balístic* significa fatos, verdade, informação, e G é uma expressão para um amigo ou associado.

Check out the justice and how they run it
Sellin' Smellin'
Sniffin' Riffin'
And brothers try to get swift an'
Sell to their own, rob a home
While some shrivel to the bone
Like comatose walking around
Please don't confuse this with the sound
I'm talking 'bout… BASS[32]

MC Lyte entra furtivamente em um escritório da Wall Street e surpreende vários homens e mulheres de negócios brancos sentados ao redor de uma mesa de conferência coberta com carreiras de cocaína. Eles tentam se esconder da câmera e recolher seus pertences, mas as câmeras se aglomeram ao redor deles, não há como escapar. Enquanto os banqueiros de investimento rastejam pelo chão tentando esconder seus rostos, a imagem e a voz estrondosa de Chuck são exibidas em uma colagem repetitiva: "BAIXO BAIXO BAIXO BAIXO!"

Outro corte abrupto para a rua onde Chuck e Flavor Flav se movem entre noias parecidos com zumbis e falam sobre a devastação das drogas. Essas cenas são combinadas com filmagens noturnas em estilo documentário de figuras sombrias abraçando portas de prédios, evitando as luzes da câmera. Mais uma vez, um salto para a redação: "Só neste alerta vermelho." (O lendário DJ Red Alert passa uma notícia para Winters)[33]. "Chuck D, líder do controverso grupo Public Enemy, foi feito refém pelos Brown Bags. Teremos mais informações sobre esta história conforme ela se desenrola." Em seguida, vemos Chuck D fazendo rap enquanto está amarrado em uma cadeira lutando com seus sequestradores da Brown Bags.

---

32 "Confira a justiça e como eles a administram / Cheirando vendendo / Cheirando e mentindo / E irmãos tentam ser rápidos e/Vender para os seus, roubar uma casa / Enquanto alguns murcham até os ossos / Como em coma andando por aí / Por favor, não confunda isso com o som / Estou falando sobre…BAIXO." Public Enemy, "Baseheads", *It Takes a Nation of Millions to Hold Us Back*.

33 Red Alert foi um dos primeiros DJs de rap residentes em clubes de Nova York, junto com Grand Master Flash, DJ Kool Herc, Marley Marl e Mr. Magic. Ele produziu música para The Jungle Brothers e vem produzindo os shows de rap de WBLS em Nova York desde pelo menos 1985. No vídeo, Red Alert traz o alerta vermelho sobre a situação de Chuck D.

PROFETAS DA FÚRIA

Outro salto abrupto para a cena de um jovem negro de jeans, tênis e jaqueta sendo puxado por dois policiais em uma rua do centro de Manhattan enquanto grita: "Ei cara, sai de cima de mim, sai de cima de mim!! Eu não sou traficante, não sou traficante!." Um vendedor branco de meia-idade e careca olha para a câmera: "Isso já aconteceu com você antes? Eles pensam que você é um traficante? Sabemos que não é." O vendedor exclama: "Bem, agora temos o *Beeper Tie*! Sim, por um tempo limitado, por apenas 99,99 dólares você pode ter o seu próprio *Beeper Tie*. Para fazer o pedido, ligue para 1-800-555-1234. Opa, tenho que ir, bipe ligando." O mesmo adolescente retorna à tela, agora vestindo terno, sorriso largo e um *Beeper Tie* amarrado em seu pescoço. Ele vira para cima para mostrar o bipe escondido sob a ponta mais larga da gravata, enquanto dois policiais passam por ele sem perceber.

A vídeo-colagem continua a transitar abruptamente entre vários temas e narrativas: Chris Thomas entra em uma casa fictícia de uma família destruída por um pai viciado em drogas e descreve os efeitos do vício na mãe e nos filhos; Flavor Flav, sentado em sua mesa de âncora, pede a libertação de Chuck D; noias dançam como zumbis; Chuck D aponta para a marcação da silhueta de corpo assassinado caracterizada com um tênis em uma rua escura da cidade. Finalmente, uma grande imagem estática de um crânio com uma cerca branca que representa dentes, com as palavras "Crack House" no topo do crânio e "Casa Branca" abaixo, congela momentaneamente o ritmo cinético do vídeo. O rap de Chuck D narra através das imagens:

> Daddy-O one said to me
> He knew a brother who stayed all day in his jeep
> And at night he went to sleep
> And in the mornin' all he had was
> The sneakers on his feet
> The culprit used to jam and rock the mike, yo'
> He stripped the jeep to fill his pipe
> And wander around to find a different kind of
> ... BASS[34]

---

34 "Daddy-O alguém disse para mim / Ele conheceu um irmão que ficou o dia todo em seu jipe / E a noite ele foi dormir / E pela manhã tudo o que ele tinha era / O tênis

Os siws (Seguranças do Primeiro Mundo do Public Enemy) invadem o esconderijo para resgatar Chuck D; Professor Griff grita em um receptor de telefone na rua: "Succotash é um meio para as crianças ganharem dinheiro, vendendo drogas para o irmão em vez de para outro homem." O grito sampleado "Irmãos e irmãs!" é sucedido por um pastiche mais intenso de imagens que termina com os siws em uma rua escura e nebulosa da cidade onde Chuck persegue a câmera, soca a tela e grita "baixo!" Enquanto sua voz ecoa "baixo" quatro vezes, o rifle do logo é congelado e enquadra a cena de abertura no cemitério. Em sincronia com seu "Baixo!" sampleado, cada um dos quatro segmentos-alvo é preenchido com uma tela amarela.

"Night of the Living Baseheads" é, no nível mais óbvio, uma declaração nacionalista negra antidrogas que revisa o conceito central do filme de terror cult "Night of the Living Dead", usando-o como uma metáfora para a maneira como as drogas podem se tornar uma forma de posse física. Os viciados são zumbis possuídos por drogas, os mortos-vivos entre nós[35]. *Bassheads*, uma referência a *baseheads* (uma gíria para viciados que fumam mesclado) é um jogo do Public Enemy com a poderosa e possessiva capacidade dos tons de baixo na música negra, "don't confuse this with the sound… I'm talkin' bout bass!" (não confunda isso com o som… Estou falando sobre o mesclado). Chuck D faz um trocadilho entre *baseheads* e *bassheads* e quer que seus ouvintes façam o mesmo. O refrão urgente de Chuck D "I'm talkin' bout bass" clama pela música e o poder dos tambores, ritmo da vida que orienta a luz, o núcleo do vício dos negros. "Bass! How low can you go?" (Drogas! O quão baixo você consegue ir?), ele adverte em "Bring the Noise". Essa frase poderosa é sampleada e, portanto, ressoa aqui em "Baseheads". Quão baixo você pode ir? Quanto da sua vida você pode entregar à droga? Alternativamente: quanto compromisso você pode ter com a América africana? Até

---

em seus pés / O culpado costumava apertar e balançar o microfone, yo' / Ele desapossou-se do jipe para encher seu cachimbo / E vagueia para encontrar um tipo diferente de / … baixo."

35 *Baseheads* também sugere uma referência à releitura de Michael Jackson de *Night of the Living Dead* (A Noite dos Mortos-Vivos) em seu videoclipe para "Thriller". Ver K. Mercer, Monster Metaphors, em A. McRobbie (ed.), *Zoot Suits and Second-Hand Dresses*, p. 50-73.

184

PROFETAS DA FÚRIA

onde você está disposto a ir para libertar os negros? Quanto de sua alma você vai ceder à droga? Em "Baseheads", a música negra é o meio pelo qual o compromisso com a comunidade e a cultura é realizado. Usando a televisão como alto-falante, "Baseheads" gira em torno dessas duas seduções concorrentes; "baixo" (*bass*) e "droga" (*base*) formam esta tensão conceitual mais consistente.

A voz imponente de Malcolm X na abertura do vídeo é sobre a perda, a realidade das ausências e seu efeito na autoestima e na reprodução cultural dos afro-estadunidenses. Produzido um ano e meio antes do 25º aniversário do assassinato de Malcolm X no Audubon Ballroom, "Baseheads" usa a tenda e a entrada atualmente dilapidada e abandonada como o ponto de partida filosófico de Public Enemy. O Audubon Ballroom é um símbolo de protesto e perda negra. Vinte e três anos antes, era um local onde a "verdade" era dita. Mas o Audubon está fechado e destruído. Chuck D não pode falar de seu pódio. Em vez disso, ele se localiza o mais próximo possível do Audubon e fala através do principal meio de comunicação atual, a televisão, mas inventa seu próprio canal.

PETV é uma paródia da Black Entertainment Television, o principal veículo nacional de vídeos de música negra e de programação de notícias burguesas da rede. PETV fornece notícias de interesse para afro-estadunidenses de contextos urbanos e interpretações cômicas de questões relacionadas ao hip-hop. De blusa branca, gravata borboleta e blazer azul marinho, Sherelle Winters representa a síntese do profissional negro responsável e respeitável. No PETV, ela se senta ao lado de Flavor Flav, o malandro mais cinético do rap. Em "Baseheads", Flavor Flav é a fonte da "verdade real", incitando-a a "mandar a real" e oferecendo sua própria versão da notícia quando ela falha em ser fiel aos fatos. Flavor Flav é um ativista de notícias, seu papel é contar as notícias e o que fazer sobre isso tudo no mesmo fôlego. Ele é um cão de guarda da "verdade", incitando Winters a falar em nome dos negros, atendendo às questões que preocupam os fãs de rap e os negros pobres. BET professa dedicação à programação negra, mas falha em abordar a indignação negra e as questões sociais dos negros da classe trabalhadora; Flavor Flav e Chuck D preenchem esse vazio. Além disso, em parte por causa de restrições financeiras, os espectadores da MTV são muito mais propensos do que os espectadores do BET a receber as últimas notícias sobre as estrelas do rap, suas vidas, viagens e disputas com a polícia e a mídia[36].

Na PETV, essas histórias são trazidas ao centro do palco em um contexto negro e em uma linguagem de texto oculta dos grupos subordinados. Tal justaposição sugere que o canal BET é um portador central da ideologia burguesa negra e não está comprometido com as transcrições ocultas, as mensagens que essas transcrições carregam, ou com a contextualização das questões sociais dos negros para que se concentrem na dinâmica da opressão negra relacionada à classe. Por exemplo, o ataque-surpresa em busca de cocaína em escritórios da Wall Street para provar que os ricos têm sérios problemas com drogas, a necessidade de adolescentes negros esconderem o bipe da polícia, os confrontos simbólicos entre a direita e artistas de rap representados pelo sequestro de Chuck D pelos Brown Bags, cada um desses elementos sugere que a classe é uma faceta importante da discriminação racial. Pegar corretores ricos e protegidos da Wall Street cheirando grandes quantidades de cocaína é uma doce vingança para pessoas especialmente vulneráveis à vigilância policial. *Beeper Tie* é uma subversão inteligente do aspecto de classe no assédio de perfil. O "perfil" da polícia nas ruas da cidade é principalmente um problema para jovens empregados da classe trabalhadora ou sem emprego algum; não é um problema para gerentes corporativos vestidos com ternos cujos *bips* são símbolos de responsabilidade

---

36 Parte dessa discrepância é produto dos recursos limitados do BET. Na MTV, há um pequeno lapso de tempo entre um evento e sua exibição na "Week in Rock". A MTV tem uma equipe muito maior e muito mais dinheiro para produzir a programação. No entanto, a atitude do BET em relação ao rap e à cultura jovem negra é uma questão crítica. Por exemplo, embora o BET programe música negra quase exclusivamente, a MTV ofereceu o primeiro programa totalmente voltado ao rap, "Yo MTV Raps". O BET veiculou vídeos de rap de forma consistente, mas não ofereceu um show de rap (*Rap City*) até depois da história de sucesso da MTV. A programação de Vídeo Soul, Video Vibrations, Gospel e Love Song tem sido a base. Esses gêneros musicais – embora populares entre uma ampla gama de afro-estadunidenses e outros – não são tão fortemente associados aos jovens negros pobres da cidade e podem servir mais facilmente como gêneros representativos para a burguesia negra em ascensão que o BET cultiva como seu público preferido. O rap, que domina as paradas da música negra e é claramente a música preferida dos adolescentes urbanos negros, é relativamente marginalizada no BET.

e privilégio. Os Brown Bags são ativistas antirrap cujo nome significa um grupo sem imaginação ou distinção, mas que cobrem o rosto como a Ku Klux Klan[37]. Como os grupos de censura e seus aliados, os Brown Bags perseguem e tentam silenciar (sequestrar) artistas de rap para reduzir o impacto deles na cultura estadunidense. Novamente, poucas formas de arte negra da classe média são alvos de tais grupos reacionários.

O logotipo em formato de alvo do Public Enemy, um símbolo central para o grupo, está fortemente representado em "Baseheads". A mira do rifle em um jovem negro ao centro é o logotipo da PETV no vídeo, mas também é a imagem principal em todo o merchandising e aparece com destaque nas capas de seus álbuns e na cobertura da imprensa sobre o Public Enemy. O alvo captura a crença amplamente difundida entre os afro-estadunidenses de que jovens negros são vistos como elimináveis por meio de brutalidade policial, educação precária, acesso às drogas e oportunidades econômicas truncadas[38]. É uma visão do perfil policial e da vigilância contra jovens negros da classe trabalhadora. Esse alvo cobre as costas

---

37 Estilo e inventividade são medidas críticas de destreza na estética negra, de modo que nomear este ultra hiper grupo de Brown Bags tem a intenção de zombar de sua falta de poder por meio de rigidez, impassibilidade e falta de criatividade. Ver A. Murray, *Stomping the Blues*, para uma discussão sobre a centralidade do estilo e da individualidade na estética cultural negra.

38 O alvo do PE, que é uma estratégia eficaz para reapropriar a mira do rifle (usada aqui para chamar a atenção para a opressão e a violência contra os afro-estadunidenses), também funde a segmentação racial com a segmentação de gênero. A questão dos homens negros como uma espécie em extinção está em andamento em programas de entrevistas negros (por exemplo, "New York WLIB") e na imprensa negra (como o City Sun e o Amsterdam News). No entanto, tais argumentos não deixam de ter suposições sexistas significativas. A Nação do Islã é especialmente culpada (embora não seja a única) por usar esses argumentos em um contexto abertamente patriarcal. O "genocídio" contra homens negros é usado como uma explicação para a falta de autoridade masculina que contribuiu significativamente para o colapso da família negra. Esse argumento está desconfortavelmente perto de sugerir que o progresso dos negros depende do restabelecimento do patriarcado negro e que as famílias monoparentais de mulheres negras são um problema, não como consequência da discriminação econômica contra as mulheres, mas como resultado da discriminação contra os homens negros. Para uma crítica concisa de argumentos semelhantes, ver A.J. Reed Jr., The Liberal Technocrat, *The Nation*, p. 167-170, The Rise of Louis Farrakhan, *The Nation*, 21 Jan. 1991 e 28 Jan. 1991 (artigo em duas partes), e A.J. Reed Jr.; J. Bond (eds.), Edição especial de *The Nation* em "Equality: Why We Can't Wait", *The Nation*, 9 Dec. 1991, p. 733-737.

de muitas camisetas do PE, transformando jovens fãs explicitamente em alvos móveis, externalizando o processo de avistamento e mira que circunscreve o espaço social negro. A segmentação também silencia efetivamente o grupo sob vigilância. Ainda assim, no contexto da música e das imagens do PE, que é assumidamente pró-negros, o alvo representa o foco e o compromisso com os homens negros. Public Enemy também tem como alvo os homens negros, abordando-os diretamente, colocando-os em foco e trazendo seus problemas e preocupações para o primeiro plano. As mulheres que vestem essa *t-shirt* acrescentam outra dimensão de complexidade ao signo. Como as mulheres costumam ser alvos móveis para a expressão sexual masculina, o alvo assume uma dimensão sexual não articulada em "Baseheads". No entanto, sem essas revisões explícitas, as mulheres vestindo suas camisetas podem permanecer alvos móveis para os homens.

A imagem fugaz do crânio emoldurada por "Crack House"/ "White House" é uma imagem vívida em "Baseheads", que traça uma ligação explícita entre o governo e sua responsabilidade pelo tráfico de drogas. A guerra contra as drogas patrocinada pelo governo Reagan/Bush contribuiu para que a imprensa nacional se concentrasse nos "colombianos astutos" e nos "adolescentes urbanos empreendedores", deixando questões relativas à responsabilidade federal por esse comércio geralmente sem perguntas e sem respostas. A caveira da morte de "Basehead", que iguala as casas de crack à Casa Branca, é uma metáfora racial que coloca a responsabilidade pelo tráfico de drogas na porta do governo federal.

A escolha do abandonado Audubon Ballroom pelo Public Enemy tem um peso ainda maior do que seu papel como um monumento silencioso a Malcolm X e ao contexto social do qual ele emergiu. Ao mesmo tempo que o vídeo de "Baseheads" foi lançado, os planos da Columbia University para comprar o Ballroom e os três blocos ao norte estavam em andamento, para demolir o Audubon e construir o Audubon Park, um complexo de laboratórios biotecnológicos comerciais de trinta mil metros quadrados. Audubon Park seria um complexo de laboratórios corporativos multinacionais dedicados a gerar novas formas de vida mais resistentes às doenças e venenos. Os médicos e cientistas

PROFETAS DA FÚRIA

da Columbia trabalhariam lado a lado com as principais empresas farmacêuticas: Johnson & Johnson, DuPont, Monsanto e Mitsubishi, "transferindo informações desenvolvidas em atividades acadêmicas 'sem fins lucrativos' para laboratórios comerciais com empreendimentos lucrativos". Em resposta às perguntas relacionadas aos planos de uso seguro e policiamento de micro-organismos, fungos, bactérias e materiais radioativos usados nesses laboratórios, o planejador da Universidade da Columbia, Bernard Haeckle, respondeu: "nós, como proprietários, teremos um plano de manejo"[39].

Sete anos em planejamento, o projeto de Audubon Park foi submetido ao setor de urbanismo da cidade para revisão no outono de 1989. Residentes do Harlem e líderes populares protestaram contra o Parque, pedindo um monumento a Malcolm x e a restauração do Ballroom para serviços relacionados à comunidade[40]. Residentes e ativistas do Harlem veem o projeto como um meio de deslocamento, não como um investimento econômico na comunidade. Estima-se que Nova York pague 18 milhões de dólares dos custos de construção de 22 milhões de dólares, e a cidade também daria à Columbia um arrendamento de 99 anos, além de investir 10 milhões de dólares em capital por meio da Public Development Corporation. As alegações de que o laboratório de biotecnologia proporcionará um incentivo aos residentes do Harlem por meio de novos empregos e oportunidades de varejo, não sem motivo, não foram ouvidas:

> A parcela dos leões nos empregos flui longe do bloco local. Quando o projeto de 212 milhões de dólares brilhar com fileiras de microscópios, 90% dos empregos irão para Ph.Ds que ganham 38 mil dólares ou mais; dois terços deles estarão nos laboratórios comerciais. Além disso, a maioria dos funcionários dos laboratórios comerciais serão provenientes de fora da cidade de Nova York. [...] Em uma cidade onde os pobres não podem pagar para cuidar de sua saúde, onde os hospitais fecharam e os que permanecem abertos trabalham com macas de pacientes amontoadas nos corredores, em uma cidade onde os hospitais voluntários – incluindo o presbiteriano

---

39 P. Dye, High Tech Ballroom, *Village Voice*, 5 Dec. 1989, p. 11.
40 D.M. McNeill, Demand Malcolm x Memorial, *Village Voice*, 13 Mar. 1990, p. 13.

colombiano – não podiam pagar um aumento aos seus funcionários sem greve [...] os trabalhadores pobres, por meio do governo, subsidiarão uma nova aventura de fronteira para pesquisas em biologia com fins lucrativos, cujos medicamentos eles não podem pagar.[41]

Em uma só tacada, o Audubon Park reforçaria o compromisso social com a vida ainda não formada e tentaria apagar o significado simbólico do Ballroom como um momento crítico no protesto e mobilização afro-estadunidense.

O uso do Audubon Ballroom pelo Public Enemy em "Baseheads" como o ponto de partida da narrativa é parte de um diálogo comunitário mais amplo e de luta por espaço social e poder político. Usando o Ballroom como sua "base", Chuck D situou a visão do PE como uma extensão de Malcolm X e focou a atenção na controvérsia do Audubon Park enquanto a questão estava sendo calorosamente contestada. Sua postura explicitamente antimídia e antigovernamental sugere que ele apoia a desconfiança da comunidade em relação ao projeto Audubon Park e seus efeitos na comunidade do Harlem. As imagens do vídeo de "Baseheads" e o foco da letra sobre os perigos do vício em drogas, a perda de poder e agência que ele produz e seu efeito devastador sobre os negros estão em contraste brutal com o complexo biotécnico do Audubon Park proposto pela cidade, cujo objetivo é criar formas de vida não humanas que podem resistir às doenças e aos venenos.

Sob a orientação e direção de Chuck D, o processo colaborativo que reuniu o vídeo, as letras e a música de "Baseheads" produziu uma colagem relevante, socialmente fundamentada e com conhecimento de mídia que não só oferece críticas e narrativas mordazes sobre relações contemporâneas de classe e raça nos EUA, mas também o faz com ritmos e rimas em espiral e hipnotizantes. Não é de admirar que tantas pessoas, inclusive os críticos culturais, olhem para os rappers em vez dos políticos em busca de visão e direção política.

Durante o "We Remember Malcolm Day" de fevereiro de 1990, apenas dois meses antes do vídeo "Baseheads" estrear no BET, Chuck D abordou, juntamente com vários rappers, ativistas e líderes políticos,

---

41 P. Dye, High Tech Ballroom, *Village Voice*, 5 Dec. 1989, p. 12.

PROFETAS DA FÚRIA

a importância de Malcolm x não apenas como uma figura histórica, mas também como uma força espiritual nos EUA negro contemporâneo. Alguns palestrantes apontaram que o Audubon era um lugar especial para a história e memória afro-estadunidense. Depois que o reverendo Calvin Butts, Betty Shabazz, Haki Madhubuti (Don L. Lee), Percy Sutton, Lisa Williamson (também conhecida como Sister Souljah) e outros se dirigiram à multidão na Igreja Batista Abissínia, uma petição para interromper o projeto Audubon foi distribuída. Este documento sugeriu que o salão de baile deveria ser reformado e usado como um centro social, biblioteca ou outra organização fundada na comunidade. Não surpreendentemente, foi amplamente apoiado pela multidão.

Esse tipo de qualidade interativa e dialógica na narrativa social do rap é bastante comum. As referências às questões sociais recentes de particular preocupação para as comunidades negras urbanas são frequentes e oportunas. Os raps "21 to Life", de D-Nice, e "Speak upon It", de Ed O.G. and the Bulldogs, dedicam passagens líricas a resumir o caso Charles Stuart em Boston, Massachusetts, no qual um homem branco assassinou sua esposa e culpou um homem negro vagamente descrito pelo crime. A disposição da imprensa local de acreditar em sua história mal elaborada foi fortemente encorajada pela histeria social em relação ao criminoso de rua negro. O trio feminino de rap Bytches with Problems (BWP) usou a filmagem do cidadão de Los Angeles Rodney King sendo brutalmente espancado por um grande grupo de policiais de Los Angeles em seu vídeo "Comin' Back Strapped". "Arizona", no trabalho *Apocalypse 91* de Public Enemy, lembra ao ouvinte que o estado do Arizona não reconheceria o aniversário de Martin Luther King como feriado nacional e critica a lógica racista da recusa do governador.

O desejo do rap em responder às questões sociais que integram a vida negra nos EUA é parte de uma longa tradição na cultura negra em remodelar as transcrições dominantes que não abordam suficientemente as afrontas e os insultos raciais. A capacidade do rap para responder a questões sociais locais e contemporâneas tão rapidamente é aprimorada por avanços tecnológicos em sistemas de *home studio* e reprodução de fitas que permitem aos rappers incorporar suas narrativas sobre eventos recentes em seu material gravado e distribuído

© Lisa Leone

quase que imediatamente. E assim, a oportuna qualidade dialógica do rap se situa tanto na configuração atual dos meios de produção e distribuição quanto na história da crítica social negra. Movimentos recentes em direção ao aumento da consolidação corporativa e os esforços para sancionar e censurar o rap provavelmente afetarão de forma séria a velocidade com que os artistas de rap respondem às preocupações contemporâneas e o caráter de suas críticas.

Para compreender a natureza da opressão e sua relação com a produção cultural, devemos nos preocupar não apenas com a discriminação econômica ou institucional, mas também com as indignações sociais realizadas em transcrições públicas e retratadas por representantes individuais do Estado. As experiências de dominação e as transcrições ocultas produzidas em relação a elas são culturalmente codificadas e específicas. Ou seja, embora os grupos oprimidos compartilhem traços comuns, a opressão é vivida dentro de comunidades específicas. Consequentemente, essas transcrições ocultas surgem não como momentos de referência cruzada de protesto, mas como formas e expressões culturalmente específicas. Elas dependem, em algum nível, de o grupo referido ter acesso especial a significados ou mensagens e podem assumir o privilégio de experiências dentro do grupo. Embora compartilhem traços com outras formas de protesto social, a linguagem, o estilo, a forma e a substância na articulação do protesto social pelo rap são etapas do protesto social negro. As transcrições ocultas negras são, ao mesmo tempo, momentos discretos de expressão cultural e exemplos de resistência discursiva às estruturas de dominação. É a especificidade de uma prática cultural como o rap, bem como as estruturas de dominação que a rodeiam, que dão forma às transcrições ocultas que emergem.

Políticas Ocultas: Policiamento Discursivo e Institucional do Rap

Limitar a discussão da política no rap à análise lírica aborda apenas a dimensão mais explícita da política da expressão cultural negra contemporânea. A política cultural do rap reside em sua expressão lírica, em sua articulação do conhecimento comunitário e no contexto de sua recepção pública. Como é o caso da produção cultural em geral, a política do rap envolve a contestação do espaço público, os significados, as interpretações, valor das letras e da música, e o investimento de capital cultural. Em suma, não é apenas o que você diz, é onde você pode dizê-lo, como os outros reagem a isso e se você tem o poder de comandar o acesso ao espaço público. Desprezar rappers que não escolhem assuntos "políticos" como se não tivessem papel politicamente resistente é ignorar a complexa teia de policiamento institucional a que todos os rappers estão sujeitos, especialmente em grandes contextos do espaço público. A luta pelo contexto, significado e acesso ao espaço público é crucial para a política cultural contemporânea. O poder e a resistência são exercidos por meio de sinais, linguagem e instituições. Consequentemente, o prazer popular envolve lutas físicas, ideológicas e territoriais. O prazer popular negro envolve uma luta particularmente espinhosa.

Minha preocupação central aqui é o exercício do poder institucional e ideológico sobre o rap e a maneira como os fãs e artistas de rap se relacionam e respondem às restrições ideológicas e institucionais. Mais especificamente, tento desvendar as complexas relações entre a economia política do rap e o discurso do crime de base sociológica que o enquadra. Isso envolve um exame atento da resistência ao rap em grandes locais, interpretações da mídia sobre shows de rap e incidentes de "violência" que ocorreram[42]. Além disso, a reação da segurança do local a um público predominantemente negro de rap é uma faceta importante desse processo de policiamento institucional. Isso dá o tom da relação da audiência com o espaço público e é uma manifestação da posição ideológica dos donos dos espaços em relação aos jovens negros.

This Is Called the Show (*Isso É Chamado de Show*)

Voice 1: The Economy, Phuhh!
Voice 2: Yeah, I know.
Voice 1: Politics, Phuffh!
Voice 2: Yeah, say that also.
Voice 1: The Police...
Voice 2: Guilty, guilty...
Voice 1: Everything!
Voice 2: Uhuh. Wait a, wait wait wait...
Voice 1: Except for the youth.
Voice 2: Yeah, yeah, wait wait.

Voice 1: It's about to come back!
Voice 2: Yeah I know... Here it comes, ALRIGHT OKAY!

"Youthful Expressions", *A Tribe Called Quest*[43]

A forma como o rap e a violência relacionada a ele são discutidos na mídia popular está fundamentalmente ligada ao discurso social mais amplo sobre o controle espacial dos negros. As políticas formais que circunscrevem explicitamente as opções de moradia, escola

---

42 Os locais são clubes, teatros e outros espaços de atuação. Estou preocupada especificamente com grandes locais, como o Capital Center, o Nassau Coliseum e o Madison Square Garden. As instalações maiores constituem as contestações de arena pública mais significativas, porque estão localizadas em zonas de desenvolvimento urbano, fora das áreas negras e porque podem abrigar o maior número de pessoas. Estou particularmente interessada em relatos sobre rap nos principais jornais. Os periódicos musicais não são o foco aqui.
43 Voz 1: A Economia, Phuhh! / Sim, eu sei. / Voz 1: Política, Phuffh! / Voz 2: Sim, diga isso também. / Voz 1: A Polícia ... / Voz 2: Culpado, culpado... / Voz 1: Tudo! / Voz 2: Uhuh. Espere, espere, espere... / Voz 1: Exceto para os jovens. / Voz 2: Sim, sim, espere, espere. / Voz 1: Está prestes a voltar! / Voz 2: Sim, eu sei... Aí vem, TUDO BEM!; Do álbum *People's Instinctive Travels and the Paths of Rhythm*.

e trabalho para os negros foram proscritas; entretanto, maneiras informais, porém incisivas, de discriminação institucional ainda existem com força total. Subscrever essas formas de contenção social é a compreensão de que os negros são uma ameaça à ordem social. Dentro disso, os adolescentes negros do contexto urbano são o referente simbólico mais profundo para as ameaças internas à ordem social. Não é surpreendente, então, que os jovens afro-estadunidenses tenham relações fundamentalmente antagônicas às instituições que mais proeminentemente estruturam e restringem suas vidas. O sistema escolar público, a polícia e a mídia popular percebem e constroem os jovens negros como elementos internos perigosos no cenário urbano dos EUA; um elemento que, se permitido vaguear livremente, irá ameaçar a ordem social; um elemento que deve ser policiado. Visto que o rap é entendido como a voz simbólica predominante dos homens negros urbanos, ela aumenta esse senso de ameaça e reforça as objeções dominantes da classe média branca aos jovens negros urbanos que não aspiram aos padrões da classe média branca mas são assombrados por eles.

Minhas experiências e observações como participante em diversos shows de rap em grandes centros urbanos servem como casos perturbadoramente óbvios de como a juventude negra urbana é estigmatizada, difamada e abordada com hostilidade e suspeita pelas autoridades. Ofereço uma descrição de meu confronto e observações relacionadas a isso, não apenas para provar que tal hostilidade motivada por raça e classe existe, mas, em vez disso, para revelar como o policiamento de jovens negros e do rap no espaço público se alimenta de outras políticas de mídia, municipais e corporativas, que determinam quem pode se reunir publicamente e como.

■ ■

Milhares de jovens negros circulavam enquanto esperavam para entrar no enorme palco. A grande turnê de verão do rap estava na cidade, e era uma noite nobre para ver e ser visto. O "pré-show" ocorria a todo vapor. As pessoas estavam vestidas com os mais modernos *fly-gear*[44]:

---

44 Roupa de praticante de motocross. (N. da T.)

shorts de ciclista, tênis de cano alto, joias pesadas, calças largas e blusinhas de bolinhas. O estilo de cabelo era um desfile de moda em si: designs de *high-top fade*[45], *dreads*, *corkscrews*[46] e tranças com brilhos dourados e roxos. Grupos de mulheres jovens vigiavam os irmãos; posses de camaradas analisavam as meninas, comparando os estilos entre si. Alguns pré-adolescentes de olhos arregalados estavam absorvendo a energia adolescente, emocionados por estarem com os mais velhos.

À medida que as filas para entrar no espaço começaram a se formar, dezenas de seguranças particulares, em sua maioria brancos, contratados pela gerência do lugar (muitos dos quais são policiais fora de serviço ganhando dinheiro extra), vestidos com suéteres de poliéster vermelho com decote em V e calças cinza de trabalho, começaram a encurralar a multidão através dos postos de controle de segurança. O clima de leveza começou a azedar e em seu lugar começou a cristalizar um sentimento de hostilidade misturado com humilhação. Homens e mulheres foram alinhados separadamente em preparação para a revista de armas. Cada um dos frequentadores do show passaria por uma revista pessoal no corpo, carteira, mochila e pertences. Grupos mistos se dispersaram, as pessoas se dirigiam às suas respectivas filas para revista. O processo de busca foi conduzido de forma que cada pessoa revistada fosse separada do resto da fila. Os revistados não podiam se agrupar e as interações sutis entre o guarda e a pessoa revistada não podiam ser facilmente observadas. Conforme os frequentadores do show se aproximavam dos guardas, notei uma mudança distinta na postura e atitude. À distância, parecia que os homens estavam sendo tratados com mais hostilidade na fila do que as mulheres. Na área dos homens, havia uma sensação quase palpável de hostilidade por parte dos guardas, bem como dos clientes do sexo masculino. Rir e brincar entre homens e mulheres – que até então eram ruidosos e alegres – transformou-se em silêncio absoluto.

Quando me aproximei das seguranças femininas, minha própria ansiedade aumentou. E se encontrassem algo que eu não tinha

---

45 Corte de cabelo em que somente as laterais são raspadas em degradê. (N. da T.)
46 Corte de cabelo em ondas, hoje em dia chamado de *wave*. (N. da T.)

PROFETAS DA FÚRIA

permissão para trazer para dentro? O que foi proibido, afinal? Parei e pensei: tudo o que tenho em minha bolsinha é minha carteira, óculos, chaves e um bloco de notas – nada "perigoso". A segurança me deu uma batidinha, escaneou meu corpo com um scanner eletrônico enquanto ela ansiosamente mantinha um olho nas outras mulheres negras na fila para se certificar de que ninguém passasse. Ela abriu minha bolsa e mexeu nela, tirando uma lixa de unha. Ela me olhou provocativamente, como se dissesse "por que você trouxe isso aqui?" Não respondi de imediato e esperava que ela colocasse de volta na minha bolsa e me deixasse passar. Ela continuou a me encarar, me avaliando para ver se eu estava "ali para causar problemas". A essa altura, minha atitude havia se tornado uma infração; meu entusiasmo infantil para ver meus rappers favoritos tinha quase desaparecido. Não sabia que a lixa estava na minha bolsa, mas a postura acusatória da guarda tornava essas desculpas discutíveis. Finalmente respondi, tensa: "É uma lixa de unha, qual é o problema?" Ela devolveu, satisfeita, suponho, por eu não ter a intenção de usá-la como arma, e entrei no local. Ao passar por ela, pensei comigo mesma: "Este espaço é um lugar público, e tenho o direito de vir aqui e trazer uma lixa de unha, se quiser." Mas essas palavras soaram vazias em minha cabeça; a linguagem do direito não conseguia apagar minha sensação de alienação. Senti-me assediada e indesejada. Aquele lugar não era meu, era um território hostil e estranho. A mensagem tácita pairava no ar: "Você não é querida aqui, vamos acabar com isso e mandar todos de volta para o lugar de onde vieram."

Relato esse incidente por duas razões. Primeiro, um teor hostil, senão um abuso verbal real, é parte regular do contato dos fãs de rap com a segurança do espaço e a polícia. Esse não é um exemplo isolado ou raro, incidentes semelhantes continuam a ocorrer em muitos shows de rap[47]. Frequentadores de apresentações de rap

---

[47] Em um show de rap em 1988, em New Haven, Connecticut, um jovem afro-estadunidense protestou contra a revista policial, gritando: "Foda-se! Não vou fazer a revista". Mas, depois de um breve protesto, percebendo que perderia seu ingresso, ele entrou nas filas e passou pela revista. No verão de 1990, do lado de fora da San Diego Sports Arena, uma jovem queria entrar para ver se sua amiga já havia chegado e estava

mal eram tolerados, vistos com elevada suspeita. Em segundo lugar, as forças de segurança do espaço, uma faceta crítica na economia política do rap e seu discurso relacionado ao crime de base sociológica, contribuem para o alto nível de ansiedade e antagonismo que confrontam os jovens afro-estadunidenses. Sua postura militar é uma manifestação superficial de uma complexa rede de processos ideológicos e econômicos que "justificam" o policiamento do rap, dos jovens negros e dos negros em geral. Embora meu sentimento imediato de indignação em resposta à humilhação pública possa estar relacionado a um senso de direito que vem de meu *status* como crítica cultural, separando-me, assim, de muitos dos frequentadores do show, meu *status* como uma jovem mulher afro-estadunidense é um fator crítico na forma como fui tratada neste caso, bem como em muitos outros[48].

Os artistas de rap articulam uma série de reações ao modelo institucional de abordagem policial enfrentada por muitos jovens afro-estadunidenses. No entanto, as letras que abordam diretamente a polícia, o que Ice Cube chamou de "revenge fantasies" (fantasias de revanche), causaram reações extremas e inconstitucionais por parte de policiais nos espaços onde ocorriam os shows metropolitanos. Um exemplo que criou precedentes ocorreu em 1989 e envolveu o grupo de rap NWA (Niggas with Attitude) de Compton, que, na época, apresentava Ice Cube como a voz principal. O álbum *Straight Outta Compton* continha uma música cinematográfica, bem trabalhada, corajosa e ousada intitulada "_the Police", em que o próprio rap preenchia f.u.c.k. em cada oportunidade. Essa música e sua aparente ressonância social entre os fãs de rap e jovens negros em geral

---

esperando lá dentro, mas ela disse que preferia esperar mais um pouco do lado de fora em vez de ter que passar pela revista duas vezes se descobrisse que sua amiga não estava de fato lá dentro.

48 A discriminação no espaço público e o prejuízo público à dignidade que ela cria não se limitam aos adolescentes negros. "The Continuing Significance of Race", de J.R. Feagin, ilustra que, nos EUA pós-movimento de direitos civis, práticas discriminatórias contra negros de todas as idades e classes permanecem em uma parte significativa da interação no espaço público com os brancos. O autor aponta uma série de espaços públicos críticos nos quais homens e mulheres negros são suscetíveis de serem humilhados e discriminados. Suas descobertas estão de acordo com minhas experiências e observações e com o contexto em que ocorreram.

198

PROFETAS DA FÚRIA

provocou uma carta oficial sem precedentes de Milt Ahlerich, diretor do FBI, que expressava a preocupação do FBI com o aumento da violência (indiretamente ligando a música a esse aumento) e afirmava que, como oficiais da lei "dedicam suas vidas à proteção de nossos cidadãos [...] gravações como a do NWA são desanimadoras e degradantes para os bravos e dedicados oficiais". Ele justifica esse direcionamento do NWA ao sugerir que a música, supostamente, defende a violência contra policiais. Até onde Ahlerich reconhece, o FBI nunca adotou uma posição oficial sobre uma música, livro ou obra de arte na história da agência[49]. A música "__ the Police" de NWA foi o que finalmente os alertou. Essa declaração oficial já seria extraordinária, dada sua tênue constitucionalidade, mas o que segue é ainda pior. De acordo com Dave Marsh e Phyllis Pollack, ninguém na agência comprou o disco, nem Ahlerich poderia explicar como ele havia recebido essa letra a não ser de "colegas policiais responsáveis". Além disso, a carta de Ahlerich alimentou uma rede informal de fax entre as agências policiais que pediam policiais para ajudar a cancelar os shows do NWA. Marsh e Pollack resumem os efeitos dessa campanha:

> Desde o final da primavera (de 1989), suas apresentações foram prejudicadas ou canceladas em Detroit (onde o grupo foi brevemente detido por policiais), Washington, D.C., Chattanooga, Milwaukee e Tyler, Texas. O NWA se apresentou em Cincinnati somente depois que o zagueiro do Bengal e o vereador Reggie Williams e vários de seus companheiros de equipe se posicionaram em sua defesa. Durante a turnê de verão, o NWA prudentemente optou por não tocar "__ the Police" (sua melhor música), e ao cantar apenas alguns trechos dela no estádio Joe Loius de Detroit fez com que a polícia invadisse o palco. Enquanto os policiais brigavam com a equipe de segurança, o NWA fugiu para o hotel. Dezenas de policiais estavam esperando por eles lá, e detiveram o grupo por 15 minutos. "Queríamos apenas mostrar às crianças", disse um oficial ao Hollywood Reporter, "que não se pode dizer 'foda-se a polícia' em Detroit".[50]

---

49 D. Marsh; P. Pollack, Wanted for Attitude, *Village Voice*, 10 Oct. 1989, p. 33-37.
50 Ibidem.

A menos, claro, que você seja um policial. Obviamente, as forças policiais têm uma entrada quase incontestável nesses espaços. Se a polícia passa a segurança para chegar ao palco, quem os seguranças chamam para conter a polícia? Ou, como KRS-One poderia dizer, "Quem nos protege de você?" Esses grandes estádios não são apenas vigiados, mas também, com a transmissão de um fax policial, passíveis de ocupação imediata. O que "justifica" essa ocupação? Um desafio simbólico à polícia em uma canção que, como observam Marsh e Pollack, "conta a história de um jovem que perde a paciência por causa de ações policiais brutais com base na aparência, e não em ações, como as frequentemente realizadas pelo LAPD (Los Angeles Police Department). No final das contas, o jovem ameaça engolir o próximo policial que foder com ele". Obviamente, não é do interesse dos empresários desafiar a polícia sobre esses assuntos, eles não podem se dar ao luxo de prejudicar o acesso a futuros serviços policiais, de modo que os artistas, nesse caso, acabam fugindo do palco após tentarem apresentar uma música que deveria ser protegida constitucionalmente. As letras de NWA têm ainda mais ressonância após a resposta do FBI:

> Fuck the police, comin straight from the underground
> A young nigga got it bad 'cause I'm brown
> And not the other color, so police think
> They have the authority to kill a minority.[51]

É essa posição ideológica sobre a juventude negra que estrutura a mídia e os ataques institucionais ao rap. diferenciando a resistência no rap dos ataques promovidos por artistas de rock 'n' roll. O rap não é de forma alguma a única expressão sob ataque. As formas populares de expressão dos brancos, especialmente o heavy metal, têm sido recentemente alvo de sanções e agressões crescentes por organizações política e economicamente poderosas, como o Parent's Music Resource Center, a American Family Association e a Focus on the Family. Essas organizações não são grupos isolados,

---

51 Foda-se a polícia, vindo direto do subterrâneo / Um mano jovem está mal porque sou pardo / E não a outra cor, então a polícia pensa / Eles têm autoridade para matar uma minoria." NWA, "The Police", *Straight Outta Compton*.

PROFETAS DA FÚRIA

elas são apoiadas por grandes corporações, políticos em nível nacional, associações de escolas e policiais locais e funcionários públicos municipais[52].

No entanto, existem diferenças críticas entre os ataques realizados contra a expressão da juventude negra e a expressão da juventude branca. As formas de ataque ao rap, por exemplo, fazem parte de um discurso de longa data com base sociológica que considera as influências negras uma ameaça cultural à sociedade estadunidense[53]. Consequentemente, rappers, seus fãs e jovens negros em geral são tidos como cúmplices na difusão da influência cultural negra. Para as organizações antirrock, o heavy metal é uma "ameaça à fibra da sociedade estadunidense", mas os fãs (por exemplo, "nossos filhos") são *vítimas* de sua influência. Ao contrário das vítimas do heavy metal, os fãs de rap são os representantes mais jovens de uma presença negra cuja diferença cultural é percebida como uma ameaça interna ao desenvolvimento cultural dos EUA. *Eles nos* vitimam. Essas diferenças na natureza ideológica das sanções contra o rap e o heavy metal são de fundamental importância, porque iluminam as maneiras pelas quais os discursos raciais informam profundamente as transcrições públicas e os esforços de controle social. Esse discurso racial é tão profundo que, quando a banda de *speed metal* do rapper Ice-T (*não o grupo de rap*), a Body Count, foi forçada a remover a música "Cop Killer" de seu álbum de estreia por causa de ataques a políticos, essas investidas se referiram consistentemente a essa obra como uma canção de rap (mesmo que de forma alguma possa ser confundida com rap) para construir uma onda negativa no público. Como Ice-T descreve,

---

52 Ver R. Walser, *Running with the Devil*. Ver também D. Marsh; P. Pollack, "Wanted" e *Rock and Roll Confidential* (RRC), especialmente seu panfleto especial "You've Got a right to rock: Don't Let Them Take It away". Este panfleto é uma documentação detalhada dos movimentos de censura e suas bases institucionais e ataques. O RRC é editado por David Marsh e pode ser assinado escrevendo para RRC, Dept. 7, Box 341305, Los Angeles, CA 90034. Ver também L. Martin; K. Seagrave, *Anti-Rock*.
53 Na verdade, os ataques às expressões negras populares anteriores – como jazz e rock 'n' roll – foram baseados no medo de que os jovens brancos estivessem obtendo muito prazer nas expressões negras e que essas expressões primitivas e estranhas fossem perigosas para seu desenvolvimento moral. Ver S. Chapple; R. Garofalo, *Rock 'n' Roll Is Here to Pay*; L.A. Erenberg, *Steppin' Out*; L. Jones, *Blues People*; K.J. Ogren, *The Jazz Revolution*; G. Lipsitz, *Time Passages*.

não há absolutamente nenhuma maneira de ouvir a música Cop Killer e chamá-la de uma gravação de rap. Está tão longe de ser rap. Mas, politicamente, eles sabem que ao dizer a palavra *rap* podem obter apoio de muitas pessoas que pensam *rap-black-rap-black--ghetto* (rap-negros-rap-negros-gueto) e não gostam disso. Você fala a palavra *rock*, as pessoas dizem: "Oh, mas gosto do Jefferson Airplane, gosto do rock de Fleetwood Mac – isso é rock." Elas não querem usar a palavra rock & roll para descrever essa música.[54]

De acordo com um artigo da revista *Billboard* de 16 de dezembro de 1989 sobre as turnês de rap, "a disponibilidade de locais caiu 33% porque os prédios estão limitando os shows de rap". A aparente causa dessa "crescente preocupação" é o show de rap de Nassau Coliseum que ocorreu em 10 de setembro de 1988, onde Julio Fuentes, de dezenove anos, foi morto a facadas. Esse episódio chamou a atenção nacional sobre a "violência" relacionada aos shows de rap:

> No rastro desse incidente, a TransAmerica cancelou o seguro geral para shows produzidos pela G Street Express em Washington, D.C., promotora dos eventos. Embora a G Street tenha obtido cobertura desde então, as consequências desse cancelamento lançaram uma mortalha sobre os shows de rap, resultando em muitos locais com imposição de condições rigorosas ou recusando-se a sediar os shows.[55]

Não contesto que a experiência foi assustadora e perigosa para os envolvidos. O que me preocupa aqui é a motivação racial e de classe subjacente às respostas ao episódio. Esse incidente não foi o primeiro a resultar em uma morte no local do show, nem foi o maior ou mais ameaçador. Durante o mesmo fim de semana do esfaqueamento de Fuentes, 1.500 pessoas ficaram feridas durante a apresentação de Michael Jackson em Liverpool, na Inglaterra. No show de Jackson,

---

54 Apud A. Light, "Ice-т", *Rolling Stone*, 20 Aug. 1992.
55 B. Haring, Many Doors Still Closed to Rap Tours, *Billboard*, 16 Dec. 1989, p. 1. Obviamente, Haring se refere aos proprietários de edifícios. Escritores e representantes locais referem-se consistentemente aos edifícios, não a seus proprietários, como o ponto de poder. Essa linguagem torna invisíveis as pessoas poderosas que controlam o acesso ao espaço público e tomam decisões burocráticas discriminatórias.

PROFETAS DA FÚRIA

uma multidão de jovens sem ingressos tentou derrubar uma cerca para ver o show. Ainda assim, em um artigo da Associated Press sobre o incidente de Jackson intitulado "1500 Hurt at Jackson Concert" não encontrei qualquer menção de cancelamentos de seguradoras relacionadas a Jackson, nenhuma cortina de fumaça foi lançada sobre sua música ou gênero, e nenhum grupo em particular foi responsabilizado pelo incidente[56]. O que provocou o pânico dos proprietários no evento do Coliseu foi um anseio preexistente em relação ao público principal do rap, os jovens negros da classe trabalhadora, a popularidade crescente do rap e a interpretação da mídia sobre o incidente, que alimentou diretamente essas inquietações preexistentes. O incidente no Coliseu e o discurso de controle social que o enquadrou forneceram uma justificativa para uma ampla gama de esforços para conter e controlar a presença de adolescentes negros enquanto protegia, por trás das preocupações com a segurança pública, as políticas do Coliseu voltadas para eventos dominados por negros.

A desconfiança dos shows de rap se deu sobretudo devido à cobertura do incidente pela mídia de Nova York. Uma manchete do *New York Post*, "Rampaging Teen Gang Slays 'Rap' Fan" alimentou facilmente o medo dos brancos de que os adolescentes negros precisem apenas de uma faísca para iniciar um incêndio florestal urbano incontrolável[57]. O medo da fúria negra, da ilegalidade e da amoralidade foi afirmado pela interpretação da mídia e pela descrição desse incidente. Os proprietários dos locais de eventos em todo o país esperavam para ver o que aconteceu naquela noite no condado de Nassau, e as interpretações da imprensa ajudaram de maneira crucial na construção de uma memória do evento. De acordo com Haring, Norm Smith, gerente geral assistente do San Diego Sports Arena, "atribui a cautela do local à influência das discussões que a administração do prédio teve com outras arenas em relação aos problemas em shows de rap". Essas "discussões" entre os gerentes e proprietários dos espaços são orientadas por relatórios de incidentes

---

56 1500 Hurt at Jackson Concert, *New York Post*, 12 Sept. 1988, p. 9.
57 C.J. Pelleck; C. Sussman, Rampaging Teen Gang Slays "Rap" Fan, *New York Post*, 12 Sept. 1988, p. 9. Ver a edição de janeiro de 1991 de *The Source*, p. 24, para uma discussão sobre a proibição de shows de rap e sobre a violência relacionada ao rap.

(documentados pela equipe de segurança do local e pela polícia local), bem como pela cobertura da mídia no dia seguinte. Esses relatos autorreferenciais são tecidos juntos a uma interpretação hegemônica "do que aconteceu". De acordo com a cobertura do *The New York Times* sobre o incidente, o esfaqueamento foi um subproduto de uma "onda de roubos" conduzida por cerca de uma dúzia de jovens. Fuentes foi esfaqueado enquanto tentava recuperar as joias roubadas de sua namorada. Michel Marriott, redator da equipe, observou que dos dez mil espectadores, este pequeno grupo imundo foi o único responsável pelo incidente. Embora a raça dos perpetradores não tenha sido mencionada no texto, uma foto de um homem negro algemado (vestindo um moletom do Beverly Hills Polo Club!) e a menção de suas residências em Bedford Stuyvesant os posicionaram de forma estereotipada como membros de comunidades pobres e negras da cidade[58]. O retrato da agressão dos homens negros foi enquadrado por uma citação ampliada que dizia: "um detetive disse que os ladrões estavam em frenesi, como tubarões se alimentando"[59]. A grande maioria dos jovens pobres que cometem crimes de rua o faz para conseguir dinheiro e bens de consumo. Em uma sociedade em que a qualidade e a quantidade de bens de consumo acumulados são equiparadas a *status* e destreza, não deve ser surpresa que alguns desses adolescentes que avaliaram com precisão suas chances improváveis de mobilidade econômica roubem de outras pessoas[60]. Descritos como predadores negros que procuram sangue para se sustentar, esses doze meninos negros foram cruelmente desumanizados. Marriott não apenas descaracterizou seus motivos, mas também definiu um tom de violência generalizada e descontrolada

---

58 É deliberado e significativo que a raça dos suspeitos não tenha sido realmente mencionada. Como Timothy Maliqualim Simone aponta: "No rescaldo do movimento pelos direitos civis dos anos 1960 e 1970, a cultura estadunidense descobriu que os efeitos raciais são alcançados com mais eficiência em uma linguagem livre de referências raciais abertas [...] Em vez disso, eles empregam significantes mais sutis: 'jovens de rua', 'mães de programas assistenciais', 'residentes de regiões problemáticas em torno centro da cidade'." T.M. Simone, *About Face*, p. 17. Dada essa observação astuta, a imagem que acompanha o texto era desnecessária e pode ser considerada um exagero gratuito.
59 M. Marriott, 9 Charged, 4 with Murder, in Robbery Spree at L.I. Rap Concert, *The New York Times*, 19 Sept. 1988, B3.
60 J.W. Messerschmidt, op. cit. Ver especialmente p. 54-58.

durante todo o show. Não houve citações de outros clientes ou de qualquer outra pessoa além do comissário de polícia Rozzi e do detetive Nolan. O evento foi enquadrado exclusivamente pela perspectiva da polícia. No entanto, em minhas próprias conversas com pessoas que compareceram ao evento, descobri que muitos dos presentes não tinham ideia do incidente até lerem a respeito nos jornais no dia seguinte.

No artigo de Haring sobre a resistência dos locais de eventos, Hilary Hartung, diretora de marketing do Nassau Coliseum, relata que não houve shows de rap desde o incidente do esfaqueamento em setembro de 1988, e que ela "suspeita que seja por escolha mútua": "O local analisa todos os shows individualmente. Verificamos todos os espaços antes de um show chegar aqui para checar os relatórios de incidentes quanto a danos ou multidões indisciplinadas. Pode ser [um] show de heavy metal ou de rap"[61]. No caso Nassau Coliseum, os relatórios policiais e a cobertura da mídia trabalham em conjunto, produzindo uma narrativa unificada que vincula representações racistas de negros como animais à documentação policial ostensivamente objetiva e baseada em estatísticas, tornando qualquer outra interpretação da "violência" irrelevante. Eles fornecem uma justificativa perfeita para os proprietários dos locais de eventos reduzirem ou proibirem significativamente as apresentações de rap em seus espaços.

A construção social da "violência", isto é, quando e como determinados atos são definidos como violentos, faz parte de um processo mais amplo de rotulação dos fenômenos sociais[62]. A violência relacionada ao rap é uma faceta da "crise urbana" contemporânea que consiste em uma "cultura desenfreada das drogas" e "gangues selvagens"

---

61 B. Haring, Many Doors Still Closed to Rap Tours, *Billboard*, 16 Dec. 1989, p. 80.
62 Ver J.W. Messerschmidt, op. cit., especialmente o capítulo 3, "Powerless Men and Street Crime". Messerschmidt observa que "a percepção pública do que é crime violento grave e quem são os criminosos violentos é determinada primeiro pelo que o Estado define como violento e os tipos de violência que ignora... A lei penal define apenas certos tipos de violência como criminosos, ou seja, formas de assassinato cara a cara, assalto e roubo, que são os tipos de violência praticados principalmente por jovens do sexo masculino marginalizados de minorias. A lei criminal exclui certos tipos de mortes evitáveis, ferimentos e roubos cometidos por homens brancos poderosos, como a manutenção de condições de trabalho perigosas ou produção insegura de mercadorias" (p. 52).

de jovens negros e hispânicos. Quando a manchete do Daily News diz "L.I. Rap-Slayers Sought"[63] ou uma matéria da *Newsweek* é intitulada "The Rap Attitude", esses rótulos são importantes, porque atribuem um significado particular a um evento e localizam esse evento em um contexto mais amplo[64]. Os rótulos são essenciais para o processo de interpretação, porque fornecem um contexto e uma estrutura para o comportamento social. Como Stuart Hall et al. apontam em *Policing the Crisis*, uma vez que um rótulo é atribuído, "seu uso provavelmente mobilizará todo o contexto referencial, com todos os significados associados e conotações"[65]. A questão, então, não é se "há realmente violência nos shows de rap", mas como esses crimes são contextualizados, rotulados. Em que categorias já existentes o incidente marcante do Nassau Coliseum foi enquadrado? A quais interesses essas estratégias interpretativas atendem? Quais são as repercussões?

Os proprietários dos locais de eventos têm a palavra final sobre as decisões de reserva, mas não são os únicos vigilantes institucionais. O outro grande agente de poder, a indústria de seguros pode se recusar a assegurar algo aprovado pela administração do local do evento. Para que qualquer *tour* tenha acesso a um espaço, a banda ou grupo contrata um agente de reservas que negocia a taxa do procedimento. O agente de reservas contrata um promotor de shows que "compra" a banda e a apresenta à seguradora e aos gerentes do local. Se uma seguradora não fizer o seguro da ação, por decidir que representa um risco não lucrativo, o proprietário do local não agendará o evento. Além disso, a seguradora e o proprietário do local reservam-se o direito de cobrar quaisquer taxas de seguro ou licença que considerem razoáveis, caso a caso. Assim, por exemplo, o Three Rivers Stadium em Pittsburgh, Pensilvânia, triplicou sua taxa normal de vinte mil dólares para o Grateful Dead. As corretoras que ainda fazem seguros para shows de rap aumentaram sua cobertura mínima de cerca de 500 mil dólares para algo entre quatro e cinco

---

63 Matador procurado. (N. da. T.)
64 M. Kruggel; J. Roga, L.I. Rap Slayer Sought, *New York Daily News*, 12 Sept. 1988, p. 3; D. Gates et al., The Rap Attitude, *Newsweek*, 19 Mar. 1990, p. 56-63.
65 S. Hall et al., *Policing the Crisis*, p. 19.

PROFETAS DA FÚRIA

milhões de dólares por show[66]. Vários espaços importantes tornam quase impossível a reserva para um show de rap, e outros se recusam abertamente a agendar atividades de rap.

Essas reações ao rap têm uma semelhança impressionante com as leis do cabaré da cidade de Nova York instituídas na década de 1920 em resposta ao jazz. Uma ampla gama de leis de licenciamento e zoneamento, muitas das quais permaneceram em vigor até o final dos anos 1980, restringia os locais onde o jazz podia ser tocado e como poderia ser tocado. Essas leis estavam vinculadas às expectativas morais em relação às realizações culturais dos negros e, em parte, pretendiam proteger os patronos brancos das "influências imorais" do jazz. Elas definiam e continham o tipo de jazz que poderia ser tocado – restringindo o uso de certos instrumentos (especialmente bateria e buzinas) – e estabeleciam elaboradas políticas de licenciamento que favoreceram proprietários de clubes de jazz tradicionais e estáveis, ao mesmo tempo que impediam uma série de músicos proeminentes com pequenos antecedentes criminais de obterem cartões de cabaré[67].

Durante uma entrevista com "Richard", de uma grande agência de talentos que realiza reservas com artistas proeminentes de rap, perguntei a ele se os agentes de reserva haviam respondido às proibições do rap levantando acusações de discriminação racial contra os proprietários dos locais de eventos. Sua resposta ilustra claramente a importância do poder institucional em jogo:

> Essas instalações são de propriedade privada, eles podem fazer o que quiserem. Você diz a eles: "Você não vai nos deixar entrar porque está discriminando as crianças negras". Eles dizem a você: "Foda--se, quem se importa. Faça o que tiver que fazer, mas você não vai entrar aqui. Você, eu não preciso de você, não quero você. Não venha, não me incomode. Vou agendar hóquei, shows no gelo, basquete, música country e formaturas. Farei todos os tipos de coisas 360 dias por ano. Mas não preciso de você. Não preciso de lutas,

---

66 Entrevista com "Richard", representante de uma grande agência de talentos que negocia com dezenas de grandes grupos de rap, out. 1990.
67 P. Chevigny, *Gigs*. Ver também K.J. Ogren, *The Jazz Revolution*.

tiroteios e esfaqueamentos". Por que eles se importam? Eles têm que manter sua imagem.[68]

A conversa imaginária de Richard com o dono de um local de evento é uma descrição precisa do escopo de poder que esses proprietários têm sobre o acesso a grandes espaços urbanos públicos e da política silenciosa racialmente excludente que governa as negociações da reserva. É também uma articulação explícita da aura criada pelos soldados ideológicos: a força de segurança da arena vermelha e cinza descrita anteriormente. Diante desse cenário, a morte de Julio Fuentes não foi motivo de lamento por uma perda de vida desnecessária, ela constituiu a fonte de um problema de imagem para os proprietários do local, um sinal de invasão por um elemento indesejado.

Como o rap tem seguidores especialmente fortes nas metrópoles urbanas, reservá-lo fora desses grandes espaços metropolitanos tem um impacto dramático na capacidade dos rappers de alcançar sua base de fãs em apresentações ao vivo. Public Enemy, Queen Latifah e outros grupos de rap usam cenários de performance ao vivo para tratar de questões sociais atuais, má cobertura da mídia e outros problemas que preocupam especialmente a parte negra dos EUA. Por exemplo, durante um show em Providence, Rhode Island, em dezembro de 1988, Chuck D do Public Enemy explicou que o estádio de Boston se recusou a reservar o show e leu um artigo do *Boston Herald* que retratava os fãs de rap como um elemento problemático e aprovava a proibição do show. Para compensar essa rejeição, Chuck D gritava "Roxbury crowd in the house" (Multidão de Roxbury na Casa), para que se sentissem em casa em Providence. Cada vez que Chuck mencionava Roxbury, os setores do estádio explodiam em gritos e berros especialmente excitantes[69]. Como a imagem dos jovens negros é construída como se fosse uma ameaça permanente à ordem social, grandes reuniões públicas sempre serão vistas como eventos perigosos. Os grandes estádios possuem maior

---

68 Entrevista de Rose com "Richard". Eu decidi não revelar a identidade desse representante da agência de talentos porque isso não serve a nenhum propósito em específico aqui e pode ter um efeito prejudicial em sua carreira.

69 Roxbury é uma área pobre, predominantemente negra em Boston.

PROFETAS DA FÚRIA

potencial para acesso em massa e comportamento não sancionado. E os jovens negros, altamente conscientes de suas vidas alienadas e marginalizadas, continuarão a ser hostis às instituições e ambientes que reafirmam esse aspecto de sua realidade. A presença de um público predominantemente negro em um estádio com capacidade para quinze mil pessoas comunicando-se com os principais ícones da cultura negra – cujas músicas, letras e atitude iluminam e afirmam os receios e as queixas dos negros – provoca o medo da consolidação de uma fúria negra. As expectativas do proprietário e da seguradora em relação a cadeiras quebradas, reclamações de seguro ou fatalidades não são importantes por si mesmas; elas são importantes porque simbolizam uma perda de controle que pode envolver desafios à configuração social atual. Elas sugerem a possibilidade de que essa fúria negra possa ser dirigida às pessoas e instituições que apoiam a contenção e a opressão dos negros. Como aponta o rapper da Costa Oeste Ice Cube, em "The Nigga Ya Love to Hate", "just think if niggas decided to retaliate?" (apenas pense se os manos decidissem retaliar?)[70].

A resistência dos locais de eventos ao rap é impulsionada tanto por cálculos econômicos quanto pela interpretação hegemônica da mídia sobre os fãs de rap, música e violência. A relação entre atos reais de violência, relatórios de incidentes policiais, cálculos econômicos e relatos da mídia é complexa e interativa e, frequentemente, trabalha para reproduzir leituras de violência em shows de rap como exemplos de desordem cultural negra e do mal. Essa matriz mascara a fonte de poder institucional ao desviar a atenção de atos flagrantes de discriminação e esforços de controle racialmente motivados pela polícia, de seguros discriminatórios e políticas de reserva. Relatos da mídia sobre esses incidentes relacionados ao rap solidificam as interpretações hegemônicas da criminalidade negra. O estudo de Paul Gilroy sobre raça e classe na Grã-Bretanha, *There Ain't No Black in the Union Jack* (Não Há Negros na Union Jack), dedica considerável atenção à desconstrução das imagens dominantes sobre a criminalidade negra. O estudo de Gilroy revela várias semelhanças

---

70 Ice Cube, "The Nigga You Love to Hate", *Amerikkka's Most Wanted*.

ideológicas entre a mídia dominante e as interpretações da polícia sobre raça e crime nos EUA e na Grã-Bretanha. Sua leitura da construção da criminalidade negra na Grã-Bretanha é apropriada aqui:

> A distinção entre os crimes reais que os negros cometem e o simbolismo dado à representação desses crimes é altamente significativa. […] A maneira pela qual a inquietude sobre o crime negro forneceu a força motriz do racismo popular é um processo extraordinário que está relacionado com a luta diária da polícia para manter a ordem e o controle no nível da rua e, em um ponto diferente, dos conflitos políticos que marcam o movimento da Grã-Bretanha em direção a modos mais autoritários de intervenção governamental e regulação social.[71]

Desconstruir a perspectiva ideológica da mídia sobre o crime negro não sugere que não ocorram atos reais de violência praticados por e contra jovens negros. No entanto, os atos reais não nos são acessíveis sem a mediação fundamental dos discursos hegemônicos. Consequentemente, essa violência "real" já está sempre posicionada como parte das imagens da violência negra e dentro do discurso mais amplo sobre a ameaça negra urbana. Embora a violência em shows de rap possa ser entendida como uma instância visível de crimes cometidos por e contra negros, por ocorrer em uma zona de segurança de brancos, é interpretada como uma perda de controle do território de origem. O fato de que a violência em shows relacionados ao rap ocorre fora da cerca invisível que circunda as comunidades negras pobres aumenta o fator de ameaça. Os rappers rearticularam a percepção de longa data entre os afro-estadunidenses de que crimes contra negros (especialmente crimes praticados por negros contra negros) não têm o mesmo peso moral ou imperativo político.

As duas exceções à regra permanecem dentro da lógica do discurso de controle social: crimes de negros que ocorrem fora de áreas designadas para negros (negros podem se matar, desde que o façam em "seus" bairros) e os ataques inegavelmente racistas contra negros (como no incidente de Howard Beach) que resultam em protestos

---

71 P. Gilroy, *There Ain't No Black in the Union Jack*, p. 110. Ver também P. Gilroy, Police and Thieves, em Centre for Contemporary Cultural Studies (ed.), *The Empire Strikes Back*.

sociais (esses ataques injustificados podem resultar em guerras raciais que perturbariam seriamente a configuração social atual). Cada uma dessas exceções é circunscrita pela lógica do controle social e traz consigo um forte escrutínio institucional[72]. A comunidade do rap está ciente de que o rótulo "violência em shows de rap" está sendo usado para conter a mobilidade negra e o rap, e não para diminuir a violência contra os negros. Ice Cube captura uma leitura familiar da violência sancionada pelo Estado contra jovens negros:

Every cop killer ignored
They just send another nigger to the morgue
A point scored
They could give a fuck about us
They'd rather find us with guns and white powder
Now kill ten of me to get the job correct.
To serve, protect and break a nigga's neck.[73]

Ciente do fato de que a violência é um termo empregado seletivamente, KRS-One aponta as ligações históricas entre música, protesto social e controle social:

---

72 No caso de Howard Beach, o racismo cruel foi a única explicação razoável para o ataque brutal contra três homens negros (um dos quais foi assassinado) cujo carro havia quebrado. Ainda assim, uma questão que preocupou a defesa era se eles tinham um "bom motivo" para estar no bairro totalmente branco. Essa questão foi estabelecida observando-se que eles haviam passado por vários postos de gasolina e pizzarias antes de parar para pedir ajuda com seu automóvel (Claro, eles podem ter passado por estabelecimentos que pareciam hostis, esperando que o próximo pudesse parecer menos ameaçador, ou ter alguns clientes de cor neles). Meu ponto aqui é que, se eles não tivessem um carro avariado como desculpa, eles teriam significativamente menos influência moral com os nova-iorquinos brancos. Na verdade, a imprensa estava contando cabines telefônicas e restaurantes abertos na área para "explicar" por que eles caminharam tanto. Esses três homens negros transgrediram as fronteiras que circunscrevem a mobilidade negra, uma transgressão que faz sentido no discurso do controle social, explica o medo branco e torna a violência contra os negros lógica e compreensível. Ver P.J. Williams, *The Alchemy of Race and Rights*, para uma leitura extensa e importante do caso Howard Beach e de vários outros crimes racialmente motivados.
73 "Todo policial assassino ignorou / Eles acabaram de mandar outro negro para o necrotério / Um ponto marcado / Eles poderiam dar a mínima para nós / Eles preferem nos encontrar com armas e pó branco [droga] / Agora mate dez de mim para fazer o trabalho correto. / Para servir, proteger e quebrar o pescoço de um negro." Ice Cube, "Endangered Species", *AmeriKKKa's Most Wanted*.

When some get together and think of rap
They tend to think of violence
But when they are challenged on some rock group/
The result is always silence
Even before the rock 'n' roll era, violence played a big part in music
It's all according to your meaning of violence
And how or in which way you use it.
By all means necessary, it is time to end the hypocrisy,
What I call violence I can't do,
But your kind of violence is stopping me.[74]

Desde o incidente no Nassau Coliseum, a "violência" nos shows de rap continuou a ocorrer, e a suposição da mídia sobre as ligações entre o rap e a desordem tornou-se mais fácil. Em muitas ocasiões, fui chamada por vários meios de comunicação de todo o país para comentar sobre a violência que é esperada ou que ocorreu em determinado show de rap. O ângulo da violência é a razão para o artigo, mesmo nos casos em que não ocorreram incidentes. Quando questiono os escritores ou apresentadores de rádio sobre suas presunções, eles quase sempre voltam à sua própria cobertura como evidência da realidade da violência e geralmente ignoram meus comentários. Em um caso notável, disseram-me que, sem o ângulo da violência, eles matariam a história. Na verdade, eles estavam dizendo que não havia maneira de contornar isso. A repetição, pela mídia, da violência relacionada ao rap e a problemática urbana que ela evoca não se limitam aos registros do crime, mas também destacam as críticas às performances ao vivo. Ambos os contextos têm o mesmo pressuposto: o que torna o rap interessante é sua ruptura espacial e cultural, e não sua inovação musical e capacidade expressiva[75]. Consequen-

---

74 "Quando alguns se reúnem e pensam em rap, / Eles tendem a pensar em violência / Mas quando eles são desafiados em algum grupo de rock / O resultado é sempre o silêncio. / Mesmo antes da era do rock 'n' roll, a violência desempenhava um grande papel na música / Está tudo de acordo com seu significado de violência / E como ou de que maneira você o usa. / Por todos os meios necessários, é hora de acabar com a hipocrisia / O que chamo de violência não posso fazer / Mas o seu tipo de violência está me impedindo." Boogie Down Productions, "Necessary", *By All Means Necessary*.
75 Ver, especialmente, D. Samuel, The Real Face of Rap, *The New Republic*, 11 Nov. 1991, e D. Gates et al., *The Rap Attitude*. Em contraste, Jon Parales e Peter Watrous,

PROFETAS DA FÚRIA

temente, as críticas dominantes da mídia aos sons e estilos do rap são necessariamente condicionadas pelos medos onipresentes da influência negra, medos de um planeta estético negro.

Em uma crítica particularmente hostil do *Los Angeles Times* sobre a turnê de verão do Public Enemy em 1990, na San Diego Sports Arena, John D'Agostino articula um microcosmo complexo de anseios sociais relacionados aos jovens negros, à estética negra e ao rap. A coluna estendida de resenhas de rock de D'Agostino, do dia seguinte, intitulada "Rap Concert Fails to Sizzle in San Diego" apresenta uma proeminente barra lateral que diz: "Embora incluísse uma briga, o show na Sports Arena parece que não teve força e não conseguiu conter grande capacidade da audiência energizada." Na frase de abertura, ele confessa que "o rap não é uma música de críticos; é uma música de discípulos", uma confissão que indica seu analfabetismo cultural e que deveria ser suficiente para tornar irrelevante sua crítica posterior. Que música *é* para os críticos? A quais críticas ele se refere? Evidentemente, as resenhas críticas do rap na *The Source* e *Village Voice* são escritas por discípulos. O parágrafo de abertura de D'Agostino apresenta o público do show como seguidores religiosos estúpidos e perigosos, hipnotizados pelos ritmos do rap:

> Por quase cinco horas, os devotos de Afros, Queen Latifah, Kid'N Play, Digital Underground, Big Daddy Kane e da atração principal Public Enemy foram empurrados em um movimento espasmódico pelo que parecia pouco mais que segmentos intermitentes de um único *continuum* rítmico. Foi hipnótico em termos de privação sensorial, uma maratona de monotonia entorpecente para corpo e mente, cujas linhas de bateria e baixo ensurdecedoras e pré-gravadas e canhões de luz errantes frequentemente transformavam o público de 6.500 em uma fera móvel obstinada. O funk encontra Nuremberg Rally.[76]

---

os principais críticos de música popular do *The New York Times*, fizeram tentativas dignas de nota para oferecer complexas e interessantes críticas ao rap. Em muitos casos, um número significativo de cartas chegou ao editor nas semanas seguintes reclamando da aparência e do conteúdo de seus artigos e resenhas.

76 J. D'Agostino, Rap Concert Fails to Sizzle in San Diego, *Los Angeles Times* (edição de San Diego), 28 Aug. 1990, p. F1, F5. Essa análise é acompanhada por artigos curtos subsequentes sobre acusações feitas contra rappers por "conduta obscena" enquanto

Aparentemente, a música é completamente ininteligível para ele, e sua incapacidade de interpretar os sons o assusta. Sua leitura, que torna explícito seu medo e ignorância, condena o rap justamente no ponto que o torna convincente. Por exemplo, porque ele não consegue explicar o motivo pelo qual uma série de linhas de baixo ou bateria move a multidão, o público parece "empurrado em um movimento espasmódico", sugerindo claramente uma resposta "automática" ou "involuntária" à música. A familiaridade codificada dos ritmos e ganchos no rap em formas de samples de outras músicas negras – especialmente o funk e o soul – carregam consigo o poder da memória coletiva negra. Esses sons são marcadores culturais, e as respostas a eles não são involuntárias, mas de fato densas e ativamente intertextuais; eles imediatamente evocam a experiência coletiva negra do passado e do presente[77]. Ele sente o *continuum* rítmico, mas o interpreta como "monótono e entorpecente para corpo e mente". A própria pulsação que fortaleceu o público em San Diego deixou-o com uma sensação de "privação sensorial". Os ritmos que capacitavam e estimulavam a multidão entorpeciam seu corpo e mente.

Sua descrição da música como "entorpecente" e ainda assim capaz de mover a multidão como uma "fera móvel e obstinada" captura sua confusão e ansiedade em relação ao poder e ao significado dos tambores. O que parecia "monótono" o assustou precisamente porque essa mesma pulsação energizava e fortalecia o público. Incapaz de negociar a relação entre seu medo do público e a caixa de som que

---

estavam no palco realizando esse show, e a cobertura massiva da controvérsia do 2 Live Crew sobre letras obscenas. Por exemplo, M. Granberry, Digital Underground May Face Prosecution, *Los Angeles Times*, 17 Nov. 1990, p. F9; 2 Rap Beat, Must Beat Rap, *New York Daily News*, 4 Aug. 1990, p. 3. É também muito importante apontar o quanto a descrição de D'Agostino do rap é modelada a partir dos argumentos de T.W. Adorno em relação ao jazz dos anos 1940. Em "Sobre Música Popular", Adorno refere-se aos ritmos do jazz como um sinal de obediência à dominação da era da máquina: "O culto da máquina, que é representado por constantes batidas de jazz, envolve uma autorrenúncia que não pode deixar de se enraizar na forma de uma inquietação flutuante em algum lugar da personalidade do obediente." Ver S. Frith; A. Goodwin (eds.), *On Record*, p. 313. (Trad. Bras.: Sobre Música Popular, em Gabriel Cohn [org.], Sociologia, São Paulo: Ática, 1997, p. 115-146, coleção Grandes Cientistas Sociais.)

77 Ver G. Lipsitz, *Time Passages*, para uma análise extensa deste processo.

PROFETAS DA FÚRIA

sustentava o prazer negro enquanto o empurrava para as margens, D'Agostino interpreta o prazer negro como perigoso e automático. À medida que sua representação da aura do show regredia, discípulos religiosos irracionais do rap não forneciam mais uma metáfora suficiente. A ideologia hegemônica que o artigo de D'Agostino subscreve foi substituída pelo senso de comunidade facilitado pelo rap, bem como pela estética negra que a música privilegiava[78]. Ele termina sua introdução ligando o funk a um real comício nazista a fim de produzir uma representação definitiva do jovem negro como elemento agressivo, perigoso, racista, cujo comportamento é doentio, inexplicável e orquestrado por rappers (ou seja, organizadores do comício). O rap, ele sugere em última análise, é a trilha sonora dos discípulos para a celebração da dominação fascista negra. O show que "falhou em agitar o público" foi na verdade quente demais para aguentar.

Uma vez que sua construção do fascismo negro está em vigor, D'Agostino dedica a maior parte de sua crítica às performances, descrevendo-as como "juvenis", "pueris" e, no caso do Public Enemy, aquela que "depende de controvérsia para manter o interesse". No meio da análise, ele descreve a "briga" que ocorreu durante a apresentação do Digital Underground:

> Depois que as luzes da casa foram acesas após a saída do DU, uma briga começou na frente do palco. Seguranças, membros de várias comitivas de rappers e fãs se juntaram à briga que ganhou multidão e então se arrastou para um canto do chão em um dos lados do palco. As pessoas correram para todas as partes do estádio, mas os briguentos estavam tão unidos que poucos socos sérios podiam ser dados e, em poucos minutos, uma luta que ameaçava se tornar um tumulto em pequena escala perdeu força.[79]

Do meu assento ao lado do palco no mezanino, onde eu tinha uma visão clara do palco, essa "briga" parecia nada mais do que uma briga

---

78 Ver R. Pratt, Popular Music, Free Space, and the Quest for Community, *Popular Music and Society*, v. 13, n. 4, p. 59-76, sobre a questão de momentos de espaço público de experiências comunitárias, e ver J. Snead, On Repetition in Black Culture, *Black America Literature Forum*, v. 15, n. 4.

79 J. D'Agostino, op. cit., p. F5.

215

em pequena escala. Os fãs não correram de todas as áreas para participar da briga, que foi facilmente contida, como ele mesmo ressalta, em poucos minutos. Na verdade, poucas pessoas responderam à briga observando em silêncio, até que acabasse. Ele não considera que os períodos de espera de mais de vinte minutos entre cada atuação e o senso de desrespeito com que os fãs jovens negros são tratados podem ter contribuído para a frustração. De 6.500 pessoas, um grupo de não mais de vinte, que foi rapidamente cercado por guardas da segurança, ficou significativamente aquém de uma "multidão" e "ameaçou se tornar um tumulto de pequena escala" apenas na imaginação colonial de D'Agostino.

A crítica de D'Agostino termina sugerindo que o rap está acabando, que as travessuras juvenis e a polêmica encenada não prendem mais a atenção do público e, portanto, significam a morte do rap. O que aconteceu com a "fera móvel obstinada" que mostrou sua cabeça feia na introdução? Como o fascismo negro se dissolveu em uma infantilidade inofensiva em menos de cinco horas? D'Agostino teve de fazer esse movimento; sua aversão pelo rap, junto com seu medo dos jovens negros, deixou-lhe pouca alternativa a não ser matar a fera obstinada, desconectando sua fonte de energia. Sua crítica sustenta o medo da paixão e da energia negra e, ao mesmo tempo, acalma esses medos, sugerindo que o rap está morrendo. A morte iminente do rap é um mito dominante que deliberadamente confunde a fúria negra como rebelião juvenil e, ao mesmo tempo, retém o espectro necessário da violência negra justificando a repressão social do rap e dos jovens negros.

As representações da mídia de massa e o policiamento institucional têm necessariamente alimentado o potencial expressivo do rap. A cobertura da mídia sobre "violência relacionada ao rap" teve um impacto significativo nos conteúdos lírico e musical, assim como nas apresentações dos rappers. A resposta mais explícita à violência relacionada ao rap e à cobertura da mídia foi o movimento Stop the Violence (stv), da indústria musical. Organizado em resposta direta ao incidente central do Nassau Coliseum em setembro de 1988, "foi", nas palavras do principal organizador da stv, o escritor e crítico musical Nelson George, "tempo para os rappers definirem

216

PROFETAS DA FÚRIA

o problema e se defenderem". O STV configurou uma tentativa de redefinir a interpretação e o significado da violência relacionada ao rap e desencorajar crime de negros contra negros:

> Os objetivos do STV [eram] que os rappers conscientizassem o público do crime de negros contra negros e apontassem suas reais causas e custos sociais; para levantar fundos para uma organização de caridade que já estava lidando com os problemas de analfabetismo e crime no centro da cidade; [e] para mostrar que o rap é uma ferramenta viável para estimular as habilidades de leitura e escrita entre as crianças do centro da cidade.[80]

Em janeiro de 1990, o movimento STV lançou um single intitulado "Self-Destruction", em que apresenta vários rappers *dropping science*[81] proeminentes sobre o custo do crime de negros contra negros para os afro-estadunidenses, sobre o crime e as drogas como profissões sem saída e sobre a representação estereotipada da mídia sobre fãs de rap como criminosos. A letra de "Self-Destruction" focava na necessidade de quebrar o estereótipo de violento atribuído ao fã de rap. Eles desassociaram os fãs de rap de "um ou dois irmãos ignorantes" que cometem crimes e pediram unidade na comunidade. A certa altura, o rapper Heavy D apontou que os negros são frequentemente considerados animais e, embora ele não concorde com essas representações, ele acha que os fãs de rap estão provando que eles estão certos ao demonstrar comportamento violento e autodestrutivo[82]. Além de produzir todos os videoclipes das estrelas e organizar várias marchas públicas, o STV publicou um livro no estilo de ensaio fotográfico sobre o movimento STV. *Stop the Violence: Overcoming Self-Destruction* apresenta a história do STV, páginas de estatísticas de crimes de negros e depoimentos de adolescentes sobre violência de negros contra negros. O STV tinha como alvo os jovens afro-estadunidenses do contexto urbano com a esperança de "educá-los e modificá-los", para ajudá-los a "superar" a autodestruição. O livro e

---

80 N. George (ed.), *Stop the Violence*, p. 12.
81 *Dropping Science* é quando um rapper tenta conscientizar seu público de alguma temática importante (N. da T.)
82 "Self-Destruction", *Stop the Violence*.

217

o projeto geral foram copatrocinados pela National Urban League, que também serviu como beneficiária de todas as doações arrecadadas como resultado dos esforços do stv.

Infelizmente, a resposta do stv para a mudança esperada não redefiniu o problema; ele aceitou os termos de base sociológica estabelecidos na cobertura da mídia. O stv respondeu dentro dos parâmetros já estabelecidos em relação ao comportamento dos jovens negros. Empregando acriticamente os rótulos "crime de negros contra negros" e "autodestruição", a agenda de autoajuda do stv se encaixa confortavelmente no discurso da patologia social que explicou, em primeiro lugar, a violência relacionada ao rap. As tentativas mínimas do stv de posicionar esses atos de violência e crimes como sintomas de desigualdade econômica não foram suficientes para compensar a lógica da patologia cultural que dominou suas declarações. Páginas de estatísticas que documentam o número de negros mortos por outros negros reforçaram a construção dominante da patologia negra, enquanto a violência econômica, social e institucional a que os negros são submetidos permaneceu inexplorada.

A esquiva sistemática da mídia sobre os elementos destrutivos no processo de reforma urbana, a desindustrialização, crimes corporativos e o sistema de educação pública lamentavelmente falho permaneceram sem discussão, separando efetivamente a mídia de massa e o governo de seu papel crucial na perpetuação das condições que fomentam o crime violento de rua. Como deixa claro o estudo *Inventing Reality* de Michael Parenti sobre a política da mídia de massa, a cobertura mínima desses crimes sociais maiores e a grande cobertura de crimes de rua estão diretamente relacionadas e iluminam o significado de classe e raça na definição da transcrição pública:

> A cobertura da imprensa concentra a atenção do público no crime nas ruas com quase nenhuma menção aos chamados "crimes corporativos", minimizando crimes corporativos como subornos, desfalques, propinas, restrições monopolistas de comércio, uso ilegal de fundos públicos por interesses privados, violações de segurança ocupacional [...] e envenenamentos ambientais que podem custar caro ao público em dinheiro e vidas [...] A forma como a imprensa define e relata o crime é, então, amplamente determinada pela classe e origem

218

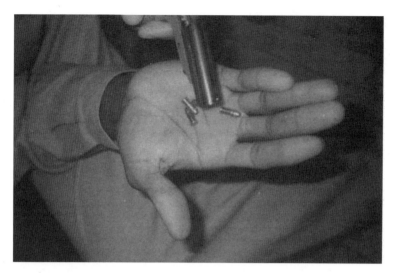

© suekwon

racial da vítima e do vitimizador [...] negros, latinos e outras minorias são mais propensos a serem projetados como criminosos do que os líderes corporativos, cujos crimes podem ser ainda mais graves e de alcance e repercussão mais amplos do que os dos criminosos de rua.[83]

As comunidades negras economicamente oprimidas enfrentam moradias e serviços de saúde escassos e precários, serviços municipais mínimos (como Public Enemy diz, o código de emergência 911 é uma piada), constante assédio policial e brutalidade e discriminação econômica, racial e sexual; essas condições estão fundamentalmente ligadas ao "crime de negros" e às construções de violência social. O rótulo de *crime de negros contra negros*, observa o congressista John Conyers, "dá a impressão errônea de uma atividade estranha, aberrante ou exótica, quando tirada do contexto das raízes sociais e econômicas do crime"[84]. Além disso, como Bernard Headley argumenta, a violência experimentada por negros e pessoas da classe trabalhadora como resultado de serviços médicos precários, uso de força letal pela polícia

---

[83] M. Parenti, *Inventing Reality*, p. 12.
[84] J. Conyers, Main Solution Is National Plan Correcting Economic Injustice, *Ebony*, Aug. 1979.

e negligência industrial excede em muito a ameaça do crime entre negros. "Crime de negros contra negros" é um conceito que necessariamente separa o crime das condições que o criam:

> O crime não é o resultado da negritude (que é o que a noção de crime de "negro contra negro" implica), mas de um complexo de crimes sociais e econômicos que condiciona uma "matriz situacional" negativa trazida pelo modo de produção capitalista, em que tanto a vítima negra quanto o vitimizador negro estão inextricavelmente presos em um jogo mortal pela sobrevivência.[85]

A ausência dessas conexões foi uma falha crucial do movimento STV. A agenda do STV deveria ter mantido uma tensão dialética entre o comportamento autodestrutivo dos negros e as imensas forças institucionais que fomentam tais comportamentos. Gritos na letra de "Self-Destruction" para evitar trilhar o caminho (destrutivo) que foi traçado, para "nos manter sob controle" e para "amar seu irmão, tratá-lo como um igual" enfatizaram exageradamente a autonomia da agência negra em face das maciças forças estruturais. Há uma tensão inerente entre o desejo de preservar a agência pessoal e o livre-arbítrio (por exemplo, lutar contra o poder, autodestruição) e um reconhecimento necessário das forças estruturais que restringem a agência (por exemplo, racismo institucional, supremacia branca, opressão de classe). A ilusão de que o exercício da agência negra pode ser realizado fora do contexto racista e discriminatório em que ocorre ignora a tensão entre a agência individual e a opressão estrutural. Uma vez separada do contexto social, a agência é facilmente traduzida em teorias de patologia cultural que culpam a vítima por seu comportamento e, portanto, pelas circunstâncias. Essa tensão discursiva é um elemento fundamental na política cultural negra contemporânea; as forças que restringem o livre-arbítrio dos negros devem ser reconhecidas, enquanto o espírito e a realidade do livre-arbítrio dos negros devem ser preservados. Agência e opressão devem ser inseparáveis, caso contrário, a incapacidade de "superar" o comportamento autodestrutivo não está mais conectada às estruturas de opressão e é facilmente equiparada à patologia

---

85 B.D. Headley, "Black on Black" Crime, *Crime and Social Justice*, v. 20, p. 52.

PROFETAS DA FÚRIA

cultural. Infelizmente, o STV não negociou com sucesso essa tensão. Em vez disso, eles acumularam recursos financeiros significativos e mobilizaram uma massa crítica de representantes do rap para falar do controle social em nome do livre-arbítrio dos negros. A maior ironia do movimento STV é que ele emprestou o nome e o espírito de um rap de 1988 do KRS-One que sustentou tensões e contextualizações que permaneceram não realizadas no STV. "Stop the Violence", do KRS-One, estabelece ligações diretas entre a mídia, o sistema educacional, o governo e as frustrações que contribuem para o crime de rua, especialmente no que se refere ao hip-hop. Seu retrato das relações entre classe, raça, poder institucional e crime é sutil e complexo e contrasta fortemente com a letra do projeto STV:

Time and time again, as I pick up the pen
As my thoughts emerge, these are those words
I glance at the paper to know what's going on
Someone's doing wrong, the story goes on
Mari Lou had a baby, someone else decapitated
The drama of the world shouldn't keep us so frustrated
I look, but it doesn't coincide with my books
Social studies will not speak upon political crooks
It's just the presidents and all the money they spent
All the things they invent and how the house
is so immaculate
They create missiles, my family's eating gristle
Then they get upset when the press blows the whistle
[…]
What's the solution to stop all this confusion?
Re-write the constitution, change the drug which you're using?
Re-write the constitution, or the emancipation proclamation
We're fighting inflation, yet the president is still on vacation
[…]
This might sound a little strange to you
But here's the reason I came to you
We got to put our heads together and stop the violence
'Cause real bad boys move in silence
When you're in a club you come to chill out

Not watch someone's blood just spill out
That's what these other people want to see
Another race fight endlessly[86]

A narrativa de KRS-One entrelaça condições sociais e violência, ilustrando as ligações entre elas. Ele exorta os fãs de hip-hop a pararem de se matar, a evitarem virar sua raiva contra a sociedade, mas se recusa a identificar seu comportamento como a fonte do problema. Ele captura a essência das ilusões criadas na narrativa do "criminoso de rua perigoso" em uma linha crítica: "We've got to put our heads together and stop the violence / 'Cause real bad boys move in silence." (Temos que colocar nossas cabeças juntas e parar a violência / Porque os verdadeiros *bad boys* se movem em silêncio). Para KRS-One, jovens negros adolescentes do sexo masculino matando uns aos outros e seus vizinhos são atos de violência, mas eles não são mais violentos do que o abandono do governo federal de veteranos negros e hispânicos do Vietnã e os gastos de bilhões de dólares em armas enquanto "sua família come cartilagem"; isso não é mais violento do que as narrativas históricas do sistema educacional que "não falam sobre vigaristas políticos", dando luz verde para a geração de criminosos poderosos do futuro.

A primeira estrofe de "Stop the Violence" de KRS-One é organizada com uma série de fragmentos de notícias pontuados por suas

---

[86] "Uma e outra vez, enquanto pego a caneta / À medida que meus pensamentos emergem, essas são as palavras / Olho para o papel para saber o que está acontecendo / Alguém está fazendo errado, a história continua / Mari Lou teve um bebê, outra pessoa decapitada / O drama do mundo não deveria nos deixar tão frustrados / Olho, mas não coincide com meus livros / Os estudos sociais não falam sobre trapaceiros políticos / São apenas os presidentes e todo o dinheiro que gastaram / Todas as coisas que eles inventam e como a casa é tão imaculada / Eles criam mísseis, minha família come cartilagem / Então eles ficam chateados quando a ilegalidade é denunciada / [...] / Qual é a solução para acabar com toda essa confusão? / Reescrever a constituição, mudar a droga que está usando? / Reescrever a constituição ou a proclamação da emancipação / Estamos lutando contra a inflação, mas o presidente ainda está de férias / [...] / Isso pode soar um pouco estranho para você / Mas esta é a razão pela qual vim para você / Temos que colocar nossas cabeças juntas e parar a violência / Porque os verdadeiros *bad boys* se movem em silêncio / Quando você está em um clube, você vem para relaxar / Não assistir ao sangue de alguém simplesmente derramar / É isso que essas outras pessoas querem ver / Outra luta sem fim." Boogie Down Productions, "Stop the Violence", *By All Means Necessary*.

interpretações. A princípio, os fragmentos parecem autocontidos, mas seus comentários começam a ligá-los, de modo a tecer uma narrativa que ilustra as contradições nas transcrições dominantes e sugerir a existência de um inimigo comum. Na segunda estrofe principal, KRS-One se dirige diretamente à comunidade hip-hop, sugerindo que a primeira estrofe era o pano de fundo necessário para sua agenda real: crimes violentos entre adolescentes negros pobres. Infelizmente, KRS-One não tem uma "solução para acabar com essa confusão"; sua sugestão de reescrever a Constituição soa como sarcasmo retórico, não como uma solução. O que ele faz com bastante eficácia, entretanto, é ilustrar a natureza autodestrutiva do crime entre adolescentes negros, sem identificar os adolescentes negros como o problema. "Stop the Violence" do KRS-One contextualiza esses crimes como uma consequência das imensas forças institucionais que promovem tais comportamentos. Nessa versão, a agência individual e a opressão estrutural estão em tensão. Finalmente, ao contrário de muitos cientistas sociais, ele se desvia da armadilha da cultura da pobreza como uma explicação sobre a desigualdade contemporânea e as condições que ela promove[87].

O policiamento institucional do rap é um processo complexo e interativo que teve um impacto significativo no conteúdo, na imagem e na recepção do rap. O incidente do Nassau Coliseum, que inclui necessariamente a construção social do incidente, o discurso já existente sobre o crime urbano negro e os temores do poder político e social do rap, serviu de catalisador para a contenção explícita e sancionada da influência e da presença pública do rap. Esse incidente crucial permitiu que um público já suspeito "culpasse o rap por encorajar a violência urbana", colocou a comunidade do rap na defensiva e efetivamente desviou a atenção das razões sistêmicas para o crime de rua.

---

87 Para uma crítica do discurso sobre a subclasse, sua relação com a cultura da literatura de debate da pobreza e a mudança política para a direita na década de 1980, ver A.L. Reed Jr., The "Underclass" as Myth and Symbol, *Radical America*, v. 24, n. 1, p. 20-40; M. Katz, *The Undeserving Poor*; e R.S. Franklin, *Shadows of Race and Class*.

O rap está fundamentalmente ligado às construções sociais mais amplas da cultura negra como uma ameaça interna à cultura estadunidense dominante e à ordem social. A capacidade do rap como uma forma de testemunho, como articulação de uma voz crítica urbana jovem negra de protesto social tem um profundo potencial como base para uma linguagem de libertação[88]. A contestação sobre o significado e a importância do rap e sua capacidade de ocupar o espaço público e manter a liberdade expressiva constituem um aspecto central da política cultural negra contemporânea.

Durante séculos de escravidão ocidental, havia regras e leis elaboradas com fim de controlar as populações escravizadas. Limitar a mobilidade dos escravizados – especialmente à noite e em grupos – era uma preocupação especial; os escravistas raciocinavam que as revoltas podiam ser organizadas por negros que se moviam com muita liberdade e sem vigilância[89]. Eles tinham a certeza de que os negros tinham bons motivos para escapar, se revoltar e se vingar. As leis e práticas contemporâneas que restringem a mobilidade negra no contexto urbano estadunidense funcionam da mesma maneira e por razões semelhantes. Grandes grupos de afro-estadunidenses, especialmente adolescentes, representam uma ameaça à ordem social de opressão. Embora mais sofisticado e mais difícil de rastrear, o policiamento contemporâneo de afro-estadunidenses ressoa como legado da escravidão.

A voz poética do rap é profundamente política em conteúdo e espírito, mas a luta oculta do rap, a luta pelo acesso ao espaço público, os recursos da comunidade e a interpretação da expressão negra constituem a política oculta do rap; os discursos hegemônicos tornaram invisíveis esses aspectos institucionais da política cultural negra. As interpretações políticas das letras explosivas e resistentes do rap são críticas para a compreensão da política cultural negra contemporânea, mas refletem apenas uma parte da batalha. A política oculta do rap também deve ser revelada e contestada; do contrário, não importa se acreditamos ou não na *hype*.

---

88 Ver Bell hooks, *Yearning*.
89 Ver D.B. Davis, *The Problem of Slavery in Western Culture*.

5. Manas Más: Rappers Negras e Políticas Sexuais no Rap

Some think that we can't flow (can't flow)
Stereotypes they got to go (got to go)
I'm gonna mess around and flip the scene into reverse
With what?
With a little touch of ladies first.

Queen Latifah[1]

She that has an ear, let her hear
The words I'm about to speak are black but clear
I bring light for us to fight the right fight
So that in darkness you might have sight, alright?
All won't come along but Harmony is still singing that song
Cause I'm Strong
This is when – when and where I enter
The impact I have is the focus the center.

Harmony[2]

As mulheres têm que trabalhar o dobro para conseguir a metade da credibilidade. Infelizmente, é assim que é para as mulheres nesta sociedade. No rap não é diferente. Está tudo f.odido.

Kid (do Kid 'n Play)[3]

---

1 "Alguns pensam que não podemos ter *flow* (não podemos ter *flow*) / Os esterótipos precisam desaparecer (precisam desaparecer) / Vou bagunçar ao redor e virar a cena ao avesso / Com o quê? / Com um pequeno toque de moças em primeiro lugar." Queen Latifah, "Ladies First", *All Hail the Queen*.
2 "Ela que tem ouvidos, que ouça / as palavras que estou prestes a falar são negras, mas claras / Trago luz para lutarmos a luta certa / Para que na escuridão você tenha visão, certo? / Nem tudo vai acontecer, mas Harmony ainda está cantando aquela canção / Porque sou forte / Isso é quando – é quando e onde entro / O impacto que tenho é o foco no centro." Harmony ainda não nomeou o rap do qual essas letras foram extraídas.
3 Entrevista de Rose com Kid, 11 jan. 1990.

As rappers negras interpretam e expressam os medos, os prazeres e as promessas de mulheres negras jovens, cujas vozes foram relegadas à margem do discurso público. Elas são vozes integrantes e resistentes no rap e na música popular em geral, as quais mantêm um diálogo contínuo com seus públicos e com os rappers sobre promiscuidade sexual, compromisso emocional, infidelidade, tráfico de drogas, política racial e história cultural negra. Ao prestar muita atenção nas rappers, podemos obter alguns *insights* sobre como as jovens afro-estadunidenses fornecem para si mesmas um campo de atuação livre e relativamente seguro, onde elas abordam criativamente questões sobre poder sexual, a realidade restritiva de oportunidades econômicas e a dor pelo racismo e sexismo.

Assim como os rappers, elas são vozes predominantemente resistentes que, às vezes, expressam ideias em sincronia com aspectos dos discursos dominantes. No entanto, elas se diferenciam dos rappers em seu foco temático. Embora a crítica social dos rappers frequentemente conteste o assédio policial e outros meios pelos quais os homens negros são "controlados", a principal contestação das rappers negras encontra-se na arena da política sexual.

As rappers têm sido apontadas de maneira homogênea no rap como vozes sexualmente progressistas e antissexistas. Dada a proeminência e a força das vozes dessas mulheres negras no campo popular, não é surpreendente que elas tenham sido marcadas como as menosprezadas e as politicamente corretas do rap[4]. Seu *status* na mídia como rappers antissexistas vem acompanhado de uma compreensão homogênea dos rappers como sexistas. Essa oposição entre os rappers e as rappers serve para produzir uma legibilidade imaginária no âmbito da política sexual do rap, em vez de confrontar seu caráter contraditório.

A complexidade das narrativas sexuais masculinas e femininas raramente – ou nunca – chega às discussões sobre sexismo ou feminismo no rap. No caso de textos críticos sobre os rappers, são praticamente inexistentes os comentários não sexistas e a favor das mulheres e sobre mulheres e gênero. Em vez disso, as discussões sobre referências sexuais no trabalho dos rappers são limitadas a considerações sobre o caráter do sexismo no rap. Da mesma forma, comentários críticos sobre as rappers raramente confrontam as maneiras pelas quais alguns de seus trabalhos afirmam as normas do patriarcado e os rituais de namoro.

Quero examinar as maneiras como as rappers negras trabalham a favor e contra as narrativas sexuais e raciais dominantes na cultura estadunidense, reposicionando-as como parte de um processo dialógico com os rappers (e outros), em vez de colocá-las em absoluta oposição a eles. Por exemplo, algumas rappers confirmam aspectos das relações de poder sexual ao levantarem questões incisivas que desafiam seriamente a atual distribuição de poder entre homens e mulheres. Os trabalhos de rappers negras que colocam os corpos das mulheres negras no centro das atenções apresentam um impacto igualmente contraditório; elas afirmam a beleza feminina negra e, no entanto, preservam a lógica da objetificação sexual feminina.

Há três temas centrais que predominam nas obras das rappers negras: namoro heterossexual, a importância da voz feminina e a maestria do rap feminino e das manifestações públicas femininas negras de liberdade física e sexual. Aqui, esses temas são contextualizados de

---

4 J. Parales, Female Rappers Strut their Stuff in a Male Domain, *The New York Times*, 5 Nov. 1989, p. C19; J. Parales, The Women Who Talk Back in Rap, *The New York Times*, 21 Oct. 1990, p. C33; M.B. Marbry, Rap Gets a Woman's Touch, *Emerge*, Feb. 1990, p. 62-65; D.E. Thigpen, Not for Men Only, *Time*, 27 May 1991, p. 71-72. Ver infra nota 15, para referências adicionais.

duas maneiras: primeiro, em diálogo com os discursos sexuais dos rappers e, depois, em diálogo com os discursos sociais mais amplos, incluindo o feminismo. Notadamente, as rappers estão, pelo menos indiretamente, respondendo às construções sexistas dos rappers sobre as mulheres negras. Contudo, o discurso sexual das rappers não é simplesmente parte de um diálogo com os rappers: ele também responde a uma variedade de questões relacionadas, incluindo as noções dominantes de feminilidade, feminismo e sexualidade das mulheres negras. No mínimo, as rappers negras estão em diálogo umas com as outras, com os homens negros, com as mulheres negras e com a cultura estadunidense dominante à medida que elas lutam para se estabelecer contra um ambiente social limitador e desleal.

Os conceitos de diálogo, troca e comunicação são, em vários sentidos, uma forma eficaz para compreender os aspectos contraditórios e parciais dos meios de comunicação na música popular e na expressão cultural. Em sua aplicação do conceito de dialogismo do filósofo e crítico literário russo Mikhail Bakhtin à música popular, George Lipsitz diz que:

> A música popular é nada senão dialógica, o produto de uma conversa histórica contínua na qual ninguém tem a primeira ou a última palavra. Os traços do passado que permeiam a música popular do presente são mais do que mero acaso: eles não são simplesmente justaposições de realidades incompatíveis. Eles refletem um processo dialógico, inserido na história coletiva e alimentado pela criatividade de artistas interessados em criar ícones de oposição.[5]

A interpretação de Lipsitz da música popular como um diálogo social e histórico é uma ruptura extremamente importante com as interpretações tradicionais e formalistas da música. Ao fundamentar historicamente a produção cultural e evitar a aplicação de um inventário fixo de estruturas fundamentais, Lipsitz, em seu uso da crítica dialógica, está preocupado com a maneira como a música popular "julga as tensões entre oposição e aceitação em qualquer momento

---

5 G. Lipsitz, *Time Passages*, p. 99. Ver também M. Bakhtin, *Speech Genres and Other Late Essays*.

histórico". Ao vincular os discursos musicais populares ao mundo social, o uso por Lipsitz da crítica dialógica na música popular compartilha uma série de semelhanças com a interpretação de James Scott das transcrições ocultas e públicas em rituais, fofocas, contos populares e outras práticas populares. Ambas as abordagens examinam as relações de poder na medida em que são representadas, combatidas e afirmadas nas práticas populares, e cada uma entende que as práticas populares penetram os diálogos já em andamento e os reveem[6]. O uso da crítica dialógica por Lipsitz é especialmente produtivo no âmbito das rappers negras. Ao negociarem múltiplas fronteiras sociais e identitárias, elas estão em diálogo umas com as outras, com os rappers, com outros músicos populares (por meio dos samples e outras práticas), com fãs de mulheres negras e com fãs de hip-hop em geral. O dialogismo resiste à oposição unidimensional entre os rappers e as rappers como, respectivamente, sexistas e feministas. Ele também concilia a tensão entre os laços raciais solidários entre homens e mulheres negros, bem como a frustração das mulheres negras em relação à opressão sexual pelas mãos dos homens negros. Como descreve, com propriedade, Cornel West: "a pressão sobre os afro-estadunidenses enquanto povo forçou o homem negro a se aproximar da mulher negra: eles estão no mesmo barco. Mas também estão nas gargantas um do outro. A relação é internamente hierárquica e muitas vezes mediada pela violência: os homens negros sobre as mulheres negras"[7]. Além disso, o dialogismo nos permite fundamentar aparentes inconsistências e contradições na política sexual do rap em sua complexidade, nas incongruências da vida cotidiana, e protestar; ele também nos permite dar sentido aos modos contraditórios de resistência no trabalho das rappers.

Infelizmente, a maioria das discussões sobre a política sexual do rap e das rappers negras não leva em conta essas complexidades da vida real. Em vez disso, as discussões sobre as rappers podem ser divididas em duas posições que se relacionam: 1. as rappers são vozes

---

6 Isso se refere ao uso que faço do trabalho de Jim Scoott no quarto capítulo.
7 A. Stephanson, Interview with Cornel West, em A. Ross (ed.), *Universal Abandon*, p. 269-286.

feministas que combatem o sexismo no rap; e/ou 2. a exclusão sexista ou a descaracterização da participação das mulheres no rap desvaloriza a importância delas e deve ser combatida, dados os indícios das contribuições das mulheres. Na primeira posição, as letras de rap feminino – como as de Latifah na epígrafe – são frequentemente oferecidas como críticas indiretas aos trabalhos infames como os de 2 Live Crew, Geto Boys, NWA e outros. Nessa guerra dos sexos, os rappers são construídos como sexistas e as rappers são tidas como feministas ou mulheristas[8]. Por exemplo, o artigo de Michelle Wallace no *The New York Times*, "When Black Feminism Faces the Music and the Music is Rap" (Quando o feminismo negro enfrenta a música e a música é o rap), conclui com um apelo ao diálogo entre os rappers e as rappers sobre sexo e sexismo; no entanto, a maior parte da matéria, na verdade, descreve as referências do rapper ao sexo como manifestação de "pouca consideração pela humanidade da mulher negra" e posiciona as rappers em oposição aos rappers[9].

Há, no mínimo, dois problemas com o sentido rígido sobre o sexismo masculino e sobre a oposição das rappers a isso. Obviamente, em primeiro lugar, isso coloca as rappers em uma relação de total oposição aos rappers. Isso não quer dizer que elas não critiquem diretamente as letras sexistas de rap, mas o relacionamento delas com os rappers não pode ser caracterizado segundo uma oposição absoluta. Por exemplo, durante o auge da controvérsia do 2 Live Crew sobre a obscenidade na música popular, várias rappers proeminentes foram convidadas a comentar sobre o 2 Live Crew e

---

8 P. Ebron, Rapping between Men, *Radical America*, v. 23, n. 4, p. 23-27. Embora ela esteja especialmente preocupada com o discurso de gênero em Public Enemy, mesmo quando tal discurso não se refere às mulheres negras, ela cita as rappers como questionadoras do sexismo, as quais "contestam as ideias mais regressivas sobre o papel das mulheres negras no processo da produção cultural" (p. 26). No entanto, o que é mais interessante sobre o trecho é sua análise da maneira como os homens negros dialogam com os homens brancos, particularmente, no que diz respeito às mulheres como propriedade sexual.

9 M. Wallace, When Black Feminism Faces the Music and the Music Is Rap, *The New York Times*, 29 July 1990, p. 12. Esse tipo de caracterização generalizada do sexismo no rap também fica evidente na citação equivocada referenciada a mim sobre o sexismo no trabalho de 2 Live Crew. Na entrevista que ela realizou comigo para o artigo, eu disse a Wallace que as letras do 2 Live Crew são basicamente um depósito do discurso masculino com uma batida. No artigo, fui citada como tendo dito que *o misto* basicamente um depósito com uma batida.

o conteúdo sexista de suas letras. Observei a Salt do grupo Salt-N--Pepa falando contra o 2 Live Crew, e ela fez isso em termos que se pareciam com os familiares chamados dos nacionalistas negros para "respeitarem" as mulheres negras, em vez de pedir o fim do sexismo. MC Lyte, Queen Latifah, Sister Souljah e Yo-Yo se recusaram a criticar seus colegas homens, não necessariamente porque elas não acharam as letras ofensivas, mas porque estavam profundamente conscientes do contexto discursivo dominante dentro do qual suas respostas seriam reproduzidas. Cientes de que elas estavam sendo fabricadas na imprensa hegemônica como uma resposta progressista aos rappers reacionários, essas rappers sentiram que estavam sendo usadas como um bastão político para bater na cabeça dos rappers, em vez de serem afirmadas como mulheres que podiam abrir o diálogo público para interrogar o sexismo e seus impactos sobre as jovens mulheres negras. Além disso, elas permanecem perfeitamente conscientes da maneira desigual e, às vezes, racista em que as ofensas sexistas são processadas, estigmatizadas e denunciadas. E, assim, em vários contextos públicos, as rappers defenderam a liberdade de expressão dos rappers e focaram suas respostas na questão da censura, em vez de focar no sexismo das letras de rap[10]. Isso não quer dizer que suas táticas evasivas não sejam problemáticas, à medida que podem sancionar implicitamente ataques verbais às mulheres no rap. Meu ponto aqui é que as mulheres rappers não podem ser colocadas em oposição total aos rappers; elas apoiam e criticam o discurso sexual dos rappers de várias maneiras contraditórias[11].

---

10 Notas das conferências do New Music Seminar, July 1990 e 1991; *Hip-Hop at the Crossroads*, conferência realizada na Universidade de Howard, fev. 1991; Rose entrevista MC Lyte e Salt, 7 set. 1990.

11 No artigo "Beyond Racism and Misogyny", Kimberle Crenshaw defende uma posição que aborda preocupações semelhantes em relação às feministas negras que são solicitadas a responder a casos de sexismo selecionados para um escrutínio social mais amplo. Ela interroga a oposição de um único eixo entre raça e gênero como "o" aspecto mais importante da questão do 2 Live Crew. Ela explora de uma perspectiva jurídica a política da acusação seletiva e as definições de pornografia. Trago seu trabalho aqui para apontar para a ampla gama de mulheres negras que se encontram nessa difícil situação e para sugerir que a recusa das rappers negras de condenar o 2 Live Crew pode estar baseada em uma dinâmica maior e mais complexa em relação à subjetividade feminina negra. *Boston Review*, v. 16, n. 6, p. 6-33.

Em segundo lugar, essa forma de pensar não pode explicar a complexidade e o caráter contraditório dos diálogos sexuais no rap; não apenas aqueles que ocorrem entre os rappers e as rappers, mas os temas sexuais masculinos e os temas sexuais femininos no rap: o discurso sexual dos rappers não é sistematicamente sexista e o discurso sexual feminino não é sempre feminista. As rappers não somente defendem o discurso sexista dos rappers em uma sociedade mais ampla que parece atacar os homens negros de maneira desproporcional, mas suas letras, às vezes, afirmam noções patriarcais sobre a vida familiar e os papeis tradicionais dos maridos, pais e amantes. Da mesma forma, há muitas letras no trabalho dos rappers que não apenas punem os homens por abusarem das mulheres, mas também reivindicam a responsabilidade masculina na criação dos filhos e apoiam a centralidade das mulheres negras na vida cultural negra. Por exemplo, vários trabalhos dos rappers assumem uma posição explícita contra a violência sexual às mulheres. "Millie Pulled a Pistol on Santa" (Millie Apontou uma Pistola Pro Papai Noel), do De La Soul, é uma história brilhante e comovente sobre uma jovem cujo abuso sexual cometido pelo pai e sua incapacidade de convencer os adultos acerca do crime faz com que ela o mate. "Description of a Fool" (Descrição de um Otário) de A Tribe Called Quest define um otário, dentre outras coisas, como um homem que bate em mulher; e "Date Rape" do Tribe assume uma posição decididamente em prol da mulher sobre o poder coercitivo que os homens têm em situações de estupro em um encontro. Alguns exemplos não são tão facilmente posicionados como progressistas ou reacionários. Em uma única estrofe de Tim Dog em "Fuck Compton", ele critica e castiga o produtor da NWA, Dr. Dre, pelo covarde abuso físico na vida real à rapper e apresentadora de vídeo Dee Barnes; no entanto, em algumas frases depois, ele consolida seu poder sobre o Dr. Dre ao se gabar de como ele "comeu" a namorada do Dr. Dre pelas costas do produtor. O rapper gangster Ice Cube pede a morte de policiais e, depois, devolve sua raiva para as mulheres negras, nos convocando, na mesma frase, a matar "cadelas".

As letras de Cube sugerem que figuras da autoridade estatal e as mulheres negras são igualmente responsáveis pelo desempoderamento e opressão dos homens negros. Contradições semelhantes aparecem no trabalho das rappers. Da rapper Yo-Yo, "Don't Play with My Yo-Yo" apresenta Ice Cube repetindo o título da música como parte do refrão, um movimento que permite a Yo-Yo ser tomada por Ice Cube, embora como uma forma de protegê-la de inimigos e das investidas masculinas indesejadas. Em "Independent", Salt-N-Pepa atacam um homem cuja fraqueza é resultado de sua incapacidade de fornecer bens materiais e de seus recursos econômicos limitados, um movimento que mantém o vínculo entre masculinidade e privilégio econômico. Em vários raps de mulheres, homens insultados são chamados de "maricas" ou "florzinha", sugerindo a possível homossexualidade como uma forma de enfraquecer suas masculinidades. Esse tipo de homofobia afirma padrões opressivos de masculinidade heterossexual e problematiza uma leitura simplista das narrativas sexuais das rappers[12].

A segunda abordagem das rappers negras e da política sexual do rap – a exclusão sexista ou a descaracterização da participação das mulheres negras no rap – tem dois lados. As análises sobre rap são agressivamente masculinas e colocam as mulheres na invisibilidade, ou as contribuições femininas negras são apresentadas legítima e extensivamente para conter as exclusões anteriores. Um exemplo sutil – porém importante – do primeiro lado encontra-se no artigo de Houston Baker, "Hybridity, the Rap Race, and Pedagogy for the 1990s" (Hibridez, a Raça Rap e Pedagogia Para os Anos 1990), em que o autor explica o surgimento do rap como, em parte, um "ressentimento da cultura *disco* e uma reafirmação da masculinidade negra". Definir a emergência do rap como uma reafirmação da masculinidade negra não apenas afirma a equação da heterossexualidade masculina com a masculinidade, mas, também, torna o contínuo e importante prazer feminino e a participação feminina no hip-hop invisível ou impossível. Em sua construção, a centralidade do prazer e da identidade heterossexual masculina não é o problema; em vez disso, a formulação do prazer masculino no rap – em conjunto

---

12 Existem também exemplos semelhantes de letras homofóbicas escritas por rappers homens, mas não as enumerei porque não se referem ao ponto que defendo aqui.

com a total ausência de mulheres no nível conceitual – é o fator que torna sua análise incorreta e problemática[13].

O tributo aos dez anos de aniversário do rap por Nelson George em 1989 é um caso muito mais explícito daquilo que denomino como a síndrome de "quais mulheres?". Em homenagem ao aniversário do rap na indústria fonográfica, George – um historiador da música negra e crítico musical do hip-hop – publicou uma retrospectiva sentimental do rap em que lamentou o movimento do gênero de uma subcultura de rua rumo ao mundo frio e estéril da produção comercial de discos[14]. George apontou que, até recentemente, as potências da indústria musical mantiveram calculada indiferença ao rap. E, agora que a "viabilidade comercial do rap foi comprovada", muitas grandes gravadoras estão assinando qualquer contrato "meio decente" que possam conseguir.

O que preocupa George é que a influência empresarial na música negra levou, no passado, à dissolução de suas vibrantes formas culturais, e que o rap pode se tornar a vítima mais recente. O problema é complexo, real e requer análise. No entanto, Nelson George e os críticos de mídia em geral incorporam suas descrições de "rap autêntico" – e dos temores sobre a recente influência empresarial nele – em um discurso codificado por gênero, que descaracteriza o rap e silencia as mulheres rappers e os consumidores. Ele apresenta mais de vinte grupos de rap em sua matéria e não nomeia uma única rapper. Sua retrospectiva está repleta de orgulhosos jovens negros urbanos (leia-se homens), cujas contribuições para o rap refletem "os

---

13 H.A. Baker, Hybridity, the Rap Race, and Pedagogy for the 1990s, em A. Ross; C. Penley (eds.), *Technoculture*, p. 197-209. Além disso, a relação da *disco music* com o rap não era de ressentimento, o rap baseia-se na música e na cultura *disco*. Embora alguns dos clubes mais sofisticados do centro de Nova York excluíssem os jovens *b-boys* negros e latinos, isso não foi uma ruptura com as tradicionais hierarquias de classe e raça na vida noturna de Nova York, e muitos clubes de *disco* da parte nobre da cidade estavam funcionando. Os singles instrumentais serviram como acompanhamento musical para vários raps iniciais, e a transformação do papel do DJ em um "mestre de cerimônias", a discoteca preparou o palco para DJs de rap, fornecendo grande inspiração para mixagens baseadas em colagens típicas do rap. Para uma discussão sobre a ligação substancial entre *disco* e rap, ver N. George, *The Death of Rhythm and Blues*, p. 188-191. Para uma discussão sobre a cultura musical da *disco* como negra e gay, ver R. Garofalo, Crossing Over: 1939-1989, em J. L. Dates; W. Barlow (eds.), *Split Image*.
14 N. George, Raps Tenth Birthday, *Village Voice*, 24 Oct. 1989, p. 40.

pensamentos de garotos urbanos de modo mais profundo do que Michael Jackson, Oprah Winfrey, dentre outros". As observações finais demonstram sua aparente percepção subjacente sobre rap: "Proclamar a morte do rap é, com certeza, prematuro. Mas quanto mais longe o controle do rap fica de seu público da rua e quanto mais as empresas o dominam – grandes gravadoras, Burger King, Minute Maid, Yo! MTV Raps etc. – mais vulnerável ele se torna à castração cultural". Para George, a interferência empresarial não apenas dilui as formas culturais, como também reduz o caráter viril dos homens sobre as mulheres! Podemos imaginar algo pior? As considerações de Nelson George são extremistas, mas não incomuns; ele se coloca como um exemplo da consistente associação do rap pela crítica midiática como masculina, a despeito da significativa e contínua presença feminina. Além disso, a alucinada – embora emblemática – definição do rap por George como um "impulso ultraurbano, não romântico, hiper-realista, neonacionalista, antiassimilacionista e afrocêntrico agressivo" não apenas simplifica a complexidade da masculinidade; mas, também, a sua definição é destinada para engendrar apenas a temática heterossexual masculina, sem chamar a atenção crítica para o modo como a heterossexualidade masculina negra é socialmente construída. Para George e para os críticos de mídia em geral, é muito mais fácil regenerar as rappers do que rever suas próprias análises machistas sobre o rap. A minha reação imediata a este artigo tomou a forma de uma carta ao editor do *Village Voice*, publicada com o nome de "Lady Complainer" (Senhora Reclamona), uma tentativa mesquinha e sexista de desvalorizar minhas críticas, mantendo a aparência de estar comprometida com a crítica aberta e com o diálogo. (Voltaremos mais à frente a esta estratégia de designar o discurso público das mulheres como "reclamação").

Muitos dos artigos que tentaram abordar a exclusão das mulheres no rap foram escritos por mulheres e expressam análises feministas sobre as contribuições das mulheres para o hip-hop[15]. Como várias

---

15 D. Di Prima; L. Kennedy, Beat the Rap, *Mother Jones*, Sept./Oct. 1990, p. 32-35; J. Pearlman, Rap's Gender Gap, *Option*, Oct. 1988, p. 32-36; M. Fox, From the Belly of the

MANAS MÁS

dessas escritoras apontam, a marginalização, a exclusão e a descaracterização do papel das mulheres na produção cultural negra é uma prática rotineira. Nancy Guevara manifesta que a "exclusão e/ ou banalização do papel das mulheres no hip-hop" não é um mero descuido. Em resposta a essas exclusões, "Women Writin', Rappin' Breakin'" de Guevara, documenta a participação feminina negra e latina no hip-hop desde os primórdios, em meados da década de 1970, e articula as maneiras pelas quais as garotas eram desencorajadas de participar da cultura jovem do hip-hop[16].

Dois escritos começaram a se basear nos aspectos dialógicos da música popular por meio de uma exploração da natureza e do caráter da produção musical popular das mulheres negras em relação à cultura negra e aos discursos culturais mais amplos. Em seu artigo "Black Women and Music: A Historical Legacy of Struggle" ("Mulheres Negras e Música: Um Legado Histórico de Luta"), Angela Davis apresenta três argumentos de fundamental importância. Primeiro, ela desafia a representação marginal das mulheres negras na documentação dos desenvolvimentos culturais afro-estadunidenses e sugere que essas representações não refletem adequadamente a participação das mulheres. Em segundo lugar, ela observa que música, canto e dança são lugares especialmente ricos para se procurar a consciência coletiva dos afro-estadunidenses. Em terceiro, ela solicita um reexame atento do legado musical da mulher negra como uma forma de compreender a consciência das mulheres negras. Escreve a autora:

> A música há muito permeia a vida cotidiana da maioria dos afro--estadunidenses; ela desempenhou um papel central no processo geral de socialização; e, em momentos caracterizados por intensos movimentos de mudança social, ela ajudou a moldar uma necessária consciência política. Qualquer tentativa, portanto, de compreender em profundidade a evolução da consciência das mulheres dentro

---

Blues to the Cradle of Rap, *Details*, July 1989, p. 118-124; J. Halberstam, Starting from Scratch, *Revisions*, v. 2, n. 2, p. 14.
16 N. Guevara, Women Writin' Rappin' Breakin', em M. Davis et al. (eds.), *The Year Left 2*, p. 160-175.

da comunidade negra requer um exame sério da música que as influenciou, particularmente aquelas que elas mesmas criaram.[17]

O argumento de Davis é relevante, pois vincula a música negra à política negra; ainda mais importante, ele vincula a música negra às identidades raciais, sexuais e políticas das mulheres negras. A abordagem de Davis identifica a música negra como fator fundamental na formação de uma consciência coletiva negra, ao que Lipsitz poderia acrescentar: um fator crucial que "contribui para uma contínua conversa histórica na qual ninguém tem a primeira ou a última palavra". Hazy Carby aborda questões semelhantes relativas à ausência ou à falta de representação da produção musical das mulheres negras; ela afirma que o discurso feminista dominado pelas mulheres brancas marginalizou as mulheres não brancas e as questões da sexualidade negra. Em resposta à confiança na ficção das mulheres negras como textos básicos para analisar o discurso feminino negro, Carby argumenta, com força, que as representações da sexualidade das mulheres negras na literatura afro-estadunidense diferem significativamente das representações da sexualidade das mulheres negras do blues. Ao afirmar que "diferentes formas culturais negociam e resolvem diferentes instâncias das contradições sociais", Carby sugere que muitos pesquisadores dos estudos literários e culturais talvez tenham permitido que as escritoras negras falassem em nome de um grande segmento das mulheres negras, cujas vidas cotidianas e condições materiais podem não estar representadas adequadamente na ficção das mulheres negras. Por exemplo, os padrões de consumo e os contextos sociais para recepção da música popular diferem significativamente daqueles da ficção.[18] A capacidade dialógica da música popular, particularmente do rap, parece especialmente adequada para envolver muitas das contradições e ambiguidades sociais que pertencem especificamente à vida negra da classe trabalhadora urbana contemporânea.

---

17 A. Davis, Black Women and Music, em J. M. Braxton; A. N. McLaughlin (eds.), *Wild Women in the Whirlwind*, p. 3-21.

18 H.V. Carby, "It Jus Be's Dat Way Sometime": The Sexual Politics of Women's Blues, *Radical America*, v. 20, n. 4, p. 9-22.

238

Carby e Davis estão convocando uma análise multifacetada da identidade e da sexualidade das mulheres negras, com atenção especial a sua produção musical. Ao colocarem a música popular negra e a produção musical de mulheres negras no centro do palco, Carby e Davis estabelecem uma base para analisar as rappers negras que podem confrontar o aspecto complexo e contraditório da expressão popular e das identidades sociais femininas negras.

■ ■

O rap agora é misto.[19]

Roxanne Shante

Embora haja significativamente menos rappers mulheres do que homens, elas têm um papel proeminente no rap e um número considerável de seguidores. É difícil ignorar o aumento massivo dos contratos de gravação para as rappers após o álbum de estreia de Salt-N-Pepa, *Hot, Cool and Vicious* (1986), que conquistou platina dupla (dois milhões de cópias). Esse volume de vendas dos álbuns, mesmo para álbum de rap de um artista masculino, foi praticamente sem precedentes em 1986. Desde então, várias rappers, muitas das quais fazem rap há anos (algumas desde meados da década de 1970), finalmente gravaram e foram promovidas[20]. Segundo a rapper Ms. Melodie: "Não é que o homem começou o rap, ele foi apenas o primeiro a ser colocado na cena. As mulheres sempre estiveram no rap, sempre tiveram as suas *crews* e sempre foram conhecidas por embalar as *house parties* e as ruas, ou o que quer que seja, pátios de escolas, esquinas, parques, seja o que for."[21] No começo, a participação das mulheres no rap foi prejudicada por considerações relacionadas ao gênero.

---

19 O subtítulo originalmente é "Rap is Co-Ed Now". *Co-ed*, traduzida como gênero misto, refere-se a homens e mulheres frequentando a mesma turma ou sala de aula em instituições de ensino. (N. da T.)
20 Roxanne Shante foi a primeira artista feminina comercialmente descoberta. Produzido de maneira *underground*, seu *single* chamou-se "Roxanne's Revenge" (1985). Ver também os trabalhos mais recentes de Yo-Yo, Monie Love, Ms. Melodie, Harmony, Antoinette, Oaktown 3-5-7 e Shazzy.
21 Apud J. Pearlman, Rap's Gender Gap, *Option*, Oct. 1988, p. 34.

MC Lady "D" observa que, como ela não montou uma *crew* feminina para apresentações regulares, ela "não precisava se preocupar em ter seu equipamento roubado, conseguindo acima de tudo o dinheiro para obtê-lo, ou carregá-lo no metrô para fazer shows, problemas que muitas outras mulheres tiveram fora do rap nos primórdios"[22]. Por uma série de razões, incluindo o apoio mais amplo da indústria fonográfica e a maior demanda por rappers em geral e, especificamente, pelas rappers mulheres, elas conseguiram um acesso maior aos recursos de produção e meios de transporte.

"Paper Thin", lançado em 1998 por MC Lyte, vendeu mais de 125 mil cópias nos primeiros seis meses, praticamente sem tocar no rádio. Lady B, primeira rapper a gravar em 1978, desde então se tornou a DJ mais bem avaliada da Filadélfia na WUSL[23] e é fundadora e editora-chefe do *Word Up!*, um tabloide dedicado ao hip hop[24]. O primeiro single de Salt-N-Pepa, "Expressions", do *Black's Magic*, conseguiu disco de ouro na primeira semana e permaneceu na posição número um na lista da *Billboard* por mais de dois meses. A maioria dessas canções aborda a rejeição das mulheres negras sobre a dominação masculina negra, a afirmação de novos termos para o namoro heterossexual e a centralidade das vozes das mulheres negras.

Paquera Desastrosa

Os raps escritos por mulheres que tratam especificamente dos relacionamentos entre homem-mulher quase sempre confrontam a tensão entre confiança e sabedoria, entre vulnerabilidade e controle. Alguns raps celebram suas manas por "superarem" os homens, em vez de proclamar autossuficiência e honestidade. Por exemplo, em "It's a Girl Thang" (É Coisa de Garota), de Icey Jaye, a rapper explica como ela e suas amigas encontram maneiras de gastar o máximo possível do dinheiro de seus namorados e zomba dos homens que caem em seus truques. Da mesma forma, no vídeo "Independent" do grupo Salt-N-Pepa, Salt aceita vários presentes caros de uma série de paqueras que

---

22 Apud D. Di Prima; L. Kennedy, Beat the Rap, *Mother Jones*, Sept./Oct. 1990, p. 34.
23 Estação de rádio de R&B/hip hop da Filadélfia. (N. da T.)
24 J. Pearlman, Rap's Gender Gap, *Option*, Oct. 1988, p. 34.

MANAS MÁS

esperam ganhar seu afeto com colares e anéis de diamantes. Em raps como esses, as mulheres tiram vantagens da lógica do namoro heterossexual, em que os homens as persuadem a serem submissas por meio de bugigangas e promessas de segurança financeira. "Up the Ante for the Panty" (Subindo a Aposta Pela Calcinha), de Nikki D, e "We Want Money" (Queremos Dinheiro), de BWP, exemplificam uma postura semelhante. No entanto, na maioria das vezes, as rappers, quando escolhem fazer rap sobre relacionamentos heterossexuais, desafiam as representações das mulheres em muitos raps masculinos como interesseiras e abordam os medos que muitas delas compartilham em relação à desonestidade masculina e à infidelidade.

MC Lyte e Salt-N-Pepa têm a reputação de fazerem raps mordazes, críticos aos homens que manipulam as mulheres e abusam delas. Suas letras contam a história de homens tirando vantagem das mulheres, traindo-as, pegando seu dinheiro e depois as abandonando rumo a outras vítimas femininas inocentes. Esses raps não são baladas tristes sobre as provações e tribulações de ser uma mulher heterossexual. Semelhantes às mulheres do blues, estes são alertas cáusticos, espirituosos e agressivos dirigidos aos homens e também às mulheres que podem ser seduzidas por eles no futuro. Ao oferecerem a interpretação de uma mulher a respeito das relações heterossexuais, os raps dessas mulheres lançam uma nova luz sobre as relações de poder sexual entre homens e mulheres e retratam as mulheres como participantes resistentes e agressivas. No entanto, mesmo os raps que exploram e reveem o papel das mulheres no processo do relacionamento, mantêm, frequentemente, os parâmetros patriarcais mais amplos das relações heterossexuais.

O single "Tramp" de Salt-N-Pepa (1986) é um conselho marcante, quase um campo de batalha, para as mulheres negras solteiras. Como Salt-N-Pepa avisam, "Tramp" não é uma "rima simples", mas uma parábola sobre rituais de namoro entre homens e mulheres:

> Homegirls attention you must pay to what I say
> Don't take this as a simple rhyme
> Cause this type of thing happens all the time
> Now what would you do if a stranger said "Hi"
> Would you dis him or would you reply?

241

If you'd answer, there is a chance
That you'd become a victim of circumstance
Am I right fellas? Tell the truth
Or else I'll have to show and prove

You are what you are I am what I am
It just so happens that most men are TRAMPS[25].

Na ausência de qualquer resposta para a questão "Am I right fellas?" ("Estou certa, caras?") (samples de respostas masculinas em qualquer número poderiam, facilmente, ser incluídos), Salt-N-Pepa "mostram e provam" as vagabundagens de vários homens que "despem você com os olhos", "pensam que você é uma idiota, no primeiro encontro, tiveram a coragem de me dizer que me amavam"[26] e de homens que sempre têm sexo na cabeça. A parábola de Salt-N-Pepa define os *homens* promíscuos como vagabundos e, assim, inverte a crença comum de que a promiscuidade sexual masculina é um símbolo de *status*. Essa reversão mina a imagem degradante da "mulher como vagabunda" ao estigmatizar a promiscuidade masculina. Salt-N-Pepa sugerem que as mulheres que respondem às tentativas sexuais feitas por esses homens são vítimas das circunstâncias. Nesse caso, são os homens predatórios e dissimulados quem são os vagabundos.

O videoclipe de "Tramps" é uma representação cômica de uma série de cenas de clubes sociais que destacam vagabundos em movimento, com antisséptico bucal à mão, tentando a sorte na mulher mais próxima. Vestidas com o que há de mais moderno no hip-hop, Salt-N-Pepa cantam a música na televisão, em um monitor situado acima de um bar. Por aparecerem na tela da TV, elas parecem estar pesquisando e criticando a ação do clube, mas os sócios

---

25 "Amigas, prestem atenção no que digo / Não tome isso como uma rima simples / Porque esse tipo de coisa acontece a todo momento / Agora, o que você faria se um estranho dissesse 'Oi' / Você o desrespeitaria ou responderia? / Se você responder, há uma chance / De que você se tornou uma vítima das circunstâncias / Estou certa, caras? Diga a verdade / Ou há algo mais que terei que mostrar e provar / Você é o que você é, sou o que sou / Isso só acontece porque a maioria dos homens são VAGABUNDOS." Salt-N-Pepa, "Tramp", *Cool, Hot and Vicious*.
26 Rose utiliza trechos da canção "Trump", do grupo Salt-N-Pepa. (N. da T.)

© suekwon

não podem vê-las. Há pessoas dançando e conversando (incluindo homens simpáticos que são codificados como "não vagabundos") que parecem não perceber a televisão. O grupo também se apresenta no clube, com roupas muito estilosas e sexy. Elas agem como uma isca, conversando e flertando com os vagabundos para dar corpo à dramatização dos pilantras à espreita. Elas fazem vários gestos de conhecimento para a câmera para tranquilizar o espectador de que não foram influenciadas pelos esforços dos vagabundos.

Os pilantras e suas vítimas interagem apenas com linguagem corporal. As cenas do clube não têm diálogo; ouvimos apenas as letras de Salt-N-Pepa pelas faixas musicais de "Tramp", que servem, respectivamente, como narrativa ao vídeo e à música dançante do clube. Salt-N-Pepa vê grande parte da ação do clube pelo monitor de tv, numa da posição de autoridade, e podemos observar com segurança a dramatização lúdica, mas cautelosa, do namoro heterossexual. Um pilantra que está fazendo rap para uma mulher se posiciona como um macho-alfa, parecendo perguntar algo como: "qual é o seu signo do zodíaco, baby?". Quando ela demonstra nojo e sai de sua cadeira, ele repete os mesmos movimentos corporais e os mesmos gestos para a próxima mulher que, por acaso, se senta.

Próximo ao final do vídeo, uma "esposa" frustrada entra no clube e arrasta um dos vagabundos para casa, batendo na cabeça dele com a carteira. Salt-N-Pepa estão ao lado da esposa do vadio no clube, balançando a cabeça como se dissessem "que humilhação". Simultaneamente, elas estão apontando e rindo para o marido pelo monitor de televisão. Ao final do vídeo, uma imagem estática de cada homem aparece com o carimbo de "vagabundo", e Salt-N-Pepa se divertem em tê-los identificado e exposto. Elas, então, saem do clube juntas, sem os homens, aparentemente gostando de suas habilidades em expor as reais intenções desses vadios.

Salt-N-Pepa "educam" as mulheres sobre a política sexual ocorrida na cena do clube, ao se engajar e criticar o drama do namoro heterossexual. O espectador privilegiado é uma mulher diretamente abordada nas letras e, presumivelmente, ela pode ter grande empatia com a representação visual e com a interpretação das cenas. A resolução do vídeo pode ser interpretada como um aviso tanto para os homens quanto para as mulheres. Mulheres: não se apaixonem por esses homens conversando com eles nos clubes ou acreditando nas mentiras que eles vão contar quando voltarem para casa. Homens: Você será eventualmente pego e ficará envergonhado. Outra mensagem sugerida pelo vídeo da canção "Tramp" é que as mulheres podem ir a esses clubes e jogar com sucesso "o jogo", desde que o poder da sexualidade feminina e os limites do desejo masculino sejam compreendidos e negociados.

No entanto, "Tramp" não interroga "o jogo" em si. "Tramp" aceita implicitamente a dinâmica mais ampla e as relações de poder entre homens e mulheres. Embora os pilantras fiquem constrangidos e momentaneamente contidos no final do vídeo, de forma alguma pode ser sugerido que esses pilantras vão parar de assediar as mulheres e trair suas esposas. E o mais importante: e o desejo das mulheres? Não apenas se presume que os homens continuarão com seus comportamentos desonestos, mas o desejo das mulheres por um relacionamento heterossexual idealizado monogâmico está implicitamente confirmado como um objetivo não realizado (mas não irrealizável?). Em sua busca por um homem honesto, o fato preocupante de que "a maioria dos homens são vagabundos" não deveria

244

MANAS MÁS

ser considerado um ponto de partida para rejeitar completamente o ritual de namoro vigente?

Salt-N-Pepa deixam o clube em conjunto, aparentemente satisfeitas com sua liberdade e com a capacidade de manipular os homens para persegui-los "infinitamente". Mas a esposa arrasta o marido para casa – ela não fica chocada, mas frustrada com o que parece ser um comportamento desonesto frequente. Qual conclusão devemos tirar desta lição? Não confie em vadios, separe o trigo dos vagabundos e continue em sua busca por um homem honesto e monogâmico. "Tramp" é um conselho sobre relacionamento para mulheres que optam por participar do modelo atual de namoro heterossexual, ele não oferece um paradigma alternativo para tal relacionamento e, de certa forma, funciona dentro das próprias regras de namoro que destaca e critica. Na melhor das hipóteses, "Tramp" é uma crítica implícita da cena do clube como um cenário para encontrar parceiros em potencial, bem como da instituição do casamento que permite desequilíbrios de poder significativos, claramente ponderados em favor dos homens.

MC Lyte tem uma resposta muito menos cômica para Sam, um namorado que ela surpreende tentando pegar mulheres. Hit underground de MC Lyte, "Paper Thin" é um dos raps mais contundentes sobre a desonestidade, a infidelidade masculina e as tensões entre confiança e vulnerabilidade nas relações heterossexuais. Lyte foi queimada por Sam, mas transformou sua experiência em hino de uma mulher negra que mantém um desconfortável equilíbrio entre o cinismo brutal e a honesta vulnerabilidade:

> When you say you love me it doesn't matter
> It goes into my head as just chit chatter
> You may think it's egotistical or just very free
> But what you say, I take none of it seriously...
>
> I'm not the kind of girl to try to play a man out
> They take the money and then they break the hell out.
> No that's not my strategy, not the game I play
> I admit I play a game, but it's not done that way.
> Truly when I get involved I give it my heart

I mean my mind, my soul, my body, I mean every part
But if it doesn't work out – yo, it just doesn't.
It wasn't meant to be, you know it just wasn't.
So, I treat all of you like I treat all of them
What you say to me is just paper thin[27]

O reconhecimento público de que as expressões de amor de Sam eram muito precárias para Lyte não é uma fonte de constrangimento para ela, mas uma forma de empoderamento. Ela entra em um jogo brutal comum a tantos como Sam, enquanto se utiliza de seu antigo compromisso com ele como uma medalha de honra e um sinal de caráter. Lyte demonstra comprometimento, vulnerabilidade e sensibilidade como vantagens e não como indicadores de fraqueza feminina. Em "Paper Thin", o compromisso emocional e sexual não é romântico, conceitos vitorianos ligados a mulheres honradas, mas dependentes; eles são parte de sua estratégia, parte do jogo que ela desempenha no namoro heterossexual.

O vídeo enérgico de "Paper Thin" contém muitos elementos presentes no hip-hop. Ele começa com Lyte vestida com um moletom, joias e tênis, deixando às pressas seu carro – um novo Jetta – porque ela quer pegar o metrô para esvaziar a cabeça. Alguns membros da sua *posse* masculina, chocados com seu desejo de deixar o Jetta na rua e ir para a estação, vão atrás dela descendo as escadas para os trilhos do metrô. Sua decisão repentina de deixar o carro novo para ir ao metrô e a reação de surpresa de sua *posse* masculina parecem demonstrar que Lyte raramente anda de metrô. Lyte entra no vagão com uma expressão introspectiva e distraída. Uma vez no vagão do metrô, seu DJ K-Rock, imitando ser o condutor, anuncia que o trem ficará retido na estação em virtude dos sinais cruzados. Enquanto

---

27 "Quando você diz que me ama, não me importa / Isso entra na minha cabeça apenas como conversa fiada / Você pode pensar que é egoísta ou apenas liberdade / Mas o que você diz, não levo nada disso a sério… / Não sou o tipo de garota que tenta enganar um homem / Eles pegam o dinheiro e então fogem / Não, essa não é minha estratégia, não é o jogo que eu jogo / Admito que jogo um jogo, mas não é assim / Na verdade, quando me envolvo, entrego meu coração / Quero dizer, minha mente, minha alma, meu corpo, quero dizer cada parte / Mas se não funcionar, simplesmente não funciona / Não era para ser, você sabe que não era / Então, trato todos vocês como trato todos eles / O que você me diz é irrelevante." MC Lyte, "Paper Thin", *Lyte as a Rock*.

246

MANAS MÁS

eles esperam, Milk Boy (sua guarda-costas feminina, mas de aparência muito masculina) avista Sam do outro lado do vagão, batendo forte em duas mulheres elegantes, e chama a atenção de Lyte para ele. Momentaneamente surpresa, ela começa sua rima enquanto caminha em direção a Sam. A tentativa de Sam de escapar falha; ele tem que enfrentar a ira de MC Lyte. Por fim, ela o joga do trem ao som do clássico R&B de Ray Charles "Hit the Road Jack", e mantém Sam fora da estação de metrô e da ação. O vagão está cheio de adolescentes negros, típicos trabalhadores nova-iorquinos e moradores de rua, muitos dos quais se juntam a Lyte para representar Sam enquanto tocam a música de K-Rock. A voz poderosa de MC Lyte e a imagem dominam Sam diretamente. A música tensa e condutora, pontuada por seções de guitarra e bateria sampleada e uma seção de sopros de Earth Wind and Fire, complementa o estilo expressivo e forte do rap de Lyte.

É importante que "Paper Thin" seja ambientado em público e no metrô, o meio de transporte urbano por excelência. Lyte é atraída para o metrô e parece confortável lá. Ela também se sente confortável, em seu vídeo, com os passageiros do metrô; eles são sua comunidade. Durante os breaks musicais entre os raps, vemos passageiros dançando ao som de sua música e respondendo ao drama. Ao definir seu confronto com Sam no metrô, na frente de seus pares, Lyte move um problema privado entre amantes para a arena pública e efetivamente domina ambos os espaços.

Quando seu DJ, músico e maquinista anuncia que os sinais cruzados estão prendendo o trem na estação, o vídeo enquadra em um momento de crise da comunicação. A noção de sinais cruzados representa a incapacidade de Sam e Lyte de se comunicarem – uma incapacidade que é, primordialmente, devido ao fato de eles se comunicarem em frequências diferentes. Sam acha que pode ler a mente de Lyte para ver o que ela está pensando e, em seguida, devolver-lhe falas corretas. Mas o que ele diz não tem peso, não tem importância. Seu discurso é leve, fino como papel. Lyte – que entende o namoro como um jogo – confessa ser uma jogadora, mas expressa o que sente diretamente e em linguagem simples. O que ela diz tem integridade, peso e substância.

247

Depois de jogar Sam do trem, ela acena com a cabeça em direção a um jovem parado contra a porta do metrô, e ele a segue para fora do trem. Ela não permitirá que suas experiências com Sam a paralisem, mas, em vez disso, ela continua a jogar, porém, agora, com as regras revistas. Enquanto ela e seu novo amigo caminham pela rua, ela canta a estrofe final de "Paper Thin" que estabelece as novas regras básicas para a paquera:

So, now I take precautions when choosing my mate
I do not touch until the third or fourth date
Then maybe we'll kiss on the fifth or sixth time that we meet
Cause a date without a kiss is so incomplete
And then maybe, I'll let you play with my feet
You can suck the big toe and play with the middle
It's so simple unlike a riddle...[28]

Lyte assumiu o controle do processo. Ela escolheu seu último companheiro, e ele não a perseguiu. Esse é um movimento importante, porque permite que ela defina o tom da interação e, posteriormente, articule as novas regras básicas que irão protegê-la de repetir os erros que cometeu em seu relacionamento com Sam. No entanto, uma revisão central de suas condições de namoro envolve negar a afeição sexual, uma estratégia comum em rituais de namoro para mulheres que afirmam implicitamente o processo de perseguição masculina enquanto evitam essa afeição. Mesmo assim, Lyte parece preparada para o que for acontecer. Sua análise do namoro parece reconhecer que existem homens desonestos e que ela não está interessada em negociar nos termos deles. Lyte afirma suas regras de namoro enquanto identifica e critica os modos de homens como Sam. Em "Paper Thin", ela anunciou que seu desejo governará seu comportamento e o dele ("you can suck my big toe and then play with the middle" [você pode chupar meu dedão e depois brincar

---

28 "Então, agora me previno ao escolher meu companheiro / Não toco até o terceiro ou quarto encontro / Então talvez nos beijemos na quinta ou sexta vez que nos encontrarmos / Porque um encontro sem um beijo é muito incompleto / E, então talvez, vou deixar você brincar com meus pés / Você pode chupar o dedão do pé e brincar com o do meio / É tão simples, ao contrário de um enigma..."

com o dedo médio]) e, ao mesmo tempo, permanece comprometida com seus princípios.

Como "produtos de uma conversa histórica em processo", "Paper Thin" e "Tramp" são textos explicitamente dialógicos que se baseiam na linguagem e nas condições inseridas em lutas de longa data sobre os parâmetros do namoro heterossexual. Esses raps também são dialógicos no uso da memória coletiva negra por meio da música negra. "Tramp", de Salt-N-Pepa, extrai os sopros e partes de sua seção rítmica de uma canção soul homônima de 1967, interpretada por Otis Redding e Carla Thomas. A canção "Tramp" de Otis e Carla é um diálogo no qual Carla expressa sua frustração com o fracasso de Otis no relacionamento, enquanto ele dá desculpas e tenta evitar suas acusações[29]. A citação musical de "Tramp", de Otis e Carla, por Salt-N-Pepa estabeleceu um diálogo em movimento e multifacetado. O estilo musical de "Tramp" de Salt-N-Pepa carrega o modo confessional do blues de muitas canções de R&B, atualizadas com batidas e breaks do rap. Salt-N-Pepa está testemunhando os problemas de Carla por meio da música e, ao mesmo tempo, fornecendo ao público contemporâneo uma referência coletiva dos predecessores musicais negros e da história das lutas heterossexuais femininas negras.

A abordagem direta de Lyte para Sam ("When you say you love it doesn't matter" [quando você diz que ama, não importa]) é a metade de uma conversa acalorada em que Sam é silenciado por ela, mas, ainda assim, continua presente. O anúncio de Lyte de que "admite jogar um jogo, mas não desse jeito" deixa claro que ela entende as relações de poder que ditam sua interação. Lyte incentiva a si mesma – e, por extensão, as mulheres negras – a ser destemida e autoconfiante ("sucker you missed, I know who I am" [otário, você perdeu, sei quem sou]), em face das significativas perdas emocionais. Seu jogo e sua estratégia têm uma diferença sexual importante

---

29 Ver Atlantic Records, *Rhythm and Blues Collection, 1966-1969*, v. 6. Nos encartes dessa coleção, Robert Pruter se refere a "Tramp" como um diálogo entre Carla e Otis, no qual as "injúrias" de Carla são insuficientemente contestadas por Otis. Deve-se ressaltar que "Tramp" de Otis e Carla é um *remake* (uma resposta?) da versão de Lowell e Fulson que se tornou popular em 1966.

que estabelece as bases para uma voz feminina negra centrada e compartilhada que revisa e expande as condições do poder feminino no namoro heterossexual.

Os aspectos dialógicos e de resistência em "Tramps" e "Paper Thin" também estão presentes na estrutura de trabalho de outras rappers. Muitas delas abordam a frustração que as mulheres heterossexuais vivenciam em seu desejo de intimidade e compromisso com os homens. O refrão de "Buffalo Stance", de Neneh Cherry, diz aos homens para não mexerem com ela, e que os homens com dinheiro não podem comprar seu amor porque é afeto que ela está procurando; "Say That Then" (Diga Isso Então), das rappers da Costa Oeste Oaktown 3-5-7, não dá folga para os homens: "Finger popping, hip-hoppin' wanna be bed rockin'" (Dedo estalando, mexendo os quadris quero balançar na cama); "It's a Shame", de Monie Love, é uma conversa estimulante para uma mulher rompendo com um homem que aparentemente precisa ser chutado para o meio-fio; "All Wrong" (Tudo Errado), de Ice Cream Tee's, castiga as mulheres que permitem que os homens abusem delas; "Just Don't Give a Damn" (Apenas Não Dê a Mínima), de Monie Love, é uma rejeição dura e confiante de um homem emocional e fisicamente abusivo; e "I Cram to Understand U" (Eu me Encho Para Entender Você), "Please Understand" (Por Favor Entenda) e "I'm Not Havin' It" (Eu Não Tenho), de MC Lyte, são músicas que vão na mesma linha de "Paper Thin".

Essa estratégia em que as mulheres enfrentam os homens pode ser subvertida, e o seu poder diminuído. Como sugere Laura Berlant, esse modo de comunicação de confronto pode ser contida ou renomeada como "reclamação feminina". Em outras palavras, a crítica direta e legítima é reduzida a "choramingo" ou reclamação como forma de conter a dissidência. Berlant adverte que a "reclamação feminina [...] como um modo de expressão é uma admissão e reconhecimento tanto de privilégio quanto de impotência [...] circunscrita por um conhecimento da deslegitimação inevitável da mulher dentro da esfera pública patriarcal". Berlant argumenta que a resistência à opressão sexual deve ocorrer "na esfera pública patriarcal, o lugar onde as trocas de poder significativas ou momentâneas são percebidas", mas que a reclamação feminina é desvalorizada, marginalizada e ineficaz nessa esfera.

250

Ela oferece uma interpretação de "Roxanne's Revenge" – um antigo e popular disco de rap da rapper negra Roxanne Shante – como um exemplo das armadilhas da "reclamação feminina". Foram feitas tentativas de conter e humilhar Roxanne em um disco de compilação que incluía vários outros registros de resposta relacionados. Berlant diz que "Roxanne's Revenge" é vulnerável à "histeria por um discurso fálico prontamente disponível (que) é imanente ao próprio gênero da sua expressão".[30]

Berlant está fazendo uma observação importante sobre a vulnerabilidade das vozes das mulheres desvalorizadas. Sem dúvida, suas reações iradas há muito aparecem como histéricas e irracionais, ou choronas e infantis. Porém, não estou certa se podemos equiparar as tentativas de tornar as vozes das mulheres como "reclamações" com as próprias vozes. Fazer isso pode valorizar muito as tentativas de conter as mulheres. "Roxanne's Revenge" deu voz à resposta de uma jovem aos confrontos reais de rua com os homens. Ela entrou em um espaço público dominado por homens negros e desviou grande parte da atenção da canção de UTFO à qual respondeu. O mais importante é que "Roxanne's Revenge" mantém o peso e a importância no hip-hop desde 1985, quando foi lançada. Muito do *status* da canção "Roxanne Roxanne" original do grupo UTFO é resultado do poder da gravação como resposta de Roxanne Shante. O que Berlant ilustra é a maneira pela qual a "reclamação feminina" de Roxanne precisava ser rotulada como tal e, então, precisamente contida porque era ameaçadora. Ela não passou despercebida, porque foi uma voz convincente no domínio público que captou a atenção dos fãs de hip-hop masculinos e femininos. O registro da compilação é claramente uma tentativa de conter a voz dela, mas foi, em minha opinião, uma tentativa mal-sucedida. Além disso, tais tentativas de circunscrição continuarão ocorrendo quando ataques parciais – porém efetivos – forem feitos sob forma de queixa feminina ou não. No entanto, o argumento maior de Berlant, que exige presença e contestação feminina substancial na esfera pública, é crucial. Essas contestações na esfera pública devem envolver mais do que respostas ao discurso masculino sexista; elas também

---

30 L. Berlant, The Female Complaint, *Social Text*, p. 237-259.

© suekwon

devem envolver o desenvolvimento de vozes femininas fortes e constantes que reivindiquem o espaço público como um todo.

MCs Proeminentes: Quem É o Chefe?

As habilidades do rap envolvem domínio verbal, domínio de transmissão, criatividade, estilo pessoal e virtuosismo. Os rappers ocupam o palco, exigindo do público sua atenção e conquistando sua admiração. Suas rimas estão integradas em uma identidade agressiva e autoconfiante que exprimem confiança e poder. Diante disso, as rimas que se expressam *boast*, *signify* e o *toast* são parte importante do repertório das rappers. "Who's the Boss" (Quem É o Chefe) de Antoinette, "Let's Work" (Vamos Trabalhar) de Ice Cream Tee, "Stompin' to tha 90's" (Paradão Nesses 90) de Yo-Yo, "Everybody Get Up" (Todo Mundo de Pé) de Salt-N-Pepa, "Latifah's Had It up to Here" (Latifah no Limite) e "Come into My House" (Venha na Minha Casa) de Queen Latifah estabelecem as rappers negras como MCs de hip-hop que podem mover a multidão – uma habilidade que, em última análise, determina o *status* de alguém como rapper de sucesso. Até mesmo raps introspectivos são transmitidos com arrojado autocontrole. As rappers que ocupam o palco e ganham a admiração da multidão sob condições altamente competitivas representam uma intervenção fundamental na performance contemporânea das mulheres e nas identidades culturais populares.

Segunda faixa lançada do álbum de estreia de Queen Latifah, intitulado *All Hail the Queen*, "Ladies First" (Damas Primeiro) é um exemplo marcante de forte centralização de uma voz feminina negra pública. Tomados em conjunto, o vídeo e a letra de "Ladies First" são uma declaração pela unidade, independência e poder das mulheres negras; bem como uma declaração anticolonial sobre a região sul da África e o reconhecimento da importância das ativistas políticas negras – que oferecem esperança para o desenvolvimento de uma consciência política diaspórica em prol da mulher negra. "Ladies First" é um dueto de rap rápido e poderoso entre Queen Latifah e sua "irmã europeia" Monie Love. Um recital sobre o significado e a diversidade das mulheres negras, "Ladies First" explodiu na cena do rap. A voz assertiva e comedida de Latifah e a rima de abertura dão o tom:

> The ladies will kick it, the rhyme it is wicked
> Those who don't know how to be pros get evicted
> A woman can bear you, break you, take you
> Now it's time to rhyme, can you relate to
> A sister dope enough to make you holler and scream?[31]

Em seu verso muito rápido, quase com o andamento dobrado, Monie Love responde:

> Eh, Yo! Let me take it from here Queen.
> Excuse me but I think I am about due
> To get into precisely what I am about to do
> I'm conversatin' to the folks who have no whatsoever clue
> So, listen very carefully as I break it down to you

---

31 "As garotas vão chutar, a rima é perversa / Aqueles que não sabem ser profissionais são expulsos / Uma mulher pode te suportar, te quebrar, te pegar / Agora é hora de rimar, você pode se relacionar com / Uma irmã suficiente dopada para torná-la mais santa e gritar?" Queen Latifah, "Ladies First", *All Hail the Queen*.

Merrily merrily, hyper happy overjoyed,
Pleased with all the beats and rhymes my sisters have employed
Slick and smooth throwing down the sound totally, a yes.
Let me state the position: Ladies First, Yes?[32]

Latifah responde, "YES!" (SIM!)

Sem se referir ou atacar os homens negros, "Ladies First" é uma reescrita poderosa das contribuições das mulheres negras na história das lutas negras. Abrindo com slides das ativistas políticas negras como Sojourner Truth, Angela Davis e Winnie Mandela, o tema predominante do vídeo apresenta Latifah como estrategista militar do Terceiro Mundo. Ela segue um mapa iluminado da África do Sul, do tamanho de uma mesa de conferência, E, com um ponteiro longo, ela empurra grandes figuras de barro, semelhantes a um jogo de xadrez de homens brancos carregando pastas de países dominados pelos brancos – substituindo-os por grandes punhos cerrados no estilo *black power*. Entre essas cenas, Latifah e Monie Love fazem rap entre fotos de mulheres negras politicamente proeminentes e imagens de lutas negras, protestos e atos de violência militar contra manifestantes. Latifah se posiciona como parte de um rico legado de ativismo, compromisso racial e orgulho cultural das mulheres negras.

A centralidade do protesto político das mulheres negras em "Ladies First" é uma ruptura com os vídeos de rap de protesto, que se tornaram bastante populares nos últimos anos, mas quase excluíram as imagens de mulheres negras líderes ou soldados de infantaria.

Imagens de dezenas de mulheres camponesas africanas correndo com varas erguidas acima de suas cabeças em direção a opressores armados, mantendo suas posições ao lado de homens em igual número e morrendo em luta são imagens raras na mídia. Como Latifah explica: "Eu queria mostrar a força das mulheres negras na

---

32 "Ei, você! Deixe-me cuidar daqui, rainha. / Com licença, mas acho que minha hora chegou para / entrar precisamente no que estou prestes a fazer / Estou conversando com as pessoas que não têm nenhuma pista / Então, ouça com atenção enquanto detalho para você / Alegremente feliz, hiper feliz, muito feliz / Satisfeita com todas as batidas e rimas que minhas irmãs empregaram / Liso e suave no som totalmente, um sim. / Deixe-me afirmar a posição: Primeiro as damas, sim?"

história. Mulheres negras fortes. Essas foram bons exemplos. Eu queria mostrar o que fizemos. Já fizemos muito, só que as pessoas não sabem disso. As irmãs estão no meio dessas coisas há muito tempo, mas simplesmente não conseguimos ver muito."[33] Depois de colocar um punho cerrado *black power* em cada país do sul da África, Latifah examina o mapa, balançando contente com a cabeça. O vídeo termina com uma imagem estática da nova ordem política da região. O autodomínio e a independência de Latifah são facetas importantes do novo nacionalismo cultural do rap. O aspecto poderoso, equilibrado e feminista negro de suas letras questiona a relação historicamente confortável entre nacionalismo e patriarcado. Latifah estrategicamente sampleia a frase lendária de Malcolm x por meio de "Ladies First": "Haverá algumas mudanças aqui." Quando a voz de Malcolm é apresentada, a câmera mostra os rostos de algumas das rappers e DJs femininas mais proeminentes, incluindo Ms. Melodie, Ice Cream Tee e Shelley Thunder. O próximo sample da memorável fala de Malcolm é usado para narrar a filmagem do protesto sul--africano. Latifah convoca Malcolm como parte de uma memória histórica coletiva afro-estadunidense e o recontextualiza não apenas como uma voz em apoio às lutas contemporâneas na África do Sul; mas, também, como uma voz em apoio às mudanças iminentes relacionadas ao *status* degradado das mulheres negras e, especificamente, das rappers negras. "Ladies First" é um produto cumulativo que, como Lipsitz poderia dizer, "entra em um diálogo já em processo". Os usos que Latifah faz dos processos dialógicos de nomear, reivindicar e recontextualizar não são aleatórios, nem são "justaposições de realidades incompatíveis". "Ladies First" afirma e revisa as tradições afro-estadunidenses do passado e do presente, ao mesmo tempo que cria um novo território para as mulheres negras.

---

33 Entrevista de Rose com Queen Latifah, 6 fev. 1990.

Se Expresse: Os Corpos das Mulheres Negras na Esfera Pública

As exibições públicas de liberdade física e sexual das rappers negras frequentemente desafiam as noções masculinas de sexualidade e de prazer feminino. Dueto de rap de Salt-N-Pepa com E.U. – proeminente banda de *go-go* – "Shake your Thang" é uma demonstração verbal e visual da resistência sexual das mulheres negras. A letra e o vídeo do rap exibem a dança sensualizada de Salt-N-Pepa dentre outras reações. A primeira estrofe as coloca em um clube "shakin' [their] thang to a funky beat with a go-go swing" (mexendo [suas] bundas com uma batida funqueada e com suingue *go-go*), onde nota-se o choque nos rostos dos outros clientes. Com atitude de sobra, Salt-N-Pepa canta: "It's my thang and I'll swing it the way that I feel, with a little seduction and some sex appeal". (É a minha bunda e vou balançá-la do jeito que quero, com um pouco de sedução e um pouco de *sex appeal*) [34]. O refrão, cantado pelo membro do E.U., diz: "Shake your thang, do what you want to do, I can't tell you how to catch a groove. It's your thang, do what you wanna do, I won't tell you how to catch a groove"[35] (Balance sua bunda, faça o que quiser fazer, não posso te dizer como entrar no ritmo. A coisa é sua, faça o que quiser fazer, não te direi como entrar no ritmo).

O vídeo enquadra o interrogatório de Salt-N-Pepa depois de serem presas por dança obscena. Carros de polícia reais de Nova York param na frente do estúdio onde o videoclipe está sendo filmado e policiais brincalhões (interpretados por Kid 'n Play e Herbie Luv Bug, o produtor delas) carregam Salt-N-Pepa algemadas. Quando suas fotos estão sendo tiradas, Salt-N-Pepa manda um beijo para o fotógrafo enquanto cada um segura seu cartaz de prisão. Uma vez na sala do interrogatório, Kid 'n Play e Herbie perguntam a Salt-N--Pepa, com autoridade, "o que vamos fazer com essa dança suja?"

---

34 O termo "it's your thank" expressa ter o controle da situação. (N. da T.)

35 A melodia, o refrão e a seção rítmica de "Shake Your Thang" foram retirados do single "It's Your Thang" dos Isley Brothers, o qual estava no Top 40 das paradas da *Billboard* no inverno de 1969.

256

Pepa estende o braço por cima da mesa, agarra Herbie pela gravata e sussurra: "Vamos fazer o que queremos." As cenas do interrogatório, levemente pastelão, se ligam a uma série de outras subtramas. As cenas em que Salt-N-Pepa fazem parte de grupos de mulheres dançando e tocando são intercaladas com cenas separadas de dançarinos, misto de segmentos de dança, com Kid 'n Play e o vocalista principal do E.U. atuando como porta-vozes de um movimento para a "liberdade de Salt-N-Pepa" e manifestantes em frente à delegacia pedindo sua libertação. Quando ele não está coletando assinaturas para sua petição, E.U. canta o refrão em um pódio como se fosse uma coletiva de imprensa. Os ângulos da câmera para os segmentos de dança dão o efeito de uma sequência de parque ou festas de rua. Salt-N-Pepa balançam seus quadris para as câmeras e para cada um deles enquanto cantam o rap: "My jeans fit nice, they show off my butt" (Meus jeans caem bem, eles ostentam minha bunda) e "I like hip-hop mixed with a go-go baby, it's my thang and I'll shake it crazy. Don't tell me how to party, it's my dance, yep, and it's my body" (Gosto de hip-hop misturado com go-go, baby, é minha bunda e vou sacudi-la loucamente. Não me diga como me divertir, é minha dança, sim, e é meu corpo)[36].

Um motivo principal da força do vídeo é a irreverência de Salt-N-Pepa em relação às restrições sexuais moralistas impostas a elas como mulheres. Elas zombam das afirmações morais sobre os modos adequados de expressão feminina e aproveitam cada minuto disso. Seus desafios às restrições morais e sexuais às mulheres devem ser diferenciados dos desafios das leis – aparentemente neutras em termos de gênero – contra a nudez pública. Salt-N-Pepa são talvez gravadas porque sua dança não é contra a lei (como Salt-N-Pepa diz, "podemos nos soltar, mas não podemos ficar nuas"). Mas sua "dança suja" também provoca o espectador masculino, que interpretaria a liberdade sexual como um convite explícito para o sexo. Salt-N-Pepa deixam claro que a expressão delas não é isso: "A guy touch my body? I just put him in check." (Um cara toca meu corpo? Acabei de colocá-lo em xeque). Elas impõem uma barreira entre

---

36 Salt-N-Pepa, "Shake Your Thang", *A Salt with a Deadly Pepa*.

a manifestação sexual feminina aberta e a presunção de que tais expressões visam atrair os homens. "Mexer sua bunda" pode criar um rebuliço, porém, não deve impedir as mulheres de fazer isso quando e como escolherem. No final do vídeo volta-se à cena do interrogatório pela última vez. Herbie recebe uma ligação, após a qual ele anuncia que devem liberar Salt-N-Pepa. As acusações não vão durar. Rindo e saltitando para fora da delegacia, Salt-N-Pepa dizem: "Eu avisei". A batida policial e as prisões tornam explícito o policiamento real, informal, contudo, institucional da manifestação sexual feminina. O vídeo fala para mulheres negras, apela para exibições públicas abertas da expressão feminina, assume um apoio comunitário para a liberdade delas e foca diretamente na conveniência sexual e na beleza dos corpos das mulheres negras[37].

Exemplificada pelo foco em seus traseiros, a liberdade física de Salt-N-Pepa não é uma expressão aleatória; o traseiro negro tem um lugar especialmente carregado na história, tanto na expressão sexual negra, quanto na rotulação branca que se faz dela, como um sinal de perversidade sexual e inferioridade. O traseiro negro evoca uma história complexa do escrutínio branco sobre os corpos femininos negros. Desde a repulsa e a fascinação com a exibição de Sara Baartman nua como "A Vênus Hotentote", no início de 1800; ao prazer perverso e exotizado à Josephine Baker, que muitos europeus agressivamente demonstraram a partir de suas danças centradas no traseiro. Isso também é um aceno contemporâneo à substancial história do povo negro, de artistas, danças e canções que envolvem a celebração de grandes traseiros de homens e mulheres – por exemplo, o bump, o dookey butt (danças), e "Da Butt" de E.U. e Spike Lee, que está no topo das paradas negras[38]. Como Bell Hooks aponta,

---

37 O vídeo de Salt-N-Pepa de "Expressions" apresenta uma perspectiva semelhante, mas se concentra mais em promover a individualidade e a autoconfiança em mulheres jovens.
38 Sarah "Saartjie" Baartman (1789-1815) foi a mais famosa de pelo menos duas mulheres negras do povo Khoisan exibidas como aberrações na Europa do século XIX sob o nome de "Vênus Hotentote" ("hotentote" era o nome dado para o povo Khoi, mas que hoje é considerado um termo racista, enquanto "Vênus" faz referência à deusa romana do amor). O corpo de Baartman fora usado para definir uma fronteira entre a mulher africana "anormal" e a mulher branca "normal". Por ter nádegas protuberantes e lábios

a música popular contemporânea é um dos principais locais culturais para as discussões sobre a sexualidade negra. Nas letras das músicas, fala-se da bunda na tentativa de contestar as concepções racistas que sugerem que ela é um sinal desagradável de inferioridade, embora continue sendo um sinal sexualizado[39]. Como os corpos femininos são especialmente analisados dessa maneira, esse foco explícito na protuberância do traseiro na cultura popular negra contraria as definições brancas convencionais do que constitui um corpo feminino sexualmente atraente. Isso também serve como uma rejeição da hierarquia estética na cultura estadunidense, que marginaliza as mulheres negras. A cultura estadunidense, ao definir seus símbolos sexuais femininos, valoriza muito as pernas longas e finas, quadris estreitos e traseiros relativamente pequenos. A grande maioria das atrizes brancas de televisão e cinema, musicistas e as modelos negras mais bem pagas se enquadram nessa descrição. A hierarquia estética do corpo feminino na cultura estadunidense dominante – com referência particular ao traseiro e quadris – coloca muitas mulheres negras em uma posição próxima da base. Quando visto neste contexto, o rap e o vídeo de Salt-N-Pepa se tornam uma inversão da hierarquia estética que torna os corpos das mulheres negras inadequados e sexualmente não atraentes[40].

Obviamente, a prática comum de objetificação dos corpos de todas as mulheres complica a interpretação de Salt-N-Pepa ao mexerem seus traseiros coletivamente. Para alguns, sua liberdade sexual pode ser considerada perigosamente próxima da exploração autoinfligida. Essas interpretações sobre o significado racial e sexual de expressão da sexualidade feminina negra podem explicar as respostas surpreendentemente cautelosas que recebi de algumas feministas brancas com relação à importância das rappers, particularmente em seus usos, gestos e em suas letras sexualmente explícitas. No

---

menores, foi considerada uma "mulher selvagem". O single "Da Butt" (1988) teve seu clipe dirigido por Spike Lee, que igualmente atua no vídeo. "Da Butt" também foi trilha sonora do filme de Lee *Lute pela coisa certa* (School Daze, 1988). (N. da T.)

39 b. hooks, *Black Looks*, p. 61-64. (Trad. bras: *Olhares Negros: Raça e Representação*, São Paulo: Elefante, 2019.)

40 Conferir S. Willis, *A Primer for Everyday Life*, especialmente o capítulo 6, e W. Chapkis, *Beauty Secrets*.

entanto, como Hortense Spillers e outras feministas negras proeminentes argumentaram, uma história de silenciamento cercou a sexualidade das mulheres afro-estadunidenses. Spillers argumenta que esse silêncio tem pelo menos dois lados: ou as mulheres negras são criaturas de posse sexual masculina ou elas são reificadas no *status* de não ser[41]. Não existe espaço para uma identidade sexual autodefinida em nenhuma das alternativas. Em grande parte dos vídeos das rappers, os corpos das mulheres negras estão no centro, há muitas mulheres e são explicitamente sensuais.

Esses vídeos de rap de mulheres negras compartilham um universo visual e lírico com o trabalho dos rappers em que as mulheres negras são quase sempre criaturas de propriedade sexual masculina. Cada vez mais, as bundas das mulheres negras estão sendo descritas como o principal alvo do comportamento sexual predatório dos homens. Alguns vídeos representam um modo exagerado de rastreamento visual e verbal da vida real e de perseguição dos traseiros das mulheres. Notavelmente, "Pop That Coochie" (Bota Pra Foder), de 2 Live Crew, e "Rump Shaker" (Boa Bunda), de Wrecks-in-Effex, ambos vídeos extremamente populares e muito solicitados são, do início ao fim, imagens panorâmicas de mulheres negras seminuas, girando e, em algumas cenas, bundas visualmente distorcidas[42]. Outro exemplo muito popular disso é "Baby Got Back" (Bebê Voltou/Bebê Tem Uma Bela Bunda), de Sir-Mix-a-Lot, complicado pelo fato de que a letra narra tanto um desejo explícito de mulheres negras com traseiros protuberantes quanto, ao mesmo tempo, zomba da indústria da moda por celebrar mulheres brancas com aparência anoréxica. Sir-Mix-a-Lot basicamente anuncia que eles podem manter aquelas mulheres magras longe das capas da *Cosmopolitan* e de outras revistas, porque ele e a maioria dos homens querem uma mulher com um traseiro grande e redondo. A expressão de um conhecido e comum sentimento masculino negro que

---

41 H. Spillers, Interstices, em C. Vance (ed.), *Pleasure and Danger*, p. 73-100.
42 Outros exemplos incluem L.L. Cool J., "Big Ole Butt" (Bundão Velho); 95 South, "Whoot, There It Is" (Uau, Olha Isso) e Duice, "Dazzey Duks" (Shortinho Cavado [em referência à personagem Daisy Duke, do seriado The Dukes of Hazzard [Os Gatões], 1979-1984, que os usava]).

260

afirma os corpos das mulheres negras em um ambiente cultural no qual elas são esteticamente rejeitadas pode trazer um suspiro de alívio para muitas mulheres, mas, infelizmente, isso contribui para uma compreensão já cristalizada dos corpos femininos como objetos de consumo. Ao mesmo tempo, não podemos fugir da realidade da cumplicidade das mulheres negras nessas exibições. Em uma ampla variedade de vídeos, fotos e outros aspectos da produção criativa e do marketing, as mulheres chamadas de "gostosas" ou, mais depreciativamente, "vadias" ou "piranhas" são participantes voluntárias de sua própria exploração. Como ressalta Carmen Ashhurst-Watson, presidente da Rush Communications, "nunca temos dificuldades em encontrar mulheres para aparecer nos vídeos"[43]. Elas são tão abundantes que um produtor me disse que tem "listas quentes" com as estatísticas vitais de inúmeras mulheres jovens, de modo que uma pode ser facilmente localizada. A motivação para esta cooperação encontra-se em um nível incompreensível e em outro bastante comum. A participação neste mercado de carne está intimamente relacionada ao fenômeno do rock/esportes/grupos de estrelas de cinema, no qual fãs – especialmente mulheres – adquirem momentaneamente uma aura de estrela por se associarem ou por fazerem sexo com figuras ricas e famosas. O vídeo comunica um desejo profundo de atenção e elogio, ele é entendido ou mal compreendido como um veículo de carreira em desenvolvimento no *show business*, ou como uma forma potencial de mobilidade ascendente em circunstâncias economicamente frágeis.

Essa cultura de intercâmbio sexual não se limita à produção de vídeo, festas de rap; os saguões dos hotéis após os shows de rap estão cheios de mulheres jovens na esperança de "terem sorte". Para algumas, esse tipo de troca inicial que as mulheres buscam pode ser interpretado como um modo de empoderamento feminino. Essas mulheres estão escolhendo seus parceiros sexuais (de forma mais agressiva do que a maioria das mulheres em situações normais) e coletando experiências sexuais semelhantes às experiências dos

---

43 Apud L. Pike, Bad Rap, *Us*, 10 Dec. 1990, p. 15.

homens. Para as rappers que precisam se envolver nesse ambiente regularmente, esse argumento pode não ser tão convincente. Elas estão lutando pela paridade, lutando para serem levadas a sério em uma indústria musical que tem péssima reputação de tolerar e praticar abuso, assédio sexual e controle sexista das mulheres artistas e funcionárias. As rappers que trataram dessas dinâmicas em conferências e em letras de rap não estão reivindicando a proteção patriarcal das mulheres (o conhecido lado oposto do mercado de carnes); em vez disso, elas parecem reconhecer que sob tais condições, nas quais rappers e executivos de gravadoras têm praticamente todo o poder social e institucional, as mulheres não podem se envolver nesse tipo de exibição e intercâmbio sexual de forma empoderadora. Não importa como você faz, essas "gostosas" são consideradas dispensáveis, e o desejo masculino é a força motriz por trás dos encontros sexuais.

Os lados de resistência da participação das mulheres negras no rap e suas tentativas de redefinir seu próprio imaginário sexual são mais bem compreendidos quando levamos em consideração o histórico silenciamento e a objetificação sexual das mulheres negras. O assunto é importante, e as perspectivas apresentadas nas letras de rap de muitas mulheres desafiam as noções dominantes de sexualidade, namoro heterossexual e construções estéticas do corpo. A presença visual delas em videoclipes e performances ao vivo exibe comunidades de mulheres exuberantes ocupando o espaço público, liberdade sexual, independência e, ocasionalmente, explícita dominação sobre os homens. Por meio de suas letras e imagens de vídeo, rappers negras como TLC, Queen Latifah, MC Lyte, Yo-Yo e Salt-N-Pepa estabelecem um diálogo com mulheres e homens negros da classe trabalhadora, oferecendo às jovens negras um pequeno mas potente espaço público culturalmente reflexivo.

De modo geral, as rappers negras estão conquistando um espaço dominado pelas mulheres, onde a sexualidade das mulheres negras é abertamente expressa. Elas usam penteados no estilo *black*, roupas de hip-hop e joias que as inserem em uma estética contemporânea da juventude negra da classe trabalhadora. Elas afirmam os sinais e experiências culturais da classe trabalhadora feminina negra

MANAS MÁS

que raramente são retratados na cultura popular estadunidense. As rappers negras resistem a padrões de objetificação sexual nas mãos de homens negros e de invisibilidade cultural nas mãos da cultura estadunidense dominante.

Como dito, os diálogos sexuais no rap envolvem intensas lutas de poder sobre os significados, os termos e as condições das relações homem/mulher. Também apontei para as estratégias das rappers para resistir e rever as normas patriarcais atuais. Muitas dessas lutas pelo poder são travadas em torno do sexo, sexualidade e controle dos corpos femininos negros. O trabalho das rappers claramente leva a essas batalhas por usarem a sexualidade e o conhecimento delas para expor os homens ("Tramps", "Paper Thin"), para atrair as espectadoras em detrimento dos espectadores ("Shake Your Thang") e para vincular o poder das mulheres às suas habilidades sexuais ("Ladies First"). Ao contrário, as narrativas sexistas masculinas frequentemente envolvem desvalorização e dominação da sexualidade e do comportamento sexual das mulheres negras. O medo profundo e a hostilidade expressos em relação às mulheres nas obras dos rappers é um fenômeno complexo e multicausal. Parte dessa hostilidade com as mulheres está relacionada à fórmula cultural dominante que iguala a estabilidade econômica masculina e a capacidade de alguém de ser o ganha-pão da família com a masculinidade; isso torna a posição cada vez mais permanente dos homens negros na base ou completamente fora do mercado de trabalho como um sinal de emasculação, dependência ou feminilidade. Se o poder financeiro e social não pode fornecer a virilidade masculina, então, a esfera social privada é a segunda melhor alternativa. Ao mesmo tempo, o casamento na cultura estadunidense é geralmente cada vez menos uma instituição que serve como o principal veículo para interação sexual, segurança financeira e sinal adulto de independência.

As mulheres negras – especialmente em maiores condições econômicas e sociais – têm menos probabilidade de permanecer em relacionamentos insatisfatórios e abusivos por razões econômicas. Como Robin Kelley sugeriu em referência aos *gangsta rappers*, "essas transformações tiveram um impacto tremendo na maneira como a masculinidade é construída por (eles) [...] especialmente em suas narrativas sobre relações sexuais. 'Trazer a carne para a casa' não é mais uma ação de masculinidade; em vez disso, a conquista heterossexual livre de compromisso é muito mais valorizada do que o casamento, que em alguns casos é até considerado castrador"[44].

Outro fator contribui para o teor e a abundância do sexismo no rap: o espectro do poder sexual feminino negro, que contextualiza parcialmente os temas específicos do trabalho das rappers negras. Em uma entrevista ao *Village Voice* com Ice Cube, ex-membro do NWA, famoso não apenas por raps sexistas, mas por histórias brilhantes e arrepiantes da vida no gueto, Greg Tate perguntou a ele sobre a hostilidade expressa no rap em relação às mulheres:

> TATE: Você acha que o rap é hostil às mulheres?
> ICE CUBE: O mundo inteiro é hostil às mulheres.
> TATE: O que você quer dizer com isso?
> ICE CUBE: Quero dizer que o poder sexual é mais poderoso do que os filhos da puta na Arábia Saudita. Uma garota com quem você quer ficar pode te obrigar a fazer quase qualquer coisa. Se ela souber fazer as coisas direito, ela pode fazer você comprar cigarros que você nunca quis comprar na vida. [...] Olhe para todos os meus manos aqui nesta gravação de vídeo, todos esses filhos da puta sentados aqui tentando parecer *sexy*, gostosos como um filho da puta, prontos para ir para casa. Mas há muitas mulheres aqui para eles simplesmente se levantarem e irem embora. Eles estão aqui desde as oito horas da manhã e não estão sendo pagos. Eles vieram pelas garotas.[45]

A resposta de Ice Cube pode parecer uma falácia, mas seus comentários abordam o que acredito ser um subtexto significativo da dominação masculina simbólica no rap sobre as mulheres. Ice Cube sugere que muitos homens são hostis às mulheres, porque a realização do desejo heterossexual masculino é significativamente controlada pela capacidade das mulheres de rejeição sexual ou manipulação dos homens. Ele reconhece os limites imprudentes de seu desejo e suas consequências, bem como o poder que as mulheres podem

---

44 R.D.G. Kelley, Kickin' Reality, Kickin' Ballistics, em E. Perkins (ed.), *Droppin' Science*.
45 G. Tate, Manchild at Large, *Village Voice*, 11 Sept. 1990, p. 78.

264

exercer nessa luta sexual. Em seu rap intitulado "The Bomb", Ice Cube avisa os homens para ficarem de olho nas mulheres de traseiro grande, pois, infere-se que quanto maior o desejo, maior a probabilidade de ser cegado por ele e, consequentemente, mais se fica vulnerável à dominação feminina. Obviamente, Ice Cube não aborda o fato de que a lógica do patriarcado está, de muitas maneiras, contribuindo para tornar esse desejo agressivo, predatório e consumidor. Ice Cube e muitos rappers negros expõem a vulnerabilidade do desejo heterossexual masculino em suas histórias exageradas de total dominação sobre as mulheres. Essas fantasias malignas tratam, sim, da difusão do sexismo, mas também falam sobre as realidades da luta pelo poder no namoro heterossexual em uma sociedade sexista, na qual as mulheres têm um poder que pode ser e é exercido.

Durante minha entrevista com MC Lyte, discutimos o poder indireto que as mulheres têm na determinação das decisões que os homens tomam. Em determinada altura, ela descreveu uma conversa que teve com seu irmão Giz que ecoa o ponto de Ice Cube:

> Giz me disse que a razão pela qual os homens trabalham, tudo que o homem faz é para a mulher. Se ele trabalha é para conseguir uma casa, é um adereço para fazer as mulheres verem [...] tudo que um homem faz é para atrair mulheres [...] Então, Giz vai e compra um videocassete de 800 dólares com imagem digital. Perguntei a ele "que diabo é isso, Giz?", ele disse: "É um adereço para as mulheres." Então, ele acha que as mulheres vão ficar fascinadas por isso.

Perguntei se ela achava que as mulheres ficavam impressionadas com isso e se ela ficaria impressionada. Ela disse:

> Não me impressionaria porque tenho o meu. Algumas pessoas gostam de viver às custas de outras pessoas. Gosto de ter o meu. Não fico entusiasmada com ninguém me dando dinheiro. Algumas garotas, você sabe, elas dizem: "ohh, meu namorado me deu esses brincos..." Eu fico, tipo, "o que você comprou por si mesma?"[46]

---

46 Entrevista de Rose com MC Lyte, 7 set. 1990.

Durante o verão de 1990, Bell Biv Divoe (BBD), um popular grupo que mistura R&B e rap, subiu nas paradas com "Poison", uma música sobre mulheres cujo refrão avisa aos homens para não "confiarem em uma bunda grande e em um sorriso". A música adverte aos homens sobre ceder à sua fraqueza sexual e, depois, serem explorados por uma mulher sexy cujos motivos podem ser igualmente falsos. O grau de ansiedade expresso é impressionante; "Poison" explica tanto o desejo intenso deles quanto a profunda desconfiança em relação às mulheres. A capacidade de uma mulher de usar sua sexualidade para manipular o desejo dos homens para seus propósitos é um lado importante da política sexual de raps masculinos sobre as mulheres. BBD está alertando os homens, como se dissesse: "você pode não saber o que uma bunda grande e um sorriso realmente significam, isso pode não significar prazer, pode significar um veneno perigoso". O aviso de BBD reconhece tacitamente as lutas permanentes sobre a sexualidade feminina, por isso as tentativas nas suas narrativas sexistas de reconstruí-las como conflitos facilmente controlados.

As rappers efetivamente se envolvem com os fãs de hip-hop e com os rappers por reconhecerem esse aspecto da política heterosse-xual, ao expressarem sua sexualidade abertamente e, em linguagem de confronto, "sacudirem coletivamente seus traseiros"; embora se distinguindo das "mulheres falsas e venenosas", as rappers negras expressam aos homens seu desejo heterossexual. Da mesma forma, quando TLC diz que elas gostam quando os homens beijam "os dois lábios", elas estão desafiando as concepções patriarcais que inter-pretam as manifestações abertas da sexualidade sob o controle da mulher como uma ameaça ao privilégio e ao poder masculinos.

Não estou sugerindo que as mulheres tenham tanto poder inex-plorado que, uma vez acessado, este abrirá caminho para o desman-telamento do patriarcado. As manifestações de Ice Cube, Giz e BBD devem ser entendidas no contexto de sua condição como homens e no inerente poder social que tal atribuição de gênero proporciona. Mas, particularmente, a luta pelo controle da sexualidade feminina negra nas relações de namoro heterossexuais também deve ser entendida como um objetivo contínuo e nunca como algo totalmente alcançado. Nós não devemos tomar essas narrativas sociais, por mais viciantes

MANAS MÁS

que sejam, como realidades fixas; fazer isso seria apagar a agência feminina negra e dar ainda maior poder às narrativas sexistas inventadas precisamente para esse propósito. Sem a capacidade das mulheres de rever, controlar a interação e repudiar, os esforços para dominá-las sexual e fisicamente seriam desnecessários.

A ansiedade em relação à manipulação sexual também está presente nos raps das mulheres, que muitas vezes mostram temores na perda de controle e na traição pelas mãos dos homens. O que é especialmente interessante sobre os raps dessas mulheres é a maneira como elas mudam os termos do debate. Os rappers justificam seu comportamento promíscuo e egoísta concentrando-se em mulheres sexualmente promíscuas que "querem seu dinheiro" (às vezes chamadas de "piranhas") e raramente oferecem uma imagem de uma mulher sincera. As rappers negras não negam suas experiências sexuais fingindo ser a contrapartida virgem das "piranhas". Elas se distinguem como mulheres experientes, com confiança sexual e independência financeira, cansadas de homens desonestos que buscam sexo com mulheres (como as mulheres que procuram dinheiro com homens); um movimento que desvia a atenção do comportamento objetificado dessas chamadas piranhas, em direção aos homens que dependem delas para concretizarem suas façanhas sexuais tão necessárias.

Entre um grupo recente de rappers, particularmente agressivas, que foram apelidadas de "mulheres *gangsta*" ou "vadias *gangsta*", a presunção de traição e abuso nas mãos de homens assumiu uma forma agressiva e violenta de fantasia, semelhante à dos raps *gangsta*. Em "Recipe of a Hoe", Boss – uma dupla *gangsta* feminina de Detroit, que "tem muito orgulho em derrubar os pretos" – triunfou com a postura *gangsta* sobre façanhas sexuais. Boss não apenas ridiculariza homens verdadeiramente promíscuos por serem usados e já estarem muito gastos para valerem alguma coisa, como também os lembra de que a maioria deles são pretensos cafetões que não conseguem fazer com que nenhuma mulher vá para a cama com eles. Ela termina a rima dizendo que os homens são, no mínimo, fracos devido à sua servidão à "boceta". Liricamente, ela parece estar tentando sugerir que vadias são vadias independentemente do gênero, mas, no que pode ter sido um erro tático, o refrão (que é sobre deixar uma vadia ser vadia) é cantado por um grupo de homens. Isso tem o efeito infeliz de dar poder e voz à rotulação masculina e sexista sobre o comportamento sexual das mulheres como desviante, um movimento que, em minha opinião, mina as revisões de suas letras sobre o comportamento sexual masculino. Essas fantasias de revanche contra os homens negros são tão socialmente relevantes quanto as fantasias de revanche dos homens negros contra a polícia. Como escreve Dream Hampton, "jovens mulheres negras morrem nas mãos de homens negros, que podem ou não ter alegado amá-las, com mais frequência do que morrem nas mãos de homens brancos, policiais ou outros". A canção depois de "Recipe" – intitulada "a blind date with boss" (um encontro às cegas com o chefe)" – é uma vinheta na qual Boss tem uma conversa franca com um homem que a abordou sobre fazer sexo em uma festa. Depois de confirmar que ele quer "fodê-la», ela entra no banheiro. Ele pensa que ela vai voltar vestida com algo mais "confortável", então, ele pede ao amigo um preservativo enquanto descreve o quão forte ele vai "fodê-la". Quando ela retorna à sala, engatilha uma pistola gritando em meio a uma série de epítetos: "me dê seu dinheiro, porra"; eles têm uma conversa confusa e barulhenta, não muito diferente de uma batida policial e, então, ela atira neles quatro vezes. Tudo fica em silêncio, um momento depois ela o chama de canalha[47].

Certamente, algumas dessas narrativas musicais são muito mais conflituosas do que as trocas cotidianas entre todos os garotos e garotas. No entanto, elas narram uma profunda desconfiança e ansiedade sobre a vulnerabilidade associada à intimidade sexual que compõe a vida cotidiana. Durante minha entrevista com Salt, pressionei-a sobre como ela poderia imaginar um relacionamento heterossexual sério, sem nenhum grau de dependência emocional por um homem. Ela respondeu:

> Só quero depender de mim mesma. Sinto que um relacionamento não deve ser uma dependência emocional. Eu mesma fico mais confortável quando não dependo de abraços e beijos de alguém que

---

47 Boss, *Born Gangstaz*; D. Hampton, Hard to the Core, *The Source*, June 1993, p. 34.

268

possivelmente não vou receber. Se não conseguir, ficarei desapontada. Então, se conseguir, vou apreciar.[48]

As letras de Salt refletem muito de como ela se sente no âmbito pessoal: ela não quer homens pelo dinheiro deles, ela é independente, ganha seu próprio dinheiro e não espera que os homens lhe digam como gastá-lo; ela os lembra de que precisa pouco deles e do quanto eles precisam dela[49]. Ao se recusar a ter quaisquer "expectativas", ela demonstra uma profunda desconfiança dos homens e da possibilidade de um relacionamento no qual as expectativas possam ser mantidas. Baseando-se em experiências pessoais e em sua compreensão do desejo das mulheres negras por autonomia e privacidade, as letras e os comentários de Salt articulam a complexidade da autonomia feminina heterossexual e do desejo sexual na cultura estadunidense contemporânea. As linhas de batalha foram traçadas, e as mulheres parecem cada vez menos interessadas em fazer a maior parte do trabalho emocional, tipicamente feminino, que seria necessário para arrancar as mãos de homens e mulheres da garganta uns dos outros. Momento raro de honestidade sexual masculina no hip-hop, "Disposable Heroes of Hiphoprisy" (Descartáveis Heróis da Hipocrisia) talvez fale sobre a possibilidade de uma compreensão coletiva de como o desenvolvimento político-sexual é importante para a luta política e cultural negra. Em "Music and Politics" de Hiphoprisy, o rapper Michael Franti reconhece como a consciência sexual particular e a transformação são cruciais para a revolução cultural e política:

> If ever I would stop thinking about music and politics…
> I would tell you that sometimes I use sex to avoid communication
> It's the best escape when we're down on our luck
> But I can express more emotions than laughter, anger and let's fuck…
> I would tell you that the personal revolution is far more difficult
> and is the first step in any revolution.[50]

---

48 Entrevista de Rose com Salt do Salt-N-Pepa, 17 ago. 1990.
49 Salt-N-Pepa, *Black's Magic*.
50 "Se algum dia eu parasse de pensar em música e política […] / Diria que às vezes uso sexo para evitar a comunicação / É a melhor fuga quando estamos sem sorte / Mas posso expressar mais emoções do que riso, raiva e vamos foder […] / Diria que a

Quando e Onde Entro: Feminismo Branco e Rappers Negras

Na epígrafe citada no início do capítulo, Harmony alude ao título do livro de Paula Gidding *When and Where I Enter: The Impact of Black Women on Race and Sex in America*, como uma forma de centralizar sua voz na história das lutas das mulheres negras. Dadas as identidades que essas rappers criaram para si mesmas, espera-se que elas se sintam confortáveis em se entenderem como feministas. No entanto, como mencionei antes, os artigos de jornais e de crítica sobre rappers negras as constroem, implícita e explicitamente, como vozes feministas no rap. Contudo, durante minhas conversas com Salt, MC Lyte e Queen Latifah, ficou claro que essas mulheres se incomodavam em serem rotuladas de feministas e percebiam o feminismo como um significado para um movimento relacionado especificamente às mulheres brancas. Elas também achavam que o feminismo envolvia a adoção de uma posição contra os homens e, embora expressassem claramente frustrações com eles, elas não queriam ser consideradas ou queriam que seus trabalhos fossem interpretados como contrários aos homens negros.

No caso de MC Lyte, ela observou que costumava ser rotulada de feminista, embora não se considerasse. No entanto, depois que ela pediu minha definição do papel de uma feminista, ela concordou totalmente com minha descrição, que foi a seguinte:

> Diria que uma feminista acreditava que havia sexismo na sociedade, queria mudar e trabalhou para mudar. Ou escrevia, falava ou se comportava a favor das mulheres, na medida em que apoiava situações (organizações) que estavam tentando melhorar a vida das mulheres. Uma feminista acha que as mulheres são mais desfavorecidas do que os homens em muitas situações e gostaria de acabar com esse tipo de desigualdade.

MC Lyte respondeu: "Pela sua definição, diria que sim." Conversamos mais sobre o que ela imaginava ser uma feminista, e ficou claro

---

revolução pessoal é muito mais difícil / e é o primeiro passo em qualquer revolução." Disposable Heroes of Hiphoprisy, "Music and Politics", *Disposable Heroes of Hiphoprisy*.

que – uma vez que o feminismo era entendido como um modo de análise em vez de um rótulo para um grupo de mulheres associadas a um movimento social específico – MC Lyte ficou muito mais confortável discutindo a importância da independência das mulheres negras: "Sim, sou muito independente e sinto que as mulheres devem ser independentes, mas os homens também. Ambos precisam um do outro e estamos começando a perceber que sim."[51] Em sua resposta, Lyte constrói a independência das mulheres e a codependência masculina e feminina como forças compatíveis. Ela também separa a independência da necessidade de companheirismo. Portanto, sua resistência ao feminismo não é resistência à independência das mulheres, é uma resposta à história dos movimentos feministas brancos, particularmente em seus pontos cegos, egoístas, em relação ao significado racial, e uma resposta à história da reação contra tais movimentos.

Parte da reação negativa contra as feministas resulta de ataques antifeministas de organizações de direita e das representações da mídia convencional de ativistas a favor das mulheres como aquelas que odiavam amargamente os homens[52]. Essas representações superficiais e repetitivas foram especialmente atrativas para comunidades de mulheres que tinham pouca conexão direta ou local com os movimentos feministas. Tais ataques contribuíram para tornar o feminismo um "palavrão" para mulheres de várias classes étnicas, raciais e econômicas. Se as organizações feministas de alto nível tivessem um compromisso consistente e proeminente com a base, com as jovens mulheres negras pobres em nível local, essas mulheres teriam uma desconfiança maior das representações adversas às feministas. No entanto, nem todo seu ceticismo é produto dessa lacuna social; a especificidade da rejeição do feminismo pelas rappers negras também está diretamente ligada à sua condição de mulheres *negras*, o que as coloca em uma posição contraditória em relação aos homens negros em uma sociedade racista.

Queen Latifah simpatizava com as questões associadas ao feminismo, mas preferia ser considerada em prol da mulher. Ela não

---

51 Entrevista de Rose com MC Lyte, 7 set. 1990.
52 Ver S. Faludi, *Backlash*.

conseguiu articular o motivo pelo qual se sentia desconfortável com o termo feminista e preferiu, em vez disso, falar sobre sua admiração por Faye Wattleton, ex-presidente negra da Planned Parenthood, e a necessidade de apoiar o *pro-choice movement*[53]. "Faye Wattleton, gosto dela, eu a admiro. Sou pró-escolha, mas amo a Deus. Mas acho que [aborto] é uma decisão da mulher. Em um mundo como o que vivemos hoje, você não pode usar [Deus] como uma desculpa o tempo todo. Eles querem tornar o aborto ilegal, mas eles não querem educar na escola."[54] Salt foi a menos resistente ao termo feminismo, no entanto, ela deixou seus limites explícitos:

> Acho que você poderia dizer que [sou uma feminista] de certa forma. Não de uma forma forte em que eu gostaria de ir para a guerra ou algo assim [risos] [...] Mas prego muito sobre as mulheres que dependem dos homens para tudo, para sua estabilidade mental, para sua situação financeira, para sua felicidade. As mulheres têm cérebro, e odeio vê-las andando na sombra de um homem.[55]

Para essas rappers, e muitas outras mulheres negras, feminismo é o rótulo para membros de um movimento social de mulheres brancas que não tem nenhum vínculo concreto com mulheres negras ou com a comunidade negra. Feminismo significa lealdade a movimentos historicamente específicos, cujas histórias há muito são a fonte de frustração para as mulheres negras. Críticas semelhantes aos movimentos sociais das mulheres foram veementemente feitas por muitas feministas negras[56]. Como elas argumentaram, raça e gênero estão intrinsecamente ligados para as mulheres negras. Esse é o caso tanto para mulheres negras quanto para as brancas. No entanto, no caso das mulheres negras, as realidades do racismo as vinculam aos homens negros de uma forma que desafia a irmandade

---

53 Movimento sociopolítico estadunidense pelo direito legal ao aborto eletivo, ou seja, pelo direito de a mulher interromper a gravidez. (N. da T.)
54 Entrevista de Rose com Queen Latifah, 6 fev. 1990.
55 Entrevista de Rose com Salt, 17 ago. 1990.
56 Ver b. hooks, *Ain't I a Woman* e *Feminist Theory*; B. Smith (ed.) *Home Girls*; C.A. Wall (ed.), *Changing Our Own Words*.

inter-racial. A irmandade entre mulheres negras e brancas não será conquistada às custas da identidade racial das mulheres negras.

As alianças baseadas no gênero que não levam em consideração a raça, especialmente em uma sociedade racista, são um movimento problemático para as mulheres negras. Isso pode explicar, em parte, a hesitação das rappers negras em serem rotuladas de feministas. Essa tensão também contribui para o silêncio com que as rappers negras responderam à polêmica do 2 Live Crew na grande imprensa. Em ambientes "seguros", como conferências e meios de comunicação para negros, as rappers e outras mulheres envolvidas com o hip-hop expressaram grande frustração com a forma como estavam sendo tratadas pela imprensa e a maneira como estavam sendo representadas em algumas letras de rap. No entanto, elas também estão cientes de que o sexismo contra mulheres negras está sendo usado para atacar homens negros, em vez de reconstruir relações de poder entre homens e mulheres negros; consequentemente, elas permanecem cautelosas com o "feminismo" e parecem ansiosas para separar suas críticas ao sexismo masculino negro das queixas feministas brancas. Um programa especial chamado "If you're Dissin' the Sisters, You're Not Fightin' the Power" ("Se você está ofendendo as irmãs, você não está lutando contra o poder") veiculado na WBAI, estação de rádio afrodiaspórica com foco no Terceiro Mundo em Nova York, exibiu uma entrevista com Brigette Moore, representante do já extinto Hip-hop Women's Progressive Movement (HWPM)[57]. Nele, Moore deixou claro tanto seus medos de ser rotulada quanto sua frustração com a opressão das mulheres negras:

> Uma coisa que enfatizamos em nosso primeiro comunicado à imprensa foi que não nos consideramos feministas devido ao estigma e à atitude negativa e a vibração que se obtém com a palavra *feminista*, e nós não queríamos alienar as mulheres. Não queríamos que elas pensassem que éramos essas mulheres furiosas e voláteis [...] Sim, somos bravas, estamos cansadas de sermos pisadas. Existem problemas com os quais não queremos mais lidar [...] Um livro importante que li foi *Women, Culture and Politics*, de Angela Davis. Ela diz que

---

57 Movimento Progressista de Mulheres do Hip-Hop. (N. da T.)

For The Brothers That Ain't Here by Ninety-Nine

TIMMY TIBBLE CAN BARELY LIFT

LEGS OUT OF CRIB

POSSESSED BY   ICE CUBE

FROM THE FREEZER TRAY

HYPNOTIC VOICES LEAD
HYPNOTIC FLOCKS
TO THE LIQUOR STORE
WITH ALL EYES FIXED ON
THE   CROOKED LETTER
        CROOKED LETTER
                I.

BARELY WEIGHING 2LBS
NOW DRINKING FORTY
OUNCES

AS HE POUNCES PISSY SIMILAC WITH CREAMY HEAD
TO A HIGH CHAIR
FINGERS FUMBLE WITH CAP NEEDING A FIX WITH FLAIR
LIMITING STATEWIDE CAPITAL OUT OF RANGE
PULLED FROM THE DEPTHS OF LINT FILLED LEVI'S

BUSINESS OF THE DAY RAPPERS SCHOOLIN TODDLERS
ON SUBSTANCE ABUSE
OF TOXIC JUICE JUST TO SPRUCE UP DEMOGRAPHIC SALES:

NIGGER TESTED: RAP INDUSTRY APPROVED

PITCH SOUNDED SMOOTH ON VINYL GROOVES
TO A NEEDLE
THE BOOM
     THE BOOM
           THE BOOM   THE BIP!

TAKIN SWIGS FROM THE TIP AND SOME ARE READY TO RIP
INTO RIPE CUNTS OF NEWBORN STUNTS
BORN FROM THE BOTTLE AND BROUGHT UP ON THE

BLUNT...YO! So LIGHT ANOTHER L

NO LONGER THE AGE OF CLYDESDALE SOUPY SALES
SELLIN PALES OF PISSY ALE

GRIOTS ONCE SHOUTED TALES FROM BOT OMLESS BOATS
BY THE ORIGINAL COLT 45 NEW GHETTO CRIMINAL

          SEE ME AND BILLY D FREED THE WEED FROM THE PLASTIC
          DIDN'T QUIBBLE OVER WHO EXTERMINATED LAST ROACH
          AS DRUG TRAMPLES BLINDLY DOWN MY THROAT

NINTEY-3 REVOLUTION
COMMERCIAL PROSTITUTION
NEEDS TO BE BANNED
                         AS PSEUDO ROLE MODELS CHANT

             A DICK AND MY GAT A FORTY
             I CAN TAP A BITCH BY MY SIDE
             AND A BLUNT FOR THE RIDE
                              CAUSE IM COOL LIKE THAT
                              SOLD OUT LIKE THAT
                              PLAYED LIKE THAT
                              LOST.

© Ninety-Nine

não se pode esquecer que nós (mulheres negras) temos um movimento feminista forte, mas que ele não faz parte do movimento racista (feminista) com o qual crescemos e é tudo o que conhecíamos sobre.[58]

Moore luta para equilibrar o reconhecimento frustrado dos abusos de mulheres negras com uma estratégia prática que canaliza a raiva dessas mulheres sem serem submetidas ao estigma do rótulo de feministas. Em parte por causa desse campo minado, as organizações de mulheres no hip-hop têm dificuldade de manter o entusiasmo. As mulheres negras do hip-hop não só precisam se preocupar se demonstram simpatias demais às feministas brancas, como também devem ter certeza de que não parecem entrar no vagão da banda antinegra masculina e, ao mesmo tempo, criar uma agenda para as mulheres negras. Não é surpreendente que grupos como o Intelligent Black Women's Coalition de Yo-Yo (IBWC), que teve uma posição inicial de destaque, parece ter sofrido um alcance nacional limitado.

Na esteira da brutal surra pública de Dee Barnes, rapper e apresentadora do programa de vídeo de rap "Pump It Up" (Botando Tudo), pelas mãos do Dr. Dre do NWA, reuni um grupo de escritoras negras, rappers e feministas negras para sentar e conversar sobre possíveis respostas ao reconhecido ato de violência de Dre contra uma jovem da comunidade hip-hop. Todas nós que formamos o grupo Sisters Speak ficamos chocadas com o incidente, sua lógica e, acima de tudo, com a resposta do Dr. Dre. Irritado com uma entrevista no "Pump It Up" que apresentava Ice Cube, ex-membro do NWA, intercalada com referências a eles ridicularizadas, Dr. Dre agrediu Dee Barnes em uma boate lotada de Los Angeles – atirou-a contra a parede várias vezes e tentou jogá-la escada abaixo. Com seus próprios guarda-costas (que pareciam estar armados) mantendo a multidão afastada, Dr. Dre chutou suas costelas. Ela escapou e correu para o banheiro feminino, onde ele a seguiu e "agarrou-a por trás pelos cabelos e começou a dar socos na sua nuca" antes de sair correndo do clube com sua equipe. Em uma entrevista de vídeo

---

58 Revolutionary Rhythms, "If You're Dissin' the Sisters You're Not Fightin' the Power", *WBAI Radio Show*, 20 Mar. 1991.

transmitida pela MTV, membros da NWA, Ren e Eazy concordaram que "a cadela mereceu aquilo". A explicação de Dre demonstra uma resposta assustadoramente mal direcionada à impotência e à naturalização da violência contra as mulheres: "As pessoas falam toda essa merda, mas você sabe, alguém fode comigo, vou ferrar com eles. Eu acabei de fazer isso, sabe. Não há nada que você possa fazer agora falando sobre isso. Além do mais, não é grande coisa, apenas a joguei pela porta."[59] Ele considerou Dee "responsável" pela decisão do produtor de televisão da Fox de editar os materiais de forma que zombasse da NWA, porque estava claro que embora bater em uma jovem negra pudesse trazer a ele má reputação, bater em um homem branco do mercado de entretenimento significaria um desastre para sua carreira. Sua má reputação foi reforçada pelos processos civis e criminais multimilionários de Barnes, ambos ainda pendentes. Não é surpreendente que Dee não seja sua única vítima. Dre também tem uma reputação por bater em ex-namoradas e em outros jovens próximos a ele.

O Sister Speak foi tanto uma reunião de apoio para Dee Barnes quanto uma tentativa de compor um grupo de mulheres negras de várias gerações que se entendiam como integrantes da comunidade hip-hop ou como simpatizantes, para expor nossas preocupações sobre a forma como as mulheres negras são tratadas e imaginadas no hip-hop, e para discutir possíveis estratégias de ação. Uma resposta favorável – mas não realizada – foi a de colocar pressão em rappers proeminentes como Chuck D para falar explicitamente contra esse ataque. Especialmente, porque foi alegado que ele e outros condenaram os atos de Dre em conversas particulares. No entanto, nunca fizemos contatos suficientes para conseguir isso e nenhuma declaração pública em nome de Dee foi feita por qualquer figura masculina proeminente. No hip-hop, onde reinam respostas intensas e contínuas, o silêncio após os abusos de mulheres negras é ensurdecedor. Foi difícil manter o Sisters Speak unido. Também sofremos por tentar ultrapassar a barreira que parece separar as agendas negras e femininas e lutamos para desenvolver uma estratégia midiática

---

59 A. Light, Beating Up the Charts, *Rolling Stone*, 6 Aug. 1991, p. 66.

que desviasse as tentativas de nos colocar como contra o hip-hop e contra os homens. Isso – juntamente com o fato de que tínhamos nossas próprias responsabilidades com as demandas de carreira e dispúnhamos de nenhum apoio institucional – encorajou ainda mais nosso fim.

Em "Demarginalizing the Intersection of Race and Sex" (Desmarginalizando a Intersecção de Raça e Sexo), Kimberle Crenshaw ecoa os sentimentos de Moore e as experiências do Sisters Speak com uma voz mais teórica ao argumentar que a abordagem de um único eixo que domina a teoria feminista (assim como a lei e a política antidiscriminação) edifica raça e gênero como categorias mutuamente exclusivas de experiência e análise que colocam as mulheres negras entre a cruz e a espada. Os efeitos paralisantes dessas categorias aparentemente separadas de raça e gênero têm sua base tanto na história da libertação negra quanto nos movimentos feministas. Em referência à teoria feminista, Crenshaw aponta que:

> O valor da teoria feminista (branca) para as mulheres negras é diminuído porque ele evolui de um contexto racial branco que raramente é reconhecido. Não apenas as mulheres negras são de fato esquecidas, mas sua exclusão é reforçada quando as mulheres *brancas* falam por nós como mulheres. A voz universal autoritária, geralmente a subjetividade masculina branca mascarada de objetividade não racial e sem gênero, é simplesmente transferida para aquelas que, exceto pelo gênero, compartilham muitas das mesmas características culturais, econômicas e sociais [...] As feministas, portanto, ignoram como sua própria raça funciona para mitigar alguns aspectos do sexismo e, além disso, como muitas vezes os privilegiam e contribui para a dominação de outras mulheres[60].

Assim, para as mulheres negras o feminismo muitas vezes interpreta o feminismo branco e, consequentemente, representa um movimento que contribuiu para sustentar suas opressões, enquanto afirmava falar em seu nome. É, em parte, essa tensão que complica nossa

---

[60] K. Crenshaw, Demarginalizing the Intersection of Race and Sex, *University of Chicago Legal Forum*, v. 139, p. 139-167.

interpretação de mulheres negras rappers como vozes feministas que podem estar situadas em oposição aos rappers. Para essas rappers, o feminismo é um movimento que não fala para os homens; por outro lado, elas mantêm uma comunicação constante com o público masculino negro e com os rappers negros e, ao mesmo tempo, apoiam e aconselham as jovens negras. Consequentemente, as teóricas feministas brancas não devem se contentar em simplesmente "deixar o outro falar", mas devem começar uma reavaliação sistemática de como o feminismo é conceituado e como etnicidade, classe e raça fraturam fortemente o gênero como categoria de eixo único. Até que esse tipo de análise ocorra com muito mais frequência do que acontece, muitas mulheres negras serão incapazes de confiar nas análises feministas; e aquilo que as feministas brancas dizem à MC Lyte continuará sendo muito pouco.

O escopo do trabalho crítico feminista sobre a produção cultural das mulheres negras deve ser ampliado para incluir a produção popular, especialmente a música popular. A produção cultural popular costuma atentar para os conflitos e pressões cotidianas vivenciadas pelas jovens negras. As rappers negras atraem muitos seguidores do gênero masculino e, consistentemente, desempenham sua evidente produção em prol das mulheres em ambientes de gênero misto. Elas são capazes de manter o diálogo com eles e, consequentemente, estimular o diálogo entre jovens negros e negras. Seus raps apoiam as mulheres negras e contestam alguns comportamentos masculinos sexistas. Como MC Lyte explica, "Quando faço um show, as mulheres ficam, tipo, 'Vá em frente, Lyte, manda a letra pra elas!' e os caras ficam, tipo, 'Oh, merda. Ela está certa.' E eles ficam sentados rindo porque expus as mentiras deles".[61] Seria ingênuo esperar que tais casos levassem diretamente a uma ampla aliança entre feministas negras e os homens. Por outro lado, seria cínico e equivocado presumir que os diálogos facilitados por essas rappers não contribuirão para seus trabalhos de base.

A presença das rappers negras e os estilos de cabelo *black*, urbano, da classe trabalhadora, as roupas, expressões e os temas de suas

---

61 Entrevista de Rose com MC Lyte, 7 set. 1990.

rimas proporcionam às jovens negras um pequeno espaço público culturalmente reflexivo. As rappers negras afirmam o prazer popular feminino negro e a presença pública ao privilegiarem, na esfera pública, a subjetividade e as experiências femininas negras. A performance pública também fornece um meio pelo qual as jovens negras podem ocupar o espaço público de modo a afirmarem a centralidade de suas vozes. Como Salt observa: "As mulheres nos respeitam, elas nos levam muito a sério. Não é um tipo de coisa de fã, é mais como um movimento. Quando gritamos 'o ano de 1989 é para as mulheres', elas enlouquecem. É o destaque do show. Isso faz você perceber que você tem voz no que diz respeito às mulheres."[62]

As rappers negras mudaram efetivamente o quadro interpretativo do trabalho dos rappers e contestaram os discursos da esfera pública, particularmente aqueles relativos à raça e ao gênero. Como mulheres que desafiam o sexismo expresso pelos rappers – embora mantenham o diálogo com eles, que rejeitam as hierarquias estéticas racialmente codificadas na cultura popular estadunidense ao privilegiarem os corpos femininos negros, e que apoiam as vozes e a história das mulheres negras – as rappers negras constituem uma importante e resistente voz no rap e, de modo geral, na produção cultural das mulheres negras contemporâneas.

---

62 Entrevista de Rose com Salt, 17 ago. 1990.

Epílogo

Em 1994, quinze anos após sua estreia comercial e dezessete anos ou mais após seu surgimento no sul do Bronx, o rap permanece na vanguarda dos conflitos culturais e políticos e mantém laços estreitos com os membros mais pobres e sub-representados da comunidade negra. Depois que os motins de Los Angeles eclodiram em resposta à absolvição dos policiais que espancaram violentamente Rodney King nesta cidade, Ice Cube foi imediatamente chamado para comentar, mas recusou porque estava tentando impacientemente entrar em contato com parentes de quem não se tinha notícias desde o início das manifestações. Outros rappers emitiram declarações bem divulgadas, e a cobertura dos motins do Nightline em 5 de maio foi concluída com os comentários dos rappers do South Central. Era como se a fúria que eclodiu em South Central tivesse finalmente validado as histórias incômodas e aparentemente exageradas de frustração racial e de classe elaboradas pelos rappers. Da noite para o dia, rappers como Chuck D e Ice Cube – que já foram considerados ameaças sociais – tornaram-se profetas e referências para uma nação que acabara de perceber que havia ficado cega. Poucos dias depois, a ativista nacionalista negra e rapper Sister Souljah foi publicamente criticada pelo candidato presidencial democrata Bill Clinton por seus comentários ambíguos e agressivos sobre a "lógica" por trás dos ataques a brancos em Los Angeles; líderes negros, exceto Jesse Jackson, não disseram nada. Finalmente, na esteira dos escombros de South Central, a canção de *fantasy heavy metal* de Ice-T "Cop Killer" (lançada semanas antes dos tumultos) fez com que sessenta congressistas assinassem uma carta de protesto declarando a canção "vil e desprezível". George Bush entrou na conversa, chamando o trabalho de Ice-T de "doente". Desde então, a Warner Records recolheu o álbum original, a música foi totalmente removida das novas prensagens e Ice-T foi liberado de seu contrato. Calvin Butts, ministro negro da Igreja Batista Abissínia no Harlem, partiu em uma missão para livrar a comunidade negra do rap por causa de seus efeitos nocivos sobre os jovens de hoje. Não foi um apelo para uma crítica social aberta a algumas letras de rap; foi um apelo à censura. Sua manobra publicitária de queima de livros e de esmagamento de cassetes foi uma exibição vergonhosa de quão equivocada é a liderança moral ou política negra. E, certamente contribuiu mais para romper os laços frágeis entre os jovens negros da classe trabalhadora de hoje e a liderança política e religiosa negra – e menos para desencorajar o consumo de música "moralmente degradada".

Por meio das indústrias comerciais, novas tecnologias e meios de comunicação de massa, os rappers tentam reescrever, rearticular e revisar narrativas populares, nacionais e locais. Estes artistas negociam essas narrativas a partir de uma posição peculiarmente contraditória de vulnerabilidade social e influência cultural. Com isso, quero dizer que, embora os rappers sejam alguns dos críticos sociais mais proeminentes da cultura popular contemporânea, eles continuam sendo os mais policiados e estigmatizados institucionalmente. Muito depois de sua emergência como críticos sociais proeminentes, vários rappers do sexo masculino continuam a ser parados, revistados e questionados como se ainda fossem apenas "jovens negros urbanos normais". Rappers famosas continuam a se sentir sexualmente degradadas e marginalizadas por membros poderosos e não tão poderosos da indústria musical.

O rap é um fenômeno social que expressa muitas das formas de alienação cultural e política relacionadas a classe, gênero e raça, e expressa essa alienação no centro das atenções comerciais. A cada ano, rappers vendem mais discos, desenvolvem novas misturas sonoras e narrativas, chamam a atenção de mais ouvintes e, ao mesmo

EPÍLOGO

tempo, são submetidos a novas formas de contenção, que vão desde leis para samplear a limitada cobertura de seguro, até alvos policiais e sanções diretas do Congresso.

A música negra sempre foi o principal meio de expressão cultural para os afro-estadunidenses, especialmente durante períodos e transições sociais difíceis. Dessa forma, o rap não é exceção; ele articula muitas das facetas da vida no contexto urbano estadunidense para negros situados na base de uma sociedade capitalista altamente tecnológica. O rap geralmente assume um caráter profundamente político por causa do lugar social, racial e de gênero de seus praticantes. Porque, como disse Cornel West, eles "enfrentam uma realidade que a subclasse negra *não pode desconhecer*: o lado brutal do capitalismo estadunidense, o lado brutal do racismo estadunidense, o lado brutal do sexismo contra as mulheres negras"[1].

À medida que mais e mais pessoas destituídas de direitos e alienadas encontram-se enfrentando condições de deterioração acelerada, as ressonâncias urgentes, furiosas e, ainda assim, de afirmação da vida presentes no rap se tornarão a força social mais importante e contestatória no mundo.

O rap também é um amálgama contemporâneo de elementos estilísticos essenciais em várias músicas negras que o antecedem e que se situam em outros pontos importantes de transição social. Ele combina os elementos improvisados do jazz com o sentido narrativo do blues; tem o poder oratório do pregador negro e a vulnerabilidade emocional da música soul sulista. E, ainda, o rap também fala sobre o futuro da cultura negra na cidade pós-industrial e da cultura estadunidense em geral. Sua expressão musical é alcançada por meio da manipulação constante de equipamentos de alta tecnologia que continuarão a ter um efeito profundo na fala, na escrita, na música, na comunicação e nas relações sociais à medida que nos aproximamos do século XXI.

Como Greg Tate advertiu, "o hip-hop pode ser comprado e vendido como ouro, mas os mineradores de seu rico minério ainda

---

1 A. Stephanson, Interview with Cornel West, em A. Ross (ed.), *Universal Abandon?*, p. 281.

representam um gigante círculo social adormecido"[2]. Os rappers e os jovens negros são os mineiros, eles são os cultivadores de artefatos comunitários, refinando e desenvolvendo a estrutura de identidades alternativas que se baseiam em abordagens afrodiaspóricas para uma organização sonora, rítmica, de prazer, de estilo e comunitária. Esses processos de cultivo estão formalmente vinculados à reprodução digital e à vida em uma sociedade cada vez mais orientada para o gerenciamento de informações. Rap é um projeto tecnologicamente sofisticado de recuperação e revisão afro-estadunidense. A música e a cultura negra nos EUA – inextricavelmente ligadas a desenvolvimentos históricos e tecnológicos concretos – encontraram outra maneira de enfraquecer e, ao mesmo tempo, revitalizar a cultura do país.

---

2 G. Tate, It's Like This Y'all, *Village Voice*, 19 Jan. 1988, p. 22.

Fontes

Entrevistas

BRAY, Kevin, 18 mar. 1993.
CRAZY LEGS AND WIGGLES (breakers), 6 nov. 1991.
DADDY-O (do Stetsasonic), 9 ago. 1990.
HARMONY, 14 jun. 1991.
HARRELL, Gina, 20 mar. 1993.
HUNT, Rick (artista e repertório), out. 1989.
KID (do Kid 'N Play), 11 jan. 1990.
KOOL MOE DEE, set. 1990.
KRIEDMAN, Ron (advogado de direitos autorais), 26 dez. 1989.
MC LYTE, 7 set. 1990.
PARIS, 18 set. 1990.
QUEEN LATIFAH, 6 fev. 1990.
RED ALERT (disc jockey/produtor), 8 maio 1990.
"RICHARD" (representante de agência de talentos), out. 1990.
SADLER, Eric "Vietnam" (produtor), 4 set. 1991.
SALT (do Salt-N-Pepa), 22 maio 1990 e 17 ago. 1990.
STONE, Charles S. III, 15 jul. 1993.
WOLKOWICZ, Micheline (entretenimento e advogada de liberação de samples), set. 1991.

Palestras e Conferências

New Music Seminar, Nova York, jul. 1990 e jul. 1991.
Hip-hop at the Crossroads, Universidade de Howard, Washington, D.C., 21 a 23 fev. 1991.
We Remember Malcolm Day, Igreja Batista Abissínia, Nova York, 21 fev. 1991.
WLIB Rap Forum, Nova York, 23 jan. 1990.
WLIB "Revolutionary Rhythms: If You're Dissin' the Sisters You're Not Fightin' the Power, Nova York, 20 mar. 1991.

Revistas

Billboard
Details
Ebony
Emerge
Keyboard
Mother Jones
Musician
Music Scene
New Republic
Newsweek
Option
Rock and Roll Confidential
Rolling Stone
The Source
Spin
Time

Jornais

Amsterdam News (Nova York)
City Sun (Nova York)
Los Angeles Times
New York Daily News
New York Post
The New York Times
Village Voice (Nova York)
Washington Post

Discografia Parcial

ANTOINETTE. *Who's the Boss?* Next Plateau, 1989.
ARRESTED DEVELOPMENT, *3 Years, 5 Months and 2 Days in the Life Of.* Chrysalis, 1992.
ATLANTIC RECORDS. *Rhythm and Blues Collection, 1966-1969, V. 6.* Atlantic, 1985.
BASEHEAD. *Play with Toys.* Image, 1992.
BIG DADDY KANE. *It's a Big Daddy Thing.* Cold Chillin', 1989.
BIG DADDY KANE. *Long Live the Kane.* Cold Chillin', 1988.
BIG DADDY KANE. *Taste of Chocolate.* Cold Chillin', 1990.
BOOGIE DOWN PRODUCTIONS. *By All Means Necessary.* Jive, 1988.
BOOGIE DOWN PRODUCTIONS. *Ghetto Music: The Blueprint of Hip-hop.* Jive/ Zomba, 1989.
BOSS, *Born Gangstaz.* Def Jam, 1993.
BYTCHES WITH PROBLEMS. *"Wanted", The Bytches.* No Face, 1991.
CYPRESS HILL. *Cypress Hill.* Ruffhouse, 1991.
D-NICE. *Call me D-Nice.* Jive, 1990.
DE LA SOUL. *De La Soul Is Dead.* Tommy Boy, 1991.

FONTES

DE LA SOUL. *Three Feet High and Rising.* Tommy Boy, 1989.

DIGITAL UNDERGROUND. *Sons of the P.* Tommy Boy, 1991.

DISPOSABLE HEROES OF HIPHOPRISY. *Disposable Heroes of Hiphoprisy.* Island Records, 1992.

ED O.G. AND THE BULLDOGS. *Life of a Kid in the Ghetto.* Polygram Records, 1991.

ERIK B. & RAKIM. *Follow the Leader.* Uni, 1988.

ERIC B. & RAKIM. *Paid in Full.* Island, 1986.

FU-SCHNICKENS, *Take It Personal.* Jive, 1992.

GANGSTARR. *Step in the Arena.* Crysalis, 1990.

GRANDMASTER FLASH AND THE FURIOUS FIVE. *The Message.* Sugar Hill Records, 1982.

GURU. *Jazzamatazz.* Chrysalis, 1993.

ICE CUBE. *Amerikkka's Most Wanted.* Priority, 1990.

ICE-T. *Rhyme Pays.* Sire Records, 1987.

ICE-T. *O.G. Gangster Original.* Sire Records, 1991.

ISLEY BROTHERS. *"It's Your Thang" Timeless.* T-Neck, 1969.

KID FROST. *Hispanic Causin' Panic.* Virgin, 1990.

KID-N-PLAY. *2 Hype.* Select, 1988.

KOOL MOE DEE. *How Ya Like Me Now.* Jive, 1987.

L.L. COOL J. *Bad.* Def Jam, 1987.

L.L. COOL J. *Mama Said Knock You Out.* Def Jam/ Columbia, 1990.

MARLEY MARL. *In Control: Volume 1.* Cold Chillin/ Warner Bros., 1992.

MC LYTE. *Act Like You Know.* First Priority Music, 1991.

MC LYTE. *Lyte as a Rock.* First Priority Music, 1988.

MC SHAN. *Down by Law.* Cold Chillin Records, 1987.

ME PHI ME, *One.* RCA, 1992.

MS. MELODIE. *Diva.* Jive, 1989.

MTV. *Rap Unplugged.* 1991.

NAUGHTY BY NATURE. *Naughty by Nature.* Tommy Boy, 1991.

NWA. *Niggaz4life.* Priority, 1991.

NWA. *Straight Outta Compton.* Priority, 1989.

PARIS. *The Devil Made Me Do It.* Tommy Boy, 1990.

PETE ROCK E C.L. *SMOOTH, MECCA AND THE SOUL BROTHER.* Elektra, 1992.

P.M. DAWN. *Of the Heart of the Soul and of the Cross.* Island, 1991.

POOR RIGHTEOUS TEACHERS, *Holy Intellect.* Profile, 1990.

PUBLIC ENEMY. *Fear of a Black Planet.* Def Jam, 1990.

PUBLIC ENEMY. *It Takes a Nation of Millions to Hold Us Back.* Def Jam, 1988.

PUBLIC ENEMY. *Yo! Bum Rush the Show.* Def Jam, 1987.

QUEEN LATIFAH. *All Hail the Queen.* Tommy Boy, 1989.

QUEEN LATIFAH. *Nature of a Sista.* Tommy Boy, 1991.

ROXANNE SHANTE. *"Roxanne's Revenge", The Complete Story of Roxanne... The Album.* Compleat, 1984.

SALT-N-PEPA. *A Salt with a Deadly Pepa.* Next Plateau, 1988.

SALT-N-PEPA. *Black's Magic.* Next Plateau, 1990.

SALT-N-PEPA. *Cool, Hot and Vicious.* Next Plateau, 1986.

SCOTT-HERON, Gil. *The Revolution Will Not Be Televised.* Fly and Dutchman, 1969.

STETSASONIC. *In Full Gear.* Tommy Boy, 1988.

TERMINATOR X. *Terminator X and the Valley of the Jeep Beats.* Columbia, 1991.

TIM DOG. *Penicillin on Wax.* Ruffhouse, 1991.

A TRIBE CALLED QUEST. *The Low End Theory.* Jive, 1990.

A TRIBE CALLED QUEST. *People's Instinctive Travels and the Paths of Rhythm.* Jive, 1990.

YO-YO. *Black Pearl*. Profile, 1992.
YO-YO. *Make Way for the Mother Lode*. Profile, 1991.
W.C. AND THE MAAD CIRCLE. *Ain't a Damn Thing Changed*. Priority, 1991.

Bibliografia

Livros

ABRAHMS, Roger D. *Deep Down in the Jungle: Negro Narrative Folklore from the Streets of Philadelphia*. Chicago: Aldine, 1970.

ADLER, Bill. *Rap: Portraits and Lyrics of a Generation of Black Rockers*. New York: St. Martin's, 1991.

____. *Tougher than Leather: Run DMC*. New York: Penguin, 1987.

ANGUS, Ian; JHALLY, Sut (eds.). *Cultural Politics in Contemporary America*. New York: Routledge, 1988.

ATTALI, Jacques. *Noise: The Political Economy of Music*. Minneapolis: University of Minnesota Press, 1985.

BAGDIKIAN, Ben. *The Media Monopoly*. Boston: Beacon, 1987.

BAKER, Houston. *Blues, Ideology, and Afro-American Literature: A Vernacular Theory*. Chicago: University of Chicago Press, 1984.

____. *Long Black Song: Essays in Black American Literature and Culture*. London: University Press of Virginia, 1972.

BAKHTIN, Mikhail. *Speech Genres and Other Late Essays*. Austin: University of Texas Press, 1986.

BARLOW, William. *Looking Up at Down: The Emergence of Blues Culture*. Philadelphia: Temple University Press, 1989.

BELL, Daniel. *The Coming of Post-Industrial Society*. New York: Basic Books, 1973.

BERMAN, Marshall. *All That Is Solid Melts into Air*. New York: Simon & Schuster, 1982.

BERRY, Jason; FOOSE, Jonathan; jones, Tad. *Up from the Cradle of Jazz*. Athens: University of Georgia Press, 1986.

CARBY, Hazel V. *Reconstructing Womanhood*. New York: Oxford University Press, 1987.

CASHMORE, Ellis; MCLAUGHLIN, Eugene (eds.). *Out of Order? Policing Black People*. London: Routledge, 1991.

CASTLEMAN, Craig. *Getting Up: Subway Grafite in New York*. Cambridge: MIT Press, 1982.

CENTER FOR CONTEMPORARY CULTURAL STUDIES. *The Empire Strikes Back: Race and Racism in Britain*. London: CCCS Hutchinson University Library, 1982.

CHAPKIS, Wendy. *Beauty Secrets: Women and the Politics of Appearance*. Boston: South End, 1986.

CHAPPLE, Steve; GAROFALO, Reebee. *Rock 'n' Roll Is Here to Pay*. Chicago: Nelson, 1979.

CHERNOFF, John Miller. *African Rhythm and African Sensibility: Aesthetics and Social Action in African Musical Idioms*. Chicago: University of Chicago Press, 1979.

CHEVIGNY, Paul. *Gigs: Jazz and the Cabaret Laws in New York City*. London: Routledge, 1991.

CLARKE, Kenneth B. *Dark Ghetto*. New York: Harper & Row, 1965.

COOPER, Martha; CHALFANT, Henry. *Subway Art*. New York: Holt, Rinehart & Winston, 1984.

COSTELLO, Mark. *Signifying Rappers*. Boston: Ecco, 1989.

CROWLEY, Daniel. *African Folklore in the New World*. Austin: University of Texas Press, 1977.

DANNEN, Frederic. *Hit Men: Powerbrokers and Fast Money Inside the Music Business*. New York: Random House, 1990.

DAVIS, David Brion. *The Problem of Slavery in Western Culture*. Ithaca: Cornell University Press, 1966.

DAVIS, Mike. *City of Quartz: Excavating the Future in Los Angeles*. London: Verso, 1991.

DAVIS, Stephen. *Reggae Bloodlines*. New York: De Capo, 1977.

DENISOFF, Serge. *Inside MTV*. New Brunswick: Transaction Books, 1987.

DENNING, Michael. *Mechanic Accents*. London: Verso, 1988.

DUNDES, Alan (ed.). *Mother Wit from the Laughing Barrel: Readings in the Interpretation of Afro-American Folklore*. New York: Garland, 1981.

ERENBERG, Lewis A. *Steppin' Out: New York Night Lift and the Transformation of American Culture, 1890-1930*. Chicago: University of Chicago Press, 1981.

EURIE, Joseph D.; SPADY, James G. *Nation Conscious Rap: The Hip-hop Version*. New York: PC International, 1991.

FALUDI, Susan. *Backlash: The Undeclared War against American Women*. New York: Crown, 1991.

FORESTER, Tom. *High-Tech Society*. Cambridge: MIT Press, 1988.

FRANKLIN, Raymond S. *Shadows of Race and Class*. Minneapolis: University of Minnesota Press, 1991.

FRITH, Simon, (ed.) *Facing the Music*. New York: Pantheon, 1988.

FRITH, Simon; GOODWIN, Andrew (eds.). *On Record: Rock, Pop and the Written Word*. New York: Pantheon, 1990.

GATES, Henry L., Jr. *The Signifying Monkey: A Theory of African American Literary Criticism*. New York: Oxford University Press, 1988.

GEORGE, Nelson (ed.). *Stop the Violence: Overcoming Self-Destruction*. New York: Pantheon, 1990.

_____. *The Death of Rhythm and Blues*. New York: Pantheon, 1988.

GEORGE, Nelson et al. (eds.). *Fresh: Hip-hop Don't Stop*. New York: Random House, 1985.

GIDDINGS, Paula. *When and Where I Enter: The Impact of Black Women on Race and Sex in America*. New York: Bantam, 1984.

GILLESPIE, Angus; ROCKLAND, Michael. *Looking for America on the New Jersey Turnpike*. New Brunswick: Rutgers University Press, 1989.

GILROY, Paul. *There Ain't No Black in the Union Jack*. London: Hutchinson, 1987.

GLASGOW, Douglass G. *The Black Underclass: Poverty, Unemployment and Entrapment of Ghetto Youth*. New York: Vintage, 1980.

GORDON, Linda (ed.). *Women, the State and Welfare*. Madison: University of Wisconsin Press, 1990.

GRAMSCI, Antonio. *Selections from the Prison Notebooks*. New York: International Universities Publishers, 1971.

HAGER, Steve. *Hip-hop: The Illustrated History of Breakdancing, Rap Music, and Grafite*. New York: St. Martin's, 1984.

HALL, Stuart et al. *Policing the Crisis*. London: Macmillan, 1977.

HALL, Stuart; JEFFERSON, Tony (eds.). *Resistance through Rituals*. London: CCCS Hutchinson University Library, 1976.

HARVEY, David. *Social Justice and the City*. Oxford: Basil Blackwell, 1988.

HAZZARD, Katrina. *Jookin'*. Philadelphia: Temple University Press, 1991.

HEBDIGE, Dick. *Cut 'n' Mix: Culture, Identity and Caribbean Music*. London: Methuen, 1987.

_____. *Subculture: The Meaning of Style*. London: Routledge, 1979.

HENRY, Charles P. *Culture and African American Politics*. Bloomington: Indiana University Press, 1990.

HOOKS, bell. *Black Looks: Race and Representation*. Boston: South End, 1992.

——. *Yearning: Race, Gender and Cultural Politics*. Boston: South End, 1990.

——. *Feminist Theory: From Margins to Center*. Boston: South End, 1984.

——. *Ain't I a Woman: Black Women and Feminism*. Boston: South End, 1982.

JACKSON, Bruce. *Get Your Ass in the Water and Swim Like Me*. Cambridge: Harvard University Press, 1974.

JONES, Leroi. *Blues People: The Negro Experience in White America and the Music That Developed from It*. New York: Morrow Quill, 1963.

KATZ, Michael. *The Undeserving Poor*. New York: Pantheon, 1989.

——. *The Irony of Early School Reform*. Cambridge: Cambridge University Press, 1968.

KLEIN, Herbert S. *African Slavery in Latin America and the Caribbean*. New York: Oxford University Press, 1986.

LEVINE, Lawrence. *Black Culture and Black Consciousness: Afro-American Folk Thought from Slavery to Freedom*. New York: Oxford University Press, 1977.

LEWIS, Lisa. *Gender Politics and MTV*. Philadelphia: Temple University Press, 1990.

LICHTEN, Eric. *Class, Power and Austerity*. Massachusetts: Bergin and Garvey, 1982.

LIPSITZ, George. *Time Passages: Collective Memory and American Popular Culture*. Minneapolis: University of Minnesota Press, 1990.

——. *A Life in the Struggle: Ivory Perry and the Culture of Opposition*. Philadelphia: Temple University Press, 1988.

LOCK, Graham. *Forces in Nature: The Music and Thoughts of Anthony Braxton*. New York: Da Capo, 1988.

MARTIN, Linda; SEAGRAVE, Kerry. *Anti-Rock: The Opposition to Rock 'n' Roll*. Hamden, Ct.: Archon Books, 1988.

MATUSOW, Allen J. *The Unravelling of America: A History of Liberalism in the 1960s*. New York: Harper & Row, 1984.

MCCLARY, Susan. *Feminine Endings*. Minneapolis: University of Minnesota Press, 1991.

MCCLARY, Susan; LEPPERT, Richard (eds.) *Music and Society: The Politics of Composition, Performance and Reception*. New York: Cambridge University Press, 1989.

MCROBBIE, Angela (ed.). *Zoot Suits and Second-Hand Dresses: An Anthology of Fashion and Music*. Boston: Unwin Hyman, 1988.

——. *Gender and Generation*. London: Macmillan, 1976.

MESSERSCHMIDT, James W. *Capitalism, Patriarchy and Crime: Toward a Socialist Feminist Criminology*. Savage: Rowman & Littlefield, 1986.

MIDDLETON, Richard. *Studying Popular Music*. Philadelphia: Open University Press, 1990.

MODLESKI, Tania (ed.) *Studies in Entertainment: Critical Approaches to Mass Culture*. Bloomington: University of Indiana Press, 1986.

——. *Loving with a Vengeance: Mass-Produced Fantasies for Women*. Hamden: Archon Books, 1982.

MOLLENKOPF, John; CASTELLS, Manuel (eds.). *Dual City: Restructuring New York*. New York: Russell Sage Foundation, 1991.

MOLLENKOPF, John. *The Contested City*. Princeton: Princeton University Press, 1983.

MURRAY, Albert. *Stomping the Blues*. New York: Random House, 1976.

NELSON, Havelock; GONZALES, Michael A. *Bring the Noise: A Guide to Rap Music and Hip-hop Culture*. New York: Crown, 1991.

OGREN, Kathy J. *The Jazz Revolution: Twenties America and the Meaning of Jazz*. New York: Oxford University Press, 1989.

ONG, Walter. *Orality and Technology: The Technologizing of the Word*. London: Methuen, 1982.
PARENTI, Michael. *Inventing Reality: The Politics of the Mass Media*. New York: St. Martin's, 1986.
RADWAY, Janice. *Reading the Romance*. Chapel Hill: University of North Carolina Press, 1984.
ROBERTS, John Storm. *Black Music of Two Worlds*. New York: William Morrow, 1974.
ROMAN, Leslie et al. (eds.) *Becoming Feminine: The Politics of Popular Culture*. London: Falmer, 1988.
ROSENBERG, Terry J. *Poverty in New York City: 1980-1985*. New York: Community Service Society of New York, 1987.
ROSS, Andrew. *No Respect: Intellectuals and Popular Culture*. New York: Routledge, 1989.
ROSS, Andrew; ROSE, Tricia (eds.). *Microphone Fiends: Youth Music & Youth Culture*. New York: Routledge, 1994.
SANJEK, Russell; SANJEK, David. *American Popular Music Business in the 20th Century*. New York: Oxford University Press, 1991.
SCHILLER, Herbert. *Culture, Inc.: The Corporate Takeover of Public Expression*. New York: Oxford University Press, 1989.
SCOTT, James C. *Domination and the Arts of Resistance: Hidden Transcripts*. New Haven: Yale University Press, 1990.
SCOTT, Joan W. *Gender and the Politics of History*. New York: Columbia University Press, 1988.
SIDRAN, Ben. *Black Talk*. New York: Holt, Rinehart & Winston, 1971.
SIMONE, Timothy Maliqualim. *About Face: Race in Postmodern America*. New York: Autonomedia, 1989.
SMALL, Christopher. *Music of the Common Tongue*. New York: Riverrun Press, 1987.
_____. *Music, Society, Education: An Examination of the Function of Music in Western, Eastern and African Cultures with Its Impact on Society and Its Use on Education*. New York: Schirmer, 1977.
SMITH, Barbara (ed.). *Home Girls: A Black Feminist Anthology*. New York: Kitchen Table, 1983.
SMITHERMAN, Geneva. *Talkin' and Testifyin': The Language of Black America*. Boston: Houghton Mifflin, 1977.
SOUTHERN, Eileen. *The Music of Black Americans*. New York: Norton, 1971.
SOYINKA, Wole. *Myth, Literature and the African World*. New York: Cambridge University Press, 1990.
SPENCER, Jon Michael (ed.). *The Emergency of Black and the Emergence of Rap*. Black Sacred Music, v. 5, n. 1, spring 1991. (Special Issue.)
STUCKEY, Stealing. *Slave Culture: Nationalist Theory and the Foundations of Black America*. New York: Oxford University Press, 1987.
TABB, William. *The Long Default*. New York: Monthly Review Press, 1982.
TATE, Greg. *Flyboy in the Buttermilk*. New York: Fireside, 1992.
TIRRO, Frank. *Jazz: A History*. New York: Norton, 1977.
TOOP, David. *Rap Attack 2*. Boston: Consortium, 1992.
_____. *The Rap Attack: African Jive to New York Hip-Hop*. London: South End, 1984.
THOMSON, Robert Farris. *Flash of the Spirit*. New York: Random House, 1983.
VAN DE MERWE, Peter. *Origins of the Popular Style*. London: Oxford University Press, 1989.
VAN SERTIMER, Ivan G. *They Came before Columbus*. New York: Random House, 1976.
VENTURA, Michael. *Shadow Dancing in the USA*. Los Angeles: Torcher, 1985.
WALL, Cheryl A. (ed.). *Changing Our Own Words: Essays on Criticism, Theory and Writing by Black Women*. New Brunswick: Rutgers University Press, 1989.
WALSER, Robert. *Running with the Devil: Power, Gender, and Madness in Heavy Metal Music*. Hanover: University Press of New England, 1993.

WEITZMAN, Philip. *"Worlds Apart": Housing, Race, Ethnicity and Income in New York City*. New York: Community Service Society of New York, 1989.

WEPMAN, Dennis; NEWMAN, Ronald; BINDERMAN, Murry. *The Life: The Lore and Folk Poetry of the Black Hustler*. Philadelphia: University of Philadelphia Press, 1976.

WILLIAMS, Patricia J. *The Alchemy of Race and Rights*. Cambridge, Mass.: Harvard University Press, 1991.

WILLIAMS, Raymond. *The Sociology of Culture*. New York: Schocken, 1981.

____. *Keywords*. New York: Oxford University Press, 1976.

WILLIS, Paul. *Learning to Labor: How Working-Class Kids Get Working-Class Jobs*. London: Saxon House, 1977.

WILLIS, Susan. *A Primer for Everyday Life*. London: Routledge, 1991.

WILSON, William J. *The Truly Disadvantaged*. Chicago: University of Chicago Press, 1987.

Artigos

AARON, Charles. Gettin' Paid: Is Sampling Higher Education or Grand Theft Auto? *Village Voice Rock 'n' Roll Quarterly*, fall 1989.

ADORNO, Theodore W. (assisted by George Simpson). On Popular Music. In: FRITH, Simon; GOODWIN, Andrew (ed.). *On Record: Rock, Pop and the Written Word*. New York: Pantheon, 1990.

____. On the Fetish-Character in Music and the Regression of Listening. In: ARATO, Andrew; GEBHARDT, Eike (ed.). *The Essential Frankfurt School Reader*. New York: Continuum, 1982.

ALLEN, Harry. Invisible Band. *Village Voice*, 18 Oct. 1988.

ATLANTA and Alexander. Wild Style: Grafite Painting. In: MCROBBIE, Angela (ed.). *Zoot Suits and Second-Hand Dresses: An Anthology of Fashion and Music*. Boston: Unwin Hyman, 1988.

AUSTIN, Joe. A Symbol That We Have Lost Control: Authority, Public Identity, and Grafite Writing. Unpublished Paper, University of Minnesota Department of American Studies.

BAKER, Houston A. Hybridity, the Rap Race, and Pedagogy for the 1990s. In: ROSS, Andrew; PENLEY, Constance (eds.). *Technoculture*. Minneapolis: University of Minnesota Press, 1991.

____. Handling Crisis: Great Books, Rap Music and the End of Western Homogeneity. *Calaloo*, v. 13, n. 2, spring 1990.

BANES, Sally. Breaking Is Hard to Do. *Village Voice*, 22-28 Apr. 1981.

BATEMAN, Jeff. Sampling: Sin or Musical Godsend? *Music Scene*, Sept./Oct. 1988.

BERLANT, Laura. The Female Complaint. *Social Text*, fall 1988.

BERMAN, Mitch; LEE, Susanne Wah. Sticking Power. *Los Angeles Times Magazine*, 15 Sept. 1991.

CARBY, Hazel V. "It Jus Be's Dat Way Sometime": The Sexual Politics of Women's Blues. *Radical America*, v. 20, n. 4, 1986.

CASTANEDA, Laura. Annapolis Banishes Dançarinos de Break from City Dock, *Washington Post*, 3 Aug. 1984.

COBB, Charles E. The People Have Spoken. *The Crisis*, Nov. 1983.

CONYERS, John. Main Solution Is National Plan Correcting Economic Injustice. *Ebony*, Aug. 1979.

COOPER, Barry Michael. Raw Like Sushi. *Spin*, Mar. 1988.

CRENSHAW, Kimberle. Beyond Racism and Misogyny: Black Feminism and the 2 Live Crew. *Boston Review*, v. 16, n. 6, Dec. 1991.

____. Demarginalizing the Intersection of Race and Sex: A Black Feminist Critique of Antidiscrimination Doctrine, Feminist Theory and Antiracist Politics. *University of Chicago Law Forum*, n. 139, 1989.

CRISTGAU, Robert; TATE, Greg. Chuck D All over the Map. *Village Voice Rock 'n' Roll Quarterly*, v. 4, n. 3, fall 1991.

D'AGOSTINO, John. Rap Concert Fails to Sizzle in San Diego. *Los Angeles Times* (ed. San Diego), 28 Aug. 1990.

DAVIS, Angela Y. Black Women and Music: A Historical Legacy of Struggle. In: BRAXTON, Joanne M.; MCLAUGHLIN, Andree Nicola (ed.). *Wild Women in the Whirlwind: Afro-American Culture and the Contemporary Literary Renaissance*. New Brunswick: Rutgers University Press, 1990.

DECKER, Jeffrey L. The State of Rap: Time and Place in Hip-Hop Nationalism. *Social Text*, n. 34, 1989.

DEMBART, Lee. Carter Takes "Sobering" Trip to South Bronx. *The New York Times*, 6 Oct. 1977.

DENNING, Michael. The End of Mass Culture. *International Labor and Working-Class History*, n. 37, spring 1990.

____. The Special American Conditions: Marxism and American Studies. *American Quarterly*, v. 38, n. 3, 1986.

DERY, Marc. Hank Shocklee: "Bomb Squad" Leader Declares War on Music. *Keyboard*, Sept. 1990.

____. Rap! *Keyboard*, Nov. 1988.

DERY, Marc; DOERSCHUK, Bob. Drum Some Kill: The Beat behind the Rap. *Keyboard*, Nov. 1988.

DI PRIMA, Dominique; KENNEDY, Lisa. Beat the Rap. *Mother Jones*, Sept./Oct. 1990.

DIXON, Wheeler Winston. Urban Black American Music in the Late 1980s: The Word as Signifier. *Midwest Quarterly*, v. 30, winter 1989.

DYE, Peggy. High Tech Ballroom. *Village Voice*, 5 Dec. 1989.

EBRON, Paula. Rapping between Men: Performing Gender. *Radical America*, v. 23, n. 4, 1991.

FEAGIN, Joe R. The Continuing Significance of Race: Antiblack Discrimination in Public Places. *American Sociological Review*, v. 56, n. 1, 1991.

FINE, Elizabeth C. Stepping, Saluting, Cracking and Freaking: The Cultural Politics of Afro-American Step Shows. *The Drama Review*, v. 35, n. 2, 1991.

FOX, Marisa. From the Belly of the Blues to the Cradle of Rap. *Details*, July 1989.

FRIED, Joseph P. The South Bronx USA: What Carter Saw in New York City is a Symbol of Complex Social Forces on a Nationwide Scale. *The New York Times*, 7 Oct. 1977.

FRITH, Simon. Picking up the Pieces. In: FRITH, Simon (ed.). *Facing the Music*. New York: Pantheon, 1988.

GANN, Kyle. Sampling: Plundering for Art. *Village Voice*, 1º May 1990.

GAROFALO, Reebee. Crossing Over: 1939-1989. In: DATES, Jannette L.; BARLOW, William (eds.). *Split Image: African Americans in the Mass Media*. Washington: Howard University Press, 1990.

GATES, David et al. The Rap Attitude. *Newsweek*, 19 Mar. 1990.

GEORGE, Nelson. Raps Tenth Birthday. *Village Voice*, 24 Oct. 1989.

GILROY, Paul. One Nation under a Groove: The Cultural Politics of "Race" and Racism in Britain. In: GOLDBERG, David Theo (ed.). *Anatomy of Racism*. Minneapolis: University of Minnesota Press, 1990.

____. Police and Thieves. In: CENTER FOR CONTEMPORARY CULTURAL STUDIES (ed.). *The Empire Strikes Back*. London: CCCS Hutchinson University, 1982.

GLAZER, Nathan. On Subway Grafite in New York. *The Public Interest*, winter 1979.

GOODWIN, Andrew. Sample and Hold: Pop Music in the Age of Digital Production. In: FRITH, Simon; GOODWIN, Andrew (ed.). *On Record: Rock, Pop and the Written Word*. New York: Pantheon, 1990.

GRANBERRY, Michael. Digital Underground May Face Prosecution. *Los Angeles Times*, 17 Nov. 1990.

GUEVARA, Nancy. Women Writin' Rappin' Breakin'. In: DAVIS, Mike et al. (eds.). *The Year Left 2: An American Socialist Yearbook*. London: Verso, 1987.

HALBERSTAM, Judith. Starting from Scratch: Female Rappers and Feminist Discourse. *Revisions*, v. 2, n. 2, winter 1989.

HALL, Stuart. Notes on Deconstructing "the Popular". In: SAMUEL, Raphael (ed.). *People's History and Socialist Theory*. London: Routledge, Kegan and Paul, 1981.

HAMPTON, Dream. Hard to the Core. *The Source*, June 1993.

HARAWAY, Donna. Situated Knowledges: The Science Question in Feminism and the Privilege of Partial Perspective. *Feminist Studies*, v. 14, n. 3, fall 1989.

HARING, Bruce. Many Doors Still Closed to Rap Tours. *Billboard*, 16 Dec. 1989.

HEADLEY, Bernard D. "Black on Black" Crime: The Myth and the Reality. *Crime and Social Justice*, n. 20, 1983.

HOLDEN, Steven. Pop Life Column. *The New York Times*, 17 Oct. 1990.

HUGHES, Wesley G. Putting the Breaks on Break Dancing?, *Los Angeles Times*, 5 Mar. 1984, Part II.

HUNTER, Mead. Interculturalism and American Music. *Performing Arts Journal*, n. 33/34, 1989.

HUNTER-GAULT, Charlayne. When Poverty Is Part of Life, Looting Is Not Condemned. *The New York Times*, 15 July 1977.

JAMESON, Frederic. Reification and Utopia in Mass Culture. *Social Text* n. 1, winter 1979.

KATZ, Cindi; SMITH, Neil. L.A. Intifada: Interview with Mike Davis. *Social Text*, n. 33, 1993.

KELLEY, Robin D.G. Kickin' Reality, Kickin' Ballistics: The Cultural Politics of Gangsta Rap in Postindustrial Los Angeles. In: PERKINS, Eric (ed.). *Droppin' Science: Critical Essays on Rap Music and Hip-hop Culture*. Philadelphia: Temple University Press, 1994.

KERBER, Linda K. Diversity and Transformation of American Studies. *American Quarterly*, v. 41, n. 3, Sept. 1986.

KEYES, Cheryl. Verbal Art Performance in Rap Music: The Conversation of the 80s. *Folklore Forum*, n. 17, fall 1984.

KIERCH, Ed. Beating the Rap. *Rolling Stone*, 4 Dec. 1986.

KRUGGEL, Mark; ROGA, Jerry. L.I. Rap Slayer Sought. *New York Daily News*, 12 Sept. 1988.

LEPPERT, Richard; LIPSITZ, George. "Everybody's Lonesome for Somebody": Age, the Body and Experience in the Music of Hank Williams. *Popular Music*, v. 9, n. 3, 1990.

LEVY, Alan; TISCHLER, Barbara L. Into the Cultural Mainstream: The Growth of American Music Scholarship. *American Quarterly*, v. 42, n. 1, Mar. 1990.

LIGHT, Alan. Ice-T. *Rolling Stone*, 20 Aug. 1992.

_____. Beating Up the Charts. *Rolling Stone*, 6 Aug. 1991.

LIPSITZ, George. The Struggle for Hegemony. *Journal of American History*, v. 75, n. 1, 1988.

LOTT, Eric. Double-V, Double-Time: Bebop's Politics of Style. *Calaloo*, n. 11, n. 3, 1988.

MACK, Bob. Hip-Hop Map of America. *Spin*, June 1990.

MARBRY, Marcus B. Rap Gets a Woman's Touch. *Emerge*, Feb. 1990.

MARSH, Dave; POLLACK, Phyllis. Wanted for Attitude. *Village Voice*, 10 Oct. 1989.

MALANOWSKI, Jamie. Top Hip-hop. *Rolling Stone*, 13 July 1989.

MAULTSBY, Portia K. Africanisms in African-American Music. In: HOLLOWAY, Joseph E. (ed.). *Africanisms in American Culture*. Bloomington: Indiana University Press, 1990.

MARRIOTT, Michel. 9 Charged, 4 with Murder, in Robbery Spree at L.I. Rap Concert, *The New York Times*, 19 Sept. 1988.

MCADAMS, Janine; RUSSELL, Deborah. Rap Breaking Through to Adult Market. *Hollywood Reporter*, 19 Sept. 1991.

MCCLARY, Susan. Living to Tell: Madonna's Resurrection of the Fleshly. *Genders*, n. 7, spring 1990.

MCFADDEN, Robert D. Power Failure Blacks Out New York; Thousands Trapped in Subways; Looters and Vandals Hit Some Areas. *The New York Times*, 14 July 1977.

MCGUIGAN, Cathleen et al. Breaking Out: America Goes Dancing. *Newsweek*, 2 July 1984.

MCNEILL, Darrell M. Demand Malcolm X Memorial. *Village Voice*, 13 Mar. 1990.

MCROBBIE, Angela. Settling Accounts with Subcultures: A Feminist Critique. In: FRITH, Simon; GOODWIN, Andrew (eds.). *On Record: Rock, Pop and the Written Word*. New York: Pantheon, 1990.

MERCER, Kobena. Black Hair/Style Politics. In: FERGUSON, Russell et al. (eds.). *Out There: Marginalization and Contemporary Cultures*. Cambridge: MIT Press, 1990.

MERCER, Kobena. Monster Metaphors: Notes on Michael Jackson's "Thriller". In: MCROBBIE, Angela. *Zoot Suits and Second-Hand Dresses: An Anthology of Fashion and Music*. Boston: Unwin Hyman, 1988.

MITCHELL-KERNAN, Claudia. Signifying. In: Dundes, Alan (ed.). *Mother Wit from the Laughing Barrel: Readings in the Interpretation of Afro-American Folklore*. New York: Garland, 1981.

MORRIS, Chris. Sampling Safeguards Follow Suit. *Billboard*, 23 May 1992.

NEUWIRTH, Robert. Housing after Koch. *Village Voice*, 7 Nov. 1989.

NEWSWEEK. C'mon Gimme a Break, 14 May 1984.

PARALES, Jon. The Women Who Talk Back in Rap, *The New York Times*, 21 Oct. 1990.

_____. Female Rappers Strut their Stuff in a Male Domain, *The New York Times*, 5 Nov. 1989.

PEARLMAN, Jill. Rap's Gender Gap. *Option*, fall 1988.

PELLECK, Carl J.; SUSSMAN, Charles. Rampaging Teen Gang Slays "Rap" Fan, *New York Post*, 12 Sept. 1988.

PHILLIPS, Chuck. Songwriter Wins Large Settlement in Rap Suit. *Los Angeles Times*, 1º Jan. 1992.

PIERCE, H. Bruce. Blacks and Law Enforcement: Towards Police Brutality Reduction. *Black Scholar*, n. 17, 1986.

PRATT, Ray. Popular Music, Free Space, and the Quest for Community. *Popular Music and Society*, v. 13, n. 4, 1989.

RAAB, Selwyn. Ravage Continues Far into Day; Gunfire and Bottles Beset Police. *The New York Times*, 15 July 1977.

REED Jr, Adolph J. The "Underclass" as Myth and Symbol: The Poverty of Discourse about Poverty. *Radical America*, v. 24, n. 1, Jan./Mar. 1990, pub. 1992.

_____. The Rise of Louis Farrakhan. *The Nation*, 21 Jan. 1991; 28 Jan. 1991 (two-part article).

_____.. The Liberal Technocrat. *The Nation*, 6 Feb. 1988.

REED Jr, Adolph J.; BOND, Julian (eds.). Equality: Why We Can't Wait. *The Nation*, 9 Dec. 1991.

REEVES, Marcus. Ear to the Street. *The Source*, Mar. 1993.

SCHWICHTENBERG, Catherine. Feminist Cultural Studies. *Critical Studies in Mass Communication*, v. 6, n. 2, 1989.

SENGHOR, Leopold Sendar. Standards Critiques de l'Art Africain. *African Arts/Arts d'Afrique*, v. 1, n. 1, autumn 1967.

SEVERO, Richard. Bronx a Symbol of America's Woes. *The New York Times*, 6 Oct. 1977.

SHECTER, John. Chocolate Ties. *The Source*, July 1993.

SHUSTERMAN, Richard. The Fine Art of Rap. *New Literary History*, v. 22, n. 3, summer 1991.

SMITH, Duncan. The Truth of Grafite. *Art & Text*, n. 17.

SNEAD, James A. On Repetition in Black Culture. *Black American Literature Forum*, v. 15, n. 4, 1981.

SPILLERS, Hortense. Interstices: A Small Drama of Words. In: VANCE, Carol (ed.). *Pleasure and Danger: Exploring Female Sexuality*. Boston: Routledge/Kegan Paul, 1984.

STEPHANSON, Anders. Interview with Cornel West. In: ROSS, Andrew (ed.). *Universal Abandon: The Politics of Postmodernism*. Minneapolis: University of Minnesota Press, 1988.

SUGARMAN, Robert G.; SALVO, Joseph P. Sampling Case Makes Music Labels Sweat. *National Law Journal*, v. 14, n. 28, p. 34, 15 Mar. 1991.

SULLIVAN, Joseph F. New Jersey Police Are Accused of Minority Arrest Campaigns. *The New York Times*, 19 Feb. 1990.

TATE, Greg. Manchild at Large, *Village Voice*, 11 Sept. 1990.

_____. It's Like This Y'all, *Village Voice*, 19 Jan. 1988.

TANNENBAUM, Rob. Sucker MC. *Village Voice*, 4 Dec. 1990.

THE NEW YORK DAILY NEWS. 2 Rap Beat, Must Beat Rap, 4 Aug. 1990.

THE NEW YORK POST. 1500 Hurt at Jackson Concert, 12 Sept. 1988.

THE NEW YORK TIMES. Editorial, Social Overload, 22 July 1977.

THE NEW YORK TIMES. Man in Police Bias Case May Get Troopers' Files, 24 Feb. 1990.

THIGPEN, David E. Not for Men Only, *Time*, 27 May 1991.

THOMAS, Richard; HAWKINS, Homer. White Policing of Black Populations: A History of Race and Social Control in America. In: CASHMORE, Ellis; MCLAUGHLIN, Eugene (eds.). *Out of Order? Policing Black People*. London: Routledge, 1991.

THOMPSON, Robert Ferris. Kongo Influences on African American Artistic Culture. In: HOLLOWAY, Joseph E. (ed.). *Africanisms in American Culture*. Bloomington: University of Indiana Press, 1990.

_____. Hip-Hop 101. *Rolling Stone*, 27 Mar. 1986.

TUCKER, Bruce. Tell Tchaikovsky the News: Postmodernism, Popular Culture and the Emergence of Rock 'n' Roll. *Black Music Research Journal*, v. 9, n. 2, 1989.

VAN GELDER, Lawrence. State Troopers Sent into City as Crime Rises. *The New York Times*, 14 July 1977.

VAN RIPPER, Frank. Ford to New York: Drop Dead. *New York Daily News*, 30 Oct. 1975.

WALKOWITZ, Daniel J. New York: A Tale of Two Cities. In: BERNARD, Richard M. (ed.). *Snowbelt Cities: Metropolitan Politics in the Northeast and Midwest since WW II*. Bloomington: Indiana University Press, 1990.

WALLACE, Michelle. When Black Feminism Faces the Music and the Music Is Rap. *The New York Times*, 29 July 1990.

WATROUS, Peter. It's Official: Rap Music Is in the Mainstream. *The New York Times*, 16 May 1988.

WATTS, Jerry G. It Just Ain't Righteous: On Witnessing Black Crooks and White Cops. *Dissent*, n. 90, 1983.

WEST, Cornel. The New Cultural Politics of Difference. In: FERGUSON, Russell et al. (eds.). *Out There: Marginalization and Contemporary Cultures*. Cambridge: MIT Press, 1990.

WILL, George F. Therapy from a Sickening Film. *Los Angeles Times*, 17 June 1993.

WILLIAMS, Raymond. The Analysis of Culture. *The Long Revolution*. London: Chatto and Windus, 1961.

WILLIS, Andre Craddock. Rap Music and the Black Musical Tradition: A Critical Assessment. *Radical America*, v. 23, n. 4, 1991.

WILSON, Ollie. Black Music as Art. *Black Music Research Journal*, n. 3, 1983.

WISE, Gene. Paradigm Drama. American Studies: A Cultural Institutional History of the Movement. *American Quarterly*, n. 31, 1979. Bibliography issue.

YOUNG, Jon. P.M. Dawn Sample Reality. *Musician*, June 1993.

Índice Remissivo

2 Live Crew 231, 232n11, 260, 273
"21 to Life" (D-Nice) 191
"___the Police" (NWA) 198-200

Adorno, T. W. 114, 115, 116, 214
África do Sul 254-255
Afrika Bambaataa 85, 87, 93
Ahlerich, Milt 199
Allen, Harry 118, 137
"All Wrong" (Ice Cream Tee) 250
alvo 175n23, 187, 283
American Family Association 200
Antoinette 252
Apocalypse 91 (Public Enemy) 191
"Arizona" (Public Enemy) 191
artes marciais 81
Ashhurst-Watson, Carmen 33, 261
Astor, Patti 76
Attali, Jacques 113, 114, 115, 116
Audubon Ballroom 180, 185, 188-190
Austin, Joe 77
"Aventuras do Grandmaster Flash nas Rodas de
Aço, As" 88-89

"Baby Got Back" (Sir-Six-A-Lot) 260
backspin 88
Bagdikian, Ben 52
baixa frequência 120-136
Baker, Houston A. 42, 234
Barnes, Dee 275-276
Basquiat, Jean-Michel 60, 76n62
baterias eletrônicas 121-129. Ver também tecnologia
Beastie Boys 15

bebop 17
Bell Biv Divoe (BBD) 266
Berlant, Laura 250-251
Berman, Marshall 55
Bernard, James 20
BET (Black Entertainment Television) 21, 185-186, 186n36
Big Daddy Kane 13, 41n7, 65n48
Billboard 202
Black Sheep 15
Blesh, Rudi 108
Blow, Kurtis 93, 97n102, 121
blues; e a experiência negra 43; sexismo no 44, 162; uso da tecnologia e o 120n34
Bomb Squad 123n41
"Bomb, The" (Ice Cube) 265
Boogie Down Productions 167, 170
Boss 96, 267
Boston Herald 208
Brand Nubian 15
Bray, Kevin 23, 24n14
break beat 78n65, 117-119. Ver também ruptura; gravações 118n31
breakdancing. Ver também hip-hop; autodenominação e 61-62; descrição 59, 77-105; e experiência negra 41-42, 48; e incorporação 83n77; estilos/movimentos 63-65, 78n69
"Breaks, The" (Kurtis Blow) 93, 93n94, 97n102
B-Real 109
"Bridge, The" (MC Shan) 127n48
brigas. Ver confronto
Bronx, sul do 54-58, 58n37
Brown, Chuck 140
Brown, James 113, 143, 147

301

"Buffalo Stance" (Neneh Cherry) 250
Bush, George 282
Busta Rhymes 108
Butts, reverendo Calvin 191, 282
Bytches with Problems (BWP) 164n13, 191, 241

camadas 64-66, 128-129
"Can't Truss It" (Public Enemy) 11
capitalismo. *Ver* comercialização
Capoeira 81
Carby, Hazy 42, 238-239
Carter, Jimmy 57
Carter, Ron 126
casamento 263
Castleman, Craig 71, 72
Castro, Daisy (Baby Love) 80
C&C Music Factory 84
censura 14, 30-31, 34, 187, 282
centros urbanos; mudanças socioeconômicas
nos 48-58, 49n18, 50n22; renovação/desenvolvimento nos 52-58, 55n32, 189-191
Chalfant, Henry 69, 76
Chic 143n73
Chocolate 27
Chuck D 20n9, 41n7, 123n40, 155, 180-185, 190,
208, 276, 281
Chung House of Metal 122
Chunky e Pappy 80
Clinton, Bill 281
Clinton, George 147
Clugston, Gary 122
Columbia University 188-189
"Come into My House" (Queen Latifah) 252
comercialização 44, 67-68, 92-93, 95-96. *Ver
também* marketing/vendas
"Comin' Back Strapped" (BWP) 191
Compton's Most Wanted 96
confronto 59-61, 80, 80n72, 89n87. *Ver também*
violência
Considine, J.D. 130
Conyers, John 219
Cooper, Martha 69
cópia ilegal 19
"Cop Killer" (Ice-T) 201, 282
corte. *Ver* break beat
Cowboy 89
Crazy Legs 60, 61, 62, 80, 81, 83
Crenshaw, Kimberle 277
criminalidade; definição de 205n62; guerra às drogas e os negros 166, 188; ideologia do controle
social e os negros e a 194-195, 201-205, 209-225

críticas 130-136
crossover (articulações) 16-20, 20n9, 133-136. *Ver
também* incorporação
cultura. *Ver também* cultura negra; definição
111n16; europeia 110-112
cultura da liberdade 108-109
cultura negra. *Ver também* hip-hop; rap; como
ameaça a ordem social 201n53, 203-206; contribuições femininas para a 234-238; crossover
e 15-18, 133-135; e experiência negra 39-69; e
sexualidade 258-260; estilo e individualidade
na 187n37; repetição na 111n18, 116n26
Cypress Hill 96

Daddy-O 128, 143
D'Agostino, John 213n76, 213-216
dance music 123n40, 134-135
Das EFX 13, 109
"Date Rape" (A Tribe Called Quest) 233
Davis, Angela 237
Davis, Mike 37
Def Jam 18, 33
De La Soul 15, 96, 233
Dery, Mark 121, 122
"Description of a Fool" (A Tribe Called Quest) 233
desigualdade 51-52, 56, 165n14. *Ver também*
opressão de classe; relacionamentos de poder;
racismo
desindustrialização 40, 45. *Ver também* forças
socioeconômicas
"Devil Made Me Do It, The" (Paris) 160
diferenças regionais 98
direitos autorais 145-148
disco 77, 235n13
discriminação, espaço público 195-202, 197n47,
198n48. *Ver também* racismo
discurso/diálogo. *Ver também* rap; e música popular 229; e questões de controle social (ver também relações de poder) 155-165, 194-195, 200-225;
mulheres rappers e discurso sexual 228-234,
231n8, 232n11, 248-252, 261-269, 277-279
"Disposable Heroes of Hiphoprisy" 269
distorção 119-120
DJs. *Ver também* indivíduos específicos; nomes
de 61-62; papel no desenvolvimento do rap 84-88, 91-93, 235n13; uso da tecnologia 58
D-Nice 191
Doerschuk, Bob 121-122
Dondi 73, 75
"Don't Look Any Further" (Denis Edwards) 142, 150
"Don't Play with My Yo-Yo" 234

ÍNDICE

Dr. Dre 96, 275-276
Dream Hampton 268
drogas; criminalidade negra e guerra às 166; letras de rap sobre 184, 187-188
Dynamic Dolls 80

Eazy-E 96
Ed O.G. and the Bulldogs 191
Edwards, Denis 143
Eins, Stephan 76
electric boogie 78n69
El General 96
emprego 51-52, 60, 189
E-mu SP-1200 123
ensino público; dominação e 163, 195
equipes (*crews*)/posses; breakdancing 80; grafite 70-72; importância das 25, 59; rap 91-92
Erenberg, Lewis 16
"Eric B. Is President" (Eric B. & Rakim) 128
Eric B. & Rakim 14, 91, 96, 127n48, 139, 142, 149-151, 150n83, 151n84
espaço público 202n55, 204-207. *Ver também* racismo; assédio no 195-200, 197n47, 198n48
Esses, Sam 76
estilo/moda; cultura negra e 64n44, 187n37; e grafite 73n57; e mulheres rappers 262; uso da moda pelo hip-hop 61-67, 99
Ett, Steve 122
E.U. 256
"Everybody Dance Now!" (documentário) 84
Everybody Get Up" (Salt-N-Pepa) 252
"Evil That Men Do, The" (Queen Latifah) 164n13
"Expressions" (Salt-N-Pepa) 240, 258n37

Fab Five Freddy 60, 64, 76
fantasias de revanche 177-178, 197-199, 268. *Ver também* polícia/segurança
Fashion Moda 76
Fat Boys 14
FBI 199
"Fear of a Rap Planet" (Musician) 130
Feel The Heartbeat" (Treacherous Three) 93
feminismo, mulheres negras e 162, 231, 259, 270-279
feminismo negro. *Ver também* feminismo, mulheres negras e
filmes; descrição de guetos em 58; efeitos de vídeos de música sobre os negros 23
emergência de filmes de guetos negros 15
influência sobre o rap dos fimes negros 90-91
Flavor Flav 11, 180-189
fluxo (*flow*) 64-66

Fly Girls, The 84
Focus on the Family 200
"Follow the Leader" (Eric B. & Rakim) 139
forças socioeconômicas. *Ver Também* racismo; sexismo; e crime 217-225; e relações de poder entre gêneros 263; e seus efeitos sobre na música clássica ocidental 106; e sua influência sobre o desenvolvimento cultural 39n2, 39-69, 49n18, 50n22, 96-99, 112-116, 282
Ford, Gerald 50
"For the Brothers That Ain't Here" (Ninety-Nine) 274
Franklin, Aretha 147
Franti, Michael 269
freeze (pose) 78-79
Frith, Simon 145
"Fuck Compton" (Tim Dog) 233
Fuentes, Julio 202
Fun Gallery 76
funk 125
Funky Four Plus One More 93
"Funk You Up" (Sequence) 93
Furious Five 90, 93
Futura 2000 60, 75

Gail 'sky' King 94
gangsta rap 11, 12, 15, 49n18, 89n88, 96; e mulheres rappers 267
Garofalo, Reebee 21, 46
George, Nelson 78, 88, 216, 235
"Get Up Everybody (Get Up)" (Salt-N-Pepa) 139
Ghetto Music: The Blueprint of Hip-Hop 170
Gillespie, Angus 176
Gilroy, Paul 209
go-go 140
"Good Times" 1
Goodwin, Andrew 134-135
governo como tópico no rap 163
Grã-Bretanha 209
grafite. *Ver também* hip-hop; como ameaça à ordem social 73, 74n58; descrição do 59, 69-105; e avanços tecnológicos 70, 70n52; e experiência negra 41, 48, 97n99; estilo 62-64, 73n56-57
Graham, Larry 148
Grandmaster Flash 60, 62, 87-89, 93, 118
Grand Wizzard Theodore 87
gravadoras. *Ver* indústria da música
G Street Express 202
gueto; descrições em filmes do 58n37; e simbolismo negro 23
Guevara, Nancy 237

303

habitação 51
Hager, Steve 74-75, 89
Hall, Stuart 161
Harlem 189-190
harmonia tonal 105-107, 111
Harmony 270
Harmony (rapper) 226n2
Harrell, Gina 30, 31n25, 33
Hartung, Hilary 205
Headley, Bernard 219
Heavy D 217
Hebdige, Dick 62, 67-68, 144
Henderson, Douglas "Jocko" 90
Herman Gray 81
hip-hop. *Ver também* breakdancing; grafite; rap; como expressão da experiência negra 37, 39-48, 59-69, 61n41, 96-99; conflito e 61, 80, 80n72, 89n87; contribuições femininas para o 234, 273-275; definição de 12; elementos afro-diaspóricos no 40, 40n4, 44, 48, 81, 99
Hip-Hop Women's Progressive Movement (HWPM) 273
Hip House 34, 123n40
história, mulheres negras na 254-284. *Ver também* cultura negra
Hollywood, DJ 87
homofobia 234, 234
hoodies 64n44
Hot, Cool and Vicious (Salt-N-Pepa) 239
Howard Beach, caso 210, 211n72
"How Ya Like Me Now" (Kool Moe Dee) 139, 144
Hunter, Mead 135
Hurricane Gloria 62, 96
Hustler's Convention (Jalal Uridin) 89n88
HWPM 273

IBWC 275
Ice Cream Tee 250, 252
Ice Cube 15, 62, 96, 129, 281; AmeriKKKa's Most Wanted 108n13, 124n42, 136n61, 172n21, 209n70, 211n73; histórias do gueto 13, 24-25; raps de 129, 198, 209, 211; sexismo e 233, 264
"Ice, Ice Baby" (Vanilla Ice) 26
Ice-T 14, 15, 20n9, 24, 62, 96, 201, 282
Icey Jaye 240
"I Cram to Understand U" (MC Lyte) 250
identidade breakdancing e 78-80 feminina negra 253, 270 grafite e 70, 71-73 hip-hop na formação da identidade negra 59-62, 238-239; local do gueto e 27; rap e 138-139, 152

ideologia hegemônica, confrontação do rap com a 157, 158-165, 193-225
"Illegal Search" (L.L. Cool J.) 163, 172-178
I'm Bad (L.L. Cool J.) 139
I'm Not Havin' It" (MC Lyte) 250
incorporação 158n5; comercialização 67-68; comunicação de massa e vulnerabilidade à 157-158; e breakdancing 83n77; pela cultura popular/dominante 17, 25-27, 83, 133-135
"Independent" (Salt-N-Pepa) 234, 240
indústria da música; aceitação do rap pela 14-15, 18-20; exploração pela 92; sexismo 283; sexismo na 32-33, 264
indústria de seguros 206, 209
industrialização, repetição e 114-116
Intelligent Black Women's Coalition (IBWC) 275
Inventing Reality (Michael Parenti) 218
It's a Girl Thang" (Icey Jaye) 240
It's a Shame" (Monie Love) 250
It Takes a Nation of Millions to Hold Us Back (Public Enemy) 180

Jackson, Janet 22, 35, 84
Jackson, Jesse 281
Jackson, Michael 21, 22, 84, 184, 202
Jackson, Millie 90
Jafa, Arthur 64, 64n46
jamaicana, música 121n35. *Ver também* caribenha, música
Jameson, Fredric 115, 116
Janet (Headspin) 80
jazz 16, 43, 44, 213n76; break no 114, 115; política de licenciamento 207; *sampling* do 125-128
"Jazzamatazz" (Guru) 127
Jazzy Joyce 94
Jeep beats 104n6
Johnson, Mario 27
Jones Charles E. 175
"Just Don't Give a Damn" (Monie Love) 250

Kase 2 71, 75
Kelley, Robin 263
Kid Creole 89-90
Kid Frost 96
Kid-N-Play 13, 62, 90, 226
King, Rodney 191
Kool Herc 60, 84, 85, 86, 86n82, 87, 88, 88n85, 121n35
Kool Moe Dee 13, 62, 139, 143
KRS-One 96, 163, 167-172, 168-170, 169n18, 211, 221-223

304

ÍNDICE

"Ladies First" (Queen Latifah) 65, 253-255
Lady B 240
Lady Heart 73, 75
Lady Pink 72, 75
Last Poets, The 89, 90
"Latifah's Had It up to Here" (Queen Latifah) 252
Lee, Spike 15
leis do cabaré 207
letras. *Ver também* discurso/diálogo; como comentário/crítica social 155-193, 164n13, 198-200, 253-255; composições de rap 139-141, 148-153
"Let's Work" (Ice Cream Tee) 252
Lipsitz, George 42, 159, 229
literatura 111n18, 238
L.L. Cool J 14, 62, 139, 163, 172n21, 172-178
locais de eventos 194n42, 202n55, 205-209
Lockers, The 78n69
Los Angeles 49n18, 96, 281
Los Angeles Times 83, 213-217
"Love Rap" (Spoonic Gee) 93

Madhubuti, Haki (Don L. Lee) 191
Madonna 35, 84
Malcolm X 90, 189-190, 255
Mama Said Knock You Out (L.L. Cool J) 175
marketing/vendas 19-20, 20n9, 34, 93n94 e 96, 143n73; e produção de vídeo 28; hip-hop e a transformação em 66-68; mulheres rappers e 239-240
Marley Marl 127, 127n48
Marriott, Michel 204
Marsh, Dave 199-200
masculinidade 263-264. *Ver também* sexismo
McClary, Susan 111, 113
MC Hammer 15, 84
MC Lady "D" 240
MC Lyte 62, 181, 182; sobre feminismo 270; sobre relacionamentos homem-mulher 232, 241, 245-249, 250, 262, 265, 278; sucesso comercial de 15, 96, 240
MC Shan 127n48
"Mecca and the Soul Brother" (Pete Rock e C.L. Smooth) 127
Melle Mel 89-90
Mellow Man Ace 96
"Message, The" (Flash and Furious Five) 90, 93
Microphone Fiend" (Eric B. & Rakim) 91
mídia 212n75; alternativa 52n26; BET 185; "celebratória" 80; cobertura de violência/sexismo e rap na 11, 15, 34, 163, 194-195, 199-215, 213n76

cobertura sobre mulheres rappers na 164n13
como tópico no rap 164
Millie Pulled a Pistol on Santa" (De La Soul) 233
Modeliste, Ziggy 148
Mollenkopf, John 50, 52
Monie Love 109, 250, 253
Monk, Thelonius 132
Moore, Brigette 273
morphing (metamorfose) 41, 41n8
Moses, Robert 54
Ms. Melodie 239
MTV; aceitação do rap na 15, 21, 186, 186n36; e censura 30, 34
mulheres; breakers 80-81; como alvo 188; grafiteiras 72, 73n56; participação no hip-hop 47
mulheres rappers; diálogo sexual das 227-239, 231n9, 232n11, 240-252, 264-267; e contribuições à cultura negra 234-240, 252-264; e feminismo 270-279; emergência das 15, 93-95; resistência e 227-228, 252-255, 262-263, 266-269; tópicos das 163-165, 164n13, 166n15
mundo da arte 76n62, 76-77
música. *Ver também* formas musicais específicas; forças sociais moldando a 43-48, 113-116; influência do rap na música popular 34-35; papel da música na conformação da identidade 237-239; rap como 130-136; repetição na música popular 116n26; visualização da 22. *Ver também* vídeos, música
música caribenha 40n4, 120, 121n35
música clássica ocidental 105, 111
"Music and Politics" (Disposable Heroes of Hiphoprisy) 269

Nação do Islã (NOI) 160, 187n38
nacionalismo negro; atenção da mídia ao 15-16; mulheres rappers e 254-255; rap e o 158-159, 184
Nassau Coliseum (incidente) 202-206, 223
National Urban League 218
Native Tongues, coletivo 15
Naughty by Nature 25, 96
Naus, Joseph I. 175
Nefertitti 164n13
Neneh Cherry 250
Neville, Aaron 132
New Edition 84
New Jack Swing 34
New Kids on the Block 35, 84
Niggas With Attitude (NWA) 15, 24, 198-200, 275
"Nigga Ya Love to Hate, The" (Ice Cube) 129, 209

305

"Night of the Living Baseheads" (Public Enemy) 129, 163, 179-193, 181n30, 182n32
"Night of the Living Dead" 184
Nikki D 96, 241
Ninety-Nine 274
"No-Knock" (Gil Scott Heron) 170
nomeação; dentro do rap 138-139; no hip-hop 61n41; rappers e auto- 61
Nova York, cidade de; desenvolvimento urbano da 189-190; emergência do hip-hop na 46-48, 49n18, 49-58, 50n22; leis de cabaré 207; mídia na 52n26, 203-205; reações ao hip-hop na 72-74

Oaktown 3-5-7 250
O Exterminador do Futuro 2 41
Ogren, Kathy 16
Ong, Walter 138, 140
"On Rap, Symbolism and Fear" (The New York Times) 130
Onyx 96
opressão de classe 99, 178, 186. *Ver também* desigualdade; racismo

"Paid in Full" (Eric B. & Rakim) 143, 149-151, 150n83, 151n84
Panteras Negras 90
"Paper Thin" (MC Lyte) 240, 245-246
Parales, Jon 130, 212n75
Parenti, Michael 218
Parent's Music Resource Center 200
Paris 159-161, 161n11
Parliament 143n73
Pepa 60
perfil 18, 172-178, 175n23, 186-188
Pete Rock e C.L. Smooth 127
Phase 2 60
"Planet Rock" (Afrika Bambaataa e Soul Sonic Force) 93
"Please Understand" (MC Lyte) 250
"Poison" (Bell Biv Divoe-BBD) 266
polícia/segurança. *Ver também* relacionamentos de poder; assédio 165n14, 196-200, 209-210; como tópico no rap 163-164, 164n13, 165-178, 198-200
Policing the Crisis (Hall et al.) 206
política; mulheres e 164n13, 253-255; rap como comentário/crítica social 155-193, 198-200
política institucional. *Ver* relacionamentos de poder
Pollack , Phyllis 199
Poor Righteous Teachers 108

"Pop That Coochie" (2 Live Crew) 260
pós-industrial 39n2
posses. *Ver* crews (equipes)/posses
Prince Be Softly 85, 127
protesto. *Ver* resistência
Public Broadcasting System 84
Public Development Corporation 189
Public Enemy 11, 14-15, 19, 20n9, 96, 124n42, 179-193; crítica social e o 155, 163, 187n38, 208; discurso de gênero em 231n8
"Pump It Up" (programa de TV) 21, 275-276
punk 120n34, 162

Queen Latifah 15, 62, 65n48, 164n13, 208, 232, 252-255, 262; sobre feminismo 270, 271
questões legais. *Ver também* criminalidade; rap e redefinição de legalidade 168; *sampling* e leis de direitos autorais 103, 144-148, 146n76-77, 147n78
Quiñones, Lee 75

racismo 4-5, 99, 204n58, 211n72. *Ver também* discriminação, espaço público; desigualdade; como tópico no rap 165-166, 172-178; e feminismo 270-279; e gênero 164n13; institucional 155-165, 165n14, 193-225. *Ver também* polícia/segurança
Rammelzee 75, 76n62
rap 107n10. *Ver também* hip-hop, mulheres rappers; apelo do crossover 14-19, n920; como ameaça à ordem social 11-12, 193-225; como crítica social 155-192; composição e produção 65-66, 104n6, 108n13, 117-145, 126n44, 148-153; e vídeos 21, 21-31. *Ver também* vídeos, música; experiência negra e entendimento 2-10, 11-12, 29-37, 43-48, 97n102, 101-105, 152-153, 282-284; *gangsta* 15, 49n18, 89n88, 96, 267; história e descrição 12-14, 19-21, 59, 84-99, 235n13; influências afrodiaspóricas no 107n10, 120, 136-137. *Ver também* tradições afrodiaspóricas; questões legais 144-148
"Rapper's Delight" 2, 14, 47, 92n92, 92-93, 93n94
rappers hispânicos 96
"Raw" (Big Daddy Kane) 65n48
"Real Face of Rap: The 'Black Music' That Isn't Either, The" (New Republic) 130
"Recipe of a Hoe" (Boss) 267
Red Alert 60, 94, 182n33
Redding, Otis 249
Redman 96
Reeves, Marcus 81

ÍNDICE

reggae 169n19
relacionamentos de poder; cultura popular examinando os 229-230; entre homem/mulher 228-229, 240-252, 262-269. *Ver também* sexismo; políticas institucional e ideológica 155-165, 193-225
Renascimento 106
repetição; papel nas culturas ocidental e negra 111n16, 116n25; papel no rap da 107-119, 121
resistência; às restrições morais à mulher 256-257; e mulheres rappers 227-228, 248-255, 262-263, 266-269; rap como expressão de 155-192
Rhytm and Blues (R&B). *Ver* blues
rimas. *Ver* letras
Robinson, Sylvia 14, 92
"Rock Dis Funky Joint" (Poor Righteous Teachers) 108
rock 'n' roll; ataques ao 200-202; como reflexo da sociedade 43; influência sobre o rap 84
Rock Steady Crew 61, 80-81
Roland TR-808 121
"Roxanne Roxanne" (UTFO) 93, 251
"Roxanne's Revenge" (Roxanne Shante) 93, 93n96, 239n20, 251-252
"Rump Shaker" (Wrecks-in-Effex) 260
Run DMC 14, 85, 85n80, 95
ruptura 64-66, 108-119
Ryder, Carl. *Ver* Chuck D

Sadler, Eric (Vietnam) 119-120, 123n40, 124, 129, 142, 149
Salt 60, 92, 232, 269, 270, 279
sobre feminismo 272
Salt-N-Pepa 139, 234, 252, 258n37, 262; e relacionamentos homem-mulher 240, 241-245, 249n29; sobre sexualidade 256n34, 256-258; sucesso comercial de 15, 92, 239
Sample Some of Disc, Sample Some of D.A.T (George Clinton) 148
sampling. *Ver também* questões legais; tecnologia; importancia para o rap do 117; selecionando trechos 125-129, 126n45; uso de samplers na composição 127n48, 141-142
Samuels, David 130
"Say That Then" (Oaktown 3-5-7) 250
Scott-Heron, Gil 90, 170
Scott, James 156, 171, 177, 230
scratching 87
Seen 73, 75
"Self-Destruction" (STV) 217, 220-221
selos/gravadoras independentes 18-19, 92

Sequence 93
sexismo; como obstáculo às mulheres no hip--hop 72, 94, 263; e rap 5, 12, 161-162, 263-267; mulheres rappers e o 227-229, 230-235, 231n8, 273; sociedade e prevalência do 32-33, 44, 99, 187n38
sexualidade 256-269
Shabazz, Betty 191
Shabba Ranks 108-109
"Shake your Thang" (Salt-N-Pepa) 256n35, 256-258
Shante, Roxanne 14, 93, 93n96, 239n20, 251
Sha-Rock 94
Shocklee, Hank 123, 123n40, 131-132
Shocklee, Keith 123n40
Sidran, Ben 108
simbolismo negro e gueto 23-28
Sir-Mix-a-Lot 62, 260
Sistah Souljah (Lisa Williamson) 102, 191, 232, 281
Sisters Speak 275-276
Small, Christopher 106-107, 113
Snead, James A. 109-112
Snoop Doggy Dog 96
snooties 64n44
SoHo 76
soul (música), sampling do 125, 142-144
S.O.U.L. Records 125
Soul Sonic Force 93
soundscan 20
Source, The 20, 104n6, 213
South Central Cartel 96
"Speak upon It" (Ed O.G. and the Bulldogs) 191
Spillers, Hortense 260
Spindarella 62, 94
Spoonie Gee 88
Stardust Ballroom 2
Starks, John 'Jabo' 148
status; hip-hop estabelecendo seu 59-64, 99; mulheres e 252, 255
Stephney, Bill 125, 128
Stetsasonic 143
Stompin' to tha 90's" (Yo-Yo) 252
Stone, Charles 29, 29n23, 30
Stop the Violence" (KRS-One) 221-223
Stop the Violence (STV) 216-218, 220-221
Straight Outta Compton (NWA) 198
Stuart, Charles 191
Stuart, Michael 74n58
Sugar Hill Gang 92n92
Sugar Hill Records 92
Sullivan, Joseph 176
Sutton, Percy 191

307

Suzy Q 80

Taki 183 69, 69n51

Tate, Greg 264, 283-284

tecnologia. *Ver também* sampling; baterias eletrônicas 121-129; dos samplers 117-118, 120-121, 123-129; e seu papel no desenvolvimento cultural 43, 99, 133-134; e uso em músicas afrodiaspóricas 120n34, 121n35; e velocidade do discurso social 191; misturando oralidade com 136-144, 151; mulheres e o uso da 94; rap e música 19, 60, 84, 85, 86n82, 87-89, 91, 102-103, 112, 284; uso pelo grafite da 70, 70n52

telecomunicações 53

televisão. *Ver também* BET; MTV; rap na 20-23

Thomas, Carla 249

Thomas, Chris 181, 183

Three Rivers Stadium 206

"Thriller" (Michael Jackson) 184n35

Tim Dog 96, 233

Times Square Show 76

tims 64n44

Tirro, Frank 132

TLC 262, 266

toast 139

Tommy Boy 18

Tone Loc 15

Toop, David 137

Too Short 15, 62

tradições afrodiaspóricas. *Ver também* música caribenha; influência no hip-hop 40n4, 43, 45, 48, 61-62, 81-82, 99; influência no rap 107n10, 120-121, 136-137; ritmo e repetição nas 107-113

tradições orais 103, 107n10, 136-141, 152

"Tramp" (Salt-N-Pepa) 241-245, 249, 249n29

Treach 109

Treacherous Three 93

Tribe Called Quest, A 15, 126, 233

Trouble Funk 140

Tudo Que É Sólido Desmancha no Ar (Berman) 55

"Unir as peças em um todo" (*piecing*) 61n40

up-rock 78n69

"Up the Ante for the Panty" (Nikki D) 241

Uridin, Jalal 89n88

UTFO 93, 251

Vanilla Ice 15, 25-27, 26n20

Van Winkle, Robert 26

vazamento 122

Ventura, Michael 58

"Verses from the Abstract" (A Tribe Called Quest) 126

versões 138, 144-146

"Video Music Box" (programa de TV) 21

vídeos, música. *Ver também* filmes; filmagens no gueto para 23-28, 25n15; "Independent" 240; influência na expansão do rap 21-22; "Night of the Living Baseheads" 179n29, 179-184; "Paper Thin" 246-248; produção de 27-30; sexualidade feminina nos 259-261; "Tramp" 241-243

vídeos musicais. *Ver* vídeos, música

Village Voice 76, 213, 236, 264

violência. *Ver também* confronto; definição de 205n62; mulheres rappers e 275-276; rap e 11, 25, 30-31, 193-225; redefinição do rap da 161

volume 119-121

voz; na tradição afrodiaspórica 107; uso no rap da 108

Walkowitz, Daniel 50, 51

"Walk This Way" (Aerosmith) 85

"Wanted" (BWP) 164n13

Warner Records 282

Watrous, Peter 212n75

WBAI (estação de rádio) 273

W.C. e o MAAD Circle 96

West, Cornel 230, 283

"We Want Money" (BWP) 241

Whodini 14

"Who Protects Us from You?" (KRS-One) 163, 167-172

"Who's the Boss" (Antoinette) 252

Wiggles 81

Wild Styles 72

Will, George 25

Williamson, Lisa. *Ver* Sistah Souljah

Willis, Andre Craddock 43-45

Wrecks-N-Effect 31, 260

"Yo! MTV Raps" 21

"You Must Learn" 170

Yo-Yo 232, 234, 252, 262, 275

Yvette (Rock Steady) 80

Zephyr 75

Agradecimentos

Devo agradecer imensamente à comunidade hip-hop, a todos os rappers, aos músicos e ao pessoal da indústria que conversaram comigo, introduziram outras pessoas e compartilharam generosamente seu tempo e conhecimento. Algumas das pessoas mais generosas ligavam de outras comunidades de hip-hop para compartilhar notícias locais ou enviavam notícias sobre as últimas polêmicas do rap, inovações do estilo ou turnês. Outros ouviram pacientemente como eu discursava e divagava sobre os últimos erros de interpretação de uma música de rap ou acontecimento. Outros ainda me davam dicas sobre novos grupos underground ou ofereciam críticas estéticas e segredos de produção de vídeo. Houve aqueles que concordaram profundamente comigo ao som de uma grande batida de hip-hop. Por tudo isso e muito mais, tenho grande respeito por: DJ Red Alert, Harry Allen, Elizabeth Alexander, Phat Andy, Kevin Bray, Michael Franti (do Disposable Heroes of Hiphoprisy), Dream Hampton, Gina Harrell, Harmony, Laura Hynes, Kid (do Kid-N-Play), Ron Kriedman, Queen Latifah, Crazy Legs, Emir Lewis, Felix Mickens, Nicole Moore, Chris Rose, Eric & Karen Sadler, Salt (do Salt-N-Pepa), Chuck Stone, Wiggles, e muitos outros numerosos demais para mencionar aqui.

Algumas pessoas debruçaram-se sobre os rascunhos dos capítulos e encorajaram-me a prosseguir. Nesse sentido, sou grata a Susan McClary, Robert Walser, Herman Gray, Reebee Garofalo e Tommy Lott, que leram detalhadamente vários rascunhos do livro e teceram sábios e vigorosos comentários. Também sou grata pelo suporte e pelas generosas contribuições intelectuais de A.J. e Greg Tate. Agradecimentos especiais a Robin D.G. Kelley pela sua generosidade, diálogo crítico e amizade; e para Jeffrey Decker que tem sido desde o início um amigo maravilhoso e grande parceiro intelectual. Para finalizar, é difícil imaginar o que teria acontecido com este projeto se não fosse a amizade, a sabedoria e o brilhantismo intelectual de George Lipsitz. Seu olhar, compromisso com os estudantes, grande senso de humor e apoio inabalável serviram-me de guia nos momentos mais difíceis.

Além disso, sou muito grata a Glenn Decker por sua paciência e assistência de pesquisa impecável; a Barron Claiborne, Sue Kwon e Lisa Leone por me permitir usar suas fotografias; e à Ninety Nine por sua poesia. Pelo suporte à pesquisa e apoio institucional em várias etapas deste projeto, eu gostaria de agradecer à Fundação Dorothy Danfoth Compton, ao diretor Bernard Bruce, à professora Mari Jo Bule, ao Programa de Bolsas de Doutorado William College Bolin e ao corpo docente e à equipe do Programa de Estudos Americanos da Universidade de Rutgers.

Finalmente, gostaria de celebrar meus pais Jeanne J. Rose e George N. Rose. É impossível imaginar como este projeto teria sido realizado sem a paixão, confiança, firmeza, fé e amor que serviram como princípios que orientaram a extraordinária criação de seus filhos contra todas as adversidades.

Informações sobre copyrights das letras citadas neste volume; registre-se o agradecimento pela permissão de reproduzi-las.

"The Message", cortesia de Sugar Hill Music. ▪ "Youthful Expression", de A. Shaheed, J. Davis, M. Gaye e J. Nicks. © 1989 ZOMBA ENTERPRISES INC./JAZZ MERCHANT MUSIC (administrado por ZOMBA ENTERPRISES INC.) e JOBETE MUSIC. Reimpresso sob permissão de CPP/BELWIN, INC., Miami, Flórida. Direitos internacionais garantidos. Made in U.S.A. Todos os direitos reservados. ▪ "Talking All That Jazz," escrita por Glenn Bolton. © T-Girl Music Publishing, Inc. (BMI). Todos os direitos reservados. Usado com permissão. ▪ "Get Up Everybody", © 1988 Next Plateau Music, Inc./Sons of Koss. ▪ "Music and Politics", escrita por Michael Franti e Charlie Hunter. © 1992 Polygram International Publishing, Inc. e Bearnigs Music. Todos os direitos reservados. Usado com permissão. ▪ "Paid in Full", escrita por Eric Barrier e William Griffin. © 1987 Songs of Polygram International, Inc. e Robert Hill Music. Todos os direitos reservados. Usado com permissão. ▪ "The Devil Made Me Do It", escrita por Oscar Jackson. T-Boy Music Publishing, Inc. (ASCAP)/Scarface Music (ASCAP). Todos os direitos reservados. Usado com permissão. ▪ "Night of the Living Baseheads" e "Prophets of Rage", de Carlton Ridenhour, Eric Sadler e Hank Shocklee; © 1988 "Def American Songs, Inc. (BMI)." ▪ "Fuck Tha Police", de O. Jackson/L. Patterson/A. Young, Ruthless Attack Muzick (ASCAP). Usado com permissão. ▪ "Endangered Species (Tales From the Darkside)" e "The Nigga Ya Love to Hate" (Ice Cube, Eric Sadler). © 1990 WB MUSIC CORP., GANGSTA BOOGIE MUSIC, WARNER-TAMERLANE PUBLISHING CORP., YOUR MOTHER'S MUSIC. Todos os direitos em nome de GANGSTA BOOGIE MUSIC administrados por WB MUSIC CORP. Todos os direitos em nome de OUR MOTHER'S MUSIC administrados por WARNER-TAMERLANE PUBLISHING CORP. Todos os direitos reservados. Usado com permissão. ▪ "Necessary" e "Stop the Violence" (© 1988) e "Who Protects Us From You" (© 1989), de L. Parker. © ZOMBA ENTERPRISES INC./BDP MUSIC (administrados por ZOMBA ENTERPRISES INC.) e JOBETE MUSIC. Reimpresso sob permissão de CPP-BELWIN, INC., Miami, Flórida. Direitos internacionais garantidos. Made in U.S.A. Todos os direitos reservados. ▪ "Tramp", de Lowell Fulsom e Jimmy McCracklin. © 1966 POWERFORCE MUSIC 50% /BUDGET MUSIC 50%. Todos os direitos administrados por CAREERS-BMG MUSIC PUBLISHING, INC. (BMI). Todos os direitos reservados. Usado com permissão. ▪ "Paper Thin", escrito por MC Lyte. Cortesia de First Priority Music. ▪ "Ladies First", escrito por Dana Omens/Simone Johnson/Mark James/Anthony Peaks/Shane Faber. © T-Boy Music Publishing, Inc./Queen Latifah Music/Forty-Five King Music/Forked Tongue Music (todos ASCAP). Todos os direitos reservados. Usado com permissão. ▪ "Shake Your Thang (It's Your Thing)", de O'Kelly Isley, Rudolph Isley e Ronald Isley © 1969, 1988 EMI APRIL MUSIC INC. e BOVINA MUSIC. Todos os direitos controlados e administrados por EMI APRIL MUSIC INC. Todos os direitos reservados. Direitos internacionais garantidos. Usado com permissão. ▪ "Illegal Search", de Marlon Williams e James Todd Smith: © 1990 Def Jam Music, Inc. (ASCAP). ▪ "I'm Bad", de James Todd Smith, Robert Irving e Dwayne Simon. © 1988 "Def Jam Music, Inc. (ASCAP)."